KB201434

성경적 강해설교와 현대인의 삶

현대교회와 설교

현대교회와 설교

펴낸일 | 1992년 1월 15일 초판 인쇄
재판일 | 2023년 11월 1일 재판 발행
지은이 | 죤 스타트
옮긴이 | 정 성 구
펴낸곳 | 생명의 샘
등록일 | 1999년 1월 7일 제7호
등록주소 | 서울시 송파구 백제고분로27길 12
총판 | 선교햇불
전 화 | 02)2203-2739
팩 스 | 02)2203-2738
홈페이지 | www. ccm2u. com

* 파본은 교환해 드립니다.

성경적 강해설교와 현대인의 삶

현대교회와 설교

죤 스타트 지음 | 정성구 옮김

생명의 샘

차 례

어떤 설교자가 설교에 관하여 다른 설교자들에게 설교한다는 것은 경솔하고 무모한 일이다. 나는 분명히 내 자신이 전문가라고 주장하지 않는다. 오히려 나는 강단에서 어떤 메시지가 내 속에서 불타고 있으나 내가 생각하고 있는 그것을 다른 사람들에게 전달을 할 수 없기 때문에 겪는 이른바 '의사전달의 좌절'(communication frustration)에 종종 사로잡힌다는 사실을 고백하지 않을 수 없다. 그리고 설령 내가 부분적인 실패에 대한 의식이나 후회의 기분, 하나님께 용서를 구하는 부르짖음, 그리고 앞으로는 더 잘하기 위하여 하나님께 은혜를 구하겠다는 결심 없이 강단을 떠나는 일은 좀처럼 없었던 것이다.

그와 함께 나는 -다음 장들에서 밝혀질 이유들 때문에- 복음 전도와 교회의 건전한 성장을 위해서는 설교가 필수 불가결한 것임에도 불구하고 이처럼 중요한 설교를 잘 해보려는 노력이 없는 미련한 신자임을 고백한다. 현대의 상황은 설교를 더욱 어렵게 만들고 있다. 그러나 이러한 상황들이 설교를 조금이라도 덜 필요한 것으로 약화시킬 수는 없다.

그동안 설교에 대하여 수많은 책들이 저술되어 왔다. 나 역시 설교술, 의사 전달 그리고 설교와 관련된 주제들에 대한 책을 무려 백 여권쯤 읽었다. 그럼에도 불구하고 설교에 관한 또 다른 책을 쓴다는 사실이 어떻게 정당화될 수 있겠는가? 본서(Between Two Worlds)에 관해서 무언가 특별한 것이 있다면 그것은 종종 따로 분리되어 있었던 주제들을 한데 모으려고 시도하였다는 점일 것이다. 따라서 역사적 개관을 시작함에 있어서 나는 내가 느끼는 것처럼 독자들도 설교 사역에는 어떤 확실한 '영광'이 있다는 사실을 느끼기를 바라며 제2장에서 보는 바와 같이 오늘날 설교를 에워싸고 있는 문제점들에 직면할 준비를 하기 바란다. 5장과 6장에서는 내가 설교 준비와 연구에 대한 실제적인 조언을 제시하려고 했지만 발성법이라던가 웅변술, 제스쳐같은 그런 문제들에 관해서는 거의 언급하지 않았다. 왜냐 하면 이러한 문제들은 경험있는 설교자의 도제(徒弟)가 됨으로써 그리고 스스로의 시행착오와 친절한 비평가들에 의해서 잘 습득되기 때문이다. 그보다 더 중요한 이유는 내가 가장 중요시하는 문제들을 우선적으로 취급하고자 하기 때문이다. 좋은 설교를 위한 중요한 비결들은 기술적인 것이라기보다는 오히려 신학적이고 인격적인 것이라고 믿기 때문이다. 그러므로

3장에서는 '설교에 대한 신학적 기초들'을 그리고 7장과 8장에서는 진실함과 열정, 용기 그리고 겸손과 같은 설교자의 주로 인격적 특성들을 다루었다. 날로 증가하는 경험과 확신으로부터 얻어진 것으로서 내가 특별히 강조하고 싶은 것은 이른바 '다리 놓기(Bridgebuilding)로서의 설교'(4장)에 대한 것이다. 참된 설교는 성경의 세계와 현실 세계 사이에 다리를 놓는 것이다. 그리고 그 다리는 반드시 두 세계 속에 동등하게 접지되어 있어야 한다.

모든 설교자들은 이상과 현실 사이의 고통스런 긴장을 의식하고 있다. 어떤 독자들은 내가 지나치게 많은 인용문들을 사용했을 뿐만 아니라 이 인용문들 가운데 너무 많은 것들이 우리의 현실과는 동떨어졌던 시대에 살았던 사람들의 글이라는 것을 느낄 것이다. 인용문들에 대해서 말하자면 나는 대체로 단순히 나의 독서의 결실들을 다른 사람들과 함께 나누고자 원했을 뿐이다. 비록 자유로움과 솔직함을 가지고 자신의 경험을 토대로 글을 썼을지라도 이 글이 거기에만 국한된다면 그것은 오만한 처사가 될 것이다. 설교는 교회 안에서 거의 20세기 동안 계속되는 하나의 전통을 가지고 있다. 우리는 하나님께서 그들의 사역에 그렇게 두드러진 복을 내리셨던 과거의 위대한 설교자들로부터 아주 많은 것들을 배울 수 있다. 우리의 현실과 다르다고 해서 우리가 그들의 모범된 것들을 본받아서는 안 된다고 생각한다면 그것은 옳지 않다.

다른 독자들은 나를 다른 의미에 있어서 지나치게 이상주의적이라고 생각할 것이다. 다시 말하자면 오늘날 목사직에 따르는 많은 고통의 문제는 충분히 고려하지 않았다는 점이다. 그들은 지나치게 많은 일을 하면서도 충분한 급료를 받지 못하고 있다. 우리의 선조들은 전혀 몰랐던 끊임없는 지적(知的), 사회적, 도덕적 그리고 영적 압력들에 그들은 노출되어 있다. 그들의 사기(士氣)는 저하되어 있다. 많은 목사들이 외로움과 낙망, 의기 소침으로 고통을 받는다. 어떤 목사들은 단지 몇몇 시골 회중들만을 돌보고 있다(나는 지금 30명의 교인들과 그들을 방문하기 위한 자전거 한 대만을 가지고 있는 남인도 교회의 한 목사를 생각하고 있다). 다른 목사들은 부패하고 게을러진 도심지 속에서 아직까지 어떤 리더들도 없이 소수의 교인들과 함께 버둥거리고 있다. 그러면 나는 오래된 도시나 도시 주변의 교회에는 적합할 수 있으나 개척 교회 목사에게는 적합하지 않은 설교 준비와 연구에 대한 높은 표준을 불가능하게 세우고 있는 것일까? 물론 내 자신의 경험이 대부분 런던의 올 소울즈 교회(All Souls Church)와 그와 유사한 다른 곳의 교회들에 제한되어 왔다는 것과, 글을 쓰는 동안에 주로 내가 그런 교회들을 염두에 두었다는 것은 사실이다. 그렇지만 나는 다른 상황들을 고려하는 데도 최선을 다했다.

물론 그것들이 각각의 독특한 현실에 적응되어야 할 필요가 있지만 나는 내가 전개한 전형(典型)들이 보편적으로 옳다고 믿는다. 설교자가 현대 도시 교회에서 대규모의 회중에게 설교를 하고 있든지 아니면 고대 유럽의 시골 교회에서 옛날 강단을 차지하고 있든지, 그 유용성을 상실한지 오래된 황폐하고 통풍도 제대로 되지 않는 옛 건축물의 한 구석에서 소수의 남은 자들과 함께 뒤섞여 있든지, 라틴 아메리카의 움막 속에서나 아프리카의 나무 그늘 아래에 운집해 있는 농부들에게 이야기하고 있든지, 서구식 가정에서 자유스럽게 그를 둘러싼 소수의 그룹과 함께 앉아 있든지 간에 이러한 모든 다양성들에도 불구하고 여기에는 아주 많은 동일성들이 있다. 우리는 동일한 하나님의 말씀과 동일한 인간들을 가지고 있고, 정직과 확신과 용기와 온유로써 하나님의 말씀을 세상에 전하기 위하여 하나님 말씀과 세상을 연구하도록 살아계신 동일한 하나님으로부터 부름을 받은 오류를 범하기 쉬운 동일한 설교자를 가지고 있다.

설교의 특권은 오늘날 증가하는 많은 수의 다른 사람들에게 주어진다. 비록 내가 주로 전담(full-time), 유급(有給) 목사들을 고려하여 글을 썼을지라도 나는 협동 목회의 정당성과 유용성을 좋게 믿으며 또한 부목사들과 그에 속할 수 있는 평신도 설교자들도 기억하였다. 또한 내가 설교자들에 대해서 말을 할지라도 그들의 청중들을 잊지 않았다. 거의 모든 교회에 있어서 목사와 교인들, 설교자와 청중들 사이의 좀 더 밀접하고 좀 더 진심어린 관계들은 유익할 것이다. 설교를 준비하는 일에 있어서 그들 사이의 긴밀한 협동이 더욱 필요하고 그 설교들을 평가함에 있어 더욱 공정함이 필요하다. 보통 회중들은 좀 더 성경적이고 현실적인 설교를 요구함으로써, 그들의 목사들이 설교를 준비하고 연구하기 위한 더 많은 시간을 가질 수 있도록 하기 위하여 그들을 교회 행정으로부터 해방시킴으로써, 그리고 그들의 목사들이 설교에 대한 그들의 책임을 진지하게 떠맡을 때 그들에게 감사와 격려를 표시함으로써, 그들이 듣고 있는 설교의 표준에 대하여 그들이 깨닫고 있는 것보다 훨씬 더 큰 영향력을 끼칠 수 있다.

끝으로 나는 이 책을 저술하는 데 도움을 주었던 많은 사람들 가운데 몇 사람에게 감사를 표시하고 싶다. 먼저 내가 열일곱 살 때 나에게 그리스도에의 길을 가르쳐 주었으며 나를 길러준 내쉬(E. J. H. Nash) 목사에게 감사드린다. 그는 항상 놀랄 정도의 성실함으로 나를 위해 기도해 주셨으며, 하나님의 말씀에 대한 나의 갈망을 증대시켜 주었을 뿐만 아니라 하나님의 말씀을 해설함으로써 오는 기쁨을 맛보게 해 준 최초의 분이기도 하다.

다음으로 나는 내가 가지고 있는 설교 기술은 무엇이든지 다 그 위에서 단련한 모루(anvil: 대장간에서 쇠를 벼릴 때 받침으로 쓰는 쇳덩이-역자 주)가 되어 온 올 소울즈 교회의 인내심 많은 교인들과 나를 사랑과 격려의 기도로써 감싸 준 교회 가족에게 감사를 드린다. 그들과 더불어서 1930년에 비카(Vicar: 교구세를 받은 Rector와는 달리 봉급만을 받는 교구 목사)로서 올 소울즈 교회에 와서 1975년에 렉터(Rector: 교구 목사)로서 내 후임을 맡고 나에게 그의 목회 팀(team)의 한 구성원이 되는 특전과 계속해서 설교할 수 있는 특혜를 베풀어 준 미카엘 바우헨(Michael Ba-ughen)에게 감사한다. 이달로서 나의 비서 생활 25년을 채우는 프란시스 화이트헤드(Frances Whitehead)에게 특별한 감사를 표시한다. 그녀의 근면과 능력은 소문이 나 있을 정도인데 그녀는 갑자기 하늘의 영감이 내게 엄습할 때 내가 마구 흘려 쓴 필적을 애써서 판독해 주었다. 그녀는 이제까지 거의 20여 권의 책을 타이핑하거나 타이핑하는 일을 나누어 맡았다.

뉴질랜드에서 태어나서 지금은 미국에서 목회를 하고 있는 테드 쉬로더(Ted Schroder)에게 감사한다. 그는 올 소울즈 교회에서 4년간 부목사로 있는 동안에 복음을 현대 세계에 결부시키도록 끊임없이 나를 자극하였다. 또한 6개 대륙 모두에서 열린 설교에 관한 회합, 세미나, 연수회에 참석한 수많은 목사들과, 이 주제에 관한 나의 강의를 들은 트리니티 복음주의 신학교, 고든 콘웰(Gordon Conwell) 신학교, 풀러 신학교 그리고 신학생 협의회의 학생들에게 감사한다. 이들 목사들과 학생들은 그들의 질문으로써 나를 자극하였다.

파트 타임 연구 보조자들로서 번갈아 가며 나를 도와 준 로이 맥클루리(Roy McCloughry)와 톰 쿠퍼(Tom Cooper), 마크 래버튼(Mark Labberton)에게 감사하며 특별히 이 책의 사본을 세 번씩이나 읽으면서 신학생들의 관점으로부터 적지 않게 유익한 제안들을 해준 마크에게 감사를 한다.

수년 동안 웨일즈에 있는 나의 작은 시골집에까지 나를 따라다니며 아무런 방해를 받지 않고 평온한 가운데 글을 쓸 수 있는 조건들을 사심없이 만들어 준 나의 친구들, 딕(Dick)과 로즈마리 버드(Rosemary Bird)에게 감사한다. 또한 글을 쓰는 가운데 제시한 질문들에 답을 해준 수많은 사람들에게 감사하며, 특별히 레실 뉴비긴(Lessile Newbigin) 주교, 제임스 스튜어트(James Stewart) 교수, 말콤 머저리지(Malcolm Muggeridge), 얀 머리(Ian Murray), 레이드 새뮤얼(Leith Samuel), 올리버

바클레이(Oliver Barclay), 죤 레이드(John Reid) 주교, 디모디 더들리-스미드(Timothy Dudley-Smith) 주교에게 감사한다.

특별히 오스 기네스(Os Guiness), 앤드류 키크(Andrew Kirk), 미카엘 바우헨(Micael Baughen) 그리고 롭 와너(Rob Warner)에게 이 책의 사본을 읽고 의견서들을 보내준 데 대해 감사한다. 미카엘 그린(Michael Green) 역시 기관지염으로 고통을 받고 있음에도 불구하고 이 책의 사본을 읽어 주었다. 더구나 그는 너그러운 마음으로 이 책의 서문을 써 주어서 나는 이것을 사랑의 빚으로 알고 감사할 따름이다.

1981년 부활절에

죤 스타트

본연의 설교를 찾아서

현대교회는 신학과 신앙생활 전반에 걸쳐 많은 연구와 교회개혁의 문제를 안고 있다.

그 중에서도 설교만큼 새롭게 고찰되어야 할 중요한 문제도 드물 것이다. 주지하다시피 설교는 살아있는 하나님의 말씀을 회중들에게 대언하고 선포하는 것인 만큼 그 내용이나 방법면에서 항상 투철한 사명으로 진전된 연구를 게을리해서는 안 된다.

그러나 한국 교회가 21세기를 내다 보고, 더욱이 선교 제2세기를 출발하는 오늘에 이르러 설교의 현상은 매우 비판적이고 우려할 정도가 되어 있다. 세계적인 실정이기도 하지만 이 땅에도 훌륭한 설교자는 사라져 가고 있는 것이다. 이제는 많은 목회자들이 설교를 복음 선포와 삶을 변화시키는 가장 중요한 수단으로 여기고 있지 않는 것 같다. 더욱이 오늘날은 세계적으로 짧은 설교의 시대라고 말할 수 있는

데, 이러한 현상에 대해서 본서의 저자인 스타트 목사는 '짧은 설교는 단명(短命)하는 그리스도인을 만들고 만다' 고 우려하고 있을 정도이다. 그뿐 아니라 많은 설교자들이 하나님의 말씀을 은연 중에 자기 주장과 생각의 인용문으로 여길 뿐, 말씀 그 자체를 조명하고 강화하는 본연의 사명을 저버리고 있는 감도 없지 않다. 이러한 일들은 현대인의 취향과 지식수준 등을 지나치게 의식하는 데서 오는 그릇된 현상이기도 하지만 요컨대 오늘날의 설교가 본질을 벗어나고 있다는 사실만은 학자들의 공통된 견해임에 틀림이 없다. 이러한 염려 속에서도 일부 참신하고 뜻있는 설교자들은 오늘의 빗나가고 있는 설교 현상에 매우 민감한 자세로 설교의 본연을 되찾기 위한 진지한 노력을 게을리하지 않고 있어서 소망스럽기도 하다.

본서는 바로 이러한 현대 교회의 강단을 위해서 쓰여진 가장 대표적인 책이다. 목차를 한 번 살펴봄으로써 우리는 이 주목할 만한 책의 집필 동기를 알 수 있을 것이다.

죤 스타트 목사는 오늘날 세계적으로 드문 위대한 설교자 가운데 한 사람이다. 그는 이 책에서 설교에 대한 반론들을 정면으로 대하면서, 설교의 본질적인 문제들을 철저히 다루고 있다. 그리고 그는 설교자가 한 발은 성경에, 다른 한 발은 현실에 두고 있는 상황에 대하여 예리하게 지적하고 있으며, 좋은 설교를 위한 준비와 연구에 대한 지혜와 도움이 되는 충고들을 자세히 주고 있어서 설교자들에게는 하나의 큰 도전과 영감이 될 것이다. 그러나 저자는 전문 기술만으로는 충분하지 못하여 설교자는 자신의 설교대로 생활하기를 힘쓰며, 겸손과 열정으로써 성령께서 역사하시도록 간구해야 하며 궁극적으로는 우리

의 삶을 변화시키는 성령의 능력 안에서 설교해야 한다고 가르치고 있
다.

모쪼록 본서가 새로운 사명의 자각을 안고 새로운 시대를 향하여
나아가는 한국 교회에 큰 보탬이 될 것을 의심하지 않으면서 역자로서
의 서문에 대신하는 바이다. 참고로 밝혀 두는 것은 원서에 있는 편집
자의 서문을 생략하는 대신 그것의 주요 내용을 역자의 서문에 최대한
수용하면서 우리의 현실을 반영하고자 하였다는 점이다.

끝으로 이 책이 나오기까지 옆에서 도움을 주신 최성학 전도사님
과 출판 및 편집에 수고를 아끼지 않으신 편집부 직원들에게 이 자리
를 빌어 감사드린다.

성령의 크신 역사가 본연의 설교를 회복하려 갈망하는 한국 교회
의 강단마다 함께 하시기를 기도하면서.

정 성 구

제1장
설교의 영광 - 그 역사적 개관

예수 그리스도와 사도 및 교부들
수사들과 개혁자들
청교도들과 복음주의자들
19세기
20세기

#제1장
설교의 영광 – 그 역사적 개관

설교는 기독교에 있어서 절대적으로 필요하다. 설교가 없었다면 기독교의 신빙성을 보장하는 필수적인 한 면이 상실되었을 것이다. 왜냐 하면 기독교는 바로 그 본질에 있어서 하나님 말씀의 종교이기 때문이다. 살아계신 하나님께서 타락한 인간에게 구조적(救助的)으로 자신을 계시하기 위해 주도권을 행사하신다는 사실, 또는 하나님 자신의 계시가 가장 간단한 전달 방법들 –낱말과 말– 에 의해서 주어졌다는 사실, 또는 하나님께서 하나님의 말씀을 들은 사람들에게 그 말씀을 다른 사람들에게 전하도록 요구하신다는 사실들을 간과하거나 부인하면서 기독교를 이해하려고 한다면 이것은 절대로 불가능한 일이다.

먼저 하나님은 선지자들을 통해서 말씀하셨다. 다시 말하자면 하나님은 선지자들에게 이스라엘 역사 속에서 자신의 활동들의 의미를 설명하셨고, 동시에 그들에게 그의 메시지를 말로나 글로써 또는 두 가지 모두로써 그의 백성들에게 전달하도록 지시하셨다. 그 다음으로 하나님은 그의 아들 곧 육신이 되신 그의 말씀 안에서 말씀하셨고, 직접적으로든 또는 그의 사도들을 통해서 말씀하셨든지 간에 그의 말씀(성육이 되신 그의 말씀-역자 주)의 말씀들 속에서 말씀하셨다. 세 번째로 하나님은 스스로 그리스도와 성경을 증거하며, 오늘날 하나님의 백성들에게 그리스도와 성경이 살아 역사하도록 하는 그의 성령을 통해서 말씀하신다. 이같이 성부와 성자와 성령을 말하는 삼위일체적 진술과, 하나님의 말씀을 성경으로서, 성육신하는 것으로서 그리고 오늘날에도 살아 역사하는 것으로서의 삼위일체적 진술은 기독교 신앙에 있어서 근본적인 것이다. 그리고 우리의 말을 필요하게 만드는 것은 바로 하나님의 말씀이다. 우리는 하나님이 말씀하신 것을 말해야 한다. 우리가 설교해야 하는 가장 큰 책임은 이 사실에 기인된다.

또한 이 점에 대한 강조는 기독교에 있어 유일무이하다. 물론 힌두교의 구루(gurus, 힌두교의 교사)들이나 유태교의 랍비(유태교의 선생)들 또는 모슬렘의 물라(mullah, 회교의 율법자)들이나 간에 모든 종교가 그 공인된 선생들을 가지고 있다. 그래도 종교와 윤리에 있어서 이들 교사들은, 비록 그들이 공적인 권위와 개인적인 재능(charisma)을 부여받았을지라도 본질적으로는 옛 전승에 대한 해석자들이다. 오직 기독교 설교자들만이 자신들을 하나님으로부터 보내진 기쁜 소식의 통보자들이라고 주장하며, 감히 자신들을 실제로 하나님의 말씀(벧전 4:11)을 전하는 그의 대사들이나 전령들로 생각한다. 다간(E. C. Dargan)은 그의 「설교

사(History of Preaching)』라는 두 권의 책 속에서 "설교란 기독교에 있어
서 필수적인 부분이며 두드러진 하나의 특성"이라고 썼으며, 다시 "설
교는 기독교의 독특한 하나의 제도이다"라고 기술하였다.[1]

설교가 기독교에 있어 중심적이며 독특하다는 사실은 길고 다채로
운 교회사 전체를 통해서, 심지어 그 시초부터 인정되어 왔다. 따라서
우리가 설교에 대한 반론들을 숙고하고 그 반론들에 대해서 어떻게 대
처해야 하는가를 고려하기 전에 교회사의 흐름 속에서 그 당시 논의에
눈을 돌리는 것이 내게는 바람직스럽고 유익한 것으로 생각된다. 물론
과거의 전통있는 견해들과 현재의 유력한 발언들이 결코 잘못이 없다
는 말은 아니다. 그럼에도 불구하고 (내가 신중하게 광범위한 교회의 전통으
로부터 끌어 낼) 설교의 능력과 수위(首位)에 대한 그들의 확신에 있어서
의 인상적인 만장일치는 우리에게 그것으로부터 반대 입장을 관찰하
기 위한 효과적인 조망을 제공할 것이며 그렇게 하기 위한 좋은 분위
기를 조성해 줄 것이다.

1. 예수 그리스도와 사도 및 교부들

이 문제를 시작하기 위한 유일한 출발점은 예수 자신이다. 기독교
창시자 자신이 기독교의 첫 번째 설교자였다. 그러나 그의 선구자(세례
요한-역자 주)가 그를 앞섰고 그의 사도들이 그를 뒤따랐다. 그리고 이들
의 설교에서 보여진 하나님 말씀의 선포와 가르침은 기독교의 본질적

---

1) Dargan, Vol. I, p. 12 and 552.

이며 영원한 특성이 되었다.[2] 확실히 복음서 기자들은 예수를 순회 설교자이셨던 것으로 소개한다. 그리스도의 공생애를 소개하면서(막 1:14, 참조. 마 4:17) 마가는 "예수께서 오셔서 (복음을) 전파하여"라고 전한다. 따라서 후에 하버드 대학의 교목이 된 죠지 버트릭(George Buttrick)이 1931년에 예일 대학에서 있었던 그의 리만 비처(Lyman Beecher) 강좌의 제목으로서 이 세 단어들을 선택한 것은 전적으로 옳은 일이었다. 공관 복음서 기자들은 예수의 갈릴리 사역을 이러한 말들로써 요약한다. "예수께서 모든 도시와 마을에 두루 다니사 그들의 회당에서 가르치시며 천국 복음을 전파하시며"(마 9:35, 참조. 마 4:23; 막 1:39). 사실 이것은 그 당시에 그의 사명에 대한 예수 자신의 이해였다. 예수께서는 나사렛 회당에서 이사야서 61장의 예언의 성취로서 주의 성령이 자유케 하는 그의 메시지를 전파하도록 하기 위하여 그에게 기름부으셨음을 주장하셨다. 따라서 예수께서는 그렇게 해야만 하셨다. 그가 **보냄**을 받은 것은 바로 '이 목적을 위한' 것이라고 예수께서는 설명하셨다(눅 4:18, 43, 참조. 막 1:38). 예수께서는 설교자와 교사로서의 강한 사명 의식을 느끼셨으며, 이에 대한 요한의 증거도 이와 비슷하다. 예수께서는 **선생**(Rabbi)이라는 칭호를 받아들이셨고, '세상에 드러내 놓고 말하였으며' '은밀하게는 아무 것도 말하지 않았음'을 주장하셨다. 그리고 빌라도에게는 자신이 '진리를 증언하기 위하여' 세상에 오셨다고 말씀하셨다(요 13:13, 18:20, 37).

오순절 성령 강림 이후에 사도들이 설교 사역에 우선권을 두었던 사실은 특별히 사도행전 6장에 기술되어 있다. 그들은 "기도하는 것과

---

2) Dargan, Vol. II, p. 7.

말씀 전하는 것"(4절)에 전념하기 위하여 다른 형태의 봉사에 빠져 들려는 유혹을 물리쳤다. 본래 예수께서 그들을 부르셨던 것은 바로 이 일을 위한 것이었기 때문이다. 비록 그들의 사역이 일시적으로 "이스라엘 집의 잃어버린 양"(마 10:5-7)에게 제한되었을지라도 공생애 기간 동안에 예수께서는 그들을 보내어 설교하도록 하셨다(마 3:14).

그러나 부활 후에 예수께서는 모든 민족들에게 복음을 전할 것을 그들에게 엄숙하게 위임하셨다(마 28:19; 눅 24:47). 마가의 보다 긴 끝맺음에 따르면 그들은 "나가 두루 전파하였다"(막 16:20). 그들은 성령의 능력 안에서 그리스도의 죽음과 부활, 또는 고통과 영광의 기쁜 소식을 선포하였다(벧전 1:12). 사도행전에서 우리는 제자들이 그렇게 하고 있는 것을 볼 수 있다. 첫째로 베드로와 "담대히 하나님의 말씀을 전한"(행 4:31) 그 밖의 예루살렘의 다른 사도들, 그리고 세 번의 선교 여행에서 누가의 존경을 받았던 바울이 그리하였다. 누가가 로마에서 자택 연금된 그를 떠날 때까지 바울은 "하나님 나라를 전파하며 주 예수 그리스도에 관한 모든 것을 담대하게 거침없이 가르치더라"(행 28:31)고 했다. 이 말씀 속에서 누가는 자신의 사역에 대한 바울의 인식을 충실하게 반영하고 있다. 바울은 그리스도께서 그를 보내신 것은 복음을 전하기 위함이지 세례를 주기 위함이 아니라고 하였다. 그래서 그는 복음을 전하는데 확실한 강박관념을 느꼈다. 그 밖에 설교는 죄인들이 구주에 대한 소식을 듣고 구주께 구원을 청하는 하나님의 정하신 방법이다. 그러니 "전파하는 자가 없이 어찌 들으리요"(고전 1:17; 9:16; 롬 10:14, 15). 바울은 인생 말년에 자신의 싸움을 다 싸우고 자신의 경주가 끝난 것을 알고서, 그는 그의 젊은 부관 디모데에게 그의 임무를 넘겨 주었다. 하나님 앞에서, 그리고 예수께서 세상을 심판하시고 다스리시기 위하여 돌아오실 것을 기대하는 가운데서 그는 디모데에게 엄숙하게 명령하였다. "너는 말씀을 전파하라. 때를 얻든지 못 얻든지 항상 힘쓰라. 범사에 오래 참음과 가르침으로 경책하며 경계하며 권하라"(딤후 4:1, 2).

예수와 사도들의 사역에 있어서 설교와 가르침이 차지하는 위치는 그처럼 두드러진 것이었다. 그러므로 초기 교회 교부들 모두가 설교를 한결같이 강조한 것은 그다지 놀랄 만한 일이 아니다.

일반적으로 거의 2세기 초의 것으로 추정되는, '열두 사도들을 통한 주의 가르침' 이라는 디다케(The Didache)는 도덕원리, 성례전들, 예수 그리스도의 사역과 재림에 대한 교회 입문서이다. 그 글은 여러 유형의 가르치는 사역자들을 언급하는데, 한편으로는 '감독들과 집사들' 을 다른 한편으로는 순회 '교사들, 사도들 그리고 선지자들' 을 언급한다. 순회하는 교사들은 어느 곳에서나 환영을 받게 되어 있으나 그들이 참 교사인지 아닌지에 대해서는 기준이 있었다. 어떤 교사가 사도적 신앙을 부인하거나, 이틀 이상을 한 곳에 머물거나, 돈을 요구하거나, 그리고 그가 선교한 것을 실천하지 못했다면 그는 거짓 선지자이다(디다케 11:1-2; 12:1-5). 그러나 만약 그가 참된 선지자라면 그의 말은 겸손하게 경청되어야 한다. "오래 참고 불쌍히 여기며 순전하고 온유하며 착하라. 그리고 네가 듣는 말씀들을 언제나 두려워하라. 나의 자녀들아, 너희들에게 하나님의 말씀을 전하는 자를 밤낮으로 기억하라. 너는 그를 주와 같이 존경하라"(디다케 3:8, 4:1).[3]

2세기 중엽에 순교자 저스틴의 「첫 번째 변증(First Apology)」이 발

---

3) The Didache, in *Ante-Nicene Fathers*, Vol. Ⅶ, p. 378.

표되었다. 그는 그 글을 황제에게 보냈다. 그 글 속에서 그는 그릇된 설명들에 대하여 기독교를 변호하며, 죽었다가 부활하신 그리스도는 진리의 체현(體現)이시며, 인류의 구주이시기 때문에 기독교는 참되다고 주장하셨다. 마지막 부분에 이르러서 그는 '주일마다 드리는 그리스도인들의 예배'에 대하여 설명하였다. 그의 글 중 성경 읽기와 성경 본문 설교에 대한 강조점과 말씀과 성례전의 결합에 대한 것은 주목할 만하다.

> 주일이라고 하는 날에 도시나 농촌에 사는 사람들이 모두 한 자리에 모여서 시간이 허락하는 한에서 사도들의 언행록(言行錄)이나 선지자들의 글을 읽는다. 그 다음에 낭독자가 읽기를 멈추면 그 모임의 지도자가 말로써 가르치며, 이 선한 교훈들을 따라 살도록 권면한다. 그 다음에는 모두 함께 일어나서 기도한다. 그리고 앞에서 이야기한 대로 기도가 끝나면 빵과 포도주와 물이 나누어진다. 그리고 모임의 지도자가 그의 능력을 따라 함께 기도와 감사를 드리며 사람들은 아멘이라고 말함으로써 그 기도에 동의를 표시한다.[4]

2세기 말경에 라틴 교부 터툴리안(Tertullian)은 그릇된 비난들로부터 기독교를 해명하고, 그리스도인들이 참아내야만 하는 박해의 부당함을 증명하기 위하여 그의 「변증(Apology)」을 썼다. '그리스도인 사회의 특색들'을 쓰면서 그는 그들을 함께 결합시키는 사랑과 통일을

---

4) Justin Martyr, Chapter LXVII, in *Ante-Micene Fathers*, Vol. I, p. 186.

강조하였다. 그 다음에 그는 그들의 모임들에 대해서 다음과 같이 기술하였다.

> 우리는 우리의 거룩한 글들을 읽기 위하여 모인다. … 그 거룩한
> 말씀으로 우리는 우리의 신앙을 살찌우며, 우리의 희망을 고무시
> 키고, 우리의 확신을 더욱 견고하게 한다. 그러할지라도 하나님
> 의 교훈들을 반복적으로 배움으로써 우리는 좋은 습관들을 굳힌
> 다. 또한 동일한 곳에서 권면들이 행해지고 꾸지람과 거룩한 책
> 망들이 베풀어진다.[5]

터툴리안과 동시대 사람으로서 리용(Lyons)의 감독인 희랍 교부 이
레니우스(Irenaeus)는 사도들의 가르침을 고수해야 하는 장로들의 책임
을 강조하였다.

> 이들은 또한 우리를 위해 그처럼 놀라운 섭리를 성취하신 한 하
> 나님 안에서 우리가 가지는 이 신앙을 보존한다. 그들은 우리에
> 게 하나님을 모독하거나 족장들의 이름을 더럽히거나 선지자들
> 을 경멸하는 오류를 범하지 않고 성경을 상세히 설명해 준다.[6]

4세기 초에 가이사랴의 감독이었으며 교회사의 아버지인 유세비
우스(Eusebius)는 기원 후 2백년을 설교자들과 교사들의 활동의 측면에

---

5) Tertullian, Chapter XXXIX, in *Ante-Micene Fathers*, Vol. Ⅲ, p. 46.
6) Irenaeus, Adversus Haereses, in *Ante-Micene Fathers*, Vol. Ⅰ, p. 498.

서 다음과 같이 요약할 수 있었다.

> 그들은 집을 떠나 여행을 하면서 아직까지 전혀 신앙의 말을 들
> 어 보지 못한 사람들에게 설교하고, 그들에게 거룩한 복음서를
> 주는 것을 목표로 삼으면서 복음 전도자로서의 사역을 수행하였
> 다. 그러나 그들은 다른 사람들을 목사로 임명하여 후에 모임에
> 들어 올 사람들을 보호하게 함으로써 이방 땅에 유일한 신앙의
> 기초를 세우는 것에 만족하였다. 그 다음에 그들은 하나님의 은
> 혜와 도우심을 받아 다른 나라와 민족들에게로 떠나곤 하였다.[7]

나는 후기 교부 시대로부터는 실제로 가장 주목할 만한 한 가지 예
만을 들 것이다. 그것은 A.D. 398년 콘스탄티노플의 감독이 되기 전
에 안디옥 교회에서 12년 동안 설교한 크리소스톰(John Chrysostom)의
예이다. 에베소서 6:13(하나님의 전신갑주를 취하라)의 주석에서 그는 설교
의 유일무이한 중요성에 관한 그의 확신을 표현하였다. 그는 그리스도
의 몸도 우리의 몸처럼 많은 질병에 걸린다고 말하였다. 약(藥), 올바른
식이요법, 적절한 기후와 적당한 수면, 이 모든 것들이 우리의 육체적
건강을 회복시키는 데 도움을 준다. 그러나 그리스도의 몸은 어떻게
치료될 것인가?

> 치료의 유일한 수단과 방법이 우리에게 제시되어 왔다. … 그것
> 은 하나님의 말씀을 가르치는 일이다. 이것이 최상의 도구이며,

---

7) Eusebius, Ⅲ, 37, 2.

최상의 식이요법과 기후이다. 이것이 약을 대신하고 뜸질과 절단을 대신해서 쓰인다. 태우거나 절단하는 일도 필요할지라도 이 한 가지 방법만은 꼭 사용되어야 한다. 그 방법 없이는 다른 아무것도 쓸모가 없을 것이다. [8]

설교자로서의 위대함이 인정되어서 그가 크리소스토모스(Chrysos-tomos), 즉 '황금의 입'이라는 별명을 갖게 된 것은 그의 사후 1세기가 더 지나서였다. "그는 일반적으로 그리고 정당하게 희랍 교회의 가장 위대한 강단 설교자로서 인정되었다. 또한 라틴 교부들 가운데서도 그 이상 가거나 그와 비길 만한 설교자는 없다. 그는 오늘날까지도 대도시 설교자들의 본보기가 되고 있다." [9]

그의 설교의 주요한 네 가지 특성들은 다음과 같이 요약될 수 있다. 첫째로 성경적이다. 그는 여러 권의 책들을 통해서 조직적으로 설교하였을 뿐만 아니라, 그의 설교는 성경의 인용과 암시들로 가득하였다. 두 번째로 성경에 대한 그의 해석은 단순하고 솔직하다. 그는 문자적 해석(Literal exegesis)을 주장하는 안디옥 학파를 따랐는데, 이 학파는 우화적(allegorization) 해석을 하는 공상적인 알렉산드리아 학파와 대조되는 학파이다. 셋째로 그의 도덕적 적용들은 현실적이다. 오늘날도 그의 설교들을 읽어보면 우리는 쉽게 황제의 궁전의 화려함, 귀족 사회의 사치, 경기장에서의 야만적인 경기들 등 4세기 말엽 동양 도시의 모든 생활상을 상상해 볼 수 있다. 넷째로 그는 죄를 선고함에 있어서

---

8) Fant and Pinson, Vol. I, p. 108-9.
9) Schaff, Vol. IX, p. 22.

두려움이 없었다. 사실 "그는 강단의 순교자였다. 왜냐 하면 그를 추방 시키도록 만든 것은 주로 그의 충실한 설교였기 때문이다."[10)

2. 수사들과 개혁자들

이제 우리는 이 간략한 개관에서부터 5백년 이상을 뛰어넘어 중세의 탁발수도회의 창설에 이르게 된다. 그 이유는 찰스 스미드(Charles Smyth)의 다음과 같은 글에 기인된 것이다. "설교의 시대는 수사(修士)들이 나타나면서부터 그 연대가 추정된다. …… 우리가 알고 있는대로 강단의 역사는 설교하는 수사들과 함께 시작된다. 그들은 설교에 대한 증가하는 대중들의 요구를 자극하며 충족시켰다. 그들은 설교 기술에 혁명을 일으켰으며 그들의 직무를 확대시켰다."[11) 비록 아시시(Assisi)의 프란시스(Francis, 1182-1226)가 박식한 사람이라기보다는 좀 더 동정적인 봉사의 사람으로서 "우리의 행동과 가르침은 조화가 되어야 한다"고 주장하였을지라도 그는 마치 가난에 관해서 설교하기를 위탁받은 사람과 같았다. "여러분이 어느 곳을 가더라도 가는 그곳에서 설교하지 않는다면 설교하기 위해서 어디를 가나 그것은 쓸모없는 일이다."라고 프란시스는 말했다. 그 말은 그의 사역 시초부터 그의 좌우명이었다.[12) 그와 동시대 인물인 도미니크(Dominic, 1170-1221)는 설교를 더 크게 강조하였다. 복음 전도자의 열심과 함께 개인적인 내핍 생활

---

10) ibid.
11) Smyth, *The Art*, p. 13.
12) Fant and Pinson, Vol. Ⅰ. p. 174-5.

을 겸하면서 그는 복음을 위해 특별히 이탈리아, 프랑스, 스페인을 두루 여행하였으며, 도미닉 수도회(Order of Freachers) 안에 그의 '검은 옷 수사들'(black frairs)을 조직하였다. 1세기 후에 가장 훌륭한 도미닉 수도회 총장(Dominican Ministers General) 중의 한 사람인 훔베르트 드 로만스(Humbert de Romans, 1277년 사망)는 이렇게 말하였다. "그리스도께서는 오직 한 번 미사를 드리셨다. ··· 그러나 주님께서는 기도와 설교를 특별히 설교를 크게 강조하셨다."[13] 그리고 그 다음 1세기 후에 프란시스 수도회의 위대한 설교자 시나(Siena)의 성 베르나르디노(St. Bernardino of Siena, 1380-1444)는 이와 같이 뜻밖의 진술을 하였다. "미사를 드리거나 설교를 듣거나, 이 둘 중에서 여러분이 한 가지 밖에 할 수 없다면 여러분은 설교보다는 차라리 미사를 포기하도록 하라. ··· 설교를 듣지 않는 것보다는 미사를 드리지 않는 것이 여러분의 영혼에 덜 위험하다."[14]

하나님 말씀의 수위(首位)에 대한 프란시스회 수사들과 도미닉회 수사들의 이 놀라운 주장으로부터 종교개혁의 위대한 선구자 혹은 샛별인 죤 위클리프(John Wycliffe, 1329-1384)에 이르기까지는 그렇게 긴 세월은 아니었다. 그의 일생은 옥스퍼드 대학과 관련을 맺고 있는데, 다산(多産)의 작가인 그의 예리한 지성은 점차적으로 중세의 스콜라 철학을 떠났다. 그리고 그는 성경을 신앙과 생활에 있어 최고의 권위라고 선포하였다. 그는 최초의 완전한 영어 성경(불가타 성경으로부터 번역한) 작업을 부추겼으며, 필시 그 자신도 번역 작업의 일부를 맡았을 것이다.

---

13) Smyth, op. cit., p. 16.
14) ibid., p. 15, 16.

그는 부지런하고 성경적인 설교자였으며, 성경으로부터 교황권, 면죄부, 화체설(transubstantiation)과 교회의 부를 공격하였다. 그는 목사의 가장 주요한 사명이 설교하는 것이라는 사실을 의심하지 않았다.

> 사람들이 지상에서 획득할 수 있는 가장 고귀한 봉사는 하나님의 말씀을 설교하는 일이다. 이 봉사는 특별히 성직자들에게 부여된다. 그러므로 하나님께서는 그들에게 그 일을 더욱 철저하게 요구하신다. … 이런 이유 때문에 예수께서는 다른 일들을 놓아 두시고서 주로 설교하는 일에 전념하셨으며 그의 사도들도 이와 같이 하였다. 이 일을 위해서 하나님께서는 그들을 사랑하셨다. … 그러나 교회는 하나님의 말씀에 대한 설교 때문에 가장 존경을 받는다. 그러므로 이것은 성직자들이 하나님께 드릴 수 있는 최상의 봉사이다. … 따라서 만약 우리의 감독들이 몸소 설교하지 않으면서 참된 성직자들이 설교하는 것을 방해한다면 그들은 주 예수 그리스도를 죽인 제사장들의 죄를 범하고 있는 것이다.[15]

르네상스는 종교개혁보다 앞서 일어났을 뿐만 아니라 종교개혁을 위한 선구자의 역할을 하였다. 르네상스는 14세기 희랍과 로마의 고전들에 대한 연구 속에서 '인문주의'를 표현한 페트라르카(Petrarch)와 같은 훌륭한 학자들과 함께 이탈리아에서 시작되었으며, 그 운동이 다음 세기에 북유럽으로 옮겨 갔을 때는 더욱 기독교적인 색채를 띠게 되었다. 왜냐 하면 에라스무스(Erasmus)와 토마스 모어(Thomas More)와 같

---

15) Contra Fraters, in *Fant and Pinson*, Vol. I, p. 234.

은 '기독교 인문주의자들'이 열심히 기독교 고전들, 즉 성경과 교부들의 글들을 연구하였기 때문이다. 결과적으로 그들은 교회의 부패에 대하여 비판적인 자세를 취하였으며 하나님의 말씀에 따른 개혁을 요구하게 되었다. 그리고 그들은 이 개혁을 확고히 하는 일에 있어서 설교자의 핵심적인 역할을 깨달았다.

> 에라스무스는 성직자의 기능 중 가장 주요한 기능은 가르치는 것이라고 하였다. 성직자는 가르치는 기능에 의하여 교육하고 훈계하며 꾸짖고 위로할 수 있다. 평신도도 세례를 줄 수 있으며 모든 사람이 기도할 수 있다. 성직자라 해서 언제나 세례를 베풀거나 사면을 하지는 않는다. 그러나 가르치는 일만은 언제나 해야 한다. 만일 사람이 문답 교육을 받지 않았다면 세례를 받는 것이 무슨 유익이 있으며, 사람이 그 의미를 알지 못한다면 성찬식에 참여하는 것이 무슨 소용이 있겠는가?[16]

'에라스무스가 알을 낳고 루터는 그 알을 깠다'는 옛 속담이 맞는 것 같다. 성례전은 그 효력에 있어서 말씀의 해석에 의존하기 때문에 성례전보다 말씀이 더 중요함을 고집하는 에라스무스의 주장은 확실히 루터에 의해 승인되고 확대되었다. "종교개혁은 설교에 구심성(centrality)을 부여하였다. 강단이 제단보다 높아졌다. 이는 루터의 다음과 같은 말 때문이다. 구원은 말씀을 통해서 이루어지며 말씀 없는 성체용 빵과 포도주는 성례전적 특성을 완전히 망각하고 있다. 그러나

---

16) *Eraxmus' treatise On Preaching*, in Bainton, Erasmus, p. 324.

말씀이 전해지지 않는다면 말씀은 열매를 맺지 못한다."[17] 따라서 "교회는 약속의 말씀에 생명의 은혜를 입고 있다. 그리고 이 동일한 말씀에 의해 양육되고 보존된다. 하나님의 약속들이 교회를 만드는 것이지 교회가 하나님의 약속들을 만드는 것이 아니다."[18] 게다가 "우리는 오직 이 두 가지 속에서 하나님께서 제정하신 죄의 용서에 대한 표시와 약속을 발견하기 때문에 진정한 성례전들은 세례와 성찬, 오직 이 두 가지뿐이다."[19] 그러므로 하나님의 말씀은 우리의 영적 생활에 절대 필요하다. 하나님의 말씀만 있다면 그 외의 모든 것은 없어도 그 영혼은 살아갈 수 있다. … 만약 그 영혼이 말씀을 가지고 있다면 그 영혼은 부요하고 어떤 것에도 부족함이 없다. 왜냐 하면 이 말씀은 생명의 말씀이며, 진리, 빛, 평화, 의, 구원, 기쁨 그리고 자유의 말씀이기 때문이다. 이것은 말씀이 그리스도에게로 집중되기 때문에 그러하다. 말씀으로부터 그리스도를 설교해야 하는 필요성은 바로 이 사실로부터 유래한다. "왜냐 하면 그 영혼이 설교를 믿는다면, 그리스도를 설교한다는 것은 그 영혼을 기르며, 그 영혼을 의롭게 하고 자유케 하며, 그 영혼을 구원한다는 것을 의미하기 때문이다."[20]

그리스도인과 교회의 건강이 하나님의 말씀에 달려 있으므로 하나님 말씀을 가르치고 설교하는 것은 '거룩한 봉사의 가장 중요한 부분'[21]이며 모든 감독과 목사, 설교자의 '가장 고상하고 유일한 의무요 책

17) Bainton, Erasmus, p. 348.
18) Luther, A Prelude on the Babylonian Captivity of the Church, in Rupp, p. 85-6.
19) ibid.
20) Luther, of the Liberty of a Christian Man, in Rupp, p. 87.
21) Luther's Works, ed. Lehmann, Vol. 53, p. 68.

임'이다.[22] 이처럼 설교가 극도로 요구되고 있는 것은 그와 같은 설교의 중대한 책임이 있기 때문이다. 루터는 훌륭한 설교자의 아홉 가지 '속성들과 미덕들'을 제시하였다. 처음 일곱 가지는 어느 정도 예측할 수 있는 것이다. 물론 설교자는 "조직적으로 가르치며 … 재빠른 기지를 갖고 있으며 … 능변이며 … 좋은 목소리와 … 좋은 기억력"을 가지고 있어야 한다. 다음으로 "그는 설교를 끝낼 때를 알고 있어야 한다." 그리고 한 가지 덧붙일 수 있다면, 그는 설교를 시작하는 방법을 알고 있어야 한다. 왜냐 하면 그는 "자신의 교리를 확신하고 있을 것이 틀림없기" 때문이다. "여덟 번째로 그는 위험을 무릅쓰고 설교해야 하며 몸과 생명과 부와 명예를 말씀에 바쳐야 한다." "아홉 번째로 그는 모든 사람으로부터 조롱을 당하고 조소받는 것을 견디어 내어야 한다."[23] 루터에 의하면 조소받을 위험, 생명과 부, 명예를 잃을 위험은 '훌륭한 설교자'에 대한 궁극적인 테스트들이다.

그와 같은 진술은 단순한 학적인 이론이 아니라 루터 자신의 생활 자체였다. 특히 루터는 가장 위태로운 시기에 이렇게 살았다. 그는 1521년 1월에 교황 교서에 의해 파문되었고, 4월에 찰스 5세가 관장하는 웜스 의회(the Diet of Worms) 앞에 출두하도록 소환되었다. 그는 말하기를 "나는 양심과 하나님의 말씀에 굳게 매여 있다"고 하였다. 그래서 그는 성경의 증언과 그가 잘못되었다는 것을 증명하는 명백한 이유가 없는 한, 그의 설교를 취소하기를 거절하였다. 그 후 며칠동안 그는 학식있는 재판관들에 의해서 발언할 수 있는 기회를 얻었다. 그러

---

22) Luther, Treatise on Gool Words, in *Luther's Works*, ed. Lehmann, Vol. 44, p. 58.
23) Luther's Table-Talk, 'of Preachers and Preaching', para. cccc.

나 재판이 시작도 되기 전에 그는 이미 판결을 받았던 것이다. 그 발언은, "비록 내가 그것 때문에 나의 몸과 생명을 잃게 될지라도 나는 하나님의 진실한 말씀으로부터 떠날 수 없습니다"라는 그의 최후의 말과 함께 끝났다. 독일에서 종교개혁을 확립한 것은 정치적 술책이나 무력의 힘이 아니라 바로 이 거룩한 말씀에 대한 설교였다. 루터는 후에 그 사실을 이렇게 진술하였다. "나는 단순히 하나님의 말씀을 가르치며, 설교하고, 기록으로 남겼다. 나는 달리 아무것도 하지 않았다. 나 자신은 잠을 자거나 나의 친구 필립(Philip)과 암스도르프(Amsdorf)와 함께 비텐베르크에서 맥주를 마시는 동안에도 말씀은 군주나 황제로서는 결코 손상시킬 수 없는 교황권을 그처럼 힘없이 약화시켰다. 나는 아무것도 하지 않았다. 말씀이 그 모든 것을 해냈다."[24]

칼빈이 제네바에서 비교적 평화로운 시기에 그의 「기독교 강요」를 썼을 때도 그는 하나님의 말씀을 지극히 높였다. 특별히 그는 참된 교회의 제일 중요한 표징은 말씀에 대한 충실한 설교라는 사실을 강조하였다. 그는 기록하기를 "우리가, 하나님의 말씀이 순전하게 설교되고, 들려지며, 성례전이 그리스도의 제정하심을 따라 집행되는 곳은 의심할 여지없이 그 곳에는 하나님의 교회가 존재한다"고 하였다. 사실 말씀과 성례전에 대한 이 사역, 즉 들을 수 있고 볼 수 있는 복음의 선포는 '하나님의 교회를 구별하는 영원한 표'로 생각해야 한다.[25]

영국의 종교개혁자들은 칼빈에게 강한 영향을 받았다. 성례전은 말씀으로부터 그 효력이 나타나며 말씀 없이는 효력을 상실한다는 것

---

24) Rupp, p. 96-9.
25) Calvin, Ⅳ. Ⅰ. 9 and 2. 1. p. 1023, 1041.

과 말씀과 성례전은 교회의 필요불가결한 표징들이라는 것, 그리고 성직은 본질적으로 말씀의 사역이라는 그의 가르침을 그들은 전적으로 받아들였다. 그래서 영국 성공회 19개 조항(Anglican Aritcle X IX)은, "그리스도의 보이는 교회는 그 안에서 순전한 하나님의 말씀이 설교되고, 성례전이 그리스도께서 제정하신 의식에 따라 정당하게 집행되는 신앙있는(즉 믿는) 사람들의 모임이다"라고 공언하였다. 그리고 대주교(the Bishop)는 후보자들을 사제직에 임명하면서 그들 각자에게 그들의 직무의 상징으로서 성경을 주었을 뿐만 아니라 '성경 읽기와 배우기에 전념하라'고 훈계하였으며 성령의 능력에 의하여 '회중 안에서 하나님의 말씀을 설교하고 거룩한 성례전을 집행하는' 권한을 그들에게 주었다.

이 거룩한 과업을 수행함에 있어서 어떤 개혁자도 영국 종교개혁의 대중 설교자인 휴 래티머(Hugh Latimer)보다 더 진지하게 행한 개혁자는 없다. 그는 1485년경에 레스터셔(Leicestershire)에서 자작농민(yeoman farmer)의 아들로 태어나 1535년에 워체스터(Worcester)의 주교에 임명되었다. 그는 고위 성직자가 되지 않았으며 그의 평범하고 소박한 특성을 결코 잃지 않았을 뿐 아니라 "그는 **마음으로부터** 말하였으며 그의 말들은 사람들의 **마음**에 가 닿았다."[26]

영국 사람들은 여전히 영적 어둠 속에서 길을 잃고 있었고 성직자들은 말씀의 사역을 게을리 하였기 때문에 성직자들이 비난을 받고 있다는 사실은 그가 책임져야 할 큰 짐이었다. 특별히 비난 받을 만한 사

---

26) From the 'Brief Account' of Latimer's life which introduces Select Sermons, p. 10.

람들은 주교들이었다. 그들은 "그들의 소작료에 물의를 일으키며 그들의 지배권을 마음대로 휘두르고 … 포식을 하며 화려한 장원과 대저택 안에서는 분주하면서도" 설교를 위한 시간은 전혀 갖지 않았다고 그는 말하였다.[27]

래티머의 가장 유명한 –그리고 어쩌면 가장 강력한– 연설은 '경작의 설교'(The Sermon of the Plough)로 알려져 있다. 그 연설은 그가 런던 탑에 감금되었다가 풀려난 직후인 1548년 1월 18일에 성바울 대성당에서 행해졌다. 그 설교의 주제는, '하나님의 말씀은 하나님의 밭에 심어지기 위하여 뿌려진다'는 것과, '설교자는 씨 뿌리는 자'라는 것이었다. 그는 그 설교를 전개시켜 가면서 레스터셔에 있는 그의 아버지의 땅에서 농사지었던 개인적인 경험을 이야기하였다. 설교자는 '일년 내내 애써야 하는' 농부와 같아야 한다고 그는 주장하였다. 그러나 그는 성직자들이 쓸데없이 사업과 오락에 참견하는 일로 그들의 시간을 낭비한다는 사실을 슬퍼하였다. 그 결과 빈둥거리며 시간을 보냄으로써 설교와 경작하는 일은 완전히 사라졌다. 그러고 나서 래티머는 다음과 같은 유명한 말로써 그의 청중들의 마음을 조이게 만들었다.

> 이제 나는 여러분에게 한 가지 생소한 질문을 하고자 한다. 영국 전역에서 자기 직무를 수행함에 있어서 다른 모든 사람을 능가하는 가장 부지런한 주교이자 고위 성직자는 누구라고 생각하는가? 나는 그를 잘 알기 때문에 그가 누구인지 말할 수 있다. 그가 누구인지 알고자 하는가? 여러분에게 말하겠다. 그는 바로 사탄이다.

---

27) Moorman, p. 183.

그는 다른 모든 설교자들 중에서 가장 부지런한 설교자이다. 그는 결코 그의 교구를 떠나지 않는다. 그는 결코 그의 직무를 이탈하지 않는다. 여러분은 결코 일하지 않고 빈둥거리는 그를 보지 못할 것이다. 그는 언제나 그의 교구(敎區) 안에 있다. 그는 언제나 자신의 자리를 지킨다. 여러분은 그가 자기의 자리를 이탈하는 것을 보지 못할 것이다. 여러분이 원할 때 그를 부르면 그는 언제든지 집에 있다. 그는 모든 영역에서 가장 부지런한 설교자이다. 그는 늘 경작을 한다. 그는 빈둥거리거나 거드름핌으로써 자신의 임무를 태만하게 하는 경우가 없다. 그는 늘 그의 일에 전념하고 있다. 여러분은 결코 그가 게으름피는 것을 보지 못할 것이다. … 사탄이 거주하면서 계속 경작을 하는 곳에서는 책이 치워지고 대신에 촛불들이 세워지며, 성경이 치워지고 대신에 염주알이 세워지며, 복음의 빛이 사라지고 대신에 촛불의 빛이 세워진다. 그것도 한낮에 말이다. … 하나님의 전통들과 그의 가장 거룩한 말씀은 떨어지고 대신에 사람의 전통들과 법들은 세워진다. … 사탄이 잡초와 독보리를 뿌리는 것처럼 우리의 고위 성직자들이 좋은 교리의 씨앗을 뿌릴 만큼 부지런하면 좋을 텐데 … 영국에는 사탄만큼 부지런한 그런 설교자는 결코 없다.

그 설교의 결론은 다음과 같이 진행되었다.

고위 성직자들은 … 귀족들이지 노동자들이 아니다. 그러나 사탄은 그의 농사 일에 부지런하다. 그는 설교하지 않는 고위 성직자와 같지 않다. 그는 자신의 직무를 이탈하여 오만하게 빈둥거리는 자가 아니다. 오히려 그는 바쁜 농부이다. … 그러므로 설교하지 않는 고위 성직자들이여, 사탄에게 가서 부지런히 자신의 직무를 수행하고 있는 것을 본받으라. … 만일 당신들이 당신들의 직무에 부지런한 것을 하나님에게서 또는 훌륭한 사람들에게서 배우지 않으려면 사탄에게 배우라.[28]

나는 대륙의 종교개혁에 대해서는 루터와 칼빈을 영국의 종교개혁에 대해서는 래티머를 언급하였다. 그들은 설교자들이었고, 설교를 믿는 사람들이었다. 아직까지 그들은 널리 퍼진 확신과 실천의 가장 탁월한 모범이 된 사람들이다. 여기 다간(E. C. Dargan)의 평이 있다.

그 강력한 종교개혁의 위대한 결과들과 업적들은 주로 설교자들과 설교의 소산이었다. 왜냐 하면 종교개혁의 최상의 그리고 최대의 지속적인 활동이 행해진 것은 하나님의 말씀에 의해서였으며, 그것은 하나님의 말씀을 믿고 사랑하고 가르친 열심있는 사람들의 사역을 통해서였기 때문이다. 그리고 반대로 그 운동의 결과들과 원칙들은 설교 자체에 강력하게 반응을 나타내어 설교에 새로운 정신과 새로운 힘, 새로운 형태들을 부여하였다. 그럼으로써 종교개혁과 설교와의 관계는 상호 의존, 상호 보조, 상호 지도의 관계로 기술될 수 있다.[29]

---

28) *Works of Hugh Latimer*, Vol. I, p. 59-78.
29) Dargan, Vol. I, p. 366-7.

3. 청교도들과 복음주의자들

   초기 종교개혁자들에 의해서 설교에 주어진 강조는 16세기 후반과 17세기에 청교도들에 의해서 계속 이어졌다. 그들은 많은 명칭들에 의해 묘사되었는데 어떤 명칭은 무례하기도 하고 어떤 명칭은 귀에 거슬리지 않는 것들도 있었다. 어본위 몰간(Irvonwy Morgan)은 그들의 성격을 가장 잘 요약한 명칭은 '경건한 설교자들'이라는 것이라고 하였다. 그는 다음과 같이 그 이유를 설명하고 있다.

> 청교도들을 이해함에 있어서 본질적인 것은 그들이 다른 어떤 존재들이기 전에 설교자들이며, 또한 그들의 설교를 들은 사람들은 그들을 다른 설교자들과 구별하여 특별히 강조하고 있다는 것이다. … 그들이 단합하여 투쟁하고 살아남을 수 있는 힘을 갖게 된 것은 그들 자신이 복음 설교하기 위하여 부르심을 받았다고 의식하였기 때문이었다. "만일 내가 복음을 전하지 않는다면 내게 화가 있으리라"는 것이 그들의 영감이며 의로움이었다. 결국 청교도의 전통은 설교의 관점에서 평가되어야 한다. 그리고 도미닉회 수사이며 청교도 운동의 지도자들이자 첫 수난자들 가운데 한 사람인 토마스 샘슨(Thomas Sampson)의 말은 그들의 표어로서 세워질 수 있다. … "다른 사람에게나 주교가 되게 하라. 나는 설교자의 일을 맡을 것이다. 그렇지 않으면 어느 누구도 그 일을 하지 않을 것이다"라고 그는 말한다.[30]

---

30) Morgan, I., *Godly Preachers*, p. 10-11.

17세기의 청교도들 가운데 「개혁 목회자」(The Reformed Pastor, 1656)의 저자인 리차드 박스터(Richard Baxter)는 청교도 전통과 그 자신의 책이 보여주고 있는 전형들을 그대로 따른 것으로 유명하다. 그는 백 개의 충격적인 신상 조사서들을 제공한 「수치스런 악덕 성직자들의 1세기」(The First Century of Scandalous Malignant Prie-sts, 1643)라는 의회 위원회의 보고서에서 폭로된 성직자의 무지와 게으름, 방종에 고통을 느꼈다. 그래서 박스터는 그의 저서 「개혁 목회자」(The Reformed Pastor)를 그의 동료 성직자들, 특별히 워체스터셔 목회자 협회(Worcestershire Ministerial Association)의 회원들에게 보내어 키터민스터 교구에서 그 자신의 목회 활동을 지도한 원칙들과 함께 나누었다. "한마디로 우리는 할 수 있는 한 많이 그들에게 하나님의 **말씀**과 **행위**를 가르쳐야 한다. 참으로 이 두 가지야말로 목회자가 가르쳐야 하는 것이 아닌가! 그 얼마나 위대하고 탁월하며 놀랍고 신비스러운 일인가! 모든 그리스도인들이 그리스도의 제자들이며 학생들이다. 교회는 그리스도의 학교이며 우리는 그의 안내인들이다. 성경은 그리스도의 문법책이다. 우리가 매일 그들을 가르치고 있어야 하는 것은 바로 이 때문이다."[31]라고 그는 썼다.

박스터의 가르치는 방법은 이중적이었다. 한편으로 그는 가정을 단위로 하여 문답식으로 가르치는 방법을 개척하였다. 그의 교구 안에는 8백여 가정들이 있었고 그는 적어도 1년에 한 번은 그들의 영적 진보를 조사해 보고 싶었기 때문에 그와 그의 동료는 매주 열다섯 내지 열여섯 가정을 그들의 집으로 초대하였다. 초대된 가정은 따로 따로

---

31) Baxter, *Reformed Pastor*, p. 75.

와서 한 시간씩 있다 가곤 하였다. 교인들은 교리 문답을 암송하도록 요구받았고, 그것을 이해하도록 도움을 받았으며, 그 진리에 대한 그들의 개인적인 경험에 관해 질문을 받곤 하였다. 박스터는 일주일에 이틀을 꼬박 이 문답식 교육에 바쳤으며, 그 일은 그의 활동의 필수적인 한 부분이었다. 그러나 다른 한편으로 '가장 뛰어난 것 —그것이 많은 사람들에게 작용하도록 이바지하기 때문에— 은 하나님 말씀에 대한 공적인 설교'였다. 그는 주장하기를 그것은 "우리가 가지고 있는 다른 어떤 것보다도 더 탁월한 기술과 더욱 고귀한 생명과 열심을 요구하는 작업이다. 회중을 향하여 우리 구주의 이름으로 말미암아 살아계신 하나님으로부터 오는 구원의 메시지를 전한다는 것은 결코 사소한 문제가 아니다"[32]라고 하였다.

그러나 설교의 중요성이 오직 17세기에 청교도들에 의해서만 인정되었다고 가정하는 것은 매우 잘못된 생각임에 틀림없다. 박스터가 「개혁 목회자」(The Reformed Pastor)를 쓰기 꼭 4년 전에, 비록 20년 동안 출판되지는 않았지만 죠지 허버트는 「성전에서의 제사장」(A Priest to the Temple, 또는 The Country Parson, his Character and Rule of Holy Life)이라는 책을 썼다. 두 사람은 서로를 알고 있었으며 또한 서로를 존경하였다는 증거가 있다. 비록 허버트가 초기 영국 가톨릭 교회 신도로 알려져 왔을지라도 박스터는 확실히 그의 시적 재능과 경건을 칭찬하였다. 초기 영국 가톨릭 교회 신도였음에도 불구하고 허버트는 설교에 본질적으로 '청교도적인' 강조를 두었다. 그의 저서 속에서 '교구 목사의 설교'라는 제목을 붙인 7장은 이렇게 시작한다. "지방 교구

---

32) ibid., p. 81.

목사는 끊임없이 설교한다. 설교는 그의 기쁨이요 왕좌이다." 더욱이
그는 그의 메시지를 "책들 중의 책이요 생명과 위로의 보고요 저장고
인 거룩한 성경"으로부터 끌어낸다. 왜냐 하면 "그는 거기에서 지식을
획득하고, 거기에서 생활하기 때문이다." 그의 주요한 특성은 그가
"재치있거나 학식이 많다거나 능변이라는 것이 아니라 거룩하다"는
것이며, "오, 하나님 나의 교인들에게 복을 주시어 그들에게 이 점을
가르쳐 주옵소서"와 같은 '하나님께 대한 많은 외침들'(Apostrophes)
때문에 설교에 지장을 초래할 만큼 말씀을 전달하고자 하는 열심히 있
었다.[33]

　　대서양 저편에서 불과 몇 년 후에, 미국의 청교도인인 커튼 마더
(Cotton Mather)는 보스턴에서 양쪽 대양 해변에 그 영향력을 미치는 목
회를 하고 있었다. 하버드 대학의 특별 연구원이며 박학한 신학자이고
다산의 작가인 그는 「학생과 설교자」(Student and Preacher)라는 그의
책 속에서 '목회자 후보생을 위한 지침서'라는 것을 마련하였다. 대체
로 기독교 사역자에 대한, 특별히 설교자에 대한 그의 견해는 매우 고
상하였다. 그의 서문은 이렇게 시작된다.

> 올바르게 이해된 기독교 사역자의 직무는 세상에 있는 어떤 누구
> 라도 승인할 수 있는, 가장 명예롭고 중요한 일이다. 어째서 하나
> 님의 지혜와 선하심이 이 직무를 불완전하고 죄지은 인간에게 맡
> 기셨는가에 대한 이유를 생각한다는 것은 영원히 불가사의한 일
> 들 가운데 하나가 될 것이다. 설교자의 직무에 대한 위대한 계획

---

33) Herbert, p. 20-4.

과 목적은 사람들의 영혼 속에 하나님의 왕권과 통치를 회복하는 것이다. 다시 말하자면 하나님의 아들의 놀라운 완전하심과 그의 임무와 은혜를 가장 선명하게 나타내며, 가장 명백한 언어로 선포하는 일이며, 또한 사람들의 영혼을 그리스도와 영원한 교제 속으로 끌어 들이는 것이다. … 이것은 그에게 영광이 되는 것으로서 천사가 흠모할 만한 일이다. 실로 그것은 하늘에 있는 모든 천사가 앞으로 천년 동안 그 일에 고용되기를 열망할지도 모를 그런 직무이다. 사역자의 직무는 이처럼 명예롭고 중요하고 유용한 직무이다. 그러므로 만약 어떤 사람이 하나님에 의해 그 직무를 수행하도록 부르심을 받아서 그 일을 충실하고 성공적으로 수행했다면, 그는 왕관을 멸시할 수 있으며 지상에서 가장 빛나는 군주에게 동정의 눈물을 흘릴 수 있을 것이다.[34]

그로부터 정확히 10년 후, 자신은 아직 거듭나지 못했음을 각성하고서 죠지아에서의 2년간의 생활을 청산하고 돌아온 죤 웨슬리(John Wesley)는 '마음이 뜨거워지는' 경험을 가졌다. 그 경험 속에서, 그는 '구원을 위해 그리스도를, 오직 그리스도만을 의지' 하였으며, 그의 죄들이 사라졌다는 것과 그리스도께서 그를 죄와 죽음의 법으로부터 구원하셨다는 확신을 얻었다고 말하였다. 그는 즉시 그가 받은 자유케 하는 구원을 설교하기 시작하였다. 그는 틀림없이 리챠드 박스터의 책에서 영향을 받은 것으로 생각되는 호별 방문 목회와 개심자(改心者)들에 대한 문답식 교육을 장려하였다. 교회와 교회 마당에서, 마을 잔디

---

34) Mather, p. Ⅲ-Ⅴ

밭에서, 들과 야외 극장에서 그는 복음을 선포하였고, 그의 설교를 들으러 모인 수많은 군중들에게 '그리스도를 권하였다.' 1757년 8월 28일자 그의 잡지에서 그는 "사실 나는 설교 때문에 산다"고 말하였다. 그의 교과서는 언제나 성경이었다. 왜냐 하면 성경의 가장 우선적인 목적은 그리스도를 나타내는 것이며 독자들에게 구원을 깨우치는 것이라는 사실을 그가 알았기 때문이다. 「모범 설교」(Standard Sermons)라는 그의 저서 서문에서 그는 이렇게 썼다.

> 나는 하나님께로부터 나와서 하나님께로 돌아가는 한 영혼이다. 지금부터 잠시 후에 내가 더 이상 보이지 않을 때까지 깊은 심연(深淵) 위를 배회하다가 나는 변하지 않는 영원 속으로 들어간다. 나는 한 가지 사실을 알고자 한다. 바로 하늘에 이르는 길을 … 하나님께서는 친히 그 길을 우리에게 가르쳐 주시기 위해서 낮아지셨다. 바로 이 목적을 위하여 그가 하늘로부터 내려 오셨으며 또한 그 길을 한 책 속에 적어 두셨다. 오, 내게 그 책을 주소서! 어떠한 희생을 치르더라도 그 하나님의 책을 내게 주소서! 나는 이제 그 책을 가졌다. 그 책에는 나를 위한 충분한 지식이 있다. 나로 하여금 그 책의 사람(homo unius libri)이 되게 하소서. 나는 이제 사람들의 바쁜 길로부터 멀리 떠나 나 홀로 앉아 있다. 그러나 하나님만은 여기에 계시다. 그의 면전에서 나는 그의 책을 펼치고 읽는다. 하늘에 이르는 길을 찾으려는 바로 이 목적을 위해서.[35]

---

35) Wesley, *Sermons*, p. VI

존 웨슬리는 성경에 대한 묵상으로부터 설교하였고, 그가 발견한 것들을 다른 사람들과 함께 나누었으며, 거룩함과 하늘에 이르는 길을 가르쳤다.

비록 존 웨슬리가, 그보다 젊은 동시대 인물인, 죠지 휫 필드(George Whitefield)보다 대중에게 더 잘 알려지게 되었을지라도(필시 웨슬리의 이름을 가진 세계적인 기독교 교파 때문일 것이다) 휫 필드는 분명코 더 능력있는 설교자였다. 그는 영국과 미국(일곱 번 방문함)을 돌아 다니며 34년 동안 일주일에 평균 20번 가량 설교를 하였다. 능변에다가 열심있고 교리적이며 열정적인 그는 생생한 은유들과 평범한 예화들, 극적인 제스처로써 그의 설교에 생기를 더해 주었다. 직접 사람들에게 질문을 던지거나 사람들이 진심으로 하나님과 화해되기를 간구할 때에 그는 그와 같은 방법으로써 청중들을 사로잡곤 하였다. 그는 자신의 메시지의 권위를 철저하게 확신하였으며, 그의 메시지가 마땅히 하나님의 말씀과 같은 존경을 받아야 한다고 생각하였다.

그의 전기 작가들 중의 한 사람인 존 폴럭(John Pollock)은 언젠가 뉴저지에 있는 한 예배당(퀘이커 교도의)에서 휫 필드는 "습관적으로 설교 시간에 조는 버릇이 있는 한 노인을 주목해 보았다"고 서술하였다. 휫 필드는 그 노인의 잠을 방해하지 않은 채 조용하게 그의 설교를 시작하였다. 그러나 다음에 그는 '신중하게 생각한 말로' 이렇게 말하였다.

"만약 내가 내 자신의 이름으로 여러분에게 설교하러 왔다면 여러분은 여러분의 팔꿈치를 무릎 위에 올려 놓고 머리를 손에 기댄 채 잠을 청할 수 있습니다. … 그러나 내가 만군의 주 하나님의 이름으로 여러분에게 왔다면(손으로 강단을 치고 발을 구르면서) 내 말은 **들려져야** 하고 또 **들려질** 것입니다." 그러자 그 노인이 깜짝 놀라 깨어났다.[36]

4. 19세기

찰스 시므온(Charles Simeon)은 그의 일생의 친구가 되었던 윌리엄 윌버포스(William Wilberforce)와 같은 해인 1759년에 태어났다. 그의 경력은 휫 필드의 활동과 꼭 10년, 웨슬리의 활동과는 22년 이상 겹쳐졌다. 그는 케임브리지 대학 학부 시절에 개심하였다. 그때 그는 거기에서 복음을 전할 수 있는 기회가 주어지기를 열망하였다. 대학 캠퍼스 한가운데 있는 홀리 트리니티(Holy Trinity) 교회 옆을 지나가면서 그는 혼자말로 이렇게 중얼거리곤 했다. '하나님께서 내게 저 교회를 주신다면 얼마나 좋을까! 그러면 내가 거기에서 복음을 전할 수 있고 대학의 중심부에서 그의 선구자가 될 수 있을텐데.'[37] 하나님께서는 그의 기도를 들어 주셨다. 1782년에 그는 그 교회의 교구 목사(vicar)가 되었다. 그러나 처음에 그는 아주 맹렬한 반대에 부딪쳤다. 좌석 소유자들이 예배를 거부하고서 그들의 좌석이 있는 자리로 통하는 문을 잠궈 버렸다. 그래서 10년 이상을 회중들은 서서 예배를 드려야 했고, 때때로 그 안에서 난폭한 광경이 벌어지기도 했다. 그러나 시므온은 견디

---

36) Pollock, *George Whitefield*, p. 248.
37) Carus, p. 41.

어 내었고 점차적으로 시민과 대학생들로부터 존경을 받았다. 그는
54년 동안 홀리 트리니티 교회의 강단을 지켰으며, 성경을 조직적으
로 가르쳤고, 성단소(chancel)에 세워진 그의 기념비에 글을 새길 때
'예수 그리스도와 그가 십자가에 못 박히신 것 외에는 아무것도 알지
않는다' 고 쓰기를 끝까지 고집하였다.

설교에 대한 시므온의 고귀한 식별은 목회자를 대사(ambassador)로
생각하는 개념으로부터 나왔다. 그는 1782년에 성직 임명을 받게 되
는 죤 벤(John Venn)에게 이런 글을 써 보냈다.

> 나의 사랑하는 친구여, 진심으로 자네를 축하하네. 자네가 일년
> 에 40 내지 50 파운드를 받을 수 있게 되어서나, 목사란 칭호를 얻
> 게 되어서가 아니라 자네가 세상에서 가장 귀하고 가장 명예로우
> 며 가장 영광스러운 직무를, 곧 주 예수 그리스도의 대사로서의
> 직무를 계승하게 되었기 때문일세.[38]

이 글은 확실히 그가 그 자신의 사역을 어떻게 보고 있는지를 잘
보여준 일례다. 그는 언젠가 '설교 듣는 법에 대한 지침서'를 "너희가
어떻게 들을까 스스로 삼가라"(눅 8:18)는 예수님의 명령이 담긴 본문으
로 설명하였다. 예수께서 이러한 주의를 주신 것은 "하나님께서 친히
설교자를 통해서 우리에게 말씀하시기 때문이라"고 그는 주장하였다.
그는 계속해서 이렇게 말하였다.

---

38) ibid., p. 28.

목사는 하나님을 대신하는 대사이며 그리스도를 대신해서 말하는 자이다. 그가 성경에 근거한 것을 설교한다면 그의 말은 −그것이 하나님의 마음과 일치하는 한− 하나님의 말씀으로 간주되게 되어 있다. 이것은 우리 주와 그의 제자들에 의해서 주장된 바이다. 그러므로 우리는 설교자의 말을 하나님 자신의 말씀으로 받아야 한다. 그 다음 우리는 겸손하게 그 말씀을 경청해야 한다. 만약 우리가 그 말씀을 무시한다면 우리는 어떤 좋은 판단도 기대하지 못할 것이다.[39]

19세기 전반에 있어서 성경에 대한 고등 비평의 공격들(율리우스 벨하우젠과 그의 동시대인들 및 그의 계승자들이 관련된)과 찰스 다윈의 진화론에도 불구하고 강단은 영국에서 그 명성을 지켰다. 사람들은 그 당시의 위대한 설교자들의 설교를 들으려 몰려 들었고 인쇄된 그들의 설교를 열심히 읽었다. 그 설교자들 중에는 옥스퍼드 대학교회의 죤 헨리 뉴맨(John Henry Newman, 1801-1890), 성 바울 대성당의 캐논 리든(Canon H. P. Liddon, 1829-1890), 브리튼의 로버트슨(F. W. Robertson), 그리고 모든 설교자들 중에서 가장 뛰어난 런던에 있는 메트로폴리탄 태버나클의 스펄전(Charles Haddon Spurgeon, 1834-1892)이 있었다.

빅토리아 여왕 시대 때에 유명한 스코틀랜드 사람인 토마스 카알라일(Thomas Carlyle, 1795-1881)의 말로써 설교자의 유일무이한 영향력을 요약해 보자.

그는 역사가로서 그리고 교회와 신조(信條)에 대한 거리낌없는 비평

---

39) Simeon, *Wisdom*, p. 188-9.

가로서 글을 썼기 때문에 이방인이라는 평을 받게 되었는데 그럼으로써 그의 증거는 더욱 인상적이다. 그럼에도 불구하고 그는 사회 속에서 지도력을 발휘한 영웅들 또는 위인들에 대한 그의 명단에서 명백하게 설교자, 즉 '사람들의 영적 지도자'를 의미하는 '성직자'를 네 번째로 지적하였다. 그는 대표적인 인물들로서 루터와 낙스(Knox)를 지적하였다. "우리는 그들이 가장 훌륭한 개혁자들이었기 때문에 그 두 사람을 우리의 가장 훌륭한 성직자들로 생각한다." 카알라일이 그들에게 감탄한 것은 그들의 고독한 용기였다. 웜스 의회에서 루터는 가장 위압적인 교회의 고위 성직자들과 정부의 고관들에게 굴복하지 않았다. 한편에는 '세상의 위용과 권력'이 앉아 있고, 다른 한편에는 '하나님의 진리를 위하여 가난한 광부 한스 루터의 아들이 서 있다.' "제가 여기 서 있습니다. 저는 달리 아무것도 할 수 없습니다. 하나님, 저를 도와주소서!"라고 그는 말하였다. 카알라일의 생각에 그것은 '현대 인간 역사에 있어서 가장 위대한 순간'이었다. 사실 다음 세기에 유럽과 미국에서 행해진 인간의 자유에 대한 방대한 노력은 바로 이 때에 시작되었다. 마찬가지로 스코틀랜드에서의 자유에 대한 노력은 모든 스코틀랜드인 가운데 가장 용감한 사람인 존 낙스의 노력에 힘입은 바가 크다. "내가 말하건대, 낙스가 그의 국가를 위해 행한 이것은 실로 죽음으로부터의 부활이라고 부를 수 있다. … 그로부터 사람들이 살기 시작하였다." 이와 같은 일은 설교된 말씀의 능력으로 말미암은 것이다.[40]

설교가 빅토리아 여왕 시대에 많은 사람들에게 거의 두려움에 가

---

40) Carlyle, Chapter 4, *The Hero as Priest*, p. 181-241.

까운 존경을 받으며 행하여졌다는 사실은 허만 멜빌(Herman Melville)의 「모비딕」(Moby Dick, 1851)에서 잘 예증된다. 그는 남부 매사추세츠에 있는 뉴 베드포드에서 행해진 어떤 신부의 설교를 생생하게 설명하고 있는데, 그 설교는 전부 인용될 만한 가치가 있는 것이다.

폭풍이 치는 12월 어느 일요일, 이쉬마엘(Ishmael)은 남쪽으로 항해하기 위해서 포경선을 타려고 기다리고 있었다. 후에 그가 설명했듯이, 그는 틀림없이 '장로교 교회의 품 속에서 태어나고 자란 훌륭한 그리스도인' 이었으므로 그는 조그마한 '고래잡이 선원들의 예배당' 으로 신성한 예배에 참석하였다. 예배당 안에서 그는 '따로따로 떨어져 앉아 있는 선원들과 그들의 아내들, 과부들로 구성된 소수의 회중들' 을 발견하였고, '밖에서 들리는 폭풍우의 날카로운 소리' 와 대조를 이루는 그들의 '고요한 침묵' 을 보았다. 이윽고 목사가 들어왔다. 그는 매플(Mapple) 신부라고 불리는 노인이었다. 그는 그 자신이 젊은 시절에 작살잡이였으므로 바다에 대한 사랑과 항해용어를 여전히 사용하고 있었다. 설교단은 계단을 통해서가 아니라 선박용 수직 줄사다리를 통해서 올라가게 되어 있었는데, 매플 신부는 늙은 선원과 같이 노련한 솜씨로 밧줄을 번갈아 거머쥐며 설교단에 올라갔다. 또한 이쉬마엘이 놀란 것은 설교단에 올라간 매플 신부가 자신이 타고 올라온 사다리를 '전부 끌어 당겨 올림으로써', 자신을 작은 퀘백의 요새 속에 난공불락의 상태로 만들어 놓은 것이다. 계속해서, '판넬로 장식된 설교단 앞면을 평평한 뱃머리로 묘사한 반면,' '성경은 배의 이물의 소용돌이꼴 장식을 본따서 만든 툭 튀어 나온 소용돌이꼴 장식대 위에 놓여졌다' 고 묘사했다. 이쉬마엘은 이렇게 자문해 본다. 무엇이 이보다 더 의미

심장할 수 있겠는가?

> 설교단은 세상이라는 배의 가장 앞 부분이며 다른 모든 것은 이
> 를 따르는 것이다. 즉 설교단이 세상을 인도한다. 하나님의 진노
> 의 폭풍이 처음으로 발견되는 곳이 이곳이며, 그 뱃머리야말로
> 가장 먼저 하나님의 진노와 마주쳐야 한다. 바로 여기에서 순풍
> 과 역풍을 주관하는 신에게 순풍을 위해 기원하게 된다. 그렇다.
> 참으로 세계는 항해 중에 있는 배이며 그 항해는 아직 끝나지 않
> 았다. 그리고 설교단은 그 배의 뱃머리인 것이다.[41]

설교라는 제목이 붙여져 있는 그 다음 장에서는 설교의 능력에 대
한 인상적인 한 예를 보여주고 있다. '동료 선원'으로서 그의 회중에
게 말하는 매플 신부는 요나의 이야기를 주제로 하여 설교하였다. 그
는 이렇게 설명하였다. 비록 이 책이 '성경이라는 거대한 닻줄의 가장
가는 가닥들 중 하나'이지만 여기에는 '두 가닥의 교훈'이 담겨져 있
다. 그 한 가닥은 죄많은 인간으로서의 우리 모두에게 대한 교훈이고,
다른 한 가닥은 살아계신 하나님의 안내자로서의 나에 대한 교훈이다.
하나님으로부터 도망치는 자들에게 있어서 요나는 참된 회개의 모범
이었다. 그러나 그는 또한 복음 전파의 의무를 기피하는 모든 설교자
에 대한 두려운 경고였다. 즉 위대한 안내자였던 바울이 말한 것처럼
다른 사람들에게 설교하는 동안에 자신은 버림받은 자가 되는 그러한
설교자를 향한 두려운 경고였던 것이다.[42]

---

41) ibid., p. 128-34.

오늘날 '설교단이 세상을 인도한다' 고 주장하는 사람은 거의 없을 것이다. 그러나 지난 세기였다면 그 말이 과장된 표현으로 생각되지는 않았을 것이다. 그러므로 그 당시 설교의 특권을 인식했던 사람들은 그 특권을 인식하지 못한 사람들 때문에 괴로움을 겪었던 것이다. 이러한 괴로움을 겪었던 사람으로 1812년에 신 프린스톤 신학교(new Princeton Theological Seminary)에서 첫 번째 교수직을 맡았던 아키볼드 알렉산더(Archibald Alexander)의 아들인 제임스 알렉산더(James W. Alexander)를 들 수 있는데, 그 자신 역시 거기에서 1849년부터 1851년까지 교수직을 역임한 바 있다. 그러나 "설교야말로 그에게 가장 잘 어울리는 분야다"라는 찰스 하지(Charles Hodge)의 말대로 그는 20년 간을 목회에 헌신하였다.

우리 가운데 아무도 설교자의 직무의 중요성을 올바르게 깨닫지 못하고 있다는 사실을 나는 염려한다. 오늘의 젊은 사람들은 설교에 임할 때 대전투를 하루 앞둔 자의 각오로 임하지 않는다. 그들은 가장 강력한 열정의 원천을 찾아 인간 감정의 대양(大洋)의 깊은 곳까지 충격을 주어야 하는 사람으로서 설교를 준비하지 않는다. 이 일에 대한 이러한 판단이 만연하는 곳에서는 미숙한 훈련을 받은 사람들조차도 설교를 하게 된다. 그러나 설교는 여전히 대다수의 사람들에게 영향을 미치는 중요한 수단으로 남을 것이다. 설교는 하나님 자신의 방법이므로 하나님께서는 설교를 영예롭게 하실 것이다. 동서고금을 막론하고 위대한 개혁자들은 위

---

42) ibid., p. 135-43.

대한 설교자들이었다.[43]

후에 알렉산더는 설교를 단지 다른 사람들의 삶에만 영향을 미치는 것이 아니라 그것은 또한 설교자 자신을 위한 참된 성취라고 주장하였다.

> 설교에는 기쁨이 있다. 설교가 듣는 사람들에게 지루한 만큼 설교자 자신에게도 지루하게 행해질 수도 있다. 그러나 설교가 훌륭하게 행해질 때 그 설교는 가장 순수하고 가장 고귀한 감동을 일으킨다. 그러한 설교에는 기쁨이 있다. 하늘로 향한 지성에 찬 웅지(雄志), 상상의 대담한 비상(飛翔), 또는 거룩한 열정의 감미로운 동요 등이 설교에서만큼 더 잘 경험되는 곳은 없다.[44]

설교의 이러한 능력과 기쁨 때문에 금세기에 이르러 에딘버러의 알렉산더 화이트(Alexander Whyte)가 낙담해 있는 한 감리교 목사에게 "설교를 포기할 생각일랑 결코 하지 마시오. 하나님 보좌에 둘러 서 있는 천사들이 당신의 그 위대한 일 때문에 당신을 부러워 하고 있소!"[45] 라고 충고할 수 있었음은 그리 놀라운 일이 아니다. 이 말은 1908년에 있었던 일이다. 또한 1907년에는 조합교회 신학자(Congregational theologian) 포사이드(P. T. Forsyth)의 저서 「긍정적인 설교와 현대 지성」 (Positive Preaching and Modern Mind)이 출판되었다. 그 책의 서두는 다

---

43) Alexander, p. 9-10.
44) ibid., p. 117.
45) Barbour, p. 307.

음과 같이 시작된다. "어쩌면 이렇게 말하는 것이 무모한 시작일지 모르나 나는 감히 기독교는 설교와 함께 흥하거나 설교와 함께 망한다고 생각한다."[46]

5. 20세기

금세기는 행복감에 도취된 분위기 속에서 시작되었다. 적어도 교육을 받고 특혜를 누렸던 서구의 소수인들은 이 시대를 정치적 안정, 과학적 진보, 그리고 물질적 풍요의 시대로 기대하였다. 세계의 지평선을 어둡게 하는 어떠한 구름도 없었다. 교회는 전반적으로 낙관적인 분위기에 동조하였다. 교회는 여전히 존경할 만한 사회적 기관이었고 강단에 서는 사람들은 존경을 받았고 심지어는 경의의 대상이 되기도 했다.

설교의 은혜로운 결과를 무한히 신뢰하는 시기에 내가 발견한 최상의 예는 찰스 실베스터 혼(Charles Silvester Horne) 목사의 경우이다. 그는 1914년 예일 대학에서 '설교의 로맨스'(The Romance of Preaching)라는 제목으로 설교에 대한 비쳐 강좌(Beecher Lectures)를 인도하였다. 그리고 불과 며칠 뒤에 집으로 돌아가는 배 위에서 사망했다. 그의 강좌에는 임박한 전쟁에 대한 우려가 조금도 나타나 있지 않은 것을 보면 틀림없이 그는 그 강좌를 1913년에 준비하였던 것 같다. 혼(Horne)은 조합 교회의 목사이며 영국의 하원이었다. 그는 하원에서는

---

46) Forsyth, p. 1.

능변가로, 설교에 있어서는 열정가로 평판이 높았었다. 아스퀴드(H. H. Asquith)는 말하기를 "그는 배 속에 불을 가진 자"라고 하였다. 그러므로 그는 종종 설교를 들으러 혼에게 가곤 했던 것이다. 정치가이자 설교자이었던 혼은 자신의 개인적인 경험으로부터 두 직업을 비교해 볼 수 있었다. 그는 어느 것이 더 영향력 있는 직업인지를 분명히 알고 있었다.

> 하나님의 사자(使者)인 설교자는 사회의 참된 스승이다. 즉 통치자가 되도록 집단에 의하여 뽑힌 것이 아니다. 그들은 사회의 이상을 형성하기 위해, 그 이상을 통해서 사회생활을 인도하고 다스리기 위해 하나님의 선택에 의하여 뽑힌 사회의 스승이다. 아무리 풍습이 세속화된 사회에 처해 있을지라도 그 사회의 열심에 불을 지피고, 그 사회의 신앙을 소생시키며, 그 사회의 격정을 깨끗이 하며, 야망을 순화하고, 그 사회의 의지에 확고부동함을 줄 수 있는, 그 사회와 더불어 반드시 생각하지 않을 수 없는 그런 사람을 내게 보이라. 아무리 어떤 당(黨)이 명목상으로 정권을 장악할 수 있을지라도, 아무리 어떤 지도자가 표면상으로 권위적인 위치를 차지할 수 있을지라도 나는 진정한 사회의 스승은 여러분임을 의심하지 않는다.[47]

그는 의사 전달의 기술과 직업에 있어서의 설교자의 경쟁 상대들을 잘 알고 있었다. 그는 극작가, 저널리스트, 사회주의 정치 선동가,

---

47) Horne, p. 15.

소설가, 정치인, 시인, 그리고 각본가(Playwrihgt)를 말하였다. 오늘날 우리는 이 목록에 텔레비전 작가와 연출 제작자를 덧붙여야 할 것이다. 그도 우리와 마찬가지로 사람들의 귀가 경쟁자들의 목소리에 싸여 있음을 알고 있었다. 그럼에도 불구하고 그는 여전히 도덕적, 사회적 영향력의 순위에 있어서 첫 번째 자리를 설교자에게 부여하였다.

> 역사의 진정한 로맨스는 이러한 설교자의 로맨스다. 그것은 영원한 의지(Will)를 통찰하고, 모든 대륙과 언어와 종족이 속해 있는 제국(Empire)을 의식함으로써, 하나님께 도취된 영혼의 웅대한 기적이다. 이 사람은 무력의 충돌과 어리석은 힘의 각축들 속에서 오직 진리라는 이름의 칼과 의(義)의 갑옷과 평화의 영을 구하면서 평온하게 서 있다. 이 사람은 세상이 정복할 수 없고 저항할 수도 없는 영웅이다. 세상의 가장 영속적인 승리는 모두 그의 것이다.[48]

그리고 혼은 계속해서 다음과 같이 말하였다. "우리가 아니면 누가 그들의 소명을 자랑스러워 하겠는가? 이제까지의 어떠한 역사가 우리들의 역사와 비길 수가 있는가? 설교자들의 행진을 생각해 보라! 그들의 메시지 앞에서 고대 이교 제국들이 차례로 흔들리자 이교의 전제군주들은 그들에게 머리를 숙였다."[49] 자유시민의 시민 생활과 국가 생활을 형성하는 데 있어서 복음의 사람이 그 역량을 발휘했던 가장 뛰

48) ibid., p. 19.
49) ibid., p. 37-8.

어난 예로서 그는 특별히 사보나롤라(Savonarola), 칼빈(Calvin), 그리고 낙스(Knox)를 언급하였다.[50]

역시 조합교회 목사로서, 설교를 정치보다 더 강력한 것으로 생각했던 또 한 사람은 조운즈(J. D. Jones, 1917년 사망) 박사였다. 그는 거의 40년 간을 본머드(Bournemouth)에 있는 리치몬드 힐 조합교회의 목사로 있었다. 한 정당의 지도자로부터 의회 후보자로 출마하도록 권고받았을 때 그는 그 권고를 사양하면서 그 이유로서 산발랏(Sanballat)과 도비야(Tobiah)에게 보낸 느헤미야의 답변을 인용하였다. 그 답변은 느헤미야가 예루살렘 성벽을 건축하는 것을 그들이 중단시키고자 하였을 때 그들에게 보냈던 것이다. 느헤미야는 그들에게 말하였다. "내가 이제 큰 역사를 하니 내려가지 못하겠노라"(느 6:3). 조운즈 박사는 두 마디(come down, 내려가지)를 강조하며 선언하였다. "정계를 위해서 강단을 버린다는 것은 **내려가는** 것이 될 것이다." "나는 의회가 인간의 조건을 좀 더 개선시키기 위해 할 수 있는 일이 있음을 무시하지 않는다. 그러나 세상의 상처를 궁극적으로 치료할 수 있는 것은 입법이 아니라 하나님의 구속하시는 은혜이다. 그러므로 구속의 은혜를 선포하는 것이야말로 사람이 부름 받을 수 있는 일 중에서 가장 고귀한 일이다."[51]

금세기 초에 유행했던 낙관주의는 먼저 제1차 세계 대전의 발발로, 그 다음에는 참호 속의 진흙과 피의 참사로 산산이 부서졌다. 유럽은 4년간의 징벌의 분위기로부터 빠져나왔으나 이내 수년 간의 경제 공황으로 더욱 악화된 상황에 처하게 되었다. 목사들의 발언은 보다 냉

50) ibid., p. 178.
51) Gammie, p. 169.

정해졌다. 그러나 설교 사역의 특권과 능력에 대한 신뢰는 여전히 살아 있었다. 실로 전쟁을 경험한 후 이전의 자유로운 낙관주의를 버리고 인류에 대한 새로운 현실주의와 하나님 안에서 새로운 신앙을 표명하였던 칼 바르트(Karl Barth)와 같은 지각있는 신학자들은, 설교가 이전보다 더욱 심각한 중요성을 가지게 되었다는 그들의 확신을 표현하였다.

> 독창적이고 통제하는 진리의 능력 안에서, 모든 것을 근절하고 모든 것을 화해시키는 진지함에서, 서로를 통해서 그리고 서로 안에서 시간과 영원을 계시하는 말씀, 곧 살아계신 하나님의 로고스가 시간과 시간의 혼동들 위에서 뿐만 아니라 시간을 넘어 영원의 밝음을 향해 던지는 빛 안에서, 하나님의 말씀을 전하고 듣는 것보다 현실 상황에 더 적절한 것은 아무것도 없으며, 그보다 더 중요하고, 더 긴박하며, 더 유용하고, 더 구속적이고, 더 유익한 것은 아무것도 없다는 사실은 아주 자명한 이치이다.[52]
> (1928년 바르트에 의해 공언되었다).

하나님 말씀 안에서의 모든 신뢰의 회복과, 말씀하셨고 말씀하시는 살아계신 하나님 안에서의 신뢰의 회복은 -이 진리가 어떤 식으로 규정된다 할지라도- 설교의 회복의 결과에 달려 있다는 것은 이치에 맞는 말이다. 이 사실은 그렇게 많은 위대한 설교자들이 왜 그 개혁된 전통에 속해 왔었는가에 대한 이유가 될 것임에 틀림없다. 또 다른 예

---

52) Barth, p. 123-4.

는 에딘버러의 제임스 블랙(James Black)의 경우이다. 그는 1923년 스코틀랜드에서의 워랙 강좌(Warrack Lectures)와 미국에서 스프런트 강좌(Sprunt Lectures)에서 학생들에게 그들의 설교 사역을 진지하게 수행하라는 고무적인 충고를 하였다. 그는 이렇게 말하였다.

"우리의 봉사는 위대하고 장엄한 것이다. 그리고 우리가 가진 모든 재능을 바칠 만한 것이다. … 그러므로 나는 여러분이 일찍부터 여러분의 설교 사역을 필생의 과업으로 삼아 주기를 부탁한다."[53]

또한 그는 이렇게 말하였다. "우리의 일은 필요한 모든 준비와 그 일을 수행하는데 필요한 모든 재능을 다 사용해야 할 만큼 중대한 일이다. … 여러분의 일은 영혼들을 보살피고 기르는 것이 될 것이다. 그 일에 여러분 자신의 값진 삶의 모든 열심과 열정을 쏟으라."[54]

더욱더 놀라운 것은 헨슬리 헨슨 감독(Bishop Hensley Henson)처럼 신학적으로 그렇게 자유로운 견해를 가진 사람에 의해서도 설교에 우선권이 주어졌다는 사실이다. 1927년에 「영국의 교회와 교구 목사」(Church and Parson in England)라는 제목으로 출판된 그의 설교와 성직 수임의 책임들에 대한 글 속에서 그는 이렇게 개탄하였다. "부끄러움을 모르는 잠 속에 빠져 있지는 않지만 설교의 고통에 대해서는 슬픈 체념 속에 안주해 있는 회중의 모습은 슬프게도 얼마나 흔해 빠진 광경인가."[55] 설교에 대한 이와 같은 냉소와는 대조적으로 그는 자신의 확신을 이렇게 표명하였다. "기독교 사역의 모든 활동들 가운데서 설교는 가장 고귀한 활동이다. 우리의 직업에 대한 우리의 존경도를 테

---

53) Black, p. 4.
54) ibid., p. 168-9.
55) Henson, Church and Parson, p. 143.

스트하는 것은 설교자의 직무에 대한 우리의 실행 여부이다."[56] 그래서 그는 그의 동료 성직자들에게 이렇게 권고하였다. "설교자로서의 여러분의 의무를 결코 소홀하게 생각지 마시오. … 진실로 어떤 의미에서 우리는, 목회의 모든 활동들이 설교의 사역 안에 집약된다고 말할 수 있습니다."[57]

디트리히 본회퍼(Dietrich Bonhoeffer)의 생애와 활동은 아직도 평가되고 있는 중이다. 1945년 플로센버그(Flossenburg) 강제 수용소에서 자신의 처형에 임하여 그가 보여준 용기는 모든 사람을 감동시켰지만, 학자들은 그의 몇 가지 신학적 진술들이 의미한 바에 대해서 논쟁을 계속하고 있다. 그의 친구인 에버하르트 베트게(Eberhard Bethge)처럼 그를 가장 잘 알고 있었던 사람들은, 기독교에 대한 '비종교적 해석'에서 그는 함께 모인 공동체의 참된 예배를 없애려 하지 않았다는 사실을 우리에게 보증한다. 도리어 예배는 그리스도의 부르심을 들을 수 있는 기회가 되기 때문에 반드시 필요한 것이다. 그는 이렇게 말하고 있다.

> 만약 우리가 따르라고 하는 그의 부르심을 듣고자 한다면 우리는 그를 만나게 되는 곳, 즉 교회 안에서 말씀과 성례전의 사역을 통해서 들어야만 한다. 교회의 설교와 성례전의 집행을 통하여 예수 그리스도께서는 현존하신다. 만약 여러분이 예수의 부르심을 듣고자 한다면 여러분은 어떠한 개인적인 계시가 필요없다. 여러

---

56) ibid., p. 153.
57) ibid., p. 138.

분이 해야 할 것은 설교를 듣고 성례를 받는 것, 즉 십자가에 못 박히시고 부활하신 그리스도의 복음을 듣는 것이 전부이다.[58]

전쟁이 발발하기 전에 행해진 설교에 관한 그의 한 강의에서 본 회 퍼는 설교의 근본적인 중요성을 더욱 강력히 강조하였다.

> 선포된 말씀을 위하여 세상은 세상의 모든 말들과 함께 존재한 다. 설교 속에서 새로운 세계를 위한 기초가 놓여진다. 여기에서 원초적인 말씀이 들려지게 된다. 설교에서 말하여진 말씀으로부 터 피하거나 달아날 수 있는 것은 아무것도 없으며, 이러한 증거 의 필요성으로부터 우리를 면제시킬 수 있는 것 역시 아무것도 없다. 심지어 예배나 예배 의식도 그렇게 하지 못한다. … 그리스 도께서는 성경에서 자신이 선포하신 말씀들을 통해서 회중들에 게 들어가신다는 사실을 설교자는 확신해야 할 것이다.[59]

비록 제2차 세계대전의 발발로 유럽에서의 세속화의 과정이 가속 화되었다 할지라도 그 2차대전조차도 설교의 중요성을 감소시키지는 못했다. 2차대전 기간 동안과 그 후에 세 명의 훌륭한 감리교 목사들 이 런던의 강단에 서서 많은 군중을 인도하였다. 시티 템플(City Temple)의 레실 위더해드(Lesile Weatherhead), 킹스웨이 홀(Kingsway Hall, 그 리고 또한 마블아치와 타우어 힐의 야외에서)의 도날드 소퍼(Donald Soper), 웨

---

58) From *The Cost of Discipleship*, 1937, in Fant, Bonhoeffer, p. 28.
59) Fant, *Bonhoeffer*, p. 130.

스트민스터 센트럴 홀(Westminster Central Hall)의 윌 생스터(Will Sangs-ter)가 그들이다. 언젠가 한때 재치있는 한 사람이, 그들 서로를 가장 잘 구별할 수 있는 것은 그들 사람의 사랑이라고 했다. 왜냐 하면 '생 스터는 주님을 사랑하였고, 위더헤드는 그의 교인들을 사랑하였고, 소 퍼는 논증을 사랑하였기' 때문이라는 것이다. 세 사람 가운데 필시 생 스터가 가장 능변의 설교자였던 것 같다. 그는 런던 토배기 출신으로 열다섯 살 때 학교를 그만두고 시에서 사환으로 일하게 되었다. 그럼 에도 불구하고 열여덟 살 때 그는 감리교 지방 설교자가 되었고, 1950 년에는 영국 감리교 협의회 회장으로 선출되었다. 그의 잘 알려진 저 서인 「설교의 기술」(The Craft of the Sermon, 1954)에서 그는 설교자의 임무를 충분히 묘사할 수 있을 만한 고상한 말들을 좀처럼 발견할 수 가 없었다. 서두 부분에서 그는 이렇게 썼다.

> 설교하도록 부름을 받았다! … 말씀을 가르치도록 하나님으로부
> 터 위임받았다! 위대하신 왕의 사자! 영원한 복음의 증인! 다른 어
> 떤 일이 그보다 더 높고 더 거룩할 수 있을까? 이 지고(至高)한 일
> 을 위하여 하나님께서 독생자를 보내셨다. 모든 시대의 좌절과
> 혼동 속에서 제멋대로 하는 사람들에게 하나님의 뜻을 선포하는
> 일에 필적할 수 있을 만큼 중요한 어떤 일을 상상할 수 있는가?[60]
> 개혁 교회 안에서 설교가 그 중심부에 서게 된 것은 우연히 된 것
> 이 아니며 또한 독단적인 자기중심에 의해서 된 것은 더더욱 아
> 니다. 그것은 계획과 신앙에 의해서 된 것이며, 일의 논리에 의해

---

60) Sangster, The Craft, p. 14-15.

서 된 것이다. 그러므로 설교는 하나님의 말씀의 보좌로서 있
게 되는 것이다.[61]

그 다음에 그 책의 끝부분에 가서 그는 "예수 그리스도의 좋은 소
식을 전한다는 것은 사람이 전념할 수 있는 가장 고상하고 가장 거룩
한 활동이다. 그러므로 그 일은 어쩌면 천사들조차 부러워서 그 일을
하고자 하늘의 궁정을 버릴 만한 일인 것이다"[62]라고 그 자신의 개인
적인 확신을 피력하였다. 앤드류 블랙우드(Andrew Blackwood)도 그와
비슷하게 "설교는 지상에서 가장 고귀한 일로서 그 지위를 차지해야
한다"[63]고 논평하였다.

이렇게 해서 우리는 1960년대, 70년대, 그리고 80년대에 이르게
된다. 불행히도 설교의 조수는 점점 쇠약하였고 그 간조(干潮)는 여전히
오늘날도 낮은 채로 있다. 적어도 서구 사회에서의 설교의 쇠퇴는 교
회 쇠퇴의 징후이다. 회의론의 시대적인 분위기는 확신있는 선포의 회
복에 도움이 되지 못했다. 그렇지만 설교의 결정적인 중요성을 단언하
며 설교의 부활을 요구하는 소리들이 없는 것은 아니다. 사실상 우리
는 이 소리들을 모든 교회 안에서 듣는다. 이 점에 대하여 나는 로마
가톨릭(Roman Catholic)과 영국 국교회(Anglican Church) 그리고 자유 교
회들(Free Churches)로부터 각각 한 가지씩 예를 들겠다.

몇몇 로마 가톨릭 저술가들은 현대 설교의 저급한 수준에 관해 매
우 우려를 표명한다. 나이가 지긋한 예수회 신학자 칼 라너(Karl

---

61) ibid., p. 7.
62) ibid., p. 297.
63) Blackwood, p. 13.

Rahner)의 주장에 따르면 현대의 가장 심각한 문제들 중의 하나는, 그가 '설교의 고민'이라고 부른 것과 관계가 있다. 이것은 기독교 메시지를 일상 세계에 관련시키는데 있어서의 실패를 의미한다. "많은 사람들이 교회를 떠나는 것은 강단으로부터 흘러나오는 말들이 그들에게 아무런 의미를 갖지 못하기 때문이다. 즉 설교는 그들 자신의 생활과 아무런 관련도 없으며 그들을 위협하고 있는 피할 수 없는 많은 문제들을 그냥 지나쳐 버리기만 하기 때문이다. … '설교의 교민'은 이제 더욱 더 심각해지고 있다."[64]

그러나 이 문제가 2차 바티칸 공의회로부터 나온 문서들을 읽어본 사람들에 있어서는 반드시 그러한 것만은 아니다. '교회 생활에 있어서의 거룩한 성경'이라는 제목이 붙은 〈'하나님의 계시에 대한 교리 규정'〉의 제6장에서는 성경을 연구하고 적용해야 할 의무에 관한 단호한 주장이 포함되어 있다.

> 가톨릭 성경 해석자들, … 그리고 거룩한 신학을 연구하는 다른 학자들은 공동으로 성실히 연구하고 적절한 방법을 사용하여, 교회의 가르치는 신성한 직무를 조심스럽게 보호하는 가운데 거룩한 문서에 대한 탐구와 설명에 그들의 정력을 쏟아야 한다. 이 작업은, 가능한 한 많은 하나님 말씀의 사역자들이 하나님의 백성들에게 성경의 자양분을 효과적으로 공급해 줄 수 있고, 그것에 의해 그들의 지성을 밝히고 그들의 의지를 강화시키며 사람들의 마음에 하나님의 사랑으로 불을 붙이는 그런 방법으로 행해져야

---

64) Rahner, p. 1.

한다.…[65] 그러므로 모든 성직자는 근면하고 경건한 독서와 주의 깊은 연구를 통해서 거룩한 성경에 굳게 붙어 있어야 한다. … 그들은 하나님 말씀의 풍성한 부요함을 그들에게 맡겨진 신자들과 함께 나누어야 하므로 그들 중 누구도 '내적으로 하나님의 말씀을 듣지 않고 외적으로만 하나님의 말씀을 전하는 공허한 설교자'(어거스틴)가 되지 않도록 하기 위해서 성경에 대한 이같은 수련이 요구된다.[66]

본문은 계속해서, 그리스도인들은 자기 스스로 성경을 읽어야 한다고 말한다. 본문은 이렇게 계속된다. "그러므로 이렇게 해서, 즉 거룩한 성경을 읽고 연구함으로써 '주의 말씀이 퍼져 나가 영광스럽게 되게'(살후 3:1) 하자. 그리고 교회에 맡겨진 계시라는 보물이 더욱 더 사람들의 마음에 가득 차게 하자."[67]

〈'성직자 사제의 생활에 대한 교령(敎令)'〉에서도 또다시 이 주제를 언급하여 로마 가톨릭 성직자들로 하여금 복음을 설교하도록 권유한다.

누구도 먼저 믿지 않고서는 구원받을 수 없으므로 사제들은 그들의 주교와 함께 일하는 협력자들로서, 모든 사람에게 하나님의 복음을 선포하는 일을 그들의 우선적인 의무로 갖는다. … 사제들의 일이란 그들 자신의 지혜를 가르치는 것이 아니라 하나님의

---

65) Abbott, para. 23.
66) ibid., para. 25.
67) ibid., para. 26, p. 126-8.

말씀을 가르치는 것이며 모든 사람들을 촉구하여 개심과 거룩함
에로 부르는 것이다. … 그러한 설교는 하나님의 말씀을 단지 일
반적이고 추상적인 형식으로 나타내서는 안 된다. 오히려 설교는
복음의 영원한 진리를 생활의 구체적인 상황에 적용시켜야 한
다.[68]

영국 국교회는 우리가 이미 살펴본 대로 오랫동안 이어져 온 재능
있는 설교자들로 장식되어 왔다. 그러나 최근에 어떤 교회 지도자도,
1974년부터 1980년까지 캔터베리 대주교를 지낸 도날드 코건(Donald
Coggan)보다 더 영국 교회에서의 설교의 회복에 자극을 주지는 못했
다. 그는 반 세기 동안 '말씀의 사역자가 되는 즐거운 전제정치 하에'
[69] 지내왔다고 자신을 기술한 능력있는 설교자였다. 설교자 대학
(College of Preachers, 이미 워싱턴에 훌륭하게 세워졌다)이 영국에서 세워진
것은 주로 그의 발의(發意)에 의해서였다. 설교에 대한 자신의 첫 번째
저서인 「은혜의 청지기들」(Stewards of Grace, 1958)에서 그는 이러한 말
로써 설교의 절대 필요성에 대한 그의 확신을 표현하였다.

여기에 하나님의 경륜의 기적이 있다. 하나님의 용서와 사람의
죄 사이에 서 있는 설교자가 바로 그것이다. 하나님의 준비와 인
간의 필요 사이에 있는 자가 곧 설교자이다. 하나님의 진리와 인
간의 질문 사이에 서 있는 자가 곧 설교자이다. 인간의 죄를 용서

---

68) ibid., para. 4, p. 539-40.
69) Coggan, On Preaching, p. 3.

에, 인간의 필요를 하나님의 전능에, 인간의 탐구를 하나님의 계
시에 연결시키는 것이 그의 과업이다.[70]

자유 교회에서의 예는 1938년부터 1968년까지 런던의 웨스트민스
터 교회당에서 매우 영향력 있는 목회를 해 온 마틴 로이드 존스(Martin
Lloyd-Jones) 목사의 경우이다. 그는 주일날에 자신의 강단을 떠난 일
이 결코 없었지만(휴가 기간을 제외하고는) 그의 메시지는 지구의 가장 먼
구석에까지 미쳤다. 그의 의학적인 훈련과 내과 의사로서의 초기 경
험, 성경의 권위와 그리스도에 대한 그의 흔들릴 수 없는 신념, 그의
예리하고 분석적인 지성, 사람의 마음을 꿰뚫어 보는 그의 통찰력, 그
리고 그의 열정적인 웨일즈인의 기질로 인하여 그는 1950년대와 60년
대의 영국의 가장 힘있는 설교자가 되었다. 필라델피아에 있는 웨스트
민스터 신학교(Westminster Theological Seminary)에서 그가 처음으로 강
의한 내용을 모은, 그의 저서 「목사와 설교」(Preaching and Preachers,
1971)에서 그는 자신의 가장 굳은 확신들을 우리와 함께 나눈다. 그 책
의 첫 장에는 '설교의 수위성'이라는 제목이 붙여졌다. 거기에서 그는
이렇게 단언한다. "내게 있어서 설교의 사역은 이제까지 부름받을 수
있었던 누구에게나 가장 고귀하고 가장 위대하며 가장 영광스러운 소
명이었던 것이다. 만약 여러분이, 내가 어떤 주저함도 없이 말하고자
한 것에 무엇인가 덧붙이고자 한다면, 그것은 오늘날 기독교회에 있어
가장 절박한 필요인 참된 설교라는 사실이다."[71] 그 다음에 그 책의 끝

70) Coggan, Stewards, p. 18.
71) Lloyd-Jones, Preaching, p. 9.

부분에 가서 그는 '설교의 로맨스'에 대해서 쓰고 있다. "그와 같은 것은 아무 것도 없다. 그것은 세상에서 가장 위대한 일이다. 다시 말해서 가장 감격스럽고 가장 흥분시키며 가장 보람되고 가장 놀라운 일이다."[72]

이와 같은 극찬들과 함께 나는 나의 간략한 역사적 개관을 마치겠다. 물론 이것은 아주 미흡한 고찰이다. 결코 이것이 포괄적인 '설교의 역사'라고 주장할 수는 없다. 오히려 이 고찰들은 증거들을 아주 주관적으로 발췌한 것에 불과하다. 그렇지만 적어도 이 고찰은 두 가지의 가치를 갖고 있다.

첫째, 이 고찰은 설교에 위대한 중요성을 부여하는 기독교의 전통이 얼마나 길고 폭넓은가를 증명해 준다. 예수와 그의 사도들로부터 시작해서 초기 교부들과, 동방에서의 크리소스톰, 서방에서의 어거스틴과 같은 니케아 종교개혁 이후의 위대한 신학자, 설교자들로 이어졌으며, 이어서 중세의 프란시스회와 도미닉회 설교 수사들, 종교개혁자들과 청교도들, 웨슬리와 휫 필드를 지나 19세기와 20세기의 현대 목사들에 이르는 그 역사는 거의 2,000년에 걸친다. 둘째, 이 길고 폭넓은 전통은 한결같은 일관성을 지닌다는 사실이다. 물론 여기에서는 생략되었지만 설교의 중요성을 무시하고 심지어 설교를 모독하기까지 한 사람들도 분명히 있었다. 그러나 그들은 예외적인 존재들이었고 통탄하리만큼 정도(正道)에서 벗어나 버린 자들이었다. 2,000년 동안 이어져 내려 온 그리스도인의 여론은 설교의 중요성을 증대하자는 것이었고, 그렇게 하기 위해서 동일한 논증과 어휘로 호소하자는 것이었

---

72) ibid., p. 297.

다. 우리는 틀림없이 이러한 공통적인 신앙 성명에 의해서 용기를 얻게 될 것이다.

또한 여기에는 가볍게 제쳐 둘 수 없는 하나의 전통이 있다. 그것은 자세히 조사하고 평가해 볼 만하다. 분명히 그것은 오늘날 우리 시대의 사회적 혁명에 의해 도전 받는다. 그러므로 우리는 반드시 그 도전에 대하여 솔직함과 성실로써 대응하여야 한다. 이에 대해서는 다음 장에서 살펴보게 될 것이다. 그러나 우리는 교회사에 대하여 회고해 보았고, 모든 세기에 있어서 그 시대의 위대한 신앙 인물들을 통해서 설교의 영광을 일별해 보았으므로, 이제는 보다 공평하게 그 도전들을 평가할 수 있을 것이며, 그럼으로써 그 도전들의 공격에 의한 위협을 덜 느끼고 그 논증들에 덜 현혹될 수 있을 것이다.

제2장
설교에 관한 최근의 거부들

반 권위적인 분위기
인공두뇌학 혁명
교회가 복음에 대한 신뢰를 상실함

#제2장

오늘날 교회의 파멸을 예언하는 선지자들은 이제 설교의 시대는 지나갔다고 확신있게 선언한다. 설교는 죽은 방식이며, 의사 전달의 낡은 형태이며, '케케묵은 과거로부터 들려오는 메아리'[1]라고 말한다. 현대의 정보 전달 수단은 설교를 대신하게 되며, 설교는 현대의 분위기에 상응(相應)할 수 없다. 결국 설교는 이제 더 이상 과거에 가졌던 영예를 누리지 못하며, 제1장의 인용문들에서 언급되었던 명예를 누리지 못하게 되었다. 심지어 '설교 맛보기'(Sermon-tasting), 즉 당대의 유명한 설교자들의 설교를 수집해서 서로 비교해

---

1) Welsh, p. 32.

보기 위하여 여러 교회를 순례하는 나쁜 습관들도 이제는 사라진 유행에 불과하다. 한 대는 인기가 있었던 설교집들이 이제는 많은 사람들로부터 외면당하고 있다. 어떤 교회들에서는 설교가 5분간의 변증으로 격하되었으며, 다른 어떤 교회들에서는 '대화' 혹은 '즉흥극'(Happening)으로 대치되었다. 하워드 윌리암스 박사(Dr. Howard Williams)의 솔직한 판결에 의하면 "설교는 이제 사라지고 없다."[2]

그러나 도날드 코건 박사(Dr. Donald Coggan)는 그와 대조적으로 설교에 대한 이런 식의 견해는 '땅 속의 우리 아버지'(C. S. Lewis는 마귀를 이렇게 불렀음)에 의하여 행해지는 '그럴 듯한 거짓말'이며, 이 거짓말의 결과로 마귀는 자신의 전략적 승리를 거두어 왔다고 말한다. 마귀는 이런 방식을 통하여 설교자들을 효과적으로 침묵시켰을 뿐만 아니라, 설교를 계속하는 사람들의 사기를 저하시켰다. 설교자들은 '싸움을 시작도 하기 전에 패배했으며 확신의 근거를 상실한'[3] 사람이 되어서 설교단으로 나아간다.

본 장에서의 나의 의도는 현대인들이 갖는 설교에 대한 환멸의 뿌리를 캐내려는 것이다. 여기서 나는 설교에 반대하는 세 가지 주된 주장들 —즉 반권위적인 분위기, 인공두뇌학의 혁명, 그리고 복음에 대한 확신의 상실— 을 고찰함과 동시에 이런 주장들에 대한 서론적 응답을 제시하고자 한다.

---

2) H. Williams, *My Word*, p. 1-17.
3) Coggan, *Stewards*, p. 13.

1. 반 권위적인 분위기

오랜 역사의 흐름 속에서 세계가 권위에 대하여 이렇게 명료한 의식을 가지고 반항한 적은 거의 없었다. 저항과 반항이라는 현상이 새로운 것이라는 이야기가 아니다. 인간이 타락한 이후로 인간의 본성은 반항적이었으며, '하나님과 원수'가 되었으며, '하나님의 법에 굴복치 아니할 뿐 아니라' 굴복할 수도 없었다(롬 8:7). 그리고 인간의 상태에 관한 이 기본적인 사실은 무수히 많은 추한 현상들을 자아내었다. 그러나 오늘날에 있어서 과거와는 달리 새롭게 나타나는 현상은 전세계적인 규모의 반란과 이 반란을 종종 지지해 주는 철학적 주장이다. 20세기에는 두 번에 걸친 세계 대전으로 요약되는 세계적인 반란에 사로잡혀 있었다는 데에는 의심의 여지가 없다. 옛 질서가 새로운 질서로 대체되고 있다. 과거에 받아들여지던 모든 권위들(가정, 학교, 대학, 국가, 교회, 성경, 교황, 하나님)이 도전받고 있다. **기존**이라는 맛을 내는 것은 무엇이나 —즉, 보호된 특권 혹은 불가침의 권력— 세밀한 조사의 대상이 되며 사람들의 반대에 부딪힌다. **급진주의자**란 엄밀하게 말하면, 과거에는 비판의 대상이 되지 않은 것으로 간주되었던 '기존 질서'에 대하여 불손하고 어울리지 않는 질문들을 던지는 사람을 가리키는 말이다.

당면한 모든 반항에 대하여 부정적인 반응을 보이거나, 그것을 모두 마귀적인 것이라고 정죄하는 것은 매우 무감각한 태도이다. 왜냐하면 그런 반항들 중의 어떤 것들은 책임감이 있고, 성숙해 있으며, 모든 면에서 기독교적인 것이기 때문이다. 그와 같은 반항은 인간이 하나님의 형상대로 지음받았다는 성경의 가르침으로부터 일어났으며,

그리하여 온갖 형태의 비인간화에 저항하는 것이다. 그런 반항은 창조주 하나님을 모욕하는 사회적 불의에 대항하고, 압제로부터 인간을 보호하고자 하며, 압제받는 사람들이 해방되어서 하나님이 그들에게 의도하시는 자유를 누리게 되기를 열망하는 것이다. 이런 반항이 정치 분야에서는 소수를 차별하고, 사람들의 시민권을 부인하며, 자기들의 견해만을 위하여 자유로운 의사 표현을 금하거나, 사람들을 구금하는 모든 전제주의 정부 ─이것이 좌익이든 우익이든─ 에 대하여 저항하는 것으로 나타난다. 이런 반항이 경제 분야에서는 약자에 대한 착취에 저항하며, 소비 시장과 기계에 대한 예속이라는 새로운 사회적 노예 상태에 대하여 저항한다. 산업 분야에서는 경영자와 노동조합 사이의 계급투쟁에 대하여 저항하며, 노동자들의 책임있는 참여가 더욱 넓혀질 것을 요구한다. 교육 분야에서는 유순한 청소년의 마음을 미리 결정된 어떤 형태에 꿰어 맞추는 주입식 교육에 저항하며, 그런 식의 교육 대신에 아이들과 청소년들로 하여금 그들 자신의 개인적 잠재력을 계발(啓發)시킬 것을 자극하는 교육과정을 채택할 것을 요구한다.

반항이라는 말이 위와 같은 견지에서 표현된다면, 그리스도인들은 그 반항을 반대할 것이 아니라 장려하는 데에 앞장서야 할 것이다. 왜냐 하면 그런 반항이 추구하는 것은 하나님을 닮은 인간의 참된 인간화 속에서 하나님의 영광을 드러내는 것이기 때문이다. 그러나 변화를 주장하는 사람들이 이런 한계를 넘어서서, 민주적인 과정 그 자체를 폐지하겠다는 결의를 공표(公表)하고, 사람들의 동의에 의하여 형성된 온갖 형태의 권위를 거부하며, 진리나 미덕의 객관적인 표준이 더 이상 존재하지 않는다고 선언한다면, 바로 그 때야말로 우리가 그들과 헤어져야 할 때인 것이다. 왜냐 하면 그리스도인들은 참된 권위와 거짓된 권위, 즉 우리의 인간성을 말살시키는 폭군과, 우리의 참된 인간적 자유를 보호하는 합리적이고도 자비로운 권위 사이를 구별해야 하기 때문이다.

그런데 현재의 분위기가 압도하는 동안에는, 무정부 상태를 위하여 무분별한 노력을 기울이는 사람들과 참된 자유를 추구하는 사람들이 똑같이 설교단을 그들이 저항해야 할 권위의 상징으로 보는 경향이 있다. 적어도 서구에 있어서는 교육 기회의 균등이 사람들의 비판의 능력을 연마시켜 왔다. 따라서 이제 모든 사람들은 자기 자신의 의견과 확신들을 가지고 있으며, 그 의견과 확신들이 설교자들의 그것 만큼이나 훌륭하다고 생각한다. "자신을 어떤 사람이라고 생각하기에 나에게 법을 부과할 수 있는 것처럼 행동하는가?" 하고 사람들은 -큰 소리가 아니라면 은밀하게- 묻는다. 설교단 위에서 사용되는 일반적인 언어의 관용(慣用)은 이런 곡해를 초래한다. '설교한다' 라는 말은 이제 '거슬리고 지루하며 주제넘은 방식으로 충고한다'[4]라는 의미가 되었으며, **설교적**이라는 것은 어떤 사람에게 은혜를 베푸는 체 열변을 토한다는 의미가 되었다.

권위있는 설교단에서의 선언에 대한 이런 반발은 금세기에 들어와서 널리 퍼지긴 했지만 적어도 18세기의 계몽시대와 함께 시작되었으며, 19세기 때에 더욱 노골화 되었다. 이 반발의 가장 강력한(혹은 익살스러운) 표현이 1857년에 출판된 「바체스터 탑들」(Barchester Towers)이란 책 속에서 안토니 트롤로프(Anthony Trollope)에 의하여 제시되었다.

---

4) *Chamber's Dictionary.*

이 소설의 주인공인 오바댜 슬로프(Obadiah Slope) 목사는 공처가인 바체스터의 프라우디(Proudie) 주교의 가정 목사(domestic chpplain)이다. 트롤로프는 목사에 대한 노골적인 혐오감을 숨기지 않는다. 트롤로프는 가장 솔직 담백한 말로 슬로프를 이렇게 묘사하고 있다.

> 그의 머리카락은 길고 가늘며 우중충하고 누런 무빛이며 언제나 헝클어진 머리가 보기싫게 쭉쭉 뻗어 있다. … 그의 얼굴은 머리카락보다는 좀 붉기는 하지만 거의 같은 색이다. 그의 얼굴은 쇠고기-그것도 질이 나쁜 쇠고기-와 별로 다를 것이 없다. … 그러나 그의 코만은 그의 체면을 조금 세워줄 만큼 반듯한 모양을 하고 있었다. 그런데 만약 그 코가, 붉게 칠한 코르크를 가지고 만들어 놓은 것처럼 푹신푹신하고 물이 스며들 것 같은 모양만 하지 않았더라면 나는 그것을 더 좋아할 수 있었을 것이다.[5]

이런 식으로 하여 독자들의 마음속에 슬로프 목사에 대한 혐오감을 일으켜 놓았으니(즉 축축하고 헝클어진 머리, 접시처럼 큰 눈, 붉은 얼굴을 가진 목사),[6] 이제 트롤로프는 슬로프 목사의 설교에 대한 적대감을 독자들 마음속에 불러 일으킬 준비가 갖추어진 것이다. 비록 바체스터의 성직자 프라우디는 '고교회'(high and dry church)에 소속되어 있었지만, 오바댜 슬로프(저교회 신자)는 고교회 신자들의 감수성을 존중하지 않았으며, 예배당에서의 그의 첫 번째 설교에서 그들이 가장 아끼는

---

5) Trollope. p. 28.
6) ibid., p. 50.

의견들과 관습들을 계속 저주했다. 이것은 트롤로프에게, 그가 설교와 설교자들에게 퍼붓고자 하는 비난의 정당성을 제공하였다.

아마 오늘날에 있어서 개화되고 자유로운 나라에 사는 사람들이 겪어야 하는 어려움 중 설교를 들어야 한다는 것보다 더 큰 어려움은 없을 것이다. 이 영역에 있어서는 오직 설교하는 목사만이 청중을 조용히 앉혀 놓고 그들을 괴롭힐 권리를 가지고 있다. 오직 설교하는 목사만이 진부한 말들, 뻔한 소리와 엉뚱한 소리들을 마음껏 지껄이면서도 목사라는 특권 때문에 그의 모든 말들은 감정이 배제된 유창한 연설이나 설득력 있는 논리인 양 사람들로부터 존경을 받는다. 그러나 법학 교수나 물리학 교수가 강의실에 들어가서 미숙한 말들이나 무용하고 공허한 어구들을 쏟아놓는다면 그의 말을 듣는 사람은 아무도 없을 것이다. 또한 법정의 변호사가 조리있게 유창한 말을 하지 못한다면 그는 변호사로서의 자격을 상실한 사람이다. 판사의 말을 억지로 들어야 하는 사람은 오직 배심원과 죄수 혹은 간수들뿐이다. 사람들은 큰 기침을 함으로써 국회의원의 말을 중지시킬 수 있으며, 정족수의 부족으로서도 그들의 말은 침묵시킬 수 있다. 사람들은 시의원들의 말도 금지시킬 수 있다. 그러나 설교하고 있는 목사를 피할 수 있는 사람은 아무도 없다. 그는 우리를 따분하게 만드는 사람이며, … 일요일의 멋진 휴식을 방해하는 악몽이며, 우리의 종교를 억누르며 하나님에 대한 예배를 재미없게 만드는 사람이다. 우리들은 스스로 교회에 소속된 자들이지만 우리가 원하는 것은 소속된

그것만이 아니고 교회에 계속 머물기를 원한다. 우리는 공중예배
가 주는 그 위안을 즐기기를 원한다(그렇게 할 마음의 각오도
되어 있다). 그러면서도 우리는 또한 일반적으로 참을 수 없을
정도의 지루함을 느끼지 않으면서 그 예배에 참석하고 싶은 것이
며, 또한 교회를 떠날 때는 아쉬운 마음을 가지고 떠날 수 있게 되
기를 원하는데, 이것은 보편적으로 설교의 결과로 가능한 것이
다.[7]

설교에 대한 트롤로프의 반감은 설교 자체가 사람들을 지루하게
만들기 때문만이 아니라, 부당한 권위의 행사 -특히 설교자가 어릴 경
우에- 로 보였기 때문이다. 이전에 옥스퍼드 대학의 시학(Poetry) 교수
였던 프란시스 아라빈(Francis Arabin) 목사가 울라톤(Ullathorne)의 이월
드 교회(Ewold's Church)의 교구 목사로 취임하여 처음으로 설교를 하
는 동안에 그는 극히 신경이 예민해 있었다. 트롤로프는 '소년들보다
조금 큰' '매우 젊은 사람들까지도' 용기를 내어서, "복종하는 자세로
앉아있는 무리들의 머리보다도 더 높은 강단에 올라가서" 설교를 할
수 있다는 사실에 대해 놀라움을 금치 못했다. 그는 계속하여 다음과
같이 말하였다. "그들이 두려우면서도, 엄숙하고, 또한 전혀 새로운 설
교단에 서서도 말문이 막히지 않는 것이 우리들에게는 이상한 일이다.
… 설교를 못하는 목사들은 자기들의 무능함을 고수하도록 유혹 받는
복을 받은 것이다."[8]

---

7) ibid., p. 46-7.
8) ibid., p. 191-2.

일찍이 이상이 지난 오늘날에도 우리는 권위를 가진 거물인사들의 이와 유사한 증오를 알고 있다. 변한 것이라면 그 반항이 훨씬 광범위하고 공개적이며 귀에 거슬린다는 것이다. 많은 교회들을 살펴보면 중년층과 노년층이 압도적인데 그들은 저항의 시기가 지나서 비교적 가르치기가 쉬운 것으로 되어 있다. 그러나 많은 경우에 있어서 젊은이들은 스스로를 주장하며 고풍의 제도들을 피해 버린다. 반권위적 분위기는 1960년대에 그 열기가 절정에 달하여 폭발했다. 캘리포니아 대학의 버클리 캠퍼스는 자유 연설 운동(Free Speech Movement)의 근거지가 되었으며, 파리에서는 학생들이 노동자들과 합류하여 거리의 바리케이트 앞으로 나아갔다. 십여 년의 세월이 흐른 지금 적어도 몇몇 정부들과 몇몇 대학들은 몇 가지 교훈을 배웠다. 검열은 줄어들었고, 더 많은 자유가 보장되었다. 그러자 이제 젊은이들의 적의(敵意)의 표적은 제도들을 떠나서(왜냐 하면 전쟁에서 부분적으로 승리를 획득했기 때문이다) 사상들을 향하게 되었는데, 특히 낡고 신용을 잃은 제도들이 고집스럽게 사람들에게 강요하던 사상들을 향하게 되었다. 롤링 스톤스의 챨리 왓스(Charlie Watts)는 이 태도를 다음과 같이 완벽하게 표현하고 있다. "나는 온갖 형태의 조직화된 사고에 반대한다. 나는 교회와 같은 조직화된 종교에 … 반대한다. 나는 교회가 어떻게 천만 명의 사람들로 하여금 한 가지를 믿게 할 수 있는지 이해할 수가 없다."[9] 다른 사람들은 거기서 한 걸음 더 나아가서 사고를 전적으로 거부했다. 1970년대는 '비이성주의'의 10년이었던 것이다.

이런 식으로는 정신이 조직화될 수 없고, 사고가 사람들에게 힘을

---

9) The Guardian Weekly, 19 October 1967.

미칠 수 없다. 어떠한 기관도, 그것이 아무리 존경할 만하다고 할지라
도, 그 자체의 권위로써 우리에게 어떤 사상을 강요할 수는 없다. 또한
심지어 어떤 사상이라 할지라도 우리 모두에게 강요될 수는 없다. 왜
냐 하면 절대적이며 보편적인 진리 같은 것은 존재하지 않기 때문이
다. 모든 것은 상대적이며 주관적이다. 내가 어떤 사상을 믿으려면 그
사상의 정당성이 나 자신에게 입증되어야만 한다. 또한 당신이 그 사
상을 믿어야만 한다면 그 사상의 확실성이 당신에게 증명되어야만 한
다. 이 일이 일어날 때까지는, 우리는 믿어서도 안 되고 믿을 수도 없
는 것이다.

■ 기독교적인 반응

그러면 이제 설교자는 오늘날의 반권위적 정신에 대하여 어떻게
대처해야 하겠는가? 여기에 대하여 어떠한 기독교적인 비판과 대응책
이 마련될 수 있겠는가? 우리는 스스로 설교를 포기하는 일을 용인해
서는 안 될 것이다. 동시에 우리는 더 큰 도그마티즘에 빠져서 우리의
신앙이나 진술이 도전을 받을 때마다 그것들을 더 큰 소리로 반복하기
만 하는 정반대의 실수를 범해도 안 될 것이다. 이런 극단적인 태도 대
신에, 역사적 기독교 신앙에 대한 우리의 충성을 고수하면서도 의심하
고 거부하려는 현대의 분위기를 인정하고 존중한다는 것이 가능한 일
인가? 나는 그것이 가능하다고 생각한다. 이제 나는 기억하는 것이 현
명한 어떤 진리들과, 장려하는 것이 현명한 어떤 태도들을 제안하겠

다.

첫째로, 우리는 **인간 존재의 성격**에 대한 기독교적인 이해를 기억해야 할 필요가 있다. 창세기의 처음 두 장에 따르면 하나님은 인간을 남자와 여자로 창조하시고 그들에게 도덕적인 책임(계명을 받음)과 자유(사랑의 순종에로 초대를 받지만 강요되지는 않는)를 허용하셨다. 그러므로 우리는 방종(책임감을 거부하는)을 받아들일 수도 없고 예속(자유를 거부하는)을 받아들일 수도 없다. 그리스도인들은 어떤 권위의 맥락을 벗어나서는 인격의 완성이 불가능하다는 사실을 성경과 경험으로부터 배워서 알고 있다. 제한이 없는 자유는 환상이다. 마음은 진리의 권위 아래에서만 자유로울 수 있으며, 의지는 의(義)의 권위 아래에서만 자유로울 수 있다. 그리스도께서 약속하신 안식을 얻을 수 있는 길은 그리스도의 멍에를 거부함에 의해서가 아니라 그 아래에 있음에 의해서이다(마 11:29, 30). 이와 유사하게 시민들은 질서가 잘 잡힌 사회 안에서만 자유를 누릴 수 있다. 십대의 자녀들을 가진 부모들은 이 원리를 알고 있다. 왜냐 하면 부모의 권위에 반항하는 사춘기 청소년들은 보다 더 많은 자유를 누리려 할 뿐 아니라 또한 자유의 한계점을 찾으려 한다. 그들은 울타리를 밀면서도 동시에 그것이 넘어지지 않기를 간절히 바라고 있기 때문이다. 청소년들과 마찬가지로 성인들도 그러하다. 우리에게는 포사이스(P. T. Forsyth)가 "사람들이 원망하면서도 동시에 그 앞에서 용서를 비는 그 권위"[10]라고 부른 그것이 필요하다.

둘째로, 우리에게는 **계시의 교리**를 기억할 필요가 있다. 우리가 믿고 있는 것을 믿는 이유는 그것이 인간이 고안한 것이 아니라 하나님

---

10) Forsyth, p. 81.

이 계시하신 것이기 때문이라는 것은 기독교의 기초적인 교의(敎義)이다. 결과적으로 기독교 속에는 결코 파괴될 수 없는 권위가 내재되어 있다. 이 확신을 함께 나누어 가진 설교자들은 자신을 신성한 계시의 수탁자로 혹은 사도 바울의 표현대로 "하나님의 비밀을 맡은 자"(고전 4:1)로, 즉 하나님께서 계시하신 비밀의 청지기로 여길 것이다. 이러한 확신은 우리를 반드시 불쾌한 도그마티즘 −독단적이고 완고하며 거만한− 으로 이끌고 가는 것은 아니며, 도리어 우리로 하여금 복음은 하나님께로서 온 좋은 소식이라는 강한 확신을 가지고 복음을 전할 수 있게 해 줄 것이다.

에피스코팔 신학교(Episcopal Theological School)에서 설교학을 강의하다가 뒤에 보스톤에 있는 트리니티 교회의 교구 목사가 된 데오도르 파커 페리스(Theodore Parker Ferris)는 1950년에 설교에 관한 죠지 크레이그 스튜워트 강연(George Craig Stewart Lectures)의 취임 연설들 속에서 이 한 가지를 주로 강조했는데, 뒤에 그것이 「사람에게 가서 말하라」(Go Tell the People)라는 제목의 책으로 출판되었다. 그는 설명하기를, 설교의 목적은 어떤 것을 선포하고, 드러내며, 밝혀주는 것이라고 했다. 성경의 종교는 '주로 계시(啓示)하는 직설법의 언어로 기록되어 있는' 반면에 대부분의 설교들은 '명령법'으로 쓰여졌다. 성경의 몇몇 위대한 선언들을 들어 보라고 말하면서 그는 계속해서 "태초에 하나님이 천지를 창조하시니라", "여호와는 나의 빛이요, 나의 구원이시니", "여호와를 앙망하는 자는 새 힘을 얻으리니"(창 1:1; 시 27:1; 사 40:31)와 같은 구약의 구절들을 인용했다. "이것들은 주장이나 격려 혹은 사변이 아니다. 그것들은 사람들에게 계시된 것들의 성격에 관한 간단하고도 직설적인 진술들이다. … 성경에 나타난 종교의 능력은 성경의 주장들 속에서 발견되어야 한다.”그는 계속해서 “내가 곧 길이요 진리요 생명이니” 혹은 “하나님께서 그리스도 안에 계시사 세상을 자기와 화목하게 하시며”(요 14:6; 고후 5:19)와 같은 신약 성경의 위대한 선언들에 있어서도 마찬가지라고 말했다.[11] 페리스 박사는 이렇게 요약했다. “설교에 관한 한 이 책은 오직 한 가지 주제만을 가지고 있다. 즉 설교는 그 자체의 성격에 있어서 계시이지 결코 권고가 아니다.”[12]

셋째로, 우리는 **권위의 소재지**를 기억할 필요가 있다. 다시 페리스가 인용한 단언들과 그와 비슷한 성경 속의 다른 많은 단언들을 생각해 보자. 그런 단언들의 권위는 어디에서 기인된 것인가? 그 권위는 그것들을 단언하신 하나님께 속한 것이지, 오늘날 그것들을 인용하는 우리들에게 속한 것이 결코 아니다. 자기가 소유하지 않은 권위를 주장하며 휘두르려고 하는 사람에게는 천성적으로 어떤 무서운 것이 감추어져 있다. 이런 일은 설교단에서는 특히 온당치 못한 일이다. 만약 어떤 설교자가 악질적인 선동자처럼 거만스럽게 행동하거나, 혹은 느부갓네살이 바벨론에 있는 그의 왕궁 지붕에서 그러했던 것처럼 자기의 능력과 영광을 뽐낸다면(단 4:28, 29), 그는 그 통치자가 받았던 그런 심판을 받아야 할 것이다. 그 통치자는 미친 채로 그의 궁전에서 내쫓겨서 “소처럼 풀을 먹으며 … 머리털이 독수리 털과 같이 자랐고 손톱은 새 발톱과 같이 되었더라.” 왜냐 하면 “교만하게 행하는 자를 그가 능히 낮추시기”(단 4:33, 37) 때문이다.

---

11) Ferris, p. 22, 23.
12) ibid., p. 32.

그러나 우리의 설교 중에, 우리가 설교할 때에 가지는 권위는 본래부터 가지고 있는 권위가 아니며, 목사 혹은 설교자로서의 우리의 직책에 기인된 것도 아니며, 심지어 교인들이 우리를 목사로 신임하고 있는 교회에 있는 것도 아니며, 오직 그 권위는 우리가 상술하는 하나님의 말씀에 있다는 사실을 조심스럽게 보여 주었다고 가정해 보자. 그러면 사람들은 기꺼이 우리의 말을 들을 것이다. 특히 우리 자신도 역시 이 권위 하에서 살고자 한다는 것을 보여줄 때에는 더욱 그러할 것이다. 도날드 코건(Donald Coggan)이 표현했듯이 "설교를 하기 위해서는 권위(Authority) 아래에 있는 권위(authority)를 알아야 한다."[13] 바로 이런 이유 때문에 우리는 "주께서 이르시되"라고 말하지 않는 것이 현명하며(왜냐 하면 우리는 영감을 받은 구약 선지자의 권위를 가지고 있지 않으므로), "내가 너에게 이르노니"라고 말하지도 않는 것이 현명하다(왜냐 하면 우리는 예수 그리스도와 그의 사도들의 권위를 가지고 있지 않으므로). 차라리 대부분의 경우에 '우리'라는 말투를 쓰는 것이 현명하다. 왜냐 하면 그 때에야 비로소, 우리가 우리 자신에게 먼저 설교하지 않은 것은 다른 사람들에게 설교하지 않는다는 것과, 권위와 겸손은 상호 배타적이 아니라는 것이 분명해질 것이기 때문이다. 포사이스는 1907년에 이렇게 썼다. "세상 사람들에게 필요하면서 오늘날의 설교에 결여되어 있는 권위는 바로 겸손한 인격 속에 감추어진 권위있는 복음이다."[14]

넷째로, 우리는 **복음의 관련성(Relevance)**을 기억하는 일이 필요하다. 사람들이 설교를 경멸적인 태도로 거부하는 주된 이유는 그 설교

---

13) Coggan, *Convictions*, p. 160.
14) Forsyth, p. 136.

가 그들의 현실 생활과 아무 상관이 없는 것으로 느끼기 때문이다. 게다가 설교자들이 권위를 가지고 설교한다는 사실 때문에 더욱 혐오스럽게 느껴진다. 그러나 설교된 메시지가 참된 것을 말하고 인간의 현실과 연결된 것으로 보일 때에, 그 설교는 자체의 권위를 가지게 되며 스스로 그 타당성을 입증하게 된다. 따라서 권위를 선포하는 것만으로는 충분치 않다. 우리는 우리가 선언하는 것의 정당성을 주장하며 현실과의 연관성을 입증해야 한다. 그렇게 될 때 사람들은 우리의 말을 경청할 것이다.

1963년부터 워싱턴 디씨에 있는 미국 설교자 대학의 연구 주임과 교장을 지낸 클레멘트 웰쉬(Clement Welsh)박사가 그의 책(*Preaching in a New Key*)에서 지적하려는 것이 바로 이 점이다. "설교는 하나님 자신이 말씀하신 하나님의 말씀"이라는 칼 바르트의 진술을 그는 받아들일 수 없다고 말한다. 왜냐 하면 이 '고상한' 주장은 "성경의 권위에 관해 반박할 여지가 없는 질문들을 야기하며" 또한 "인간의 목소리를 하나님의 목소리로 오해하는 것에 대한 근심스러운 문제들을 야기하기" 때문이다.[15] 그래서 그는 우리가 다른 편 끝에서, 즉 설교자가 아니라 청중들로부터, 구속이 아니라 창조로부터 시작할 것을 제안한다. 왜냐 하면 청중은 피조된 세계 속에서 살며, '가장 엄청난 정보 처리자'[16]로서 그들의 인간적 경험의 복잡성에 대해 이해하기를 원하기 때문이다. 그들이 그렇게 이해하도록 돕기 위하여 설교자는 "그가 성경구절의 해석에 쏟는 것과 똑같은 해석상의 주의(注意)를 창조(즉 인간 생

---

15) Welsh, p. 102-3.
16) ibid., p. 15.

활의 여러 현상들)에도 기울여야 한다."[17] 실제로 웰쉬 박사는 "이 두 가지 설교상의 신조, 즉 계시와 성경에 대한 강조와, 변증학과 이성에 대한 강조를 조합"시킬 것을 장려하고 있다.[18] 그가 비록 어떤 때에는 위험할 만큼 권위있는 말을 부정하는 쪽으로 나아가는 것 같이 보이기도 하지만, 나는 그가 이 '권위있는 말'의 위치를 전적으로 부정한다고는 생각하지 않는다. 도리어 그가 거부하고 있는 것은, 현실과는 동떨어져 있고, 그릇된 질문에 응답하며, 회중의 책임있는 사고를 좌절시키는 **고압적인**(ex cathedra) 설교이다. 설사 권위적인 설교라 할지라도 인간 생활의 궁극적인 질문들을 의미심장하게 취급함으로써 그 설교가 '새로운 열쇠의 구실을 한다면' 그것들은 스스로 칭찬을 받게 될 것이다[19]

■ 대화적인 설교

다섯째로, 우리는 **설교의 대화적 성격**을 기억할 필요가 있다. 즉 설교가 겉보기에는 독백인 것 같지만 참된 설교는 결코 독백이 아니라는 것이다. 설교를 가리켜 '목사의 지루한 독백'이라 표현하는 경우가 가끔 있다. 스코틀랜드 침례교 신학대학 학장인 화이트(R. E. O. White) 목사는 설교를 가리켜 '벙어리를 향한 저능아의 괴상한 독백'[20]이라는

---

17) ibid., p. 109-10.
18) ibid., p. 104.
19) ibid., p. 114-17.
20) White, R. E. O., *A Guide*, p. 5.

더 지독한 정의를 인용하고 있다. 그러나 나는 참된 설교는 언제나 대화적인 것이라고 주장하고 싶다. 이 말은 두 명의 설교자가 어떤 문제를 토론하거나, 한 사람이 다른 사람에게 인터뷰하듯이 질문을 던지는 '문답 설교'를 의미하는 말이 아니다(이런 방식은 예배가 끝난 후나 주일 이외의 성경공부 모임을 위해서는 훌륭한 계획이 되겠지만, 대예배 시에는 어울리지 않는 것 같다). 또한 비록 설교 도중에 대본에 없는 잡담을 하는 것이 대부분의 서방 교회들의 예배 절차에 활기를 불어넣어 주며 설교자를 분발케 하는 것이긴 하지만, 그렇다고 해서 우리가 그 잡담꾼들을 격려해야 한다고 제안하는 것도 아니다.

어쨌든 목사와 회중 사이의 대화식 예배는 북아메리카의 흑인교회에서 일어나는 평범한 일이다. 로스엔젤레스에 있는 흑인교회 연구를 위한 에큐메니칼 센터(Ecumenical Center for Black Church Studies)의 창립 이사인 헨리 H. 미첼(Henry H. Mitchell) 박사는 그의 책 「흑인 설교」 (Black Preaching, 1970)와 「설교의 재발견」(The Re-covery of Preaching, 1977) 가운데서 북아메리카의 흑인 예배를 생생하게 묘사하고 있다. 두 번째 책에는 '대화로서의 설교'라는 장이 있다. 그의 표현을 빌자면, "튜튼적(Teutonic) 백인 신학의 굴레에 의한 방해를 받지 않고" "서구 세계의 거만한 분리적 태도에 의한 손상을 입지 않고" 미국의 흑인들은 그들의 예배에서 흑인 본래의 자아를 자유롭게 표현하고 있다는 것이다. 흑인의 종교는 감정과 엑스타시를 두려워하지 않는 '영혼의 종교'이다.[21] '그들은 수세기 동안을 아프리카에서 부름과 응답(call-and-response)의 관행(慣行)을 유지해 왔으며, 미국에 사는 흑인(그리스도

---

21) Mitchell, *Black Preaching*, p. 26-43.

인)들의 예배는 3세기 이전부터 이 관행을 지켜왔다.' [22] 특히 "흑인 예배자들은 설교자에 의하여 전달된 말씀을 단순히 시인만 하는 것이 아니라, 그 말씀에 대한 반응을 말로 표현한다. 어떤 때에는 소리를 지르기도 한다. 만약 고함 소리가 없으면 그 예배는 실패라고 흑인 예배자들이 생각하던 시기는 -만약 이런 시기가 실제로 자나갔다고 하더라도- 지나간 지가 얼마 안된다."[23] 이런 종류의 귀에 들리는 응답 혹은 '참된 백성의 쉰 목소리의 경배' [24]('아멘!', '그렇다!', '옳다!', '천만에!', '예식', '정말이고말고!' 등의 외침)는 어떤 때에는 문화적인 습관 혹은 전통에 불과하고, 어떤 때에는 그 소리가 '너무나 시끄럽기 때문에, 실제로는 행동을 대신하는 것이 된다' 는 점을 미첼 박사는 인정한다.[25] 그렇지만 일반적으로 이야기해서 그것은 청중이 참여한다는 순수한 표현이며, 설교자에게 큰 힘과 자극이 된다. 사실 흑인 회중의 마음과 영혼이 설교에 사로잡힐 때에, "설교자와 신도들 사이에 계속되는 대화는 창조적 예배의 견본이다."[26]

그러나 또 다른 차원에서 보면, 내가 지금 추천하고 있는 대화적 설교는 그런 것과는 다르다. 내가 말하는 것은 설교자와 그의 청중 사이에 나타나야 할 조용한 대화를 가리키는 것이다. 왜냐 하면 설교자는 청중들의 마음속에 하나의 질문을 던진 후 다시 그 질문에 대답을 하기 때문이다. 설교자의 그 대답은 다시 질문을 일으키고 그는 계속해서 그것에 대해 대답을 준다. 설교자에게 필요한 가장 큰 재능 중 하

22) Mitchell, *The Recovery*, p. 116.
23) Mitchell, *Black Preaching*, p. 44.
24) Mitchell, *The Recovery*, p. 124.
25) Mitchell, *Black Preaching*, p. 106.
26) ibid., p. 98.

나는 설교자 자신이 자기 설교에 대한 청중의 반응을 예상하고 그 반응에 응답할 수 있도록, 사람들과 그들의 문제에 대해 민감하게 이해하는 것이다. 장기의 전문가가 상대방이 어떻게 장기를 둘 것인지에 대해 몇 수 내다 보고서 그가 다음에 어떤 말을 움직이든지 그것에 대응할 준비를 갖추고 있다는 점에 있어서, 설교는 장기를 두는 것과 매우 유사하다.

피터 피딕(Peter Fiddick)이 발간하는 「주간 관리」(Guardian Weekly)[27]에서 '청중이 된다는 어려운 기술'에 관한 재미있는 글을 읽은 기억이 난다. 그는 음악회 도중에 계속 깨어있기가 어렵다는 것을 고백했다. 여러 사람이 모인 곳에서 그가 처음으로 잠에 빠진 것은 일곱 살 쯤 되었을 때에 슬로우(Slough)에 있는 감리교 중앙 홀인 것으로 기억한다고 말했다. 그는 설교 도중에 꾸벅꾸벅 졸다가 "다음 번 찬송 도중에 잠이 깨어서 못내 아쉬워 했다." 그런데 그 뒤에 그는 "설교자와 방법적인 논쟁을 함으로써 설교 문제"를 극복하는 법을 배웠다. 그러나 '왈츠는 논쟁의 대상이 되지 않기 때문에' 쇼팡 리사이틀에서는 이 방법을 사용할 수 없었다. 피터 피딕은 아마 청중들이 설교자와 '정신적인 논쟁'을 벌이고 있다는 것을 설교자 자신들이 안다면 그들은 화를 낼 것이라고 생각한 듯하다. 그러나 분명한 사실은 우리 설교자들은 도리어 그것을 좋아한다는 것이다. 우리는 회중에게 수동적 태도를 장려해 주고자 하는 마음은 전혀 가지고 있지 않다. 우리는 사람들로 하여금 생각하게 하고, 마음속으로 우리에게 대답하며 우리와 논쟁하게 하기를 바라며, 또한 우리는 그들이 잠에 빠질 수 없도록 그들과의 그런 활발

---

27) 31 October 1970.

한(비록 소리를 내지는 않지만) 대화를 유지해야 할 것이다.

우리의 주제가 조금이라도 논쟁적인 것일 때에는 그렇게 하는 것이 아주 중요하다. 우리는 본래 우리 자신의 신념들을 표현하는 경향이 있는데, 이렇게 되면 우리는 그 신념들이 다른 사람들의 마음속에서 일으킬 문제들 ㅡ즉 교회 내의 신자들(혹은 반쪽 신자들)이나 불신자들이 다음 날 그들의 사무실이나 가게에서 부딪힐 문제들ㅡ 을 간과(看過)할 가능성이 있다. 예를 들면 우리는 지구가 질서와 풍요와 사랑스러움을 가지고 있을 뿐 아니라, 지진과 과도한 자원의 사용과 기근 등에 의하여 시달린다는 사실을 무시하면서 "그의 영광이 온 땅에 충만하도다"(사 63)라고 설교할 수는 없을 것이다. 또한 우리는 악과 고통에 대한 인식을 제시하지 않고는 "하나님을 사랑하는 자 … 에게는 모든 것이 합력하여 선을 이루게"(롬 8:28) 하시는 하나님의 섭리에 대하여 설교할 수 없을 것이다.

나는 이런 실례를 여러 개 들을 수 있다. 우리는 결혼에 대하여 설교하면서 독신으로 사는 사람들을 망각해서는 안 되며, 그리스도인의 기쁨에 대하여 설교하면서 어떤 사람들이 겪고 있을 슬픔과 비극들을 잊어서는 안 된다. 우리는 어떤 기도들은 응답되지 않고 있다는 것을 생각하지 않고서는 기도 응답에 대한 그리스도의 언약들을 설명할 수 없으며, 사람들에게는 근심의 충분한 이유가 있다는 사실을 기억하지 않고서는, 근심하지 말라는 그리스도의 명령을 설명할 수 없다. 사람들의 반감(反感)을 예상한다는 것은 역습에 대비해서 측면을 보호하는 것이다.

화자(speaker)와 청중 혹은 저자와 독자 사이의 대화를 성경 가운데서 가끔 찾아볼 수 있다. 구약 성경의 말라기 속에서 우리는 그 대화를 찾아볼 수 있다. "여호와께서 이르시되 내가 너희를 사랑하였노라 하나 너희는 이르기를 주께서 어떻게 우리를 사랑하셨나이까 하는도다" (말 1:2). 또한 "너희가 말로 여호와를 괴롭게 하고도 이르기를 우리가 어떻게 여호와를 괴롭혀 드렸나이까 하는도다"(2:17). 또한 "사람이 어찌 하나님의 것을 도둑질하겠느냐 그러나 너희는 나의 것을 도둑질하고 도 말하기를 우리가 어떻게 주의 것을 도둑질하였나이까 하는도다" (3:8).

신약 성경에 보면 예수께서도 가끔 이와 비슷한 방법을 사용하셨다. 그의 몇몇 비유들은 질문으로 끝을 맺는데, 이런 경우에는 아마 예수께서 사람들의 직접적인 답변을 기대하신 듯 하다. 예를 들면 "네 생각에는 이 세 사람 중에 누가 강도 만난 자의 이웃이 되겠느냐" 또는 "그러면 포도원 주인이 올 때에 그 농부들을 어떻게 하겠느냐"(눅 10:36; 마 21:40). 혹은 제자들의 발을 씻기신 후에 그는 그들에게 "내가 너희에게 행한 것을 너희가 아느냐"(요 13:12)라고 물으셨다.

그러나 이 방법의 권위자는 바로 사도 바울이었으며, 그 가장 좋은 예가 그의 로마서이다. 그는 로마서의 처음 몇 장들을 더디오(Tertius)에게 구술하면서 내내 자기의 주장에 대한 유대인들의 반대를 의식하고 있었다. 그래서 그는 여러 번 유대인의 반대를 제기하고 거기에 대해서 대답하고 있다. 그 예로서 다음의 대화를 생각해 보라.

그런즉 유대인의 나음이 무엇이며 할례의 유익이 무엇이냐
범사에 많으니 우선은 그들이 하나님의 말씀을 맡았음이니라.

어떤 자들이 믿지 아니하였으면 어찌하리요. 그 믿지 아니함이
하나님의 미쁘심을 폐하겠느냐

그럴 수 없느니라 사람은 다 거짓되되 하나님은 참되시다 할지어
다 기록된바 …

그러나 우리 불의가 하나님의 의를 드러나게 하면 무슨 말 하리
요 내가 사람의 말하는대로 말하노니 진노를 내리시는 하나님이
불의하시냐

결코 그렇지 아니하니라 만일 그러하면 하나님께서 어찌 세상을
심판하시리요(롬 3:1-6; 참조 3:27-31)

　

　　많은 학자들이 지적했듯이 어쩌면 바울은 스토아 철학의 '통렬한
논란'(diatribes)을 의도적으로 모방하고 있었는지도 모른다. 제임스 스
튜워트(James Stewart) 교수의 말에 의하면 "이들 스토아 철학자들의
현저한 특징은 그들의 수사학적(修辭學的) 질문들, 가상적인 반대자를
사용해서 이야기를 이끌어 나가는 그들의 수법, 도전과 대답의 말들을
번갈아 던지기 … 등이었다."[28] 이것은 저술가보다는 연설가의 방법이
었지만 목사인 저술가에게서도 역시 발견된다. 즉 루터는 -그의 주석
들은 처음에는 강의로 주어졌던 것이다- "어떤 사람들이 … 라고 말하
는 것을 나도 듣지 않는가?" 혹은 "당신은 … 하다고 생각하지는 않지
않는가?"라는 말을 삽입시키는 경우가 가끔 있으며, 빌리 그래함은
"그러나 빌리 당신은 … 라고 질문할 것이다"라는 말을 계속 사용함으
로써 믿지 않는 청중이 가지고 있으리라고 예상되는 문제를 표현한다.

---

28) Stewart, *A Man in Christ*, p. 57-8.

이전에 교회선교사협회(Church Missionary Society)의 총무를 지냈던 캐논 와렌(Canon Max Warren)은 그의 자서전적인 소품 「혼잡한 캠퍼스」에서 기독교인의 의사 전달을 특별한 능력이라고 정의했다.

> 기독교인은 공산주의의 '이중 사고'(double-think)의 기술을 능가하여서, 기독교적인 '사중 사고'(quadruple-think)를 하는 특별한 능력이 있다. '사중 사고'란 처음에 내가 이야기할 것을 생각하고, 그 다음에는 내가 말한 것을 다른 사람들이 어떻게 이해할 것인가를 생각하며, 그 다음에는 내가 어떤 말을 했을 때 그들이 나의 생각과 똑같이 생각하게 하기 위해서 내가 어떻게 말해야 할 것인지를 다시 생각하는 것이다…. '사중 사고'에는 정신적 고통과 큰 영적 감수성이 수반된다.[29]

비록 고통스러운 작업이긴 하지만 이것은 대화적 설교에서는 불가결한 것이며, 권위적인 설교가 수반하는 저항감을 감소시킨다.

2. 인공두뇌학 혁명

'인공두뇌학'(Kybernets, 즉 조타수에서 유래함)은 인간과 전자 계산기, 즉 두뇌와 컴퓨터의 의사 전달 메카니즘을 연구하는 분야이다. 따라서 '인공 두뇌학 혁명'은 복잡한 전자 계산기 장치의 발달로 인한 커뮤니

---

29) Warren, p. 143.

케이션의 급격한 변화를 지칭하는 말이다.

인공두뇌학 혁명의 대제사장은 저 유명한 캐나다 로마 가톨릭의 마샬 맥루한(Marshall McLuhan) 교수였는데, 그는 1963년 토론토 대학에 문화와 기술 센터(Centre for Culture and Technology)를 창설하고 14년 동안 그 곳의 지도자로 활동하다가 1980년의 마지막 날에 죽었다. 그의 영향력은 1960년대에 최고조에 달했다. 대중의 광범위한 주목을 받았던 그의 첫 번째 책(The Gutenberg Galawy: The Making of Typographic Man)은 1962년에 출판되었고, 가장 잘 알려진 그의 책(Understanding Media: The Extensions of Man)은 1964년에 출판되었다. 그러나 1970년대에 접어들어서는 그의 인기가 시들었으며, 그의 전(全) 체계가 혹독한 비판, 심지어 적의에 찬 비판을 받게 되었다. 확실히 그는 지나친 과장의 잘못을 범했다. 그럼에도 불구하고 그에 대한 가장 극렬한 비판자들 중의 한 사람인 요나단 밀러(Jonathan Miller) 박사는, 그의 결론들을 '기괴하고' '조리에 맞지 않으며' '불합리하며' 심지어 '말도 안 된다'고 특징짓기를 주저하지 않으면서도, 그가 처음 맥루한의 글을 읽었을 때의 '강렬한 흥분'과 "너무나 오랫동안 무시되어 왔던 주제를 그가 성공적으로 논쟁의 궤도에 올려 놓았다"는 사실을 인정하고 있다.[30]

논쟁의 요란함이 잠잠해졌을 때, 마샬 맥루한은 커뮤니케이션 이론의 개척자들 중 한 사람이 되리라는 것이 분명한 일로 보였다. 아마 역사는 그가 우리의 어휘에 더해 준 '지구촌'(global villa-ge), '매체는 메시지이다'(the medium is message), 혹은 '열렬한'(hot) 커뮤니케이션

---

30) Miller, *McLuhan*, p. 131-2.

과 '침착한'(cool) 커뮤니케이션 등의 표현을 잊지 못할 것이다. 그러므로 그의 이론들을 지나간 시대물이라고 생각하는 것은 어리석은 일이 될 것이다. 우리는 그의 이론들을 파악해야 할 필요를 느끼게 된다.

먼저 그의 역사 해석에서부터 시작하기로 하자. 그는 원시인은 오감(五感)을 균형있게 잘 사용함으로써 화목한 생활을 향유했다고 묘사한다. 부족의 우두머리들은 모닥불가에 둘러 앉아서 그들 자신이 보고, 듣고, 만지고, 맛보고, 냄새를 맡아서 얻은 재미있는 경험들과 인상들을 침착하고 일상적인 방식으로 이야기하곤 했다. 그러나 이런 목가적인 상황은 두 가지의 불행한 발명에 의하여 파괴되었다. 그 첫 번째 발명이 표음문자(Phonetic alphabet)였다. 이전의 고대 상형문자(중국의)와 그림문자(바벨론의)는 시각적 의미를 가지고 있었기 때문에 귀와 눈 사이의 연결을 유지시켰다. 그러나 표음문자에서는 "의미론적으로 아무런 의미가 없는 글자들이 의미론적으로 아무런 의미가 없는 소리"에 대응하게 되었으며, 그 결과로 "인간의 청각 경험과 시각 경험 사이가 갑자기 갈라지게"[31] 되었다. 결과적으로 표음문자는 눈을 지배적인 감각으로 만들고, 귀를 눈 쪽으로 돌려 놓음으로써 감각의 평형을 깨뜨려 놓았다.

두 번째의 불행한 사건은(맥루한의 체계 내에서는) 15세기에 요한 구텐베르크(1468년 사망)에 의해서 인쇄술이 발명된 일이다. 인쇄술은 부족의식(tribalism)의 종말을 가져왔고, 인쇄술은 원시 인간 사회의 집단적인 일체성을 파괴했으며 모든 인간을 개인주의자와 전문가로 만들었다. 왜냐 하면 "읽고 쓰는 능력은 … 인간을 그 외 집단적인 부족 세계

---

31) McLuhan, *Understanding Media*, p. 93.

에서 끌어내어 홀로 있도록 격리시키기 때문이다."[32] 이제는 세상을
등지고 구석에 혼자 앉아서도 책을 읽을 수 있다. 더욱이 인쇄된 글자
하나 하나를 읽어감에 따라 그는 자신이 그 글의 논리에 감금되는 것
을 발견하며, 그 결과 복합감각적(multisensual) 학습의 마법을 잃게 되
어버리며 또한 그의 상상력이 감퇴되어 직역주의자(literalist)가 되고 만
다.

그러나 1844년의 세 번째 발명(즉 사뮤엘 모르스에 의한 전보의 발명)이
새로운 시대, 즉 전자시대의 여명을 예고했다. 글자와 인쇄술은 인간
들을 점점 서로 소외시켜 온 반면에 "전자 매체는 모든 사회 기구들 사
이에 일종의 유기적 의존성을 창조해내는 경향이 있다."[33] 인쇄술에
의하여 비부족화(detribalized)되어 오던 인류가 이제 점점 정밀해지는
우리의 전자장치에 의하여 다시 부족화 되고 있다. "전자 통신의 동시
성은 … 우리를 세상의 다른 모든 사람들 앞에 세워주며, 그들과 접촉
할 수 있게 해 준다."[34] 그리하여 전세계는 '지구촌'[35]이 되는 것이다.

이와 같은 사회 혁명에 있어서는 텔레비전이 중심적인 역할을 한
다. 텔레비전은 인간의 생활 속에 '침착한' 커뮤니케이션의 유익들을
다시 도입시켜 주기 때문에, 그것은 표음문자와 인쇄술에 의하여 주도
된 해로운 전개 과정을 뒤집어 주고 있다고 맥루한은 주장하였다. "또
한 열렬한 매체는 단 하나의 감각을 매우 선명하게(즉, 자료로 가득 차 있
는 상태로) 확장시키는 것"이라고 말했다. 반면에 '침착한' 매체는 많은

---

32) ibid., p. 25.
33) ibid., p. 263.
34) ibid., p. 264.
35) McLuhan, *Gutenberg*, p. 31.

정보를 가지고 어떤 하나의 감각에 충격을 주는 것이 아니라, 몇 개의 감각이 함께 정보들을 서서히 수집할 수 있게 해 준다. 여기서 중요한 차이점은 정보매체에 의하여 제공되는 정보의 양과, 청취자 혹은 관람자에 의하여 제공되어져야 하는 정보 취득 능력의 양이다. "열렬한 매체는 … 참여도가 낮지만 침착한 매체는 청중의 참여도가 높다."[36] 그러므로 이제 텔레비전과 사람의 대화는 모두 '침착한' 매체이다. 왜냐하면 이 두 가지 모두는 청중들을 적극적으로 참여시키기 때문이다. 결국 텔레비전은 배경으로서의 역할만을 하지는 않을 것이다. 텔레비전은 여러분을 사로잡을 것이며 여러분은 그것과 **함께** 있어야만 한다.[37]

그러면 이제 텔레비전은 의사 전달의 수단이라는 점에서 설교의 강력한 경쟁자가 되는가? 휴게실에 있는 텔레비전이 교회의 강단을 대신해 왔는가? 마샬 맥루한은 이런 질문에 대해서는 언급한 적이 없다. 왜냐 하면 그에게는 이런 질문이 떠오르지 않았기 때문이다. 그러나 만약 그가 이런 질문을 받았다면, 그의 대답은 서로 상반되는 두 가지 요소를 포함했으리라고 생각한다. 왜냐 하면 한편으로 그는 사람이 직접 하는 말을 응원했기 때문이다(그의 첫 번째 대적은 '인쇄'이다). 이는 사람이 직접 하는 말은 침착한 매체이며 '모든 감각들을 드라마틱하게 동반하기'[38] 때문이다. 따라서 두 사람이 서로 마주대하고 이야기할 때에는, 그들은 서로의 말을 듣기만 하는 것이 아니라 서로의 얼굴 표정과 제스처를 보기도 하며, 어쩌면 서로 접촉하거나 껴안을 수도 있

---

36) ibid., p. 31.
37) ibid., p. 332: cf. The Medium, p. 125.
38) ibid., p. 87.

으며, 심지어 상대방의 독특한 냄새를 맡을 수도 있는 것이다. 이것은 설교자와 회중 사이의 관계에도 해당된다. 심지어 대부분의 교회는 우리가 식별해 낼 수 있는 특유한 냄새가 있다. 반면에 언어의 미래는 전기 기술에 의하여 위협을 받고 있다. 왜냐 하면 전기 기술은 언어를 필요로 하지 않기 때문이다. "전기는 의식(意識) 과정 자체가 말의 필요를 전혀 느끼지 않고도 전세계적인 규모로 확산될 수 있는 길"을 보여주고 있다. 맥루한은 그런 발전을 환영하는 듯이 보인다. 그는 이런 발전을 바벨탑의 파괴라고 환호하며, 심지어 보편적인 이해와 통일의 '오순절적 상황'이라고 부른다. '일반적인 우주적 의식'과 '집단의 조화와 평화의 영속성을 가능케 할 수 있는 무언어(無言語)의 상태'를 위하여 인간은 모든 언어들을 한꺼번에 회피하게 될 것이다.[39]

비록 마샬 맥루한은 말의 축복과 무언어의 축복을 비교하는 속에서 그의 꿈을 꾸었지만, 나 자신은 말의 능력은 인간 특유의 은사요, 놀랄 만큼 용도가 넓은 의사 전달의 수단이며, 또한 우리가 가지고 있는 하나님의 형상의 반영이라고 믿는다. 왜냐 하면 비록 비둘기가 구구거릴 수 있고, 나귀가 자기 나름의 울음 소리를 낼 수 있으며, 원숭이가 끽끽 소리를 내고, 돼지가 꿀꿀거리기는 하지만, 오직 인간만이 말을 할 수 있기 때문이다. 성경에 의하면, 살아계신 하나님은 말씀하시는 하나님이시다. 그는 말씀에 의하여 우리와 의사를 소통하시며, 또한 우리들도 동일한 방법에 의하여 서로의 의사를 소통하도록 작정하셨다. 말에 의한 의사 소통을 거부하게 되면 우리는 측량할 수도 없을 만큼 무력하게 될 것이며 우리의 존엄성은 새나 동물의 존엄성과

---

39) ibid., p. 90.

같이 땅에 떨어지고 말 것이다.

마샬 맥루한의 전성기 이래로 실리콘 광석을 강력한 증폭기로 사용하는 트랜지스터의 발명이 컴퓨터 분야를 더욱 변화시켰다. 1975년에야 비로소 그 첫 번째 모델이 시장에 등장했던 트랜지스터가 달린 컴퓨터나 마이크로 프로세서는 이 컴퓨터의 선조(先祖)가 되는 1950년대의 트랜지스터들을 공룡처럼 오래된 것으로 느끼게 만들었다. 이 신형 컴퓨터들은 쉽게 가지고 다닐 수 있을 만큼 작고 산 값으로 구입해서 작동시킬 수 있을 뿐 아니라, 아마 곧 백과사전을 단 하나의 칩(chip) 속에 저장할 수 있는 막대한 기억 용량을 갖게 될 것이며, 일초에 백만조(trillion) 번 만큼 변환(switching)할 수 있는 속도에 이를 것이다.

사회를 관찰하는 사람들은 컴퓨터 칩 혁명의 결과들을 평가하려고 노력하고 있다. 그들은 적어도 몇 가지 점에서는 세계가 보다 안전한 곳이 될 것이라고 예측한다. 왜냐 하면 세계적인 신용카드 시스템이 금전과 관련된 범죄를 무력하게 만들 것이며, 동시에 위험 방지 장치들이 자동차의 충돌을 방지해 줄 것이기 때문이다. 동시에 사람들은 여행을 덜 할 것이다. 산업은 로보트에 의하여 작동되고, 작업 시간이 줄어들며, 사업은 중앙집중적이 되지 않을 것이기 때문에 통근하는 일도 줄어들 것이다. "사무실과 가정이 조화되고, 거대한 자료 커뮤니케이션 연락망에 의하여 공공 수송 체계가 축소될 것이며, 업무용 자동차를 팔고 최신의 비디오 회의 시스템을 구입하게 될 것이다."[40]

컴퓨터 혁명은 주로 자료 처리 과정, 즉 자료의 저장, 수정, 분류,

---

40) Evans, p. 142.

그리고 전달과 관계된다. 그러므로 오늘날의 모든 의사 전달 형태는 컴퓨터의 영향을 받게 마련이다. 크리스토퍼 에반스(Christopher Evans)의 책(*The Mighty Micro*, 1979) 속에는 '인쇄된 글자의 죽음'(The Death of the Printed Word)이라는 장(章)이 있다.[41] 책과 컴퓨터 모두 본질적으로는 '정보의 축적을 위한 장치'라는 사실을 지적한 후에, 그는 계속해서 컴퓨터는 책보다도 '굉장히 우수하다'고 주장한다. 이것은 컴퓨터가 점점 작아지고 값이 싸지기 때문만이 아니라, '전자 책들'(electronic books)은 '역동적'이 될 것이며, 자료를 수집, 분류, 제시할 수 있게 될 것이기 때문이다. 더욱이 정보를 제시하는 컴퓨터의 능력은 시각적인 것(텔레비전의 화면에서)과 청각적인 것('컴퓨터의 말, computaspeak'이라고 불리는 이상한 종합적 발성)을 모두 포함할 것이다.

서기 2000년에 가서는 용도가 다양한 마이크로 프로세서가 오늘날의 간단한 계산기들처럼 일반화될 것이라고 생각하는 것은 어려운 일이 아니다. 기계가 인간 근육의 능력을 초월했듯이 실리콘 칩이 인간 두뇌의 능력을 초월한다는 사실을 우리는 분명히 환영해야 할 것이다. 그러나 새로운 전자 통신망이 인격적인 관계를 점점 불필요하게 만듦에 따라서 인간의 교제가 감소하리라는 것은 별로 환영할 만한 일이 아닐 것이다. 그렇게 비인간화된 사회에서는 교회 회원들이 서로 만나며, 화면 위에서가 아니라 인격으로 서로 이야기하고 이야기를 듣는 지역 교회의 교제가 점점 중요해질 것이다. 서로간의 사랑이라는 인격적인 측면에서 볼 때, 하나님의 말씀을 이야기하고 듣는 것은 우리의 인간성을 보존하기 위하여 더욱 필요해질 것으로 여겨진다.

---

41) ibid., p. 103-9.

■ 텔레비전의 영향

이제 나는 텔레비전 화면과 설교단 사이의 경쟁의 문제를 다시 생각해 보겠다. 확실히 텔레비전은 우리 모두의 생활의 중요한 요소이다. 영국에서는 모든 가정의 98% 정도가 적어도 한 대의 텔레비전을 가지고 있으며, 보통 가정에서는 일주일에 30-35시간 동안 그것을 켜놓는다. 성인이 실제로 텔레비전 보는 시간은 일주일에 16-18시간 정도인데, 이것은 하루도 빠짐없이 일생 중 온전히 8년이란 시간을 꼬박 텔레비전 화면 앞에서 보낸다는 것을 의미한다.[42] 미국의 통계는 이것보다도 더 높다. 1970년과 1971년에 실시된 조사에 의하면, 미국에서 성인이 일주일에 텔레비전을 시청하는 시간은 평균 23.3시간이다.[43]

사회에 대한 텔레비전의 영향을 균형있게 측정하기는 지극히 어려운 일이며, 의심할 여지없이 긍정적인 유익도 막대하다. 텔레비전은 사람들로 하여금 텔레비전이 아니면 경험할 수 없는 -시간, 특권, 돈혹은 건강의 부족 때문에- 사건들과 경험에 참여할 수 있게 해 준다. 그들은 국가적인 큰 경축이나 슬픔의 사건들(결혼식이나 장례식, 국왕의 대관식이나 대통령의 취임식, 혹은 외국 국가 원수의 방문)에 참여할 수 있다. 그들은 개인적으로는 결코 찾아갈 수 없는 외국의 지역들을 여행할 수 있으며, 자연의 어떤 경이(驚異)들을 소개받을 수도 있다. 그들은 영화, 연극 그리고 스포츠를 관람할 수 있다. 그들은 세계의 뉴스에 보조를 맞출 수 있으며, 논쟁의 대상이 되고 있는 정치적, 사회적, 도덕적 문제들을 파악하도록 자극을 받을 수도 있다. 이 모든 것들은 큰 소득이

---

42) *Broadcasting, Society and the Church*, p. 3.
43) Winn, p. 4.

다.

그러나 여기에는 특히 설교를 하고 듣는 일에 관계된 또 다른 측면이 있다. 텔레비전은 사람들로 하여금 주의를 집중해서 책임있게 무엇에 귀를 기울이는 일을 점점 어렵게 만들며, 그러므로 설교자는 청중들로부터 바른 반응을 얻어내기는 고사하고, 산만한 청중의 주의력에 고통당한다. 왜 그럴까? 이제 나는 텔레비전의 다섯 가지 해로운 경향을 요약해 보겠다.

첫째, 텔레비전은 사람들로 하여금 **신체적으로 나태하게** 만드는 경향이 있다. 텔레비전은 사람들에게 집에서 스위치만 돌리면 오락을 즐길 수 있게 해준다. 그러니 편안한 안락 의자에 앉아 쉬면서, 스크린 앞에서 예배를 드리지 않을 이유가 어디 있는가? 왜 귀찮게 교회로 모이겠는가? 텔레비전으로 훈련된 사람들은 다른 사람들보다도 밖으로 나가기를 더욱 꺼리며 강요에 대하여 더욱 분노한다. 막대한 시청자를 가진 미국의 이른바 '전자 교회'(electronic Church)가 노령(老齡)이나 병 때문에 집을 나설 수 없는 사람들에게는 큰 복을 가져다 준 것이 사실이긴 하지만 돌아다닐 수 있는 몸을 가진 사람이 지역 교회의 회원이 되는 대신에 그것을 선택해도 된다고 생각할 때 그 복은 의문이다. 스크린은 능동적인 봉사와 전도는 제쳐두고서라도 교제, 성례 그리고 회중 예배에의 인격적인 참여를 허락하지 않는다.

둘째, 텔레비전은 사람들로 하여금 **지적으로 무비판적이** 되게 한다. 물론 텔레비전이 반드시 그러한 것도 아니며, 대개의 채널들은 사고를 자극하기 위한 프로그램들을 가지고 있다. 그러나 나의 생각에 마샬 맥루한은 텔레비전이 요구하는 '참여'의 요소를 과장한 것 같다.

많은 사람들이 그 화면 앞에 털썩 주저앉는 것은 엄밀하게 말하면, 하루의 고된 일을 끝낸 후에 오락을 즐기기 위함이지 참여하기 위함이 아니다. 따라서 '참관하는 재미에만 탐닉한'(spectat-oritis)이라고 알려진 질병이 번지고 있다. 텔레비전은 그들에게 논리적인 주장보다는 그림을 더 많이 제공하고 있다.

물론 맥루한도 이것을 알고 있다. 공화당 조언자들은 1960년의 선거 때에 죤 에프 케네디의 텔레비전 이미지가 리차드 닉슨보다 더 좋았기 때문에 닉슨이 선거에 낙선되었다고 믿었다. 그리하여 1968년 선거 때에 그들이 전념한 일은 어떻게 하면 닉슨을 '전자식으로 투사'(project electronically)[44]하느냐 하는 것이었다. 즉, 메마르고 유머가 없는 법관으로서의 그의 스크린 이미지를 어떻게 하면 활기있는 사람으로 바꾸느냐 하는 것이었다. 그래서 그들은 마샬 맥루한을 고문으로 고용하고 그의 책(*Understanding Media*)에서 적당한 발췌문을 그들의 측근자들에게 돌렸다. 맥루한은 그들에게 이렇게 썼다. "정책들과 문제들은 당선을 위해서는 무용하다. … 입후보자의 완전한 상(像)의 형성이 서로 대립되는 관점의 토론이 차지해야 할 위치를 대신한다."[45] 닉슨의 수석 보좌관의 한 사람인 윌리암 개빈(William Gavin)은 "직선적인 논리와 결별하고 연속적인 인상(印象)을 제시하라"[46]는 것을 하나의 정책으로 권고했다. 그리고 나서 그는 자기의 접근 방법을 "유권자로 하여금 그를 좋아하게 만들라. 그러면 싸움의 삼분의 이는 이긴 것이다."[47]라는 말로 요약했다. 이미지가 사건들보다도 더 강력하며 상(像)

---

44) McGinniss, p. 23.
45) ibid., p. 21.
46) ibid., p. 221.

이 논리적 주장보다도 더 강력하다는 것에 대하여 동의하지 않을 필요는 없다. 그러나 어느 한 가지를 가지고 다른 것을 대치하는 것은 인간의 존엄성을 인간의 약점에 굴복시키는 것이다. 그리스도인은 사람의 비판적 능력을 둔감하게 하는 그 어떤 것도 묵인하지 말아야 한다.

셋째, 텔레비전은 사람들로 하여금 **감정적으로 민감하게** 만든다. 어떤 면에서는 그 반대일 경우도 있다. 텔레비전은 우리의 가정과 의식 속에 텔레비전이 아니면 목격할 수 없는 장면들을 시각적으로 제공해 주는 환영할 만한 효과를 가지고 있다. 전쟁의 공포, 기근과 빈곤의 손실, 지진의 황폐, 홍수와 허리케인, 그리고 피난민들의 곤경, 이 모든 것들이 과거의 그 어느 때보다 우리의 주의를 강력하게 사로잡고 있다. 이제 우리는 더 이상 그것들에 대하여 눈을 감을 수 없다. 그런데도 우리는 눈을 감을 수도 있고 실제로 감고 있다. 그리고 실제로 이것은 이해할 수 있는 일이기도 하다. 왜냐 하면 우리의 감정이 견뎌낼 수 있는 고통과 비극의 분량에는 한계가 있기 때문이다. 잠시 후에 그 짐이 너무 무거워지면 우리는 그 채널을 돌리거나 끄든지, 아니면 우리 내부의 감정의 스위치를 꺼버리고 무감각하게 그것을 계속 쳐다보는 것이다. 우리는 감정적인 자기 방어에 능숙하게 되고 있다. 이 시점에서는 역산물(逆産物: counter-productive)이 나타나게 되는데 우리는 그것들에 대처할 수 있는 감각을 가지고 있지 않다. 우리의 새로운 세대들이 판에 박힌 듯한 복음의 틀에 순종하지 않고 도리어 그들의 정서적 반응의 메카니즘을 영구(永久)히 손상시킨 텔레비전 화면에 사로잡히게 되는 것을 볼 때, 나는 우리가 '복음에 대하여 완고한' 새로운 세

---

47) ibid., p. 199.

대를 키우고 있는 것이 아닌가 하고 생각할 때가 가끔 있다.

넷째, 텔레비전은 사람들을 **심리적으로 혼란시킨다**. 왜냐 하면 텔레비전은 인공의 영역과 고안의 영역에 속하기 때문이다. 우리가 스크린에서 보는 프로그램의 대부분은 현실 생활에서 촬영된 것이 아니라 스튜디오에서 촬영된 것이다. 맥루한에 대한 비판자들을 움찔거리게 만드는 그의 동음이의(同音異義)의 익살을 하나 빌려서 이야기하자면, 그 프로그램들은 리얼(real, 참된) 세계에 속한 것이 아니라 '릴 세계' (The reel world, 즉 영사기의 필름 얼레의 세계)[48]에 속한 영화와 같은 것들이다. 스튜디오 밖에서 촬영된 프로그램들도 역시 진실성을 상당히 결여하고 있다. 그 이유는 촬영이 시작될 때부터 편집되었든지(예를 들면 뉴스와 다큐멘터리) 아니면, 설사 생방송되는 것이라고 할지라도 우리는 단지 다른 사람의 손을 거쳐서 여러 가지 체험을 접수하거나, 거기에 참여하기 때문이다. 우리는 실제로 축구 시합을 보며(스크린 위에서), 관중의 고함소리를 들을 수 있는 것이(스피커를 통하여) 사실이긴 하지만, 우리가 저 회오리 바람을 피부로 느끼거나 저 빈민촌의 냄새를 맡을 수 있는 방법은 없다.

〈그리스도와 정보 매체〉(Christ and Media)라는 제목의 '현대 기독교에 관한 런던 강의'(London Lectures in Contemporary Christianity) 속에서 1976년에 말콤 머저리지(Malcolm Muggeridge)가 강조한 것이 바로 텔레비전의 이런 비현실적인 요소였다. 그는 "전달 매체의 환상을 그리스도의 실재성과 비교하고"[49] 있었다. 그는 "그리스도의 실재성과

---

48) McLuhan, *Understanding Media*, p. 303.
49) Muggeridge, *Christ and Media*, . 73.

함께 … 지내며", 다른 사람도 그렇게 하도록 설득하며, "옛날에 배를 항해하던 선원들이 폭풍이 불어와 바다가 흉용해지면, 자신을 배의 기둥에 묶어맨 것과 똑같이 그들을 그리스도의 실재성에 묶어 매기를 원하는"[50] 자기의 개인적인 열망을 표현하였다. 이 대비(對比)가 나의 마음속에 일으킨 질문은 이것이다. 사람들은 얼마나 쉽게 이쪽 세계에서 저쪽 세계로 옮겨갈 수 있는가? 그들이 하나님의 말씀을 들으며 그에게 예배를 드릴 때에 과연 그들은 현재 적어도 그들이 궁극적인 실체에 접촉하고 있다는 것을 인식하는가? 아니면 그들은, 내가 두려워하는 바와 같이, 텔레비전이 그들에게 결코 벗어날 수 없는 환상의 세계를 제공했기 때문에, 꿈을 꾸면서 잠결에 돌아다니듯이 하나의 비현실적인 상황에서 또 하나의 다른 비현실적인 상황으로 넘어가고 있는 것이 아닌가?

다섯째, 텔레비전은 사람들로 하여금 **도덕적으로 혼돈에 빠지게** 만드는 경향이 있다. 이 말의 의미는 텔레비전 시청자들이 자동적으로 그들이 스크린에서 보고 있는 성적 행위나 폭력 행위를 모방한다는 것이 아니다. 1977년의 〈스크린 폭력과 영화 검열〉에 대한 내무성 연구는 사회적인 조사가 부적합하다는 것을 고백하면서도 스크린 폭력은 "시청하지 않았다면 하지 않았을 행동을 시청함으로써 행동하게 하는 것 같지는 않다"[51]는 결론을 내렸다. 〈방송의 미래〉에 관한 아난 보고서(The Annan Report, 1977)는 텔레비전의 폭력에 관한 현실적인 대중의 염려가 있다는 사실과, 대중은 방송자들이 대답해야 할 비난을 품고

---

50) ibid., p. 43.
51) *Screen Violence*, p. 125.

있다는 사실을 첨가하긴 했지만, 내무성의 연구와 비슷한 결론에 도달했다.[52]

내가 이야기하고 있는 도덕적인 '혼란'을 초래하는 텔레비전의 영향력은 직접적인 유혹보다도 더욱 미묘하고 음험하다. 우리의 도덕적 판단 능력이 예리하며 각성해 있지 않을 때에 우리 모두에게 일어난 일은, 무엇이 '정상적'인가에 대한 우리의 이해가 수정된다는 것이다. '모든 사람이 그렇게 하고 있다'는 인상(印象)과, 오늘날 하나님이나 진과 선의 절대성을 그렇게 크게 믿고 있는 사람은 아무도 없다는 인상 아래에서 우리의 방비는 약화되며 우리의 가치판단들은 자기도 모르는 사이에 변화되는 것이다. 우리는 폭력적 폭력(우리 속에서 이것이 일어날 때에), 성적 난잡성(우리 속에서 이것에 대한 유혹이 발동할 때에), 과도한 소비 지출(우리가 이런 유혹을 받을 때에)은 20세기 말의 서구 사회에서 공인된 규범이라고 가정하기 시작한다. 우리는 그렇게 배워오고 있다.

가장 피해를 입기 쉬운 부류는 역시 어린 아이들이다. 그런데도 그들은 가장 심하게 텔레비전에 탐닉하고 있다. 영국에서는 "세 어린이 중에서 두 명의 비율로 매일 3시간 내지 5시간 동안(일주일에 21-35시간) 텔레비전을 시청한다."[53] 미국에서는 미취학 아동이 가장 텔레비전을 많이 보며, 그들이 일주일에 평균 텔레비전을 시청하는 시간은 30.4시간이다.[54] "대체적으로 미국의 아동은 17세가 될 때까지 텔레비전을 시청하는데 평균 15,000 시간을 허비한다. 이것은 거의 밤낮 2년 동안을 텔레비전 앞에 앉아 있는 것에 해당된다."[55]

52) *The Future of Broadcasting.* See Chapter 16, 'Programme Standards.'
53) *Children and Television,* abbreviated report, p. 1.
54) Winn, p. 4.

마리 윈(Marie Winn)은 자신의 저서(*The Plug-In-Drug*, 1977) 속에서 미국 어린이에 대한 텔레비전의 영향을 수집해 놓았다. 그녀의 주장에 따르면 아이들의 피해는 텔레비전 프로그램의 내용보다는 텔레비전을 시청하는 그 자체에서 기인된다는 것이다. 텔레비전은 아이들의 숙제를 방해하고 밖에 나가서 뛰어 노는 것을 막는다. 그것은 아이의 언어, 상상력, 지각(知覺), 학습, 자기지도, 그리고 관계의 발전을 막는다. 그것은 수동성을 장려하고 창조성을 감소시킨다. 또한 그것은 자연스러운 가족 생활을 방해한다. 가장 불행스러운 것은 텔레비전이 소위 '텔레비전 혼수 상태'를 유발시킨다는 점이다. 텔레비전은 "그것을 계속 시청하고 있는 사람에게서 현실과 비현실 사이의 구별을 애매모호하게 만들 뿐만 아니라, … 그렇게 만듦으로써 현실 사건들에 대한 시청자의 감수성을 무디게 만든다."[56]

요컨대, 신체적인 나태함, 지적인 무기력, 정서의 고갈, 심리적인 혼란과 도덕적 방향 상실, 이런 모든 것들이 텔레비전 앞에 오래 앉아 있음으로써 증가된다. 그리고 여기서 가장 크게 해를 입는 것은 어린 아이들이다.

텔레비전의 효과에 대한 이런 부정적인 비판에 대하여 우리는 어떻게 대응해야 하는가? 나는 지금 우리가 텔레비전을 팔아 버리거나 박살을 내거나 혹은 텔레비전이 나오기 이전 시대로 돌아가자고 주장하는 것이 아니다. 그런 반발적인 행동은 불가능할 뿐 아니라 불필요한 일이다. 내가 지금까지 묘사한 대부분의 해로운 경향들은 전파매체

---

55) *The New Intermationalist*, No. 76, June 1979.
56) Winn, p. 80.

그 자체 때문이라기 보다는 어떤 프로그램들의 낮은 질과, 무비판적이며 탐닉적인 시청에서 기인된다. 균형만 갖춘다면 전파매체로서의 텔레비전은 저주보다는 복을 더 많이 제공한다. 그러면 이제 무엇이 필요한가?

첫째, 그리스도인의 부모들은 자녀들이 텔레비전에 접근하는 일에 대하여 더 큰 규제를 행사해야 한다. 영국에서는 아이들의 79%가 "그들의 부모들은 자녀들이 하루 혹은 일주일 동안 텔레비전을 시청하는 시간에 대해 아무런 제재를 가하지 않는다고 말하고 있다."[57] 그러나 무분별한 텔레비전 시청은 다음 세대를, 피터 앱스(Peter Abbs)가 '대중 문화' 라고 부른 '여론 선전'(consensus-propaganda) 앞에 노출시킨다. 그의 주장은 인간은 "이 세상에서 가장 모방을 잘 하는 피조물이며 또한 모방에 의하여 배운다"(아리스토텔레스) 것이며, 어린이들은 인정받은 문화 가치의 신조들(value-symbols)을 받아들이며, 또한 우리 사회에서는 이 가치의 신조들이 장사하는 엘리트들에 의하여 창조되고 있다는 것이다.[58]

둘째, 그리스도인들은 매스 미디어의 세계에 침투할 수 있는 길을 모색해야 하며, 스스로 텔레비전 대본 작가, 제작자, 연출가가 될 수 있는 준비를 갖추어야 한다. 만약 우리가 기술적으로 더 우수하지는 못할지라도 최소한도 동등할 뿐 아니라 더욱 건전한 대안들을 제공하기 위한 건설적인 주도권을 취하지 않는다면, 우리는 현재의 많은 텔레비전 프로그램들의 낮은 기준에 대하여 불평을 이야기할 수가 없다.

---

57) *Children and Television*, abbreviated report, p. 1.
58) From and article entitled 'Mass-Culture and Mimesis' in issue No. 22 of Tract.

이전 세대에, 새로운 의사 전달의 매체들(글, 그림, 음악, 드라마, 프린트, 영화, 라디오)이 개발될 때에, 그리스도인들은 그것들의 잠재력을 식별하고 그것들을 예배와 전도에 사용하기 위하여 노력한 최초의 사람들 가운데 포함되어 있었다. 텔레비전에 있어서도 이것은 역시 마찬가지이어야 한다. 실제로 세계의 어떤 지역에서는 이미 그런 일이 이루어지고 있다.

셋째, 설교자들은 텔레비전에 길들여진 회중을 염두에 두고 있어야 한다. 만약 우리가 많은 텔레비전의 유독(有毒)한 경향에 대항하려면 우리는 거대한 임무를 수행해야 한다. 이제 우리는 더 이상 사람들이 설교를 듣고 싶어한다거나 들을 수 있다고 가정할 수가 없다. 그들은 이미 신속하게 움직이는 스크린의 영상에 익숙해져 있는 상태인데, 어떻게 가벼운 기분 전환도 없이, 이야기만 하고 있는 한 사람을 쳐다 보기만 하는 일에 주의를 기울이리라고 기대할 수 있겠는가? 그것은 그들의 능력이 미치지 못하는 일이 아닌가? 결국 설교가 시작되면 그들은 스위치를 꺼 버린다. 당신은 거의 딸깍하는 소리까지도 들을 수 있다. 그러나 나는 이것이 설교를 포기할 만한 충분한 이유라고 생각지는 않는다. 왜냐 하면 설교에는 독특하고도, 다른 것으로 대치할 수 없는 어떤 것이 있기 때문이다. 그러나 분명히 우리는 사람들의 주의를 끌기 위해서 노력해야 한다. 무디고, 단조로우며, 볼품없고, 느리거나 지루한 것은 그 어떤 것도 텔레비전 시대에는 경쟁에 나설 수가 없다. 우리가 진리를 소개할 때에 텔레비전은 다양성, 칼라, 예화, 유머와 빠른 움직임을 통하여 그 진리를 매력적으로 소개하도록 설교자들에게 도전한다. 부언하면, 비록 설교를 대신할 수 있는 것은 아무것도 없는 것이 사실이지만, 설교는 확실히 보완될 필요가 있다.

■ 학습과정

　인간의 학습과정은 네 가지 방법에 의하여 이루어지는데, 듣기, 토론, 관찰, 발견이 그것이다. 우리는 이것들을 청취, 대화, 관찰, 그리고 참여라고 부를 수 있을 것이다. 그 중 첫 번째가 가장 직접적인 것으로서 입에서 귀로, 화자(話者)에게서 청자에게로 직접 전달되는 것이며, 설교도 물론 여기에 포함된다. 그러나 이것이 언제나 가장 효과적인 방법인 것은 아니다. "대부분의 사람들은 순전히 말에 의해서만 전달되는 개념들을 이해하는 데 어려움을 느낀다." 그들은 귀를 의심하며, 그것을 신뢰하지 않는다. 일반적으로 우리는 사물들이 우리 눈에 보일 때, 즉 "우리 자신이 볼 수 있을 때에 더욱 안정을 느낀다."[59] 따라서 각 지역 교회의 기독교 교육 프로그램 속에서, 학습 과정의 다른 세 가지 측면들도 제각기 적당하게 배분되어야 한다.

　'디알레게스타이'(Dialegesthai), 즉 '따지다' 혹은 '논리적으로 주장하다' 라는 이 동사는 바울의 복음 전도 설교를 묘사하면서 누가가 자주 사용한 동사이다. 특별히 유대인과 더불어 바울은 성경을 가지고 논쟁했다. 생각하건대, 그것은 말을 주고 받는 대화체로서, 바울이 자기의 주장을 제시하면 어떤 사람들은 문제를 제기하고, 어떤 사람들은 반론을 제기하고, 바울은 다시 그들의 질문들과 비판에 대하여 답변하

---

59) McLuhan, *The Medium*, p. 117.

는 형식이었을 것이다. 여기서 바울이 '카테케시스'(catechesis), 즉 초심자를 가르칠 때에 사용하는 방법을 사용했으리라는 것은 의심의 여지가 없다. 따라서 오늘날에도, 대학에서 세미나나 개인교수제(교수와 학생 간의 밀접한 관계 하에 시행되는)가 강의를 보완해 주듯이, 교회에서도 역시 다양한 성경 공부와 그룹 토론들이 설교를 보완해 주어야 한다.

대학교에서 강의를 맡고 있는 내 친구 중의 한 사람이 교회에서의 설교에 관해 그가 느낀 좌절감을 매우 솔직하게 나에게 이야기했다. 그는 이렇게 말했다. "나는 여러 달 아니 심지어 여러 해 동안을 머뭇거리면서, 설교에 대한 어떠한 반응을 표시하고자 기회를 기다려 왔다." 그가 확신하는 바에 의하면, 교회의 평신도 지도자들은 설교의 주제를 결정하는 일에 참여해야 하며, 만약 그들에게 은사가 있고 그들이 훈련을 받았다면 그들도 어떤 때에는 설교를 해야 한다는 것이다. 그러나 그의 주요 관심사는 대학의 교육 방법과 교회의 교육 방법 사이의 차이점에 관해서였다. 대학의 강의실에서는 **즉각적인** 반응을 보일 기회가 있으며, 강의 도중에라도 질문을 제기할 수 있다. 즉, 이것은 그 강의실이 토론의 광장이라는 것을 의미하므로 학생들에게 고무적인 효과를 낸다. 그러나 그의 교회에서는 그와 같은 기회가 전혀 주어지지 않았다. 결국 어떠한 종류의 말대답(talk-back)도 금지되어 있는 것이다.

우리는 런던에서 여러 형태의 반응을 장려하려고 노력해 왔다. 새 신자를 위한 '초신자 그룹'과 그보다는 좀 더 성숙한 그리스도인들을 위한 '교제 그룹' 이외에도 '익명의 불가지론자들'(Agnostics Anonymous)이 문의자들로 하여금 아무런 장애를 느끼지 않고 그들의 질문을 제기하며, 의심나는 점들을 표시할 수 있도록 격려해 주었다. 어떤 때에는 예배 후에 '말대답'(talk-back)의 기회를 주기도 하였다. 최근의 문제에 대한 아침 설교를 끝마치고 우리는 사람들을 초대하여 샌드위치를 먹으면서 그 주제에 관한 토론에 참여토록 했다. 특히 일련의 설교가 끝난 뒤에는 전체적인 질문 시간을 마련하였으며, 또한 경우에 따라서는 더욱 긴 '토론회'(teach-in)를 조직하곤 하였다.

어떤 설교자는 최근에 그가 행했던 설교 본문을 근거로 회중에게 몇 가지 질문을 제시한 후 그들에게 대답할 수 있는 세 번의 별도의 기회를 제공하였다. 그 본문은 빌립보서 1:12-19인데, 바울은, 이 구절 속에서 자기의 모범을 보고서 '더욱 담대히' 말씀을 증거하게 된 그리스도인들에 대해서와 그들이 그리스도를 전파하게 된 여러 동기들에 대해서 이야기하고 있다. 첫째로 그 설교자는 우리에게, 우리가 다른 사람들을 더욱 담대한 증거자가 되도록 격려하거나, 혹은 그들의 담대한 증거를 모방할 수 있는 구체적인 방법을 쓰도록 요청하였다. 둘째로 그는 우리에게 우리의 입장에서 우리의 증거에 저해가 되거나 혹은 돕는 요소들에 관하여, 교회에서 우리 곁에 앉은 사람들과 이야기를 나눌 것을 권했다. 그리고 셋째로 그는 우리로 하여금 전도를 하도록 만드는 여덟 가지 동기의 목록을 영사기를 통하여 스크린에 비추고서, 그것들 중 어느 것이 자신들의 마음을 움직였는가를 고백하도록 요청했다. 각 단계에 소요된 시간은 3분이었다. 나는 이것이 매우 가치있는 실험이라고 생각했다. 이 실험은 사람들로 하여금 싫든 좋든 대화에 참여하게 만들었으며, 우리로 하여금 매우 실제적으로 그 본문의 도전을 받지 않을 수 없게 했다. 보다 적은 수의 회중에 의한 더욱 비

공식적인 분위기 속에서, 설교가 끝나자마자 그 설교와 관련된 질문을 제기하도록 사람들을 격려해야 할 −적어도 가끔은− 이유는 충분히 있다고 나는 생각한다.

'관찰'에 의하여 우리는 광범위한 시각 보조물에 접할 수 있게 된다. 세례와 주의 만찬이라는 두 가지의 성례는 하나님께서 제공하신 시각 보조물로서, 그리스도를 통한 구속에 나타난 하나님의 은혜를 극적으로 표현하는 '눈에 보이는 언어'이다. 어떤 설교자들은 칠판이나 영사기를 사용하여 큰 효과를 얻고 있으며, 또 어떤 설교자들은 영화나 슬라이드를 사용하고 있으며, 비디오 카세트도 곧 즐겨 이용될 것이다. 가르침이나 설교의 어떤 진리성을 예증하는 짤막한 연극의 상영도 강력한 자극을 줄 수 있다. 우리는 에스겔에 나타난 연출된 비유들(acted parables) 속에서 이런 연극의 성경적 전례를 발견할 수 있다. 어떤 교회들은 예배 의식으로서 '춤'을 다시 도입하고 있다. 그러나 그 행위는 소리 없는 예배의 표현이므로 '무언극'(mime)이 더 정확한 말이라고 생각된다. 거기에는 언제나 음악이 수반될 필요가 있다. 또한 거기서 한 걸음 더 나아가 그 '춤'은 찬송이나 시편의 말들을 대동해야 하며, 그것들을 해석하려고 노력해야 할 것이다. 연극(drama), 춤(dance), 그리고 대화(dialogue)가 혼합될 때에 우리는 그것을 '3D 예배'라고도 부를 수 있을 것이다.

이것 외에도 하나님께서 직접 고안하신 시각 보조물이 두 가지 더 있다. 첫째로 하나님께서는 목사가 회중에게 시각 보조물이 되기를 의도하신다. 바울은 디도에게 '범사에 네 자신이 선한 일의 본을 보이라'고 말했다. 또한 디모데에게도 이와 유사하게 '말과 행실과 사랑과 민음과 정절에 있어서 믿는 자에게 본이 되라'고 이야기했다(딛 2:7; 딤전 4:12). 이 두 구절에서 공통적으로 사용되는 명사는 '전형' 혹은 '패턴'이라는 의미의 '투포스'(tupos)이다. 이 단어는 구약의 인물들에 대해서도 사용되었는데 그들은 우리에게 경고 혹은 경고가 된 인물들이다. 만일 우리가 강단을 떠나 있을 때에 말과 일치되지 않는 행동을 보인다면 우리 설교자들은 강단에 서서 효과적인 설교를 할 수 없다.

둘째로 하나님께서는 회중 또한 세상에 대하여 시각 보조물이 될 것을 의도하신다. 만약 우리의 복음이 사람들에게 신뢰를 얻기 원한다면, 우리는 복음을 체현(體現)해서 살아야 한다. 개빈 리드(Gavin Reid)가 정확하게 지적했듯이, 불행하게도 "교회가 원하든 원치 않든 교회는 항상 –비언어적(nonverbal)인 양태로– 세상과 대화를 나누고 있으며, 교회가 '말하고' 있는 것들 중에서 많은 부분은 교회가 실제로 전하고 있는 메시지에 반대된다."[60]

인간이 무엇을 배우는 네 번째 방법은 발견과 실행에 의해서이다. 물론 사람들은 언제나 이 방법으로 그 자신을 교육시켜 왔다. 아이는 헤엄을 침으로써 헤엄치는 법을 배우고, 자전거를 탐으로써 자전거 타는 법을 배운다. 태고적부터 도제제도는 상술을 배우는 가장 좋은 방법으로 받아들여져 왔다. 그러나 오늘날에는 다른 어느때보다도 '참여' –정치적 결정과 학습의 과정에 있어서– 가 강조되고 있다. 학교에 다니는 아이들은 –특히 수학과 과학에 있어서– 자기 스스로 계획을 세우고 스스로 문제를 발견하도록 격려받는다. 이것은 '아동 중심의'(child-centred) 교육, 즉 '발견적'(heuristic) 학습 방법이다. 성인에게 있

---

60) Reid, G, *The Gagging*, p. 108.

어서 가장 좋은 실례는 여행이다. 성지(聖地)를 예로 들어 보자. 우리는 강의를 듣거나, 책을 읽거나, 영화나 슬라이드를 보거나, 여행자와 이야기를 나눌 수 있다. 그러나 이런 방법들 중 그 어느 것도 우리가 직접 그 곳에 가보는 것과는 비교할 수 없다. 그 곳에 직접 가보면 우리는 오감(五感) 전부를 통한 인상에 젖어들 수 있다. 우리는 갈릴리 호수와 사마리아의 굽이치는 언덕들을 우리 눈으로 직접 본다. 우리는 시장에서 물건을 파는 떠들썩한 소리와, 양과 염소가 뒤섞인 가축의 울음소리를 듣는다. 우리는 비비 꼬여 있는 오래된 감람나무를 만지거나, 요단강의 물에 직접 손을 적셔볼 수도 있다. 우리는 이스라엘의 포도즙을 맛보거나, 무화과나 오렌지 혹은 석류의 달콤함을 맛볼 수도 있다. 우리는 또한 들에 피어 있는 꽃들의 향기를 맡는다. 그러면 전체 성경이 되살아난다! 우리는 그 땅을 직접 '발견하게' 되는 것이다.

지역 교회에서도 이와 똑같은 원리가 적용되어야 할 것이다. 기도와 전도같은 주제에 관한 성경적인 설교와 가르침은 분명히 필수불가결한 것들이다. 그러나 그런 실천적인 행동을 수반하는 것들에 있어서는 이론만을 이해하는 것은 불충분하다. 우리는 기도함에 있어서만이 ―특히 기도 모임에서― 기도를 배울 수 있다. 또한 우리는 더욱 경험이 많은 그리스도인과 함께 거리에서 전도를 하거나 가정을 방문함에 의해서만이 전도하는 법을 배울 수 있는 것이다. 더욱이 신약 성경 속에 묘사된 교회의 의미를 배울 수 있는 유일한 길은 그리스도의 몸의 능동적인 지체가 됨으로써이다. 교제 모임은 한 개인이 받아들여져 환영받으며, 사랑을 받을 수 있는 하나의 사건이다. 이때에 비로소 용서, 화해, 그리고 교제 같은 추상적 개념들이 구체적인 형체를 취하며, 전파된 진리가 생명을 얻게 된다.

우리의 학습은 이렇게도 풍요하고 다양한 과정을 통하여 이루어진다. 우리는 글자와 상(像)들에 의하여 듣기와 보기에 의하여, 토론과 발견에 의하여, 수동적인 수용과 능동적인 참여에 의하여, 언제나 지식과 경험을 직접적으로 혹은 간접적으로, 의식적으로 혹은 무의식적으로 소화하고 있는 것이다.

그렇다면 설교에 대해서 우리는 어떤 특수성을 주장할 수 있겠는가? 한번 찾아보도록 하자. '커뮤니케이션 이론'이라는 꽤 새로운 학문의 여러 요소들이 이제는 상당히 잘 알려져 있다. 벨로(David K. Berlo)의 「커뮤니케이션의 과정」(1960)이라는 입문서를 실례로 들 수 있겠다. 아리스토텔레스가 그의 책 「수사학」(*Rhetoric*) 속에서 제시한 '화자(話者), 청중, 연설'이라는 세 가지 요소 위에다가 벨로는 다음과 같은 이론을 전개시키고 있다. 첫째로 '근원자'(의사를 전달하기를 원하는 사람)가 있으며, 그와 함께 그가 전달해야 할 '메시지'가 있다. 둘째로 그는 그 메시지를 상징들(언어나 상)로 '암호화'(encode)해야 하며, 셋째로 그가 그 암호를 전달할 수 있는 매체, 즉 '통로'를 선택해야 한다(만약 그것이 언어이면, 말하거나, 기록하거나, 전화를 걸거나 방송을 한다. 만약 그것이 상이면, 그리거나, 색칠하거나, 상연하거나, 영화를 만든다). 마지막으로 그 커뮤니케이션의 대상이자, 그 암호를 해독해야 하는(decode) '수신자'가 있다. 벨로 박사는 이것을 다음과 같이 요약한다. "커뮤니케이션은 여섯 가지의 기본적인 요소를 요구한다. 즉 근원자, 암호화하는 사람, 메시지, 통로, 암호 해독자, 수신자가 그것이다. 근원자가 메시지를 암호화한다. 암호화된 메시지는 어떤 통로를 통하여 전달된다. 그 메시지는 수신자에 의해서 해독되고 해석된다."[61]

　　근원자와 암호화하는 사람은 대개 동일인이며, 수신자와 암호 해독자도 또한 대개 동일인이므로 나는 차라리 이 모델을 네 가지 구성 요소, 즉 근원자(의사 전달자), 메시지(전달해야 할 내용), 암호와 통로(의사를 전달하는 방법), 그리고 수신자(의사 전달의 대상)로 단순화시키겠다. 나의 주장은 이러하다. 비록 설교가 커뮤니케이션의 한 방법으로서 다른 모든 방법들과 유사하다고 볼 수 있지만 그럼에도 불구하고 설교는 **독특한 것이다**. 설교와 유사하며, 따라서 설교를 대치할 수 있는 다른 어떤 형태의 커뮤니케이션의 방법도 존재하지 않는다. 설교시에 네 가지 요소들은 모두 특수하며 결합시에도 이 요소들은 독특하다. 이제 이 점을 설명하도록 하자.

　　대개의 경우에 있어서 이 근원자는 설교를 위하여 자기 자신이 하나님께 부름을 받은 자라고 믿는 목사(평신도 설교자일 수도 있긴 하지만)이다. 그의 그런 부르심은 교회의 승인을 얻게 되는데, 이에 따라 교회는 그의 사역을 수행할 수 있도록 엄숙한 성직 수임을 통하여 그에게 권위를 준다. 그리고 또한 그는 하나님께서 성령의 능력을 그에게 부어 주심으로써 그의 소명을 확증해 주실 것을 기도한다. 그렇지만 이 점에 있어서 그는 결코 일상적인 커뮤니케이션의 '근원자'가 아니다. 적어도 이상적인 관점에서 볼 때, 이 설교자는 신성한 부르심과 사명과 능력을 받고서 강단에 서며, 그는 스스로 하나님의 종이요, 그리스도의 사신이며, 성령 충만한 그리스도의 증인으로서 서는 것이다.

　　'수신자'(혹은 접수자)는 그리스도인 회중으로서(왜냐 하면 지금 나는 복

---

61) Berlo, p. 99.

음 전도적인 설교를 생각하고 있는 것이 아니기 때문이다), 그들은 '가장 고귀한 찬양을 드리며', '하나님의 가장 거룩한 말씀'을 듣기 위하여 주일날에 일부러 모인 사람들이다. 그러므로 설교자와 회중 사이에는, 그들의 공통의 신앙에서 일어난 심오한 감정 이입(移入)이 존재한다. 목자는 양떼를 치는 사명을 받았고, 청지기는 집안을 돌볼 사명을 받았다. 설교자와 회중, 이들 모두는 이 사실을 알고 있다. 그들이 모인 것은 부분적으로는 이 목적을 위해서이다. 그들은 기대에 가득 차 있다. 그러므로 설교가 시작되기 전에 강단에서 드려지는 기도는 공허한 형식이 아니다(혹은 아니어야 한다). 도리어 그 기도는 설교자와 회중들이 서로를 위하여 기도하며, 그들 자신을 하나님의 손에 맡기며, 하나님 앞에서 스스로 겸비해지며, 하나님의 음성이 들리고 그의 영광이 드러나기를 기도하는 극히 중요한 기회가 되는 것이다.

그 '메시지'는 하나님 자신의 말씀이다. 왜냐 하면 사람들은 인간의 말을 들으려고 모인 것이 아니라 하나님과 만나기 위하여 모였기 때문이다. 그들은 베다니의 마리아와 같이 예수의 발 앞에 앉아서 그의 가르침을 듣기 원한다. 그들은 영적으로 굶주려 있다. 그들이 갈구하는 빵은 하나님의 말씀이다.

그러면 이러한 커뮤니케이션의 암호화 통로는 어떠한 것인가? 분명히 그 암호는 언어이고 통로는 설교가 될 것이다. 그러나 그 커뮤니케이션은 물리적 견지(강단에서 좌석으로)로나, 심지어 인간적 견지(이야기하는 하나의 입과 듣고 있는 많은 귀라는)로 이해되어서는 안 되고, 신적인 견지로(하나님께서 그의 사역자를 통하여 자기 백성에게 말씀하신다는) 이해되어야 한다.

바로 이와 같은 전체적인 맥락에 의하여 설교는 독특한 것이 된다. 왜냐 하면 여기에는 하나님의 사자로부터 하나님의 말씀을 듣기 위하여 하나님 앞에 모인 하나님의 백성이 있기 때문이다.

바로 이것이 가장 정교한 의사 전달 수단으로 가득 찬 이 시대에 있어서도 설교는 **독특한**(sui generis) 것으로 남는다는 나의 주장에서, 내가 의미하고자 하는 것이다. 어떠한 영화나 연극, 어떠한 드라마나 대화, 어떠한 세미나나 강의, 어떠한 주일학교나 토론 그룹도 이 모든 요소들을 골고루 가지고 있지는 못하다. 여기서 독특한 것은 어떠한 공상이나 분위기가 아니라 하나의 실체(實體)이다. 하나님의 언약에 따라서, 살아계신 하나님께서는 예배하는 무리 가운데에 임재하시며, 말씀과 성례를 통하여 그들에게 자신을 알려 주시겠다고 약속하신 것이다. 그 어떤 것도 이것을 대치하지는 못한다.

비록 일세기 이전의 다소 화려한 문체로서이긴 하지만, 매튜 심프슨(Mattew Simpson)은 설교의 독특성에 대한 훌륭한 요약을 제공해 주었다. 그는 설교자에 관하여 이렇게 썼다.

> 그의 왕좌는 강단이다. 즉 그는 그리스도를 대신해서 서며 그의 메시지는 하나님의 말씀인 것이다. 불사(不死)의 영들이 그를 둘러싼다. 보이지 않는 구주께서 그의 곁에 서 계시다. 성령께서는 회중을 덮고 계시다. 천사들이 그 광경을 주시하고 있으며, 천국과 지옥이 그 결과를 기다리고 있다. 얼마나 놀라운 연합이며, 얼마나 큰 책임인가![62]

---

62) Simpson, M, *Lectures*, p. 98.

이와 같이 말씀과 예배는 서로 불가분의 관계에 있다. 예배는 하나님의 이름을 찬양하는 것이기 때문에, 모든 예배는 하나님의 계시에 대한 이지적(理智的)이며 사랑에 가득한 응답인 것이다. 따라서 설교가 없이는 하나님이 기뻐하시는 예배를 드릴 수가 없다. 왜냐 하면 설교는 주님의 이름을 알리는 것이며, 예배는 그렇게 알려진 이름을 찬양하는 것이기 때문이다. 하나님의 말씀을 읽고 선포하는 것은, 예배와 무관한 일을 첨가시키는 것이 아니라 실제로 예배에 없어서는 안 되는 것이다. 이 둘은 서로 끊어질 수가 없다. 사실 오늘날의 그렇게도 많은 예배가 저급한 수준으로 떨어진 이유는 바로 이 둘의 부자유스러운 결별 때문인 것이다. 하나님에 대한 우리의 지식이 빈약하기 때문에 우리의 예배가 빈약하게 되는 것이며, 하나님에 대한 우리의 지식이 빈약한 것은 우리의 설교가 빈약하기 때문인 것이다. 그러나 하나님의 말씀이 충만하게 해설되어 회중이 살아계신 하나님의 영광을 바라보기 시작하면, 이제 그들은 엄숙한 경외와 기쁜 경이와 함께 그의 보좌 앞에 엎드러지게 된다. 그러므로 이 일을 성취시키는 것은 바로 성령의 능력 안에서 하나님의 말씀을 선포하는 설교인 것이다. 바로 이런 이유 때문에 설교는 독특하며, 다른 것으로는 대치될 수가 없는 것이다.

3. 교회가 복음에 대한 신뢰를 상실함

오늘날의 교회가 복음에 대한 신뢰를 상실했다는 것이 설교를 방해하는 가장 근본적인 요소이다. 왜냐 하면 '설교한다'(케루세인: kerus-sein)는 것은 선구자 혹은 포고자(布告者)의 역할을 맡고서 공중에게 어떤 메시지를 선포하는 것이기 때문이다. 반면에 '전도하다'(유앙겔리제스타이: euangelizesthai)는 복음을 퍼뜨리는 것이다. 이 두 가지 은유는 우리가 말할 어떤 것을 가지고 있다는 것을 전제한다. 즉 '케루세인'은 '케뤼그마'(선포 혹은 선언)에 의존하고, '유앙겔리제스타이'는 '유앙겔리온'(복음)에 의존한다. 분명하고 확신있는 메시지가 없이는 설교는 불가능하다. 그런데 오늘날의 교회에서 결핍되어 있는 것이 바로 이 확신인 듯하다.

이런 현상은 전혀 새로운 어떤 것이 아니다. 교회의 역사를 통하여 교회라는 추(Pendulum)는 언제나 신앙의 시대와 회의의 시대 사이를 오락가락했던 것이다. 예를 들면, 1882년에 맥밀란 출판사는 존 펜틀란드 마히피(John Pentland Mahaffy) 경의 「현대 설교의 몰락」(*The Decay of Modern Preaching*)이라는 제목의 에세이를 출판했다. 그리고 금세기 초에 맨체스터의 성당 참사의원인 심프슨(J. G. Simpson)은 영국에 권위있는 설교자가 없음을 다음과 같은 말로 탄식했다. "이제는 위대한 설교자들의 경주(race)가 사라진 것처럼 보일 뿐 아니라 강단의 능력도 쇠퇴하고 있다. … 오늘날의 강단은 분명하고, 널리 울려 퍼지는, 명확한 메시지를 가지고 있지 않다." 설교자의 따분한 이야기에 지친 한 어린아이가 "엄마, 저 사람에게 돈 주고 우리는 집에 가요."[63]라고 호소했다는 것은 별로 놀라운 이야기가 아니다.

20세기의 마지막이 가까워 옴에도 불구하고, 우리는 아직도 신앙

---

63) Simpson, J. G, *Preachers*, p. 222-3.

의 부식(erosion)이 계속되고 있는 것을 의식한다. 교회와 윤리에 상대성이 적용되며, 절대적인 것들이 사라지고 있다. 다윈은 많은 사람에게 종교는 진화의 한 국면이라고 확신시켰고, 마르크스는 종교를 사회 현상의 하나로 납득시켰으며, 프로이드는 그것을 하나의 노이로제로 확신시켰다. 성경 비평은 많은 사람에게 대하여 성경의 권위를 훼손시켰다. 비교 종교의 연구는 기독교를 여러 종교들 중의 하나로 전락시키는 추세로 나아갔으며, 종합주의(syncretism)의 성장을 촉진했다. 실존주의는 순간의 만남과 결단만이 중요한 일이라고 주장함으로써 역사의 뿌리를 단절시키고 있다. 그리고 이제는 무한하고 사랑이 많으신 하나님의 인격과 예수의 본질적인 신성(神性)까지 부인하는, 급진적 신학과 세속적 신학이 등장하고 있다. 이런 요소들이 설교자들로 하여금 용기를 잃게 만들고 있다. 어떤 설교자들은 자기들의 기능은 자기들의 의심을 회중과 함께 나누는 것이라고 솔직하게 고백한다.

어떤 사람들은 이 세상에서의 '그리스도인의 현존'(Christian presence)은 봉사의 현존일 뿐만 아니라, 침묵의 현존일 필요도 있다고 주장함으로써 거짓된 겸손을 가장한다. 혹은 설사 그들이 그리스도인의 능동적인 역할을 인정한다 하더라도, 그들이 인정하는 역할이란 선포보다는 대화인 것이다. 그들은 세속적인 사람들과 나란히 앉아서 그들로부터 배워야 할 필요가 있다고 이야기한다. 1968년에 스웨덴의 웁살라(Uppsala)에서 개최된 세계교회 협의회 제4차 총회에서, 제네바의 서기관 한 사람이 '선교'라는 항목에다가 "이 대화 속에서 그리스도는 형제를 통하여 말씀하셨으며, 그렇게 하심으로써 우리의 왜곡된 진리의 상(像)을 고쳐주셨다"라는 그들의 보고서의 한 문장을 포함시킬 것을 제안하던 모습을 나는 생생하게 기억하고 있다. 언뜻 듣기에 이 말은 그다지 해롭지 않은 것처럼 들릴 수도 있다. 그러나 여기의 '형제' 라는 말이, 대화에 있어서의 비그리스도인 파트너라는 사실을 알게 되면 사정은 달라진다. 만약 이 문장이 채택되었다면, 이 문장은 그 항목의 보고서에서 그리스도께서 말씀하시는 것에 대한 유일한 언급이 되었을 것이며, 결국 그 문장에 의해 전도는 비그리스도인이 그리스도인에게 복음을 선포하는 것으로 뒤집혀 버리고 말았을 것이다.

이것은 극단적인 경우일 수도 있다. 그러나 이러한 문장은 주 예수 그리스도에 대한 어떤 독특성이나 최종적 권위도 주장할 수 없게 하는, 거짓된 겸손의 유행을 실례로 보여 주는 것이다. 전 교회는 자기 확인의 위기(crisis of identity)에 처하여 있는 것 같으며, 그 속에서 자기 자신을 확신하지 못하고 자기의 메시지와 사명에 혼란을 일으키고 있다. 미카엘 그린(Michael Green)은 「성육신한 하나님의 신화」(The Myth of God Incarnate)라는 책에 대한 재치있는 반격으로 그가 편집한 「성육신한 하나님의 진리」(The Truth of God Incarna-te)의 서문에서 평상시와 같은 솔직함으로 교회의 상태를 요약하고 있다. 그 서문의 제목은 '교회 내의 회의주의'(Sceptism in the Church)이다. 거기서 그는 이렇게 쓰고 있다. "지난 45년 동안에 우리는 … 영감된 성경과 성육신하신 그리스도와 더불어 전통적으로 내려오던 순수한 기독교를 받아들이기를 꺼리는 태도가 점점 증가하는 것과, 기독교를 이 시대의 정신에 적응시키려는 경향이 점점 커지는 것을 보아왔다."[64]

복음에 대한 확신을 먼저 회복하지 않고서는 설교를 회복할 기회

---

64) Green., p. 9.

는 없다. 우리는 복음의 진리성과 적절성, 그리고 복음의 능력에 대한 확신을 다시 얻고 다시 복음에 매료되어야 할 필요가 있다. 복음이 하나님에게서 나온 좋은 소식인가? 혹은 그렇지 않은가? 런던의 웨스트민스터 교회에서 두 번의 기간에 걸쳐서 목사로 봉직했던, 훌륭한 성경 해석자인 캠벨 몰간(Campbell Morgan)은 이 점에 대하여 매우 분명히 밝혔다.

> 설교는 이론의 선포나 의심나는 점에 대한 토론이 아니다. 물론 누구나 어떤 종류의 이론이라도 선포할 권한이 있으며 자기의 의심나는 점에 관하여 토론할 수도 있다. 그러나 설교는 그러한 것이 아니다. "만약 당신이 어떠한 확신을 가지고 있다면, 그 확신의 유익을 아에게도 달라. 그러나 당신의 회의는 당신 혼자만 가지고 있으라. 회의라면 이미 나에게도 충분히 있다"라고 괴테는 말했다. 우리가 사변(思辨)의 위험을 무릅쓰는 한 우리는 결코 설교를 하는 것이 아니다. 물론 우리는 사변의 위험을 무릅쓰기도 한다. 우리는 가끔 사변에 빠지게 되어 있다. 나는 가끔 이렇게 말한다. "나는 지금 사색 중이니 필기(筆記)하지 말라." 사변은 설교가 아니다. 부정(否定)을 선언하는 것도 역시 설교는 아니다. 설교는 말씀의 선포이며, 계시된 그대로의 진리를 선언하는 것이다.[65]

---

65) Morgan, G. C., *Preaching*, p. 21.

■ 그리스도인의 사기(士氣)의 회복

그러면 우리는 그리스도인의 사기가 회복되기를 어떻게 기대할 수 있는가? 우리는 과연 바울이 심사숙고하여 얻은 당당한 주장들을 반복할 수 있으며, 로마 제국을 찾아간 그의 뒤를 따를 수 있겠는가? "헬라인이나 야만인이나 지혜 있는 자나 어리석은 자에게 다 내가 빚진 자라. 그러므로 나는 할 수 있는 대로 로마에 있는 너희에게도 복음 전하기를 원하노라. 내가 복음을 부끄러워하지 아니하노니 이 복음은 모든 믿는 자에게 구원을 주시는 하나님의 능력이 됨이라. 먼저는 유대인에게요 그리고 헬라인에게로다"(롬 1:14-16). 그러나 전도에 대한 교회의 오늘날의 태도는 이 구절과는 정반대의 말들로 요약될 수 있을 것이다. 즉 "열정은 없고, 의무감도 거의 없으며, 좌절은 크다." 그렇다면 이런 상태가 어떻게 "내가 빚진 자라 … 나는 원하노라 … 내가 부끄러워하지 아니하노니"라는 사도의 확신으로 바뀌어질 수 있겠는가?

첫째로 우리는 확신, 신념, 추측, 그리고 완고함 같은, 피상적으로는 비슷한 단어들을 구별해야 한다. 확신과 신념은 합당한 증거나 추론에 의하여 어떤 것이 참되다고 확신하고 믿는 것이다. 추측은 그것의 진리성에 대하여 때이른 추정(推定)을 하는 것으로서, 이것은 부적절하거나 조사되지 않은 전제를 근거로 한 신념이다. 완고(頑固)는 맹목적이고도 완강한 것이다. 즉 완고한 사람은 사실 자료에 대해서는 눈을 감아 버리고 맹목적으로 자기의 의견에만 집착하는 사람이다. 추측과 완고는 진리에 대한 진지한 관심과, 진리의 하나님께 향한 예배와는 전적으로 모순된다. 그러나 그리스도인의 신념과 확신의 경우는 적어도 어느 정도 양립될 수 있으며 또한 온당하다. 왜냐 하면 그것은 충분한 역사적 증거를 근거로 하고 있기 때문이다. 신약 성경 기자(記者)들은 이것을 '증언'이라고 부른다. '알다', '믿는다', '설득되다'라는 단어들은 신약 성경 전체에 널리 사용되고 있다. 신앙과 확신은 예외적인 어떤 것으로서가 아닌 그리스도인의 체험의 규범으로서 간주된다. 실제로, 사도와 전도자들은 그들이 쓴 글의 목적이(그것이 예수에 대한 그들의 개인적인 증언이든, 혹은 그들이 목격한 것에 대한 증언이든) "너희로 하여금 알게 하려는 것" 혹은 "너희로 하여금 믿게 하려는 것"임을 자주 말하고 있다(참조 눅 1:1-4; 요 20:31; 요일 5:13). 내가 이 점을 부각시킬 필요를 느끼는 것은 오늘날과 같은 의심의 시대에 있어서 어떤 그리스도인들은 신앙을 갖는 것을 떳떳하지 못한 일로 생각하고 있기 때문이다! 그러나 결코 그럴 필요가 없다. '충만한 확신' 혹은 '확실성'이라는 의미까지도 갖는 '플레로포리아'(plerophoria)라는 단어는 기도 속에서 우리가 하나님께 다가가는 것과, 세상에서 우리가 그리스도를 선포하는 일을 묘사하기 위하여 사용되고 있다(히 10:22; 살전 1:5). 그리스도인의 정신도 역시 질문을 제기하고, 문제들을 숙고하며, 무지(無知)를 고백하며, 당황을 느끼기도 한다. 그러나 그리스도인들은 하나님과 그리스도의 실재(實在)에 대한 심오하고도 더욱 더 커가는 확신을 배경으로 하여 그렇게 하는 것이다. 우리는 근본적이고도 만성적인 회의의 상태가 마치 정상적인 그리스도인의 특징이기나 한 것처럼 그 상태를 순순히 받아들여서는 안 된다. 그런 것은 결코 정상적인 그리스도인의 특징이 아니다. 도리어 그것은 영적으로 병들어 있는 우리 시대의 영적 질병의 증상이다.

둘째로 우리는 오늘날의 신학자들에 의하여, 우리가 결코 회피할 수 없는 현실적이고도 중요한 문제들이 제기되고 있다는 사실을 인식할 필요가 있다. 성경의 문화적 제약들이 어느 정도까지 성경 교훈의 규범적 성격에 영향을 미쳤는가? 우리는 과연 성경을 자기 멋대로 조작하는 죄를 짓지 않고도, 성경의 교훈에 현대의 문화적 의상(衣裳)을 갈아 입힐 수 있을까? 성경의 교리를 형성한 언어 —성경 속에서와 전통 속에서의 언어— 는 영구적으로 교회에 구속력을 갖는가, 아니면 우리는 그에 대한 재형성(reformulation)의 작업을 수행해야 하는가? 역사와 신앙, 예수와 그리스도, 성경과 교회 전통 사이의 관계는 어떠한가? 어떻게 우리는 예수 그리스도의 좋은 소식을 이지러뜨리지 않은 채, 세속화된 서구에 이지적으로 제시할 수 있겠는가? 이런 것들은 오늘날의 우리 모두가 직면하고 있는 몇몇 시급한 문제들이다. 만약 우리가 이런 문제들에 대하여 제시되는 모든 답변들에 동의할 수 없다면, 우리는 이 문제들에 대하여 아무런 불평도 할 수 없는 것이다.

셋째로 우리는 그리스도인 학자들로 하여금, 그들이 신앙의 공동체 안에서의 능동적인 참여를 유지하면서도, 최전선에 나아가서 논쟁에 참여하도록 격려해 주어야 한다. 나는 이것이 미묘한 문제임을 알고 있으며, 또한 자유로운 연구와 확고한 신앙 사이의 바른 관계를 밝히기가 쉬운 일이 아니라는 것도 알고 있다. 그러나 나는 가끔 그리스도인 학자들의 고립 때문에 마음을 상한다. 그들이 그 교제에서 떨어져 나갔든지, 혹은 그 교제가 그들의 떨어져 나감을 용인해 주었든지, 어느 경우를 막론하고 그들의 고립은 불건강하고도 위험스러운 상황이다. 그리스도인 학자들은 개방성과 성실한 신앙 사이의 긴장을 유지하면서, 동시에 그리스도의 몸 안의 지체로서 서로 서로에 대한 어느 정도의 책임과 책무를 수락해야 한다. 그러한 주의 깊은 교제 속에서 우리는, 한편으로는 불의의 재난을 줄이며 다른 한편으로는 더 많은 신학적 창조성을 누릴 수 있을 것이라고 나는 생각한다.

넷째로 우리는 더욱 끈질기게 기대를 가지고 진리의 성령으로부터 오는 은혜를 위하여 기도해야 한다. 성령의 조명없이 기독교적인 이해란 불가능하며, 성령의 증거없이 그리스도교의 확신은 있을 수 없다. 성실한 역사적 연구를 수행하는 것과 그리스도적인 이해와 확실성에 있어서의 성장을 위하여 믿음의 공동체에 소속되는 일은 매우 중요한 의미를 갖는 것이지만 궁극적으로는 오직 하나님만이 자신에 대하여 우리에게 확신시킬 수 있다. 개혁자들이 항상 주장하였듯이 우리에게 가장 크게 필요한 것은 **성령의 내적 증거**(testimonium internum Spiritus sancti)이다. 시대를 통하여 내려오는 그리스도인들의 체험의 증거도 물론 중요하지만 우리는 그것을 삼차적인 것으로 돌려야 한다. 사도들의 목격의 증언도 필수적인 것이긴 하지만, 이것도 역시 이차적인 중요성만을 가질 뿐이다. 일차적인 중요성을 갖는 것은 성자 하나님에 대한, 성령 하나님을 통한 성부 하나님의 증거이다(참조, 요 15:26, 27). 그러나 우리는 또한 그런 증거를 받을 수 있는 방편을 스스로 찾아야 한다. 즉 성경을 연구함으로써 그의 객관적인 증거를 받으며, 우리의 성경 연구 속에서 우리 자신을 하나님 앞에서 낮추어 그에게 자비를 부르짖음으로써 주관적인 증거를 받는 것이다.

그리스도인들은 살아계신 하나님을 역사의 주인으로 믿는다. 우리들 중의 어떤 사람들은 지금 이 시기를 하나님께서 그 추를 다시 신앙의 방향으로 옮기시며 불신앙의 세력을 물러가게 하실 때라고 믿는다.

실제로 하나님께서 이미 그렇게 하고 계시다는 징조가 있다. 이 진술에 대한 뒷받침으로 나는 미국의 사회학자이며 저술가인 피터 버거(Peter Berger)에게 호소하며, 특히 그의 「현대에 직면하여」(Facing up to Modernity, 1977)란 책 중 '그리스도교 공동체 속에서의 권위에의 부르심' 이라는 부분에 호소하겠다. 그는 초기의 저작인 「엄숙한 집회의 외침」(The Noise of Solemn Assemblies)이 출판되던 1961년의 상황과, 요즘의 미국 사회와 미국 교회의 위기를 대비시키고 있다. 그 사이의 16년 동안에 어떤 일이 일어났는가? 그는 이렇게 쓰고 있다. "그 때에는 비평자의 모습이 마치, 당당하게 자신감에 차 있는 제도적 건축물의 굳게 잠긴 대문에 총을 쏘는 것 같았다. 그런데 오늘날의 비평자의 모습은, 지진에 의하여 활짝 열린 문을 통하여 뛰어 들어오는 사람 같다. 우리가 서 있는 근거는 뿌리에서부터 흔들렸으며, 우리들 중 많은 사람들이 그것을 느끼고 있다."[66] 피터 버거는 계속해서 "자기 의심과 자기 모욕의 야단 법석"과 함께 교회가 용기를 잃어버린 이유는, 교회가 널리 퍼져있는 세속 문화에 항복했기 때문이라고 주장한다. 그러나 지금 필요한 것은 "역사 속의 모든 문화 집단 –현재의 것이든 미래의 것이든, 혹은 이미 확립된 것이든 아니면 확립을 위하여 애쓰는 것이든– 을 뛰어넘는 기독교의 초월성과 권위를 주장하는"[67] 일이다. 그리스도교의 지도자들은 이제 "현대라는 금송아지 주위에서 추는 그들의 춤"을 그만 두어야 한다. "현대인이 교회에게 무엇을 말해야 하는가?"라고 묻는 대신에 "교회가 현대인에게 무엇을 말해야 하는가?"라고 물어

---

66) Berger., p. 183.
67) ibid., p. 186.

야 한다.[68] 왜냐 하면 오늘날 여러 종류의 사람들 사이에서 종교적 해답에 대한 갈망은 팽배해 있으며 점점 깊어지기 때문이다. 그리고 이 현상은 "세속화의 과정이 강력하게 역전(逆戰)될 수 있는 가능성"[69]을 미리 보여주는 것일 수도 있다. 따라서 또 다른 신앙의 시대가 밝아옴을 준비하면서, 교회는 현재의 사기저하(士氣低下) 상태를 벗어나서 새로운 '권위의 자세'를 취하며, 교회의 변함없는 메시지의 과감한 선포를 다시 시작해야 할 것이다.[70] 이것이 우리를 흥분시키는 호출(summons)인 것이다.

지금까지 우리는 오늘날 설교를 가로막는 세 가지의 중요한 장애들을 취급하였다. 반권위적인 풍조가 사람들로 하여금 설교를 듣기 싫어하게 만들며 텔레비전에의 몰입은 사람들로 하여금 설교를 들을 수 없게 만든다. 또한 최근의 회의적인 분위기는 설교자로 하여금 설교하고자 하는 마음을 잃게 만들며, 또한 설교를 할 수 없게 만든다. 이와 같이 말을 하는 편과 듣는 편이 모두 무기력한 상태에 놓여 있다. 벙어리 설교자가 귀머거리 회중과 함께 무시무시한 의사소통의 장벽을 보이고 있다. 어떤 설교자들은 이러한 문제로 너무나 사기가 저하되어 설교를 완전히 포기해 버린 경우도 있다. 또한 계속해서 투쟁을 하고 있긴 하지만 다른 사람들 역시 용기를 잃어 버렸다. 비록 우리가 개선하기 시작했던 역주장(counter-arguments)이 있긴 하지만, 사실상 우리들 대부분도 부정적인 주장에 감염되어 있다. 그러나 최선의 방어는 공격이다. 그러므로 다음 장에서 나는 공격적인 자세를 제안하고자 하

---

68) ibid., p. 189.
69) ibid., p. 190-1.
70) ibid., p. 192-3.

며, 또한 교회를 위한 하나님의 목적 속에서 설교가 차지하는 필수불가결하며 영구적인 위치를 신학적으로 제시하고자 한다.

제3장
설교에 관한 신학적 기초들

하나님에 관한 신념
성경에 관한 신념
교회에 관한 신념
목사직에 관한 신념
설교에 관한 신념

#제3장
설교에 관한 신학적 기초들[1]

들으려 하지도 않거나 들을 수도 없는 것처럼 보이는 세상에서 우리가 어떻게 계속해서 설교를 할 수 있다고 확신할 수 있으며 또 어떻게 효과적으로 그 일을 수행할 수 있을까? 그 본질적인 비결은 어떤 기술에 정통해야 하는 것이 아니라 어떤 신념들에 의해 지배되는 것이다. 달리 말하자면 신학이 방법론보다 더 중요하다는 것이다. 내가 이 문제를 이렇게 무뚝뚝하게 말하는 것은 설교술을 신학교의 연구 제목 정도로 무시하기 때문이 아니라, 오히려 설교술은 당연히 실천신학 과목에 속하며 확실한 신학적 기초 없이는 배울 수

---

1) 본 장의 몇 명 자료들은 Kenneth S. Kantzer(Nelson, 1978)이 편집한 *Evangelical Roots*란 책에서 고(故) Wilber Smith 박사를 기리는 데서 벌써 표현되었다.

없다는 사실을 확신하기 때문이다. 물론 배워야 할 설교의 원칙들이 있으며 발전시켜야 할 기량(技倆)이 있다. 그러나 이런 것들을 지나치게 신뢰한다는 것은 안이한 태도이다. 기술은 단지 우리를 연설자로 만들 수 있을 뿐이다. 그러므로 만일 우리가 설교자가 되고자 한다면 반드시 신학이 필요하다. 만약 우리의 신학이 올바르다면 우리는 우리가 꼭 해야 하는 일에 대한 모든 기본적인 통찰력을 갖게 되며, 그 일을 성실하게 할 수 있도록 하는 모든 자극을 받게 된다.

오늘날의 교회에 있어서 진정한 기독교적인 설교(이 용어는 '성경적' 또는 '해설적' 설교를 의미한다)는 지극히 드물다. 많은 나라의 젊은이들이 그것을 구하고 있으나 발견할 수가 없다. 왜 그런가? 설교의 중요성에 관한 신념의 결핍(缺乏)이 그 중요한 이유임에 틀림없다. 만일 설교하도록 부름받은 자들이(목사와 평신도 설교자들) 설교하는 일이야말로 꼭 해야만 하는 일이라고 확신한다면 그는 당연히 설교하는 일에 종사하리라고 생각하는 것은 이치에 맞는 생각이다. 그런데 만약 그가 설교하는 일을 포기한다면(대개는 포기한다) 그에게는 필요한 신념이 결핍되어 있음에 틀림없다. 따라서 본 장에서의 나의 의도는 하나님의 영광과 교회의 유익을 위한 양심적이고 성경적인 설교의 절대적 필요성을 독자들에게 확신시키는 일이다. 나는 이 곳에서 설교를 하도록 뒷받침하는 다섯 가지 신학적 요지들을 열거하려고 한다. 그 요지들은 하나님과 성경에 대한 교리들, 교회와 목사직, 해설로서의 설교의 성격에 대한 교리들과 관계 있다. 우리는 이 모든 진리에 충분한 확신을 가져야 한다. 그 다섯 가지 전부는 우리에게 어떠한 변명의 여지도 남겨 놓지 않는다.

1. 하나님에 관한 신념

설교의 개념과 행위 이면에는 하나님에 대한 교리, 즉 그의 존재, 그의 행위, 그리고 그의 목적에 대한 어떤 신념이 있다. 우리가 믿는 신관(the kind of God)에 따라 우리가 전하는 설교의 본질(the kind of sermons)이 결정된다. 그리스도인은 설교자가 되기를 열망하기 전에 적어도 아마추어 신학자가 되어야 한다. 하나님에 관한 다음의 세 가지 확언이 특별히 관계 있다.

첫째, 하나님은 빛이시다. "우리가 그에게서 듣고 너희에게 전하는 소식은 이것이니 곧 하나님은 빛이시라 그에게는 어둠이 조금도 없으시다는 것이니라"(요일 1:5). 그런데 빛에 대한 성경의 상징은 풍부하고 다양하다. 그리고 하나님은 빛이시라는 주장은 여러 각도로 해석되어 왔다. 그것은 하나님이 거룩함에 있어서 완전하시다는 것을 의미할 수 있는데 그 이유는 성경에서 종종 빛은 순결을 상징하며 어둠은 악을 상징하기 때문이다. 그러나 예수께서 자신을 '세상의 빛'(요 8:12)이라고 주장하셨을 때처럼, 그리고 또한 그가 그의 추종자들에게 그들의 빛을 숨기지 말고 인간 사회에 비추도록 하라(마 5:14-16)고 말씀하셨을 때처럼, 사도 요한의 글에서는 빛이 종종 진리를 의미한다. 이 경우에 있어서 하나님은 빛이시며 어둠을 전혀 가지고 계시지 않다는 요한은 진술은, 그는 숨겨지지 않고 열려 있으며 자신을 알리시기를 기뻐하신다는 것을 의미한다. 그렇다면 우리는, 비추는 것이 바로 빛의 속성이듯이 그처럼 자신을 계시하는 것이 하나님의 속성이라고 말할 수 있다. 하나님께서는 지혜롭고 현명한 자들에게는 자신을 숨기시는데 그 이유는 그들이 거만하고 하나님을 알려고 하지 않기 때문이다. 하나님은 '어린 아이들' 즉 자신의 계시를 받을 만큼 겸손한 자들에게는 자신을 나타내신다(마 11:25, 26). 사람들이 하나님을 알지 못하는 중요한 이유는 하나님이 그들로부터 숨으시기 때문이 아니라 그들이 하나님으로부터 숨기 때문이다. 자신들의 생각을 다른 사람들에게 열심히 이야기 하는 사람들을 우리는 '이야기 하기 좋아하는'(communicative) 사람들이라고 평한다. 그렇다고 해서 하나님에게도 똑같이 적용할 수 있을까? 하나님은 우리와 함께 '숨바꼭질' 하시거나 보이지 않게 어둠 속에 숨는 장난을 하시지 않는다. 어둠은 사탄의 근거지이며 하나님은 빛이시다.

모든 설교자는 이 확신이 주는 강한 자극이 필요하다. 교회에 가보면 여러 모양의 사람들이 우리 앞에 앉아 있다. 그들 중 어떤 사람은 하나님과 멀어졌고 또 어떤 사람들은 인간 존재의 신비로 말미암아 당황하여 어찌할 줄 모르고 또 다른 사람들은 의심과 불신앙의 어두운 밤 속에 싸여 있다. 우리가 그들에게 이야기 할 때에 하나님은 빛이시며 그는 그의 빛을 그들의 어둠 속에 비추시기를 바라신다는 사실을(고후 4:4-6) 확신해야 한다.

둘째, 하나님은 행하셨다. 즉 하나님께서는 먼저 행위들 속에서 자신을 계시하셨다는 것이다. 우선 첫째로 그는 창조된 우주 가운데에 자신의 능력과 신성을 나타내 보이셨다. 그래서 하늘과 땅이 그의 영광을 나타낸다.[2] 그러나 하나님은 창조에서보다는 구속 활동에서 자신을 더욱 분명하게 계시하셨다. 왜냐 하면 인간이 창조주 하나님을 반역하였을 때 하나님은 그를 파멸하시기보다는 인간 역사의 중심이

---

2) 참조. 시 19:1; 사 6:3; 롬 1:19, 20.

되는 구원의 일을 계획하셨기 때문이다. 구약은 하나님의 구원이 3단계의 과정으로 이루어졌음을 보여주고 있다. 즉 하나님께서 처음으로 아브라함을 우르에서 불러 내셨고, 그 다음으로 애굽으로부터 이스라엘의 노예들을 불러 내셨고, 그 다음으로는 바벨론으로부터 이스라엘 포로들을 불러 내셨다. 각각의 경우는 하나의 해방이었으며 또한 언약을 세우거나 그 언약을 새롭게 하는 일로 끝났으며, 그 언약에 의해 야웨(Yahweh: 여호와)께서는 그들을 그의 백성으로 삼으시고 자신은 그들의 하나님이 되실 것을 약속하셨다. 신약은 더 **좋은** 그리고 **영원한**[3] 것으로 묘사되는 또 다른 구속과 언약에 초점을 맞춘다. 왜냐 하면 이것들은 하나님의 가장 강력한 행위들, 즉 그의 아들 예수 그리스도의 출생과 죽으심 그리고 부활에 보증을 받기 때문이다.

그래서 성경의 하나님은 자유롭게 하시는 행위의 하나님이신데 바로 이 하나님이 억눌린 인류를 구출하기 위하여 오셨고 자신을 은혜의 하나님 또는 관대하신 하나님으로서 계시하셨다.

셋째, **하나님은 말씀하셨다.** 하나님은 원래 말씀하시기를 좋아하실(Communicative) 뿐만 아니라 또한 말씀으로써 그의 백성과 교통하셨다(communicated). '여호와의 말씀'이 그들에게 임했다는 것은 구약 선지자들이 끊임없이 반복하는 주장이다. 그래서 그들은 죽어 있기 때문에 말을 하지 못하는 이방 우상들을 향하여 "입이 있어도 말하지 못하며"(시 115:5)라고 조롱하였다. 그들은 이 우상들과 함께 하나님을 대비시킨다. 하나님은 영이시므로 입이 없다. 그럼에도 불구하고 그들은 감

---

3) '더 좋은' '영원한'이라는 형용사들은 히 7:19, 22; 8:6; 9:12, 14, 15, 23; 13-20에서 사용되고, '더욱 영광스런'이라는 표현은 고후 3:4-11(흠정역 영어성경)에서 사용되었다.

히 '여호와의 입이 말씀하셨느니라'(사 40:5; 55:11)라고 말한다.

하나님의 말씀은 자신의 활동에 결부되어 있다는 사실을 부언(附言)한다는 것은 중요하다. 하나님은 자신이 하고 있는 바를 설명하시는 수고를 아끼지 아니하셨다. 하나님이 아브라함을 우르에서 불러 내시지 않았는가? 그 때 하나님은 아브라함에게 그의 목적에 대해서 말씀하셨고 그에게 약속의 언약을 주셨다. 하나님이 이스라엘 백성을 애굽의 노예 생활로부터 불러 내시지 않았는가? 그 때도 하나님은 왜 지금 그 자신이 그 일을 하고 계시는가를 그들에게 가르치도록 모세에게 위임하셨다. 즉 그것은 아브라함과 이삭과 야곱에게 하신 그의 약속을 성취하시고, 그들과 맺으신 그의 언약을 확신하시며, 그들에게 그의 율법을 주시고, 그들에게 그를 경외하도록 하기 위한 것이라는 사실을 가르치도록 하신 것이다. 하나님이 바벨론 포로의 굴욕으로부터 그 백성을 불러 내시지 않았는가? 그 때도 하나님은 그의 선지자들을 일으켜 세워서 그의 심판이 그들에게 임하게 된 이유들과 그들을 회복시킬 조건들과 하나님께서 그들에게 어떠한 백성이 되기를 원하시는지에 대해 설명하셨다. 하나님께서 그의 아들을 이 땅에 보내시어 사람이 되게 하시고 이 땅에서 살며 봉사하시고 죽고 부활하시어 통치하시며 그의 영을 부어주도록 하시지 않았는가? 그 때도 하나님은 사도들을 선택하시고 그들로 하여금 활동들을 보고 그의 말씀들을 듣게 하신 다음에 그들이 보고 들은 것에 따라 증언하도록 하셨다.

현대 신학은 하나님께서 말씀하셨다는 사실을 부인하고, 하나님의 역사적 활동만 지나치게 강조하는 경향이 있다. 또한 하나님의 자기 계시는 말씀 속에서가 아니라 행위 속에서 그리고 명제적(propositional)

이 아니라 인격적인 관계 속에서 계시되어 왔으며, 사실 구속 자체가 계시라고 주장하기도 한다. 그러나 이것은 잘못된 생각이다. 오히려 성경은 하나님께서는 역사적 행위들과 설명적인 말씀들을 통해서 말씀하셨다는 사실을 확인하며 이 두 가지는 굳게 결합된 것이라고 단언한다. 하나님의 점진적인 자기 계시의 최절정인 육신이 되신 **말씀**조차 만약 그가 또한 말씀하셨고 그의 사도들이 그를 기술하고 그를 해석하지 않았다면 불가해한 것이 되고 말았을 것이다. 살아계시고 구속하시며 자기를 계시하시는 하나님에 관한 근본적인 신념이 이 말씀에 있는 것이다. 그것은 모든 기독교적 설교가 기초해야 하는 근거이다. 만일 우리가 이러한 하나님을 믿지 않는다면 우리는 결코 강단을 맡으려는 생각을 가져서는 안 된다. 하나님께서도 말씀하시지 않았는데 어떻게 우리가 감히 말할 수 있겠는가? 우리 혼자서는 말할 아무것도 가지고 있지 않다. 우리가 신적 메시지의 전달자라는 아무런 확신도 없이 회중에게 설교한다는 것은 오만과 어리석음의 극치가 될 것이다. 우리가 침묵할 수 없고 말을 해야만 하는 때는 바로 하나님께서 빛이신(그래서 알려지기를 원하신다) 사실과, 하나님께서 행하신다(따라서 자신을 알리셨다)는 사실과 그리고 하나님께서 말씀하신(그래서 자신의 행동을 설명하셨다) 사실을 확신하는 때이다. "사자가 부르짖은즉 누가 두려워하지 아니하겠느냐 주 여호와께서 말씀하신즉 누가 예언하지 아니하겠느냐?"(암 3:8)고 아모스가 표현한 것처럼 말이다. 이와 비슷한 논리가 바울의 진술 이면에 깔려 있다. "기록된 바 '내가 믿었으므로 말하였다' 한 것 같이 우리가 같은 믿음의 마음을 가졌으니 우리도 믿었으므로 또한 말하노라"(고후 4:13; 인용구절은 시 116:10). 그가 언급한 '믿음의 마음'(Spirit of faith)이란 하나님께서 말씀하셨다는 사실에 대한 확신이다. 만약 우리가 이 사실을 확신하지 못한다면 우리의 입을 다물고 있는 것이 더 나을 것이다. 그러나 일단 하나님께서 말씀하셨다는 사실을 확신한다면 그 때는 우리도 역시 말을 해야만 한다. 그 때는 어떤 강한 열정이 우리를 사로잡는다. 따라서 어느것도 그리고 아무도 우리를 침묵시킬 수 없게 될 것이다.

2. 성경에 관한 신념

하나님에 관한 우리의 교리는 자연적으로 그리고 불가피하게 성경에 관한 교리로 인도된다. 비록 내가 이 단락의 서두를 '성경에 관한 신념'이라고 적었지만 사실상은 세 가지의 별개의, 그러면서도 서로 관련된 신앙으로 구분될 수 있는 하나의 복합적인 신념이다.

첫째, **성경은 기록된 하나님의 말씀이다.** 이 정의는 영국 성공회 39개조 규약의 20번째 조항으로부터 취해진 것이다. '교회의 권위'라는 제목이 붙은 이 조항은 "교회가 기록된 하나님의 말씀과 상반되는 어떤 것을 규정하면, 그것은 곧 비합법적(非合法的)이다"고 선언한다. 또한 비록 내가 다음 단락에서 이 진술에 제한을 두게 되겠지만 '기록된 하나님의 말씀'이란 표현은 성경에 대한 훌륭한 정의라고 하겠다. 왜냐 하면 그것은 첫째로 **하나님께서는** 구원의 역사적 행위들 속에서와 육신이 되신 **말씀** 속에서 그 자신을 계시하시기 위하여 **행하셨다**는 사실을 믿기 때문이다. 두 번째 이유는 **하나님께서는** 그의 선지자들과 사도들에게 자신의 행위들을 해석하도록 영감을 주시기 위해 **말씀하셨**다는 사실을 믿기 때문이다. 세 번째의 이유는 하나님의 행위를 기록하고 설명하기 위해 하나님의 말씀이 기록되어지도록 위임되어 왔다는 사실을 믿기 때문이다. 오직 이 기록에 의해서만이 하나님의 특별 계시가 보편적으로 될 수 있었고, 하나님이 이스라엘과 그리스도 안에서 행하시고 말씀하신 것이 모든 시대 모든 장소의 모든 사람들에게 유효하게 될 수 있었다. 이처럼 행위, 말 그리고 기록이 하나님의 목적 안에서 합쳐졌다.

그러나 성경을 '기록된 하나님의 말씀'으로 정의한다면 하나님의 말씀을 받아 외치고 하나님의 말씀을 기록한 대행자들(human agents)에 관해서는 거의 아무 말도 하지 않는 셈이 되어 버린다. 그러므로 내가 말한 제한에 대한 필요가 불가피하다. 하나님께서 말씀하실 때 사용하시는 정상적인 방법은 맑고 푸른 하늘로부터 들을 수 있는 목소리로 소리치는 것이 아니었다. 영감(inspiration)이란 받아쓰기(dictation)가 아니다. 그보다는 그들이 품은 생각들과 그들이 한 말들이 동시에 그리고 완전히 하나님의 것일 뿐만 아니라 그들 자신의 것이 되는 그런 방법으로 하나님은 그의 말씀을 사람들의 마음과 입에 넣어 주신다. 어쨌든 영감은 그들의 역사적 탐구나 그들의 지성의 자유로운 사용과 상반되지 않았다. 그러므로 만약 우리가 성경의 내용을 참된 것으로 받아들이려면 성경의 신적 저작성(著作性)뿐만 아니라 인간적 저작성도 긍정하는 것이 필수적이다. 그럴지라도 우리는(다시 만약 우리가 성경 자체의 내용을 참된 것으로 받아들이려면) 한 가지가 다른 한 가지를 손상시키도록 하는 일이 없이, 신적인 요소들과 인간적인 요소들 모두를 유지하는 방법으로 성경의 이중적 저작성을 조심스럽게 말할 수 있어야만 한다. 한편으로 신적 영감이 인간의 저작성을 무시하지 않았고, 다른 한편으로 인간의 저작성이 신적 영감을 무시하지 않았다. 예수 그리스도께서 하나님의 아들이시며 또한 사람의 아들이신 것처럼(비록 똑같지는 않지만) 성경도 그와 같이 하나님의 말씀이며 또한 인간의 말이다. 성경은 기록된 하나님의 말씀이다. 다시 말해서 성경은 인간의 입으로써 말해졌고 인간의 손으로써 쓰여진 인간의 말로 선포된 하나님의 말씀인 것이다.[4)]

나는 이제 우리의 설교 사역에 대한 성경의 교리에 관련된 문제로 되돌아가고자 한다. 모든 그리스도인들은 하나님께서 예수 그리스도 안에서 유일무이한 어떤 것을 행하셨고 말씀하셨다는 사실을 믿는다. 만약 우리가 이 사실을 믿지 않는다면 우리는 우리 자신을 결코 그리스도인이라고 부를 수 없다. 그러나 만약 이 사실이 고대의 안개 속에 회복할 수 없을 정도로 완전히 유실되어 있었다면 예수 그리스도를 통한 하나님의 이 명백한 행위와 말씀의 취지(趣旨)는 어떻게 되었을 것인가? 예수 그리스도를 통한 하나님의 궁극적인 행위와 말씀은 모든 시대의 모든 사람들을 위하여 계획된 것이므로, 하나님은 필연적으로 그것들이 확고하게 기록되고 보존되도록 준비하셨다. 이러한 준비가 없었다면 하나님은 자신의 목적을 성취시키는 일에 실패하셨을 것이다. 결과적으로 비록 우리가 그 때의 행위와 말씀으로부터 거의 2천 년이

---

4) 나는 성경의 이중적 자적성의 함축된 의미들을, 1979년의 올리비에 베긴(Olivier Beguin) 강좌에서 특별히 인간의 문화들과 관련하여 상세하게 설명하였다. 강좌 내용은 오스트레일리아와 U. K. 의 *Bible Society*에 의해서 그리고 미국의 IVP에 의해서 출판되었다.

나 떨어져 있을지라도 오늘날 예수 그리스도는 우리와 가까이 계실 수 있는 것이다. 우리는 그에게 갈 수 있고 그를 알 수 있다. 그러나 오직 성경을 통해서만, 그리고 성령께서 성경 속에 있는 예수 그리스도에 대한 그 자신의 증거를 소생시킬 때만이 만날 수 있다. 사실 타키투스 (Tacitus)는 그의 유명한 「연대기」(Annals)에서 예수에 대하여 지나가는 말로 간단하게 언급하였으며 -좀 더 미심쩍기는 하지만- 수에토니우스(Suetonius)와 요세푸스(Josephus)의 글에도 예수에 대한 언급들이 있다. 그 외에도 계속되어 온 기독교 교회의 전승(tradition)은 기독교 창시자의 역동적(力動的)인 사실에 대하여 탁월한 증거를 전해 준다. 또 현대의 그리스도인들 역시 그들 자신의 경험들로부터 예수에 대한 현대의 증거를 제시하고 있는 것도 사실이다. 그럴지라도 만약 우리가 예수 그리스도의 출생과 생애, 말씀과 행적, 죽음과 부활에 대해서 그리고 그것들에 대한 하나님 자신의 권위 있는 설명에 대해서 충분한 사실들을 알고자 한다면 우리는 그것들을 오직 성경 안에서만 발견할 수 있을 뿐이다. 다시 말해서 만약 우리가 하나님 자신이 하신 말씀을 듣기 원한다면 하나님께서 그 말씀을 그리스도 안에서 그리고 그리스도에 대한 성경의 증거 안에서 말씀하셨다는 사실을 기억해야만 한다는 것이다.

이제 설교자로서 우리의 책임이 나타나기 시작한다. 그것은 첫째로 예수에 대한 우리의 20세기적 증거를 제시하는 것이 아니라(오늘날 대부분의 서구인들의 설교는 지나치게 주관적인 경향이 있다) 오히려 유일의 권위 있는 증거가 있다는 사실을, 즉 1세기 사도 시대의 목격자들을 통한 그리스도에 대한 하나님 자신의 증거가 있다는 사실을 20세기 사회에 성실하게 중계하는 것(그리고 우리 자신의 경험으로써 틀림없음을 밝히는 것)이다. 이 점에서 성경은 유일 무이하다. 하나님의 구속 사역에 대한 하나님 자신의 해석이 발견되는 곳은 오직 여기뿐이므로 성경은 **기록된 하나님의 말씀이다**. 물론 신약의 문서들은 1세기 기독교 공동체들의 환경 속에서 기록되었다. 이 공동체들은 또한 전승을 보존하였을 뿐만 아니라 어느 정도까지는 그것을 구체화하였는데 이는(인간적으로 말해서) 그것들이 그들의 복음 전파와 교육과 예배에 필요했기 때문이었다. 또한 점차적으로 신약의 저자들이 신학자들로서 글을 썼으며, 그들은 각각 그 자신의 독특한 신학적 목적을 따라서 자신의 자료를 선정하여 제출하였다는 사실이 인정되었다. 그럼에도 불구하고 교회나 그 저자들이 그들의 메시지를 창안하거나 왜곡한 것은 결코 아니다. 또한 그들의 메시지의 권위가 그들에게서나 그들의 신앙으로부터 나온 것도 아니다. 사도들이나 복음서 기자들 중 어떤 사람도 개(個) 교회나 교회들을 위해서 글을 쓰지 않았다. 오히려 그들은 예수 그리스도의 권위를 가지고 예수 그리스도를 위하여 교회들에 맞섰다. 신약의 정경(Canon)이 확정되기에 이르렀을 때 교회가 정경에 포함된 책들에 대해서 권위를 수여한 것이 아니었다. 오히려 교회는 그 책들이 사도들의 가르침을 포함하고 있으므로 그 책들 자체가 이미 소유하고 있는 그 권위를 다만 인정할 뿐이었다.

만약 성경에 대한 우리의 교리가 부적합하면 우리가 설교 속에서 성경을 적합하게 사용할 수가 없다는 사실은 명백하다. 반대로, 교회 안에서 성경에 대한 가장 뛰어난 교리를 가진 복음주의 그리스도인들은 분명히 가장 양심적인 설교자들이 되어야 한다. 만약 우리가 그런 설교자들이 아니라면 그 사실은 틀림없이 우리를 부끄럽게 만들 것이다. 비록 성경이 초대 기독교 공동체들의 신앙을 반영하고 있으며, 신적 영감이라는 특별한 섬광에 의해 밝혀진 것이라 할지라도, 그것이 주로 인간 사상의 논집(論集)이라고 한다면 그것에 대한 부주의한 태도는 용납될 수 있었을 것이다. 그러나 만약 우리가 성경 안에서 "사람의 지혜가 가르친 말로 아니하고 오직 성령께서 가르치신 것으로"(고전 2:13)한다면 그리고 사람을 통한 하나님의 말씀, 즉 아들에 대한 하나님 자신의 증거를 보여주시는 살아계신 하나님의 말씀을 다루고 있는 것이라면, 그 말씀을 연구하고 해석하는데 쏟는 어떠한 수고도 결코 크다고 할 수 없겠다.

더 나아가서 우리는 우리의 설교 속에서 하나님의 구원하시는 사역들과 기록된 말씀들을 함께 나타내야 할 필요가 있다. 어떤 설교자들은 하나님의 '이적들'(mighty acts)에 대해서 설교하기를 좋아하며 또 그들은 그 이적들을 실제로 믿는 것처럼 보인다. 그러나 그들이 말하는 것이 이적들에 대하여 하나님 자신이 성경에서 말씀하신 것과는 달리 오히려 자기들 마음대로의 해석이 되는 경향이 있다. 또 다른 어떤 설교자들은 하나님 말씀의 해석에 아주 충실하다. 그러나 그들은 성경의 중심이 하나님께서 말씀하셨다는 것이 아니라 하나님께서 예수 그리스도를 통하여 우리의 구원을 위해 무엇인가를 행하셨다는 것이라는 사실을 잊어버렸기 때문에 그들의 설교는 여전히 활기가 없고 이론적일 뿐이다. '하나님의 사자(使者)'가 되려고 하는 첫 번째 그룹의 설교자들은 구원의 기쁜 소식을 선포하나 하나님의 계시에 대한 그들의 청지기직에 있어서는 실패하였다. '하나님의 청지기들'이 되려고 하는 두 번째 그룹의 설교자들은 충실하게 하나님의 말씀을 지키며 준비는 하지만 사자(使者)의 직무를 수행하는 일에 실패하였다. 진정한 설교자는 하나님의 사자의 직무와 하나님의 청지기로서의 직무 중 어느 하나의 일에도 실패해서는 안 된다. 즉 진정한 설교자는 하나님의 비밀을 맡은 충실한 청지기(고전 4:1, 2; 그리고 맡은 자들에게 구할 것은 충성이니라)이며 또한 하나님의 복음을 뜨겁게 전파하는 사자이다.

우리는 때때로 '모든 것이 말해지고 행해졌을 때' 라는 표현을 어떤 일의 결말을 언급하는 것으로써 사용한다. 그처럼 그리스도인들은 모든 것이 말해졌고 행해졌다고 믿는다. 왜냐 하면 하나님께서 예수 그리스도를 통하여 그 일을 말씀하시고 행하셨기 때문이다. 더욱이 하나님은 그 일을 말씀하셨고 그 일을 단 한 번(hapax)에 모든 것을 위해서 영원히 행하셨다. 그리스도 안에서 하나님의 계시와 구속은 완성된다. 우리의 일은 소리를 높여 그것들을 다른 사람들에게 알리는 것이며, 또한 우리 자신이 더욱 더 깊이 그것을 이해하고 경험하는 것이다.

성경에 대한 우리의 두 번째 신념은 하나님은 여전히 그가 말씀하신 것을 통해서 말씀하신다는 사실이다. 만약 우리가 '성경은 기록된 하나님의 말씀이다' 라는 진술을 주장하고 거기에서 멈추는 것으로 만족한다면 우리는 우리의 하나님이 비록 죽지는 않았을지라도 죽은 것과 다름없다는 비판을 면치 못하게 될 것이다. 왜냐 하면 그것으로 말미암아 수 세기 전에 말씀하셨던 하나님이 오늘날에는 침묵하고 계신다는 인상을 주기 때문이며, 하나님으로부터 우리가 들을 수 있는 유일한 말이 먼 과거로부터 들려오는 희미한 메아리인 양, 곰팡이 냄새가 물씬 풍기는 낡은 어떤 한 권의 책으로부터 나온다는 인상을 주기 때문이다. 그러나 그렇지 않다. 이것은 결코 우리가 믿는 바가 아니다. 성경은 그 속에 하나님의 말씀들이 보존된 고대 문서들의 수집물 이상의 것이다. 성경은 유물이나 화석처럼 유리벽 속에 하나님의 말씀이 전시되어 있는 박물관과 같은 것이 아니다. 그 반대로 성경은 살아계신 하나님으로부터 살아있는 사람들에게로 전해지는 살아있는 말씀이며, 어떤 시대이건 그 시대를 위한 그 시대의 메시지이다.

사도들은 구약의 말씀들에 관하여 이 사실을 분명하게 이해하였고 믿었다. 그들은 다음 두 공식, 즉 '기록되었으되' 나 '이르시되' 중에서 한 공식을 취하여 성경의 인용들을 도입하였다. 이들 두 공식 사이의 대조는 단지 완료시제와 현재의 계속되는 시제 사이의 대조뿐 아니라 과거의 한 사건과 현재의 활동 사이의 대조이며, 또한 기록과 말 사이의 대조이다. 두 가지 표현 모두가 하나님이 말씀하셨다는 사실을 가정한다. 그러나 한 경우에서는 그가 말씀하신 것이 기록되어 영구한 기록으로 남아 있는 반면에, 다른 나머지 한 경우에서는 하나님이 일단 말씀하신 것을 지금도 계속해서 말씀하시고 계시다.

"기록된 바 아브라함에게 두 아들이 있으니"라고 시작하는 갈라디아서 4:22에서의 바울의 진술을 예로 들어 보자. 그러나 바울은 앞 절에서 "너희는 율법을 듣지 못하느냐?"(한글 성경에서는 '듣지 못하였느냐' 라고 번역하였다–역자주)라고 물었고, 30절에서는 "성경이 무엇을 말하느냐?"라고 묻는다. 이 물음들은 '율법' 과 '성경' 이 옛날 책들이라는 사실에 비춰볼 때 특별한 표현들이다. 어떻게 옛날 책이 말하는 것을 우리가 '들을' 수 있는 그런 방법으로 **'말한다'** 고 할 수 있는가? 그것은 오직 한 가지 방법, 즉 하나님께서 친히 그 책을 통해서 말씀하시고 우리는 그의 음성을 반드시 듣게 되는 그런 방법으로만이 가능하다.

하나님의 음성에 대한 오늘날의 이러한 개념은 "너희가 오늘 그의 음성을 듣거든 … 너희 마음을 완악하게 하지 말라"는 시편 95편을 인용한 히브리서 3장과 4장에서 강조된다. 그러나 그는 "성령이 이르신 바와 같이"라는 말과 함께 성경의 인용을 끌어 들이고 있다. 그렇게 함으로써 그는 성령께서 수세기 전, 곧 그 시편이 쓰였을 때 하셨던 것처럼 '오늘'도 그의 백성들이 그를 듣도록(listen to him) 동일한 호소를 하고 계신다는 사실을 암시한다. 사실 여기서 하나님께서 말씀하셨고 지금 말씀하시고 계시는 연속적인 네 단계들을 간파할 수 있다. 첫째 단계는 하나님께서 말씀하셨으나 이스라엘이 그 마음을 완악하게 한 광야에서의 시험 기간이었다. 둘째 단계로는 이스라엘 선조들의 어리석은 행위를 반복하지 않도록 하라는 그 당시 백성들에 대한 시편 95편의 훈계가 온다. 세 번째로는 A.D. 1세기의 히브리 그리스도인들에게 동일한 진리의 적용이 있었다. 그리고 네 번째 단계로는 오늘날 우리가 히브리서를 읽을 때 그 호소가 우리에게까지 이른다. 하나님의 말씀이 항상 당대의 것이 되는 것은 바로 이러한 방법에 의해서이다. 이렇게 해서 하나님의 말씀은 시대와 함께 이동하여 새로운 세대에게 계속하여 말씀하시는 것이다.

이 원칙이 구약 성경에 적용되는만큼 신약 성경에도 적용된다는 사실을 보여 주기 위해서 한 가지 예가 더 제시될 수 있다. 요한계시록 2장과 3장에 기록된 아시아 교회들에게 보내는 일곱 편지들은 각각, "귀 있는 자는 성령이 교회들에게 하시는 말씀을 들을지어다"는 주 예수께서 말씀하신 똑같은 간절한 부탁으로 끝을 맺는다. 그것은 주목할 만한 글이다. 아마도 각 교회는 자기 교회에 보내진 특별한 편지가 공중(公衆) 가운데서 읽히는 것을 들을 것이다. 그리고 각 교회는 사도 요한이 그 편지를 몇 주 전에 또는 몇 달 전에 밧모 섬에서 썼다는 사실을 알고 있었다. 그럼에도 불구하고 각 편지는, 성령께서 교회들에게 말씀하고 계신다는 동일한 진술로써 끝을 맺었다. 이것은 특정한 교회에게 말씀되어진 것이 또한 일반적으로 모든 '교회들' 에게도 적용된다는 사실과 사도 요한에게서 나온 글이 성령으로부터 나왔다는 사실을 보여 준다. 그리고 과거의 어느 때에 사도 요한이 쓴 것을 성령께서 지금도 여전히 살아 있는 음성으로 말씀하시며 심지어는 그의 메시지를 들을 귀를 가진 모든 교인들에게조차도 말씀하고 계신다는 사실을 보여 준다.

일단 우리가 "하나님은 이미 말씀하신 것을 통해서 여전히 말씀하고 계신다"는 진리를 파악하고 나면, 우리는 두 가지의 정반대 되는 잘못에 대해서 자신을 잘 보호할 것이다. 첫 번째 잘못은 비록 하나님의 음성이 고대에는 들렸을지라도 오늘날에는 잠잠하다는 신앙이다. 두 번째 것은 하나님이 실제로 오늘날도 말씀하고 계시나 그의 말씀이 성경과는 거의 혹은 전혀 무관하다는 주장이다. 첫 번째 신앙은 기독교 고물 연구(Christian antiquarianism)에 이르게 되고, 두 번째 주장은 기독교 실존주의에 이르게 된다. 무난하다고 볼 수 있는 진리는 하나님께서 말씀하셨고, 또한 말씀하고 계신다는 신념과, 하나님이 말씀하시는 메시지는 바로 하나님께서 말씀하신 메시지를 **통해서**이기 때문에 하나님의 그 두 메시지는 서로서로 긴밀하게 연견되어 있다는 관련된 신념들 속에서 발견된다. 우리가 친히 우리에게 성경을 풀어주시고, 그러므로 또한 우리의 마음을 뜨겁게 하시는 그리스도와 함께 엠마오 도상으로 돌아가기까지 하나님은 그의 말씀을 살아 있게 하시며, 당대(當代)의 음성이 되게 하시고, 관련 있게 만드신다. 같은 진리를 표현하는 또 다른 방법은 우리가 하나님의 말씀과 하나님의 성령을 함께 보존해야 한다고 말하는 것이다. 왜냐 하면 성령을 떠나서는 하나님의 말씀은 죽은 것이며 반면에 말씀을 떠난 성령은 생각할 수 없기 때문이다.

내가 전에 들은 패커(James I. Packer) 박사의 표현을 빌리는 것보다 이 주제를 더 잘 표현할 수 있는 방법이 내게는 없다. 그는 이렇게 말하였다. "한 세대 동안 성경의 교리를 연구하였지만 그 진술에 있어서 가장 만족할 만한 모범은 **성경은 하나님이 설교하는 책**이다고 기술하는 것이다."

설교자가 성경에 관하여 가져야 하는 세 번째 신념은 **하나님의 말씀은 능력이 있다**는 것이다. 왜냐 하면 하나님은 말씀하셨고, 또한 말씀하신 것을 통해서 계속 말씀하실 뿐만 아니라 말씀하시면서 행동하시기 때문이다. 하나님의 말씀은 그의 행동을 설명하는 것 이상의 것을 행하신다. 하나님의 말씀은 본질적으로 활동적이시다. 하나님은 말씀으로 그의 목적을 성취하신다. "내 입에서 나가는 말도 이와 같이 헛되이 내게로 되돌아오지 아니하고 나의 기뻐하는 뜻을 이루며"(사 55:11).

우리 시대에는 모든 말들에 대해 널리 각성이 되어져 있기 때문에 우리가 하나님 말씀의 능력을 확신한다는 것은 특별히 중요한 일이다. 매일 수백만 마디의 말이 말해지고 기록되지만 실효를 거두는 것은 거의 없다. 이 점에 있어서 교회는 가장 좋지 못한 실례들 가운데 하나라 하겠다. 따라서 어떤 사람들은 교회를 쓸모없는 잡담 상점(talking shop) 외에 아무것도 아니라고 간주해 버린다. 게다가 교회는 지나치게 말을 많이 하면서도 행동은 지나치게 적게 한다는 비평이 계속된다. 교회는 큰 입과 짧은 손을 가졌다고 한다. 이제 말하는 것을 멈추고 행동할 때가 왔다. 특별히 수다스러운 목사들은 설교단에서 내려와 소매자락을 걷어 올리고 변화를 위하여 생산적인 어떤 것을 해야 할 때가 왔다.

이 고발 속에는 그것을 부인하기에는 너무나 많은 사실들이 들어 있다. 사실 교회는 행동에 대한 것보다는 말에 대한 기록을 더 많이 가지고 있다. 그리고 우리 가운데는 무력한 자를 보호하고 사회 정의를 추구하는 일에 있어서 성경을 무시한 사람들이 많이 있음을 고백하지 않을 수 없다. 그러나 우리는 마치 그것들이 양자택일의 것인 양 서로 반대되는 입장에서 말과 행동을 선택해서는 안 된다. 예수께 대한 기록을 보면 "그는(그가) 두루 다니시며 선한 일을 행하시고"(행 10:38) "두루 다니사 가르치시며…전파하셨다"(마 4:23; 9:35)는 두 가지 모두가 기록되어 있다. 주께서는 그의 사역에서 말과 행동을 결합하셨다. 그는 둘 중에서 어느 하나를 선택해야 할 필요를 굳이 느끼지 않았다. 우리도 그런 필요를 느껴서는 안 된다. 그러면 어디서 말에 대한 이러한 불신이 왔는가? 말은 전혀 무력하지 않다. 사탄은 정치적 선전과 상업적 개발에 있어서 끊임없이 말들을 사용한다. 그리고 만약 사탄의 거짓말이 능력이 있다면, 하나님의 진리는 얼마나 더 능력이 있겠는가? 제임스 스토커(James Stalker)는 그 사실을 이렇게 진술한다.

말은 모든 무기들 중에서 가장 약한 무기인 것 같다. 그러면 말은 무엇을 위해 있는가? 말은 한 번 훅하고 분 공기가 잠깐 동안 대기 중에 떨다가 사라지는 하나의 진동에 불과하다. … 말이 비록 공기로 된 무기에 불과할지라도 말은 전사(戰士)의 칼보다 더 강하다.[5]

루터는 이 사실을 믿었다. 사탄의 세력을 언급한 그의 유명한 찬송가 '내 주는 강한 성이요'(Ein' Feste Burg)에서 그는 "보잘것 없는 한 마디 말이라도 그를 넘어뜨릴 것이다"라는 말을 덧붙였다. 토마스 카알라일이 그 찬송을 번역하였는데(1831), 그 첫 부분이 '내 주는 강한 성이요'라는 말로 시작한다. 여기에 문제의 구절에 대한 그의 번역이 있다.

> 이 땅에 마귀 들끓어 우리를 삼키려 하나
> 겁내지 말고 섰거라 진리로 이기리로다
> 친척과 재물과 명예와 생명을 다 빼앗긴대도
> 진리는 살아서 그 나라 영원하리라

진리의 말씀의 능력에 대해 루터와 똑같은 확신을 가진 우리 시대 인물들 가운데 한 사람은 알렉산더 솔제니친(Alexander Solzhenitsyn)이다. 1970년 그의 노벨상 수상 연설에는 '한 마디의 진리'(One Word of Truth)라는 제목이 붙여졌는데 거기서 그는 이렇게 물었다.

---

5) Stalker, p. 93.

무수히 쌓은 파멸의 벼랑에 선 이 무자비하고 역동적이며 폭발하기 쉬운 세상에 있어서 작가의 위치는 어디이며 그의 역할은 무엇인가? 우리 작가들은 쏘아 올릴 로케트를 가지고 있지 않으며, 가장 하찮은 보조 바퀴조차 굴리지 못한다. 사실 우리는 대체로 물질적인 힘만을 존중하는 사람들에게 무시당하는 입장이다.[6]

그러면 '공공연한 폭력의 무자비한 공격에도 불구하고' 특별히 폭력이 '거짓과 밀착되어 있고' 또 '거짓이 폭력에 의해서만 유지될 수 있을'[7] 때 작가들은 무엇을 할 수 있을까? 물론 용기 있는 사람은 거짓에 가담하기를 거부할 것이다. 그러나 솔제니친은 계속해서 이렇게 말하고 있다.

> 작가들과 예술가들은 그 이상의 어떤 것을 할 수 있다. 그들은 거짓을 이길 수 있다. … 우리는 무기가 없다는 변명을 해서는 안 된다. … 우리는 전투에 뛰어 들어가야 한다. … 한 마디의 진리가 전 세계보다 무겁다. 그리고 나의 모든 활동과 전 세계의 작가들에 대한 나의 호소는 그 강력한 무력이 한 마디의 진리 앞에서 완전히 깨어진다는 환성적인 사실 위에 근거하고 있다.[8]

우리의 말들이 언제나 타인의 주목을 받지는 못한다. 때때로 그 말들은 쓸모없이 되기도 한다. 우리의 말들이 귀머거리에게 떨어져서 무

---

6) Solzhenitsym, p. 22.
7) ibid, p. 26.
8) ibid, p. 27.

시되기도 한다. 그러나 하나님의 말씀은 다르다. 왜냐 하면 그 말씀 속에는 말과 행동이 결합되어 있기 때문이다. 하나님은 말씀으로 우주를 창조하셨다. "그가 말씀하시매 이루어졌으며 명령하시매 견고히 섰도다"(시 33:9). 그리고 이제 동일한 그 권위의 말씀으로 재창조하시고 구원하신다. 그리스도의 복음은 믿는 모든 자에게 구원을 주시기 위한 하나님의 능력이다. 왜냐 하면 그 복음이 '케리그마'(kerygma), 즉 믿는 자들을 구원하기 위해 선포된 메시지를 통해 하나님을 기쁘시게 하기 때문이다(롬 1:16; 고전 1:21; 참조, 살전 2:13). 성경에는 하나님의 말씀이 발휘하는 강력한 영향력을 설명하기 위하여 많은 비유(比喩)들이 사용되고 있다. "하나님의 말씀은 살아 있고 활력이 있어 좌우에 날선 어떤 검보다도 예리하여"(히 4:12). 이는 말씀이 사람의 마음과 양심을 꿰뚫기 때문에 표현된 말씀이다. 하나님의 말씀은 망치 같아서 돌 같은 마음을 두드려 부술 수 있고, 불 같아서 부질없는 생각을 태워버릴 수 있다. 하나님의 말씀은 어두운 밤을 밝혀주는 등불처럼 우리의 길을 밝혀주며, 거울처럼 지금의 우리의 모습과 장차 우리가 어떻게 될 것을 우리에게 보여 준다. 또한 하나님의 말씀은 출산의 근거가 되는 씨에 비유되며, 성장을 가져오는 젖과, 힘을 돋구워 주는 밀과, 달콤하게 해 주는 꿀과, 그 소유자를 무한히 부유하게 만들어 주는 금에 비유된다.[9]

경험에 의하여 하나님의 말씀의 능력을 알게 된 설교자는 죤 웨슬리였다. 그의 잡지는 그 사실에 대한 언급으로 가득한데, 특별히 적대적인 군중을 진압시켜 죄를 자각(自覺)하게 하는 말씀의 능력에 대한 언급으로 가득하다. 개종(改宗)한 지 불과 5년 후인 1743년 9월 10일에 웨

---

9) 렘 23:29; 시 119:105; 약 1:18, 22-5; 벧전 1:23-2:2; 시 19:10.

슬리는 콘월(Cornwall)의 져스트 스트리트 근처에 있는 옥외에서 이례적으로 많은 회중에게 설교하였다. "나는 전적으로 사랑의 권위를 가지고 '오 이스라엘의 집이여 어찌하여 그대들은 죽으려고 하는가?' 라고 외쳤다. 그러자 사람들이 떨더니 조용해졌다. 나는 결코 콘월에서의 그와 같은 시간을 경험한 적이 없다." 1749년 10월 18일 그는 랭카셔 주의 볼튼에서 심한 방해에 부딪혔다. 폭도들은 집을 둘러싸고 유리창 안으로 돌을 던지더니 마침내는 문을 부수고 들어 왔다.

> 이제 때가 왔다고 생가하면서 나는 폭도들 가운데로 걸어 내려 갔다. 그들은 아래층에 있는 방들을 모두 점거하고 있었다. 나는 의자를 하나 청했다. 폭풍은 지나갔고 모두가 쥐죽은 듯이 조용 하고 평온해졌다. 내 마음은 사랑으로 가득찼고 내 눈에는 눈물 이 넘쳤으며 내 입엔 열띤 논증들로 충만하였다. 그들은 놀랐고 부끄러워했으며 눈 녹듯이 녹아졌다. 그리고 그들은 내 입에서 나오는 모든 말들을 열심히 듣기 시작했다. 그 얼마나 놀라운 변 화였던가?

20년 후에도 여전히 똑같은 능력이 웨슬리의 설교에서 나타났다. 1770년 5월 18일에 그는 이렇게 썼다. "나는 저녁에 하나님께서 던바(Dunbar) 시에 사는 몇 사람의 완고한 사람들의 마음을 깨뜨리셨다고 믿는다." 1777년 6월 1일에 그는 맨(Man) 섬에 있는 어떤 교회 마당에서 설교한 후 "하나님의 말씀은 능력을 가졌다"고 썼다. 1778년 11월 28일 런던 올드 스트리트에 있는 성 누가 교회에서는 "하나님에 대한 두려움이 모든 청중을 사로잡은 것 같았다"고 썼다. 10여년 후 여든 다섯 살이 되었을 때 웨슬리는 콘월의 팔미드(1789년 8월 17일)에서 "하나님은 사람들의 마음을 놀라울 정도로 감동시켰다"고 적었다. 한편 레드루드(1789년 8월 22일)에서는 '거대한 군중'이 모였고 "하나님의 말씀이 모든 사람들의 마음속에 깊숙이 들어간 것 같았다"고 기록했다.

어떤 누구도 이 경험들이 18세기에만, 혹은 존 웨슬리에게만 있는 특별한 것이라고 생각하지 말자. 오늘날 세계에서 가장 잘 알려진 그리고 가장 순회전도를 많이 한 복음 전도자 빌리 그레함(Billy Graham)도 같은 주장을 한다. 1976년 12월 나이로비에서 열린 범 아프리카 기독교 리더쉽 회합(Pan African Christian Leadership Assembly)에서 나는 그가 이렇게 말하는 것을 들었다. "나는 모든 대륙에서 그리고 세계 대부분의 나라에서 복음을 전하는 특전을 누렸다. 그리고 내가 권위를 가지고 있는 예수 그리스도의 단순한 복음의 메시지를 제시하면 예수께서는 그 메시지를 취하여 초자연적으로 사람들의 마음속에 집어 넣으셨다."

이 때 누군가 불쑥 끼어들어 이렇게 외칠 수도 있다. "당신이 루터나 웨슬리, 빌리 그레함을 인용하는 것은 아무래도 좋다. 확실히 그들의 말은 능력을 가졌다. 그러나 그들은 특별한 은사를 받은 예외적인 사람들이 아닌가? 나는 어떤가? 나는 주일마다 마음을 쏟아 설교하지만 좋은 씨앗은 길가에 떨어져 발에 밟히고 만다. 어째서 하나님의 말씀이 내 입에서 나갈 때는 더 큰 능력을 갖지 못하는가?" 이 질문들에 대한 나의 대답은 이렇다. 그렇다. 물론 모든 세대마다 하나님은 우리 가운데서 특별한 사람들을 일으켜서 그들에게 특별한 은사와 능력을 부여하신다. 그러므로 우리가 루터나 웨슬리를 부러워하는 것은 잘못이며, 우리 각 사람이 빌리 그레함의 복음 전도의 은사를 갖고 있다고 생각하는 것은 어리석은 일일 것이다. 그럼에도 불구하고 성경은 때때로 말씀에 대한 우리의 설교가 효력(效力)이 있을 것이라는 기대를 당연한 것으로 생각하게 한다. 이제 어떤 암시가 내포되어 있는 씨뿌리는 자의 비유를 들어 보자. 한편으로 예수께서는 우리가 뿌리는 모든 씨앗이 결실을 맺을 것이라고 기대하지는 말도록 가르치셨다. 어떤 땅은 굳고 돌밭이라는 사실과, 새들이나 잡초, 타는듯한 해가 우리가 뿌린 씨앗들을 희생시킨다는 사실을 우리는 기억해야만 한다. 그러므로 우리는 너무 낙망해서는 안 된다. 다른 한편으로 예수께서는 우리를, 어떤 흙은 질이 좋고 생산적이어서 그 곳에 떨어진 씨앗은 영속적인 결실을 맺으리라는 사실을 기대하도록 이끄셨다. 씨앗 속에는 생명과 힘이 있다. 그러므로 성령께서 그 씨앗에 흙과 물을 공급하시면 성장하고 결실을 맺을 것이다.

이것은 포사이드가 복음을 단지 하나의 진술이나 교리, 또는 약속이 아닌 것으로서 언급하였을 때 의미한 바이다. 복음은 그 이상의 것이다. "복음은 하나의 행위이며 능력이다."[10] 그것은 하나님의 구속의 **행위**이다. ⋯ 진정한 설교는 진정한 행위이다. 설교자가 단순한 설교가 아닌 복음을 전하고 있을 때 그 설교자의 말은 축복을 책임지거나 또는 심판을 맡고 있는 하나의 효과적인 행위이다. 설교자의 설교를 통하여 복음은 그리스도의 역사적인 구속 활동을 극적으로 지금 이 곳에 나타나게 하기 때문이다.

---

10) Forsyth, p. 3, 15, 56.

아마도 오늘날의 어떤 저자도 말씀의 능력에 대한 이와 같은 신앙을 스웨덴 룬트(Lund) 대학의 구스타프 빙그렌(Gustaf Wingren)이 그의 저서 「살아있는 말씀」(The Living Word)에서 표현한 것보다 더 탁월하게 표현한 사람은 없을 것이다. 그는 성경 전체의 주제는 전투, 즉 하나님과 사탄 사이의 결투이며, 또한 성경은 사람을 자유케 하는 복음이다라고 주장한다. 그리스도의 승리와 천국의 도래(到來) 사이에는 "기다림의 공백 기간이 놓여있다. 바로 이 사이, 이 공백 기간 동안에 **設教**는 그 소리를 발하는 것이다."[11] 그는 계속해서 말하기를 "부활과 파루시아(Parousia: 재림) 사이의 기간은 바로 설교를 위한 기간이다."[12] 설교는 살아계신 그리스도께 발과 입을 제공한다. 그리스도께서 우리 가까이 오실 때에 그리스도께서 우리에게 오시도록 발을 마련하는 것이 곧 하나님의 말씀이다. … 설교는 다만 그리스도께서 듣기 위해 모인 사람들에게로 오실 수 있도록 하는 한 가지 목적을 가졌을 뿐이다.[13] 또한 "설교는 과거의 그리스도에 관한 단순한 이야기가 아니라 현재의 그리스도께서 오늘날 우리에게 생명을 제공해 주시는 통로다."[14] 빙그렌 교수는 인간을 죄와 죄책과 죽음의 굴레 속에 '패하여' '사로잡힌' 존재로 보며 설교를 그 인간들의 해방의 수단으로 본다. "설교가 하나님과 사탄 사이의 전투 속에 그 자리를 차지한다는 사실은 설교 직무의 성격에 속하는 것이다."[15] "설교자의 말은 사람이 갇혀 있는 감옥을 향한 하나의 공격이다."[16] 그 말이 옥문을 열고 사람을 풀어

---

11) Wingren, p. 45.
12) ibid, p. 146.
13) ibid, p. 207-8.
14) ibid, p. 108.
15) ibid, p. 95.

준다.

하나님과 사람, 즉 갇힌 자로서의 사람과 말씀으로 갇힌 자를 해방시키시는 하나님에 관한 이 신념들은 설교의 사역을 변형시켰다. 우리는 손에, 입에 그리고 마음에 능력있는 말씀을 가지고서 설교에 임한다. 우리는 결과들을 기대하며 개심을 기다린다. 스펄젼(Spurgeon)은 목사들에게 행했던 그의 강연들 중 하나에서 그 점을 다음과 같이 진술했다.

> 그렇게 기도하고 그렇게 설교했는데 개심하는 사람들이 한 사람도 없다면 여러분은 소스라치게 놀라며 상심하게 될 것이다. 그러나 마지막 나팔을 불 천사가 죽은 자의 깨어남을 기다리는 만큼 여러분의 청중들의 구원을 기다리라! 여러분 자신의 구주를 믿으라! 여러분 속에 거하시는 성령을 믿으라! 그렇게 하는 만큼 여러분은 여러분의 소원이 성취되는 것을 보게 되며 하나님께서는 영화롭게 될 것이다.[17]

공항에서 보안 점검을 받고 있던 한 순회 설교자에 관한 재미있는 이야기가 전해지고 있다. 그 때는 전자주사(電子走査: electronic scanning)가 있기 전이었으므로 보안 점검원이 그의 가방을 샅샅이 뒤지고 있었다. 그는 그 설교자의 성경이 든 검은 마분지 상자를 발견하고는 그 내용물이 무엇인가를 알고 싶어 하였다. 그가 의심스러운듯이 "상

---

16) ibid, p. 124.
17) Spurgeon, *All-Round Ministry*, p. 187.

자 속에 무엇이 들어 있소?'라고 물었을 때 곧 "다이나마이트요!"라는 깜짝 놀랄 만한 대답을 들었다. 불행히도 역사는 다음에 어떤 일이 일어났는지를 말해주지 않는다. 그럴지라도 하나님 말씀이 폭발적인 능력 -그 말씀이 마술적인 주문과 같은 것이기 때문이 아니라 그것을 말씀하셨던 하나님이 다시 그것을 말씀하시기 때문에 능력있는- 을 믿는 것은 본질적으로 이 특전있는 사역으로 부름을 받은 모든 사람들을 능력있는 설교자로 만들어 내기에 충분할 것이다.

3. 교회에 관한 신념

물론 우리는 교회에 관한 많은 신념들을 가지고 있다. 그러나 나는 나의 저술 의도 때문에 교회는 **말씀**에 관한 하나님의 창조물이라는 이 한 가지 신념만을 염두에 두고자 한다. 하나님의 새로운 창조(교회)는 그의 옛 창조(우주) 만큼이나 하나님의 말씀에 종속되어 있다. 하나님은 그의 말씀으로 교회를 지으셨을 뿐만 아니라 동일한 말씀을 통해서 교회를 부양하시고 유지하시며 지도하시고 거룩하게 하시며 개혁하시고 새롭게 하신다. 하나님의 말씀은 그리스도께서 교회를 다스리시는 규(圭)이며 교회를 기르시는 음식이다.

말씀에 대한 교회의 이같은 의존은 모든 사람들에게 쉽게 받아들여질 수 있는 교리가 아니다. 예를 들면, 로마 가톨릭에 대한 논박이 있기 이전 시대에 로마 교회의 옹호자들은 교회가 성경을 썼으므로 교회는 성경을 지배하는 권위를 가졌다고 주장하였다. 그럼에도 불구하고 오늘날의 사람들까지도 종종 이 문제를 오히려 단순한 논쟁으로 생각한다. 물론 신구약 성경이 신자들의 공동체의 전후 배경 속에서 기록되었다는 것과, 우리가 이미 주의해 본 바대로 신약 성경의 내용이 하나님의 섭리 속에서 어느 정도 지방 그리스도인 회중들의 필요에 의해 결정되었다는 것은 사실임에 틀림없다. 그러므로 성경은 그것이 쓰여진 환경과 불가분의 관계가 있으며 쓰여진 환경을 생각지 않고는 성경을 이해할 수 없다. 그럼에도 불구하고 프로테스탄트들이 언제나 강조하였듯이, "교회가 성경을 썼다"는 가톨릭의 주장은 우리의 판단을 그르치게 하여 잘못된 결론을 내리게 하려는 것이다. 진리는 그와 거의 정반대이다. 즉 하나님의 말씀이 교회를 세우셨다. 왜냐 하면 하나님의 백성은 하나님의 말씀이 아브라함에게 임하여 그와 언약을 세웠을 때 생각났다고 말할 수 있기 때문이다. 마찬가지로 하나님의 백성들은 사도들이 오순절날에 성령의 능력을 힘입어 하나님의 말씀을 설교함으로써 성령 충만한 **그리스도의 몸**이 되었다.

하나님의 백성들이 하나님의 말씀에 의존하는 사실을 증명하는 것은 어려운 일이 아니다. 왜냐 하면 성경 전체를 살펴보면 하나님께서는 그의 백성들에게 말씀하시며, 그들에게 자신의 길을 가르치고, 하나님 자신과 그들을 위해 그의 메시지를 듣고 주의하라고 호소하신다. "사람이 떡으로만 살 것이 아니요 하나님의 입으로부터 나오는 모든 말씀으로 살 것이다"(신 8:3; 마 4:4에 인용됨)는 것이 진리라면 교회에 대해서도 그 말씀은 진리이다. 하나님의 백성들은 오직 그의 말씀을 믿고 그 말씀에 순종함으로써만이 살며 번성한다.

그처럼 구약 성경에는 그의 백성들이 그의 말씀을 경청하도록 하는 하나님의 훈계들로 가득하다. 아담의 타락은 그가 창조주 하나님의 말씀보다는 뱀의 목소리를 더 경청한 그의 어리석음으로 인하여 발생하였다. 하나님께서 아브라함과 언약을 세우셨을 때, 아브라함이 그의 약속을 믿었기 때문에 하나님께서는 그를 의롭다고 하셨고, 자신의 말을 준행하였기 때문에(창 15:1-6; 22:15-18) 하나님께서는 그에게 계속 복을 주셨다. 하나님께서 아브라함과 이삭과 야곱에게 하신 자신의 약속들을 성취하심으로써 이스라엘과 맺으신 그의 언약을 확증하셨고, 또한 그들을 열방 가운데서 자신의 특별한 소유로 삼으시겠다고 서약하셨을 때, 하나님께서 그들에게 요구하신 조건은 "너희가 내 말을 잘 들으면"이라는 것이었다(출 2:24; 19:3-6). 그렇게 언약이 희생 제사에 의해 재가(裁可)되고, 백성들이 듣는 가운데 '여호와의 모든 말씀과 그 모든 율례'가 자세히 이야기 되었을 때 그들은 한 목소리로 "여호와께서 말씀하신 모든 것을 우리가 준행하리이다"(출 24:3)라고 응답하였다. 광야 유랑 40년 동안의 비극적인 불순종의 역사(그들은 곧 잊어버리며 여호와의 음성을 듣지 아니하였다; 시 106:13, 25) 때문에 언약은 재개되었으며 율법은 되풀이되었다. 이것은 그들이 약속의 땅에 들어가기 전에 새로운 세대를 준비시키기 위함이었다. 신명기에서 반복되는 구절 중의 하나는 "이스라엘이여 들으라"라는 것이다. 신명기의 메시지는 이와 같은 말들로 요약된다. "이스라엘아 이제 내가 너희에게 가르치는 규례와 법도를 듣고 준행하라. 그리하면 너희가 살 것이요 너희 조상의 하나님 여호와께서 너희에게 주시는 땅에 들어가서 그것을 얻게 되리라. 그리하면 네가 복을 받으리라."[18]

18) 신 4:1; 5:1; 6:1-3; 11:26-8; 15:5; 28:1.

일단 이스라엘 백성이 그 땅에 정착하고 군주 정치가 시작되자 백성의 신앙과 순종에 따르는 하나님의 복과, 그들의 불신앙과 불순종에 따르는 하나님의 심판의 동일한 주제가 선지자들의 글과 지혜 문서 속에서 계속되었다. 다음의 짧막한 예는 이 사실을 충분히 보여줄 것이다.

> 내 백성이여 들으라 내가 네게 증언하리라. 이스라엘이여 내게
> 듣기를 원하노라! … (그러나) 내 백성이 내 소리를 듣지 아니하
> 며 이스라엘이 나를 원하지 아니하였도다(시 81:8, 11).

잠언에서는 지혜가 의인화 되어서 길거리와 광장에서 크게 소리치는 것으로 묘사된다.

> 사람들아 내가 너희를 부르며 내가 인자들에게 소리를 높이노라.
> 어리석은 자들아 너희는 명철할지니라. 미련한 자들아 너희는 마
> 음이 밝을지니라 … 너희가 은을 받지 말고 나의 훈계를 받으며
> 정금보다 지식을 얻으라. 대저 지혜는 진주보다 나으므로 원하는
> 모든 것을 이에 비교할 수 없음이니라 … 아들아 이제 내게 들으
> 라. 내 도를 지키는 자가 복이 있느니라 … 누구든지 내게 들으며
> 날마다 내 문 곁에서 기다리며 문설주 옆에서 기다리는 자는 복
> 이 있나니 대저 나를 얻는 자는 생명을 얻고 여호와께 은총을 얻
> 을 것임이니라. 그러나 나를 잃는 자는 자기의 영혼을 해하는 자
> 라 나를 미워하는 자는 사망을 사랑하느니라.[19]

같은 맥락 속에서 하나님의 말씀을 받은 선지자들은 이스라엘 백성들에게 그 말씀을 듣도록 명령하였다. 예루살렘의 거룩한 성을 소돔과 고모라에게 비유함으로써 그 백성들에게 충격을 준 이사야의 글을 예로 들어보자. "너희 소돔의 관원들아 여호와의 말씀을 들을지어다. 너희 고모라의 백성아 우리 하나님의 법에 귀를 기울일지어다 … 너희가 즐겨 순종하면 땅의 아름다운 소산을 먹을 것이요 너희가 거절하여 배반하면 칼에 삼켜지리라. 여호와의 입의 말씀이니라"[20] 또한 예레미야는 이렇게 외쳤다. "내 목소리를 들으라. 그리하면 나는 너희 하나님이 되겠고 너희는 내 백성이 되리라. 너희는 내가 명령한 모든 길로 걸어가라 … 너희가 나에게 순종하지 아니하며 귀를 기울이지 아니하고 목을 굳게 하여 너희 조상들보다 악을 더 행하였느니라."[21]

그렇게 해서 하나님의 심판이 그들에게 떨어져 예루살렘이 포위되어 탈취당했고, 성전은 무너뜨려졌으며, 백성들은 바벨론 포로로 끌려갔다. 역대기 기자들에 의하여 쓰여진 국가적 비문(碑文)은 선지자들의 말을 되풀이하였다.

> 그 조상들의 하나님 여호와께서 그 백성과 그 거하시는 곳을 아끼사 부지런히 그의 사신들을 그 백성에게 보내어 이르셨으나 그의 백성이 하나님의 사신들을 비웃고 그의 말씀을 멸시하며 그의 선지자들을 욕하여 여호와의 진노를 그의 백성에게 미치게 하여 회복할 수 없게 하였으므로.[22]

---

19) 잠 8:1-36; 참조, 1:20-33.
20) 사 1:2, 10, 19, 20; 참조, 2:18-25; 43:8; 48:17-19, 22.
21) 렘 7:23-26, 참조, 25:3-7; 32:33; 35:12-16; 44:1-6.

하나님께서는 언제나 자신의 목소리를 경청함에 따라, 자신의 약속을 믿음에 따라, 자신의 명령을 순종함에 따라 백성들의 안녕을 정하신다는 사실은 이와 같이 간단한 구약의 이야기로부터 명백해진다.

비록 이제 하나님의 대변인이 선지자들이 아니라 사도들일지라도 그 사실은 신약에서도 비슷하다. 그들 또한 스스로 하나님의 말씀을 받은 자라고 주장하였다(살전 2:13). 그들은 그리스도에 의해 임명되고 그의 권위를 부여받았으므로 담대히 그리스도의 이름으로 말하며, 교회들이 자신들의 가르침을 믿고, 자신들의 명령을 순종할 것을 기대한다(살후 3장). 따라서 높아지신 그리스도는 일곱 교회들에게 보낸 그의 편지를 통해서 만큼이나 그들의 글을 통해서 그의 교회에게 말씀하신다. 또한 주님은 그들의 글을 통해서 가르치시며, 훈계하시고, 꾸짖으시며, 격려하시며, 약속하시며, 경고하시고, 그의 말씀을 듣고, 믿고, 복종하며, 주님이 오실 때까지 굳게 서 있기를 호소하신다. 하나님 백성의 건강은 그들이 하나님의 말씀을 어느 정도 경청하느냐에 달려있다는 사실은 시종일관 명백하다.

오늘날의 설교자들은 선지자들도 아니요 사도들도 아니다. 왜냐하면 그들은 새롭고 직접적인 어떠한 계시도 받지 않았기 때문이다. 하나님의 말씀이 그들에게 온 것처럼 우리에게 오지는 않는다. 그러므로 차라리 우리가 그 말씀이 있는 곳으로 가야 한다. 그럼에도 불구하고 만약 우리가 충실하게 성경을 해설한다면 그의 말씀은 우리의 손과 입술에 있게 되며, 성령은 말씀을 청중들의 가슴속에 살아 있게 하고, 능력 있는 말씀으로 만드실 수 있다. 또한 우리가 하나님의 말씀과 하

---

22) 대하 36:15, 16.

나님의 백성 사이를 연결하는 끊을 수 없는 사슬을 기억할 때 우리의 책임은 더욱 더 무거워진다. 귀머거리 교회는 죽은 교회다. 그것은 불변의 원칙이다. 하나님은 그의 말씀으로 그의 백성을 소생시키며 양육하시고 고무시키며 인도하신다. 왜냐 하면 성경이 바르고 조직적으로 해석되는 때는 언제나 하나님께서 말씀을 사용하셔서 말씀이 없으면 그들이 멸망한다는 것을 가르치신다. 첫째로 그들은 하나님께서 그들이 그렇게 되기를 바라시고 계신 점, 곧 세상에 있는 하나님의 새로운 사회를 보기 시작한다. 그 다음으로 그들은 계속해서 하나님께서 자신의 목적을 성취하시기 위하여 그리스도 안에서 그들에게 주신 자원들을 파악한다. 이것이 하나님의 음성을 겸손하고 순종적으로 받아들일 때만이 교회가 성숙할 수 있으며, 세계에 봉사하며, 주님을 영화롭게 할 수 있다는 이유이다.

하나님의 말씀이 교회의 번영을 위하여 절대적으로 필요하다는 사실을 강조함에 있어서 나는 복음으로서의 성례전, 특별히 주의 만찬을 잊지 않고 있다. 성례전을 '보이는 말씀'으로 지적한 어거스틴의 말은 성례전의 기능과 가치에 대한 본질적인 실마리를 제공한다. 성례들 (sacraments)도 역시 말을 한다. 말씀과 성례전은 함께 그리스도를 증거한다. 그들은 똑같이 그리스도 안에서의 구원을 약속하며, 그리스도에 대한 우리의 말씀을 소생시키며, 우리로 하여금 그리스도로 말미암아 살아가도록 한다. 말씀과 성례전 사이의 중요한 차이점은, 성례전의 메시지는 눈을 향한 것이고, 말씀의 메시지는 귀를 향한 것이라는 점이다. 그러므로 성례전은 그것을 해석하는 말씀이 필요하다. 말씀과 성례전의 사역은 단일 사역인데, 말씀은 하나님의 약속들을 선포하고 성례전은 그것들을 각색(脚色)한다. 그럴지라도 말씀이 더 중요하다. 왜 냐 하면 말씀이 없다면 성례전의 상징은, 아무 의미 없는 것은 아니지 만, 그 의미가 전혀 밝혀지지 않기 때문이다.

역사를 살펴보면 교회와 하나님의 말씀, 기독교 공동체의 상태와 설교의 질(質) 사이에는 불가분의 관계가 있다는 많은 증거를 찾아볼 수 있다. 이 점에 대해서 로이드 죤스(D. M. Lloyd-Jones) 박사는 다음과 같이 말하고 있다. "교회의 역사를 일견(一見)하여 볼 때, 교회사에 있 어서의 쇠퇴기는 언제나 설교가 그 본래의 길을 벗어날 때였음을 알 수 있다. … 종교개혁이나 부흥운동의 여명을 예고하는 징조는 무엇인 가? 그것은 다름아닌 새로운 설교이다."[23]

A. D. 70년부터 1900년까지의 설교 역사를 두 권의 책으로 광범 위하게 다룬 다간(E. C. Dargan)의 「설교사」(History of Preaching)는 이 견 해를 충분히 확증해 주고 있다.

> 교회 내의 영적 생활과 활동의 쇠퇴기는 일반적으로 활기 없고 형식적이며 열매 없는 설교에 의해 수반된다. 이것은 원인으로서 도 작용하고 결과로서도 작용한다. 반면에 교회사에 있어서 위대 한 부흥 운동들의 대부분은 그 원인이 설교의 사역에 있다. 부흥 운동이 진행되는 동안에 사람들은 가능한 한 설교의 수준을 높은 차원으로 발전시켜 설교하였다.[24]

---

23) Lloyd-Jones, Preaching, p. 24.
24) Dargan, Vol. I, p. 13.

오늘날 세계의 교회를 포괄적인 일반론으로 묘사한다는 것은 불가능한 일일 것이다. 왜냐 하면 교회의 사정은 나라에 따라, 문화에 따라 매우 다르기 때문이다. 비록 이제 그 풍조(風潮)가 바뀔 수도 있는 어떤 조짐들이 있지만, 유럽의 세속화(유럽과 밀접한 관계를 맺어 온 서구 세계의 어느 부분들과 함께)는 거의 2세기 동안 끊임없이 진행되어 왔다. 미국에는 놀랄 만한 종교적 붐(boom)이 일고 있다. 그럴지라도 그 사실은 범죄, 폭력, 낙태 그리고 이혼에 대한 국가의 놀랄 만한 통계 수치와 그 붐을 쉽게 조화시킬 수 없는 우호적인 관찰자들을 난처하게 만든다. 대부분의 공산주의 국가들과 현저하게 이슬람적인 문화를 지닌 몇몇 나라들에서는 비록 적극적으로 교회를 반대하고 박해하지는 않을지라도 교회 활동이 금지되어 있다. 그러나 아시아나 아프리카 그리고 라틴 아메리카의 몇몇 개발도상국가들에서는 교회 성장률이 매우 급속해서, 그 추세가 계속된다면 국제적인 교회의 지도권은 곧 제3세계의 손으로 넘어갈 것이다. 그런데 이들의 지도자들 자신은 그 교회들이 열심과 활력을 가지고 활동을 전개하지만 거기에는 천박함과 불안정이 깊이 배어 있다고 고백한다.

모든 교회가 근거를 상실하고 있는 다양한 상황 속에서 교회의 쇠약에 대한 하나의 원인을 정확하게 지적한다는 것이 가능하겠는가? 대부분의 사람들은 '아니' 라고 말할 것이다. 물론 그 원인들은 여러 가지다. 그럴지라도 나 개인은 어떤 영역에 있어서 교회의 쇠퇴와 다른 영역에 있어서 교회의 미성숙에 대한 한 가지 주요한 이유는 아모스가 말한 "여호와의 말씀을 듣지 못한 기갈"(8:11)이라고 서슴지 않고 말하겠다. 저급한 수준의 그리스도인의 생활은 다른 무엇보다도 저급한 수준의 설교 탓이다. 우리가 시인하고자 하는 것보다 더 자주, 예배당의 좌석은 설교에 대한 하나의 반영이다. 예배당의 좌석이 설교단보다 더 높아지기는 어렵다.

1979년 12월 31일 타임(Time)지는 '미국의 설교, 죽어가는 기술인가?'(American Preaching, A Dying Art?)라는 제목의 글을 실었다. 타임지의 편집자는 이렇게 썼다. "오늘날 많은 신교(新敎) 속에 만연한 명백한 불안은 주로 말씀의 냉랭함 때문이다." 한편 로마 가톨릭에 있어서 설교는 결코 중요한 것이 아니었고 오히려 "주의 만찬 전에 있는 다소 영적인 전채(hors d'oeuvre, 前菜)"와 같은 것이었다. 그러나 2세기 전 "조나단 에드워즈(Jonathan Edwards)가 설교하였을 때는 뉴잉글랜드가 활기에 넘쳐 있었다."

그러므로 교회가 다시 번성하려면 충실하고 능력 있으며, 성경적인 설교의 회복보다 더 절박하게 필요한 것은 없다. 하나님께서는 여전히 그의 백성들에게 "너희가 오늘 나의 음성 듣기를 원하노라"(시 95:7)고 말씀하시며, 설교자들에 "너희가 그 말씀을 선포하기를 원하노라"고 말씀하신다.

4. 목사직에 관한 신념

현대교회에 있어서 전문적인 기독교 사역의 성격과 기능들에 대한 불확실한 점들이 많이 있다. 우선 첫째로 일찍이 목사들이 서양의 국가들에서 누렸던 사회적 특권이 이제는 급격하게 감소되었다. 또한 교회에 의해서 개척된 박애활동(예컨대 의료, 교육, 사회복지 등)의 많은 부분이 국가로 양도되었기 때문에 이전에는 성직에 자신을 바치고자 하였을 사람들이, 이제는 소위 '세속 도시' 속에서도 마찬가지로 봉사할 수 있게 되었다. 그 다음으로는 주로 성령 운동(the charismatic movement)의 결과로서 그리스도의 몸에 대한 신약의 교리가, "교회의 모든 지체는 각각의 은사를 받았으므로 그에 따르는 각각의 성직을 받았다"라는 교리적 추론과 함께 회복되었다. 이 교리는 지금도 여전히 주장되고 있으며 따라서 어떤 사람들은 전문적인 성직이 이 이상 필요한가에 대해 의문을 제기하기도 한다. 또한 목사들이 지나치게 많지 않았는가 하고 반문하기도 한다. 이러한 점들이 오늘날 목사의 사기를 저하시키는 원인이 되는 몇 가지 경향들이다.

이러한 상황 속에서, 예수 그리스도께서는 아직도 그의 교회에 감독자들을 두시며 그들로 하여금 교회 조직상의 영구한 특징이 되게 하셨다는 신학의 가르침을 재천명하는 것은 매우 시급한 일이다. "미쁘다 이 말이여 곧 사람이 감독의 직분을 얻으려 함은 선한 일을 사모하는 것이라 함이로다"(딤전 3:1).

또한 이 진리를 재건하려 함에 있어서 신약의 명칭인 감독자 대신에 '목사'(pastor)를 사용하는 것은 동시에 유익한 일일 것이다. '성직자'(minister)란 말은 오해되기 쉬운 용어이다. 왜냐 하면 그 말은 고유한 용어라기보다는 오히려 포괄적인 용어이므로 언제나 어떤 종류의 성직인가를 나타내는 한정적인 형용사를 요구하기 때문이다. '사제'(priest)란 용어는 불행히도 뜻이 애매하다. 영어 낱말의 어원에 대한 지식을 가진 사람들은 '사제'(priest)란 단순히 '장로'(elder)를 의미하는

'프레스비터'(presbyter)의 단축어라는 사실을 알고 있다. 또한 그 단어는 제사를 바치는 사제를 의미하는 희랍어인 '히에레우스'(hiereus)를 번역하는데 사용되기도 한다. 그러나 이 단어는 신약에서 그리스도인 사역자를 지칭하는 데에는 결코 사용되지 않았다. 그러므로 성직자를 '사제들'(로마 가톨릭이나 루터 교회 그리고 영국 성공회 등에서 공통적으로 사용하고 있는 것처럼)이라고 부르는 것은, 신약이 그들의 사역을 본래 교회를 위한 것으로 보여주고 있음에 반하여 그것이 본래 하나님을 위하여 정해졌던 것같은 잘못된 인상을 심어주게 된다. 따라서 '목사'란 말이 가장 적절한 용어로 남는다. 목사란 말이 목자를 의미한다는 반론과 양과 목자라는 개념은 20세기의 번잡한 도시 속에서는 적절하지 않다는 반론은, 우리 주 예수께서도 자신을 '선한 목자'라고 부르셨고, 오늘날의 도시 그리스도인들조차도 언제나 주님을 그렇게 생각할 것이라는 사실과, 주님의 목자적 사역(자신의 양들에 대한 깊은 이해, 희생, 지도력, 보호와 관심 등과 같은 그 사역의 특성과 함께)이 모든 목사들에게 영구한 본보기로 남아 있다는 사실을 상기할 때 가장 잘 철회될 수 있다.

종교개혁 이전의 영국에서는(로마 가톨릭 교회에서는 아직도 그렇듯이) 성직에 있어서의 사제(司祭)의 개념에 주권적인 의미를 부여하였다. 즉 성직 임명을 하는 주교는 후보자에게 "사제의 예복을 받으라"고 말하면서 제의(祭衣)를 주었고, "하나님께 제사를 드리며 산 자와 죽은 자를 위한 미사를 행할 권한을 받으라"고 말하며 허가증과 성작(聖爵)을 수여하였다. 이와 같은 직무에 상징적인 의미를 부여하는 교리(porrectio instrumentorum)는 영국의 종교개혁자들에 의해서 의미심장하게 변경되었다. 1550년에 실시된 그들의 첫 번째 성직 수임식순(ordinal)은 허가증과 성작의 수여와 함께 성경을 성직 수임자에게 전달하여 그에게 '하나님의 말씀을 설교하고 성례전을 집행할' 권한을 부여하도록 정하였다. 불과 2년 뒤인 1552년에는 허가증과 성작의 수여가 중단되고 후보자에게 전달된 유일한 '도구'로는 성경만이 남게 되었다. 그 후 영국 국교회의 성직 수임식순은 실질적으로 변경되지 않은 채 오늘날까지 계속되고 있다.

상징의 사용에 있어서 이같은 변화는 성직을 이해하는 데에 대한 변화를 의미하는 것이었다. 그때부터 이미 성직의 본질은 사제적인 것이 아니라 목사적인 것으로 인식되었다. 그것은 말씀의 사역을 의미하며 오늘날에도 역시 그것을 뜻한다. 왜냐 하면 자신의 양을 '돌보는' 목사의 가장 주된 책임은 양들을 '먹이는' 것이기 때문이다. 하나님께서는 자기들의 양을 먹이기보다는 자기들만 배를 채웠던 이스라엘의 목자들을 책망하셨다. 그러나 이에 반해서 하나님의 목자는 그의 양들을 '푸른 초장에 눕도록' 하셨다(겔 34:1-3; 시 23:1, 2). 구약의 이같은 표현을 상세히 설명하시면서, 예수께서는 자신이 지키시는 가운데 안전히 거하는 그의 양이 '들어가며 나오며 꼴을 얻을' 것을 약속하셨을 뿐만 아니라 베드로에게 "내 어린 양을 먹이라" "내 양을 치라"(요 10:9; 21:15, 17)고 거듭 교훈하시면서 그의 양들을 맡기셨다. 이 명령을 사도들은 결코 잊지 않았다. 즉 베드로 자신은 그 후에 "너희 중에 있는 하나님의 양 무리를 치라"(벧전 5:2)고 썼으며, 바울은 에베소 교회 장로들에게 '여러분은 자기를 위하여 또는 온 양떼를 위하여 삼가라 성령이 그들 가운데 여러분을 감독자로 삼고 하나님이 자기 피로 사신 교회를 보살피게 하셨느니라"(행 20:28)고 말하였던 것이다. 장로들은 목자장께서 자기

피로 사신 그의 양들을 그들이 목자로서 돌보아 주도록 위탁하셨다는 그들의 특전을 분명히 이해하였던 것 같다.

물론 하나님의 양 무리를 먹인다는 것은 교회를 가르친다는 것에 대한 비유적인 표현이다. 따라서 목사란 본질적으로 교사인 것이다. 그러나 성령의 대권을 가로채어 회중으로 하여금 순순히 자기를 의존하도록 만드는 권위주의적인 가르침은 그리스도께서 엄격하게 금하셨다는 것(마 23:8)이 사실이다. 또한 "그들이 다 나를 알 것이라"(렘 31:34)라는 하나님의 새로운 언약에 따라 이제 성령이 모든 믿는 자들에게 주어졌으므로, 그들이 "거룩하신 자에게서 기름 부음을 받고"(요일 2:20-27) "하나님의 가르치심을 받아"(살전 4:9) 결국은 인간의 교사들을 필요로 하지 않게 된다는 것도 사실이다. 그리고 교회의 모든 지체들에게는 "모든 지혜로 피차 가르치며 권면할"수 있도록 그들 속에 그리스도의 말씀을 풍성히 거하게 할(골 3:16) 책임이 있다는 것도 사실이다. 그러나 이 사실들이 하나님께서 전문가들, 즉 설교와 가르침의 사역에 헌신할 목사들을 준비시키시고 부르시고 그들에게 위임하신다는 사실과 모순되지는 않는다. 왜냐 하면 승천하신 그리스도께서 그의 교회에 주신 많은 영적 은사들 중에도 "목사와 교사의 은사"(엡 4:11)는 있기 때문이다. 칼빈은 「기독교 강요」(The Institutes)에서 이 구절을 주석하면서 이렇게 쓰고 있다. "우리는 하나님께서 순식간에 자신의 백성들을 완전하게 만드실 수 있다는 것을 안다. 그럼에도 불구하고 우리는 또한 하나님께서 그들이 오직 교회의 교육 아래에서 성인으로 성장하기를 바라신다는 사실을 보게 된다. 그리고 그 일을 수행하기 위해 정하신 방법으로써 목사들에게 천국의 교리를 설교하도록 명하셨다는 사실을 우리는 보게 된다." 이같은 하나님의 준비를 거절하는 어리석음과 오만에 대해 그는 계속해서 그의 독자들을 주의시킨다. "많은 사람들은 자만심이나 혐오, 또는 경쟁 의식 등으로 인해서 그들이 개인적인 독서와 명상으로도 충분히 도움을 얻을 수 있다는 확신을 갖는다. 그러므로 그들은 공적 집회를 무시하고 설교를 불필요한 것으로 간주한다. … 이것은 가르침 속에 우리에게 비치는 하나님의 얼굴을 가리는 것이나 다름없는 행위이다."[25] "왜냐 하면 살아있는 생물에 있어서 자양분과 태양의 빛과 열 혹은 수분의 필요성은 사도와 목사의 직무가 지상의 교회를 보존하는데 필요한 만큼 그렇게 필요한 것은 못 되기 때문이다."[26]

칼빈이 제네바에서 가르치고 있던 정신을 영국의 종교개혁자들도 곧 파악하게 되었다. 목사들은 순수한 하나님의 말씀을 설교해야 하며 교인들은 그 설교를 들어야 한다는 것보다 그들에게 더 중요하게 생각되는 것은 없었다. 솔즈베리(Salisbury)의 주교 죤 쥬얼(John Jewel)은 이렇게 쓰고 있다.

선한 형제들을 경멸하지 말라. 선포된 하나님의 말씀 듣기를 멸시하지 말라. 여러분이 여러분의 영혼을 소중히 여긴다면 설교 들으러 가기에 부지런하라. 왜냐 하면 바로 그 곳에서 사람들의 마음이 감동을 받으며 하나님의 비밀이 계시되기 때문이다. 또한 설교자가 아무리 약할지라도 하나님의 말씀은 예전과 변함없이

---

25) Calvin, Ⅳ, 1. 5.
26) ibid, Ⅳ. Ⅲ. 2.

강하고 능력 있기 때문이다.[27]

반대로 토마스 비컨(Thomas Becon)이 그의 책 「성경의 요구들」(The Demands of Holy Scripture)의 서문에서 기탄없이 선언했듯이 불성실한 설교자만큼 교회에 해악을 끼치는 존재는 없다.

> 기독교 사회에 있어서 하나님 말씀에 대해 진지하고 성실하며 변치않는 설교자의 존재보다 더 값진 보석이란 있을 수 없다. 이와 마찬가지로 사람들을 하나님 말씀의 밀로 먹이기보다는 그들 위에 군림하여 그들에게 하찮은 인간의 전통인 쓴 쑥을 먹이는 눈먼 안내자들, 벙어리 개들, 사악한 이리들, 위선적인 고용인들, 천주교의 선지자들의 존재보다 모든 사람들에게 더 큰 재앙은 있을 수 없다.[28]

내가 아는 한 금세기에 들어와 목사의 직분에 관한 이같은 근본적인 이해를 사무엘 볼베더(Samuel Volbeda)보다 더 설득력있게 표현한 사람은 없다. 그랜드 래피드의 칼빈 신학교에서 행한 그의 설교술 강의가 그의 사후에 「목사의 설교 자질」(The Pastoral Genius of Preaching)이란 제목으로 편집 출판되었다. 설교를 "하나님의 구두에 의한 말씀(Spoken Word) 대신에 기록된 하나님의 말씀을 구두로 행하는 선포"[29]라고 정의하면서 그는 계속해서 "기록된 하나님의 말씀은 그 메시지나

---

27) Works, Vol. Ⅱ, p. 1034..
28) Works, Vol. Ⅲ, p. 598.
29) Vobeda, p. 24.

정신 그리고 목적에 있어서 철두철미 목회적이다"라고 단언한다. 그러므로 참된 설교자는 결코 "하나님의 기록된 말씀의 메시지를 완전하게 그러나 단순히 기계적으로 재생하는 말하는 관(管)이나 나팔"이어서는 안 된다. 오히려 그는 "마음과 지성에 있어서 그가 설교해야 하는 목회적 성경(Pastoral Scripture)과 완전히 조화를 이루는"[30] 목사가 되어야 한다. 또한 자기 양에 대한 선한 목자의 돌봄은 다음 네 가지를 수행하는 일이다.[31] 즉 먹이는 일, 인도하는 일(양은 길을 잃기 쉽기 때문이다), 보호하는 일(약탈하는 이리들로부터), 치료하는 일(해 받은 자의 상처를 싸매는)의 네 가지이다. 그리고 이 네 가지 활동 모두는 말씀 사역의 각 측면들이다.

그러나 이같이 목사를 교사로서 동일시 하는 것이 개혁주의 혹은 복음주의 그리스도인들의 특이성이라고 생각해서는 안 된다. 그것은 보다 가톨릭적인 학식을 가진 많은 사람들에게서도 동등하게 인정되고 있다. 실례로 미카엘 램지(Michael Ramsey)가 캔터베리 대주교로 있을 때 했던 성직 수임식 유시(諭示)의 한 부분을 인용하겠다. 유시의 제목으로 붙였던 '왜 사제인가?' 라는 자신이 제기한 질문에 대한 그의 첫 번째 답변은 다음과 같다.

> 첫째로 사제는 교사이며 설교자이고 그와 마찬가지로 그는 신학을 하는 사람(man of theology)이다. 그는 헌신적인 신학 연구자가 되기로 서약된 사람이다. 그의 연구는 방대한 범위를 필요

---

30) ibid. p. 26.
31) ibid. p. 79-85.

로 하지는 않지만 자신의 연구의 성실성에 의해서 깊어질 것이다. 왜냐 하면 그의 연구는 그가 박식해지기 위한 것이 아니라 단순해지기 위한 것이기 때문이다. 당황하게 되며 혼란에 빠지는 사람들은 바로 피상적이고 얄팍한 연구를 한 사람들인 것이다.[32]

생각해 볼 때 이처럼 가르치는 사역으로서의 목사의 사역에 관한 글을 쓰면서 성직 수임식에 대해서, 또는 성직자와 평신도의 구별점은 무엇이 있는가 따위의 논쟁을 해야 할 필요는 없는 것 같다. 다만 하나님은 모든 지역교회가 **감독**(episkopé) 혹은 목회적 감독(pastoral oversight)으로부터 얻는 유익을 바라신다는 사실과, 이러한 감독 —적어도 어떤 규모의 회중에 대해서든지— 은 한 팀('장로들'이라는 단어가 신약에서는 거의 언제나 복수로 나타난다; 행 14:23; 20:17; 딤전 4:14; 딛 1:5)을 이루어 실시되어야 한다는 사실을 말하는 것으로도 충분하다. 그러므로 그러한 팀(team)은 파트 타임과 풀 타임 봉사자, 목사와 평신도, 유급 봉사자와 지원자들을 포함해야 한다. 이 점에 있어서 나는 비록 신약이 남녀의 역할을 동일시하지는 않았을지라도 남자들과 마찬가지로 여자들도 봉사자임을 확신한다. 그 외에도 성경에서뿐만 아니라 경험으로써도 내가 알고 있듯이 팀 개념에는 막대한 가치가 있다. 왜냐 하면 팀으로 일할 때에는 서로의 장점을 이용할 수 있으며 또한 서로의 약점들을 보충할 수 있기 때문이다. 그러므로 재능있는 평신도들은 그 팀에 가입해서 그들의 재능을 따라 자발적인 역량 안에서 그들의 성직을 실행하도록 권장되어야 한다. 따라서 이들이 설교 사역을 담당하기도 하는데, 점차로

---

32) Ramsey, M., *The Christian Priest*, p. 7.

교회에서는 더 많은 평신도 설교자들을 필요로 하고 있다. 그럼에도 불구하고 목사의 정기적인 설교와 가르침의 사역은 지극히 중요하고 어려운 일이다. 설교를 하고 가르치기 위해서는 많은 시간과 정력을 연구에 쏟아야 한다. 그러므로 어느 정도의 규모를 가진 교회의 목회 팀이라면 최소한 말씀 사역에 전념할 풀 타임 지도자가 한 명은 있어야 한다.

양 무리를 먹이고 교회를 가르치는 일은 목회 팀에 의해 여러 가지 면에서 이루어질 수 있다. 선한 목자이신 예수께서는 군중들에게 설교하셨고 사람들과 개인적으로도 만나셨으며, 또한 열두 제자를 훈련시켰다. 그러므로 그의 사역을 본받는 목회 사역도 마찬가지로 회중들에 대한 설교, 개별 상담, 그룹별 훈련 등을 포함할 것이다. 그러면 설교와 가르침 간에 어떤 차이가 있을까? 확실히 두 단어는 서로 교체될 수 없는 것들이다. 즉 신약에서 '디다케'(didaché: 가르침)는 개심자들에게 주어졌던 교훈 —대개가 윤리적이었던— 이었지만 이에 반하여, '케리그마'(kérygma)는 성경에 따라 종말론적인 배경 속에서 회개하고 믿으라는 설교와 함께 전해진 예수의 죽음과 부활의 선포였던 것이다. 그러므로 도드(C. H. Dodd)는 이 명제를 널리 보급시켰다. 이러한 구별은 중요하다. 그렇지만 그것은 지나치게 강조되어 왔던 것 같다. 왜냐하면 예수님의 공생애 사역 가운데서 "그들의 회당에서 가르치시며 천국복음을 전파하심"(마 4:23; 9:35)이 날카롭게 구분되지 않으며, 바울 역시 자신을 복음의 '전파자'(preacher)이며 '교사'로서 묘사하고 있기 때문이다. 그러므로 사도행전 마지막 장에서 바울과 작별하면서 누가는 바울에 대하여 "하나님의 나라를 전파하며 주 예수 그리스도에 관한 모든 것을 가르치고"(28:31)라고 전했던 것이다. 확실히 바울은 보다 복음 전도적인 목적을 가지고 설교를 하였지만 그의 가르침은 보다 조직적인 특성을 가지고 있는 것이다. 그러나 내용에 있어서 양자는 서로 명백하게 구별되지 않는다. 필시 그것들은 상당 부분이 서로 중복되었을 것이다.

　신약에서 설교한다(kerusso, '알린다')는 것은 전적으로 복음 전도적인 행위이므로 설교의 현대적 특성(교회에 있는 그리스도인 회중들에게 행하는 설교 형태)은 결코 나타나지 않으며 심지어 관찰될 수조차 없다고 흔히 주장되어 왔다. 그러나 사실 이것은 그렇지 않다. 해석된 하나님의 말씀을 듣기 위하여 하나님의 백성들이 모인 관습은 이미 구약시대 때부터 시작되었다. 그 이후 그 관습은 회당에서 계속되었고, 그 다음에 사도들에 의해 이어져서 기독교화 되었다. 그러므로 모세는 제사장들에게 백성들을 모아 그들에게 율법을 낭독하여 듣게 하라는 교훈과 함께 율법책을 주었는데, 아마도 백성들이 나아갔을 때 제사장들은 그들에게 율법을 설명하고 응용해 주었던 것 같다(신 31:9-13; 말 2:7-9). 즉 제사장이며 율법학자(scribe: 한글 성경에는 '학사'로 번역되었음―역자주)인 에스라는 "회중 앞에 율법 책을 가져와 낭독하였고" 레위 제사장들이 이 사역을 함께 수행하여서 "그들이(한글 성경에는 이 주어가 나타나지 않는다―역자 주) 하나님의 율법 책을 낭독하고 그 뜻을 해석하여 백성으로 그 낭독하는 것을 깨닫게 하였던 것이다"(느 8:1-8). 후에 회당 예배에서는 율법과 선지서의 낭독이 끝나면 누군가가 낭독된 구절을 따라 설교를 하였다. 그러므로 예수께서도 나사렛 회당에서 먼저 이사야서 61장으로부터 몇 구절을 낭독하셨고, 이어서 메시지를 통하여 예수님 자신이 이 성경의 성취라는 주장과 그의 청중들을 놀라게 만든 다른 '은혜로운 말들을' 말씀하셨던 것이다(눅 4:16-22). 마찬가지로 바울은 비시디아 안디옥에서 "율법과 선지자의 글을 읽은 후에" 회당장들로부터 백성들에게 '권할 말'이 있거든 하라는 청함을 받아 설교를 시작하였다(행 13:14-43).

그러므로 그리스도인들이 회당을 떠나거나 회당으로부터 쫓겨나서 그들 자신만의 독특한 모임을 준비하기 시작하였을 때에도 율법과 선지자의 글을 발췌하여 낭독하는 것과, 더불어 사도들의 편지들 중 하나를 덧붙여 읽는 것을 제외하고는, 성경 낭독을 한 후 그것을 해석하는 동일한 방식은 계속 보존되었던 것이다(골 4:16; 살전 5:27; 살후 3:14). 누가는 그와 같은 모임의 모습을 단 한 번 우리에게 보여 준다. 그것은 우리가 잘 알고 있듯이 드로아에서 '안식 후 첫 날에' 모였던 그리스도인들의 모임에서였다. 그들의 예배에는 떡을 뗌과, 함께 '밤중까지 계속되어' 불의의 사고까지 발생하게 되었던 바울의 설교가 있었다(행 20:7). 비록 이것이 설교가 포함된 것으로 특별히 언급된 신약에서의 유일한 그리스도인 예배의 모습일지라도, 그것이 예외적인 경우라고 가정할 만한 이유는 없다. 오히려 바울은 디모데에게 공적인 기도의 자세에 관해서뿐만 아니라 설교에 관해서도 특별한 지시를 내린다. "내가 이를 때까지 읽는 것과 권하는 것과 가르치는 것에 전념하라"(딤전 4:13). 여기에는 성경 낭독 후 그에 따른 권면(paraklēsis)과 가르침(didas-kalia)이 있었다는 명백한 암시가 있다. 그렇다고 해서 거기에 복음 전도적 선포의 요소가 없다고 말할 수는 없다. 왜냐 하면 그 모임에는 세례에 대한 가르침을 받는 세례 지원자들이 있고, 더불어 회당 공동체의 변두리에서 '하나님을 경외하였던 사람들' 처럼 모임에 처음 출석한 초보적인 신자들이 있었을 것이며, 심지어는 이교도 방문자들마저 때때로 참석하였을 것이기 때문이다(고전 14:23). 그러할지라도 강조점은 신자들을 가르치는 데에 있었을 것이다. 목사 직분의 자격들 중에 사도적 신앙에 충실할 것(이는 능히 바른 가르침으로 권면하고 거슬러 말하는 자를 책망할 수 있기 위해서)과 가르치기를 잘할 것(딛 1:9; 딤전 3:2)이 명시되어 있는 것은 바로 목사가 양 무리를 먹이는 책임을 졌기 때문이다.

만약 오늘날의 목사들이 설교와 가르침을 무엇보다 중요시하는 신약의 강조를 진지하게 받아들인다면 그들은 그 일을 가장 충실히 수행하게 될 뿐만 아니라 분명히 그 일이 교회에 가져올 매우 건전한 결과를 보게 될 것이다. 그런데 비극적인 이야기지만 애석하게도 많은 사람들은 연구보다는 오히려 사무에, 성경보다는 오히려 전화기에 매달리는 행정가들로 처세하고 있다. 1977년 8월 토론토에 있는 위클리프 대학의 감사절 100주년 기념 예배 기간 동안에 설교를 하였던 당시 캔터베리 대주교 도날드 코건(Donald Coggan)은 회중들에게 주교가 성직 수임식 때 모든 후보자들에게 성경을 준다는 사실을 상기시켰다. "그는 첫째로 조직가나 재정가 또는 접대자로서 나아가지 않습니다. 그는 교회의 주님으로부터 받은 권위를 입고, 그의 손에 들려 있는 그 책 속에 장엄하게 기록된 그리스도의 계시를 위탁받은 자로서 또한 성육신하신 말씀을 맡은 자로서 나아갑니다." 코건 박사는 계속해서 위클리프 대학이 다음 세기 동안에는 스스로 성경을 연구하며 성경으로 먹고 살고 그것을 깊이 탐구할 뿐만 아니라, '성경의 해석과 적용에서 얻은 모든 것을 전하고자 하는' 사람들을 끊임없이 배출하기를 바라는 소망을 표명하였다.

만약 우리가 사도들이 행한 대로(행 6:4) 최우선으로 '기도와 말씀의 사역'을 확립하려 한다면, 우리들 대부분은 상당한 책임들을 평신도 지도자들에게 위임하는 것을 포함해서 우리의 프로그램과 시간표를 근본적으로 재조직해야 할 것이며, 또한 그것은 목회의 본질적인 성격에 관한 신약의 신념을 충실하게 나타낼 것이다.

5. 설교에 관한 신념

목사들이 설교자이며 교사라고 한다면 그들은 과연 어떤 종류의 설교를 해야 하는가? 설교술에 관한 교재들은 여러 가지 견해들을 길게 나열하려는 경향이 있다. 설교 형태의 가장 철저한 분류는 아마도 생스터(W. E. Sangster)에 의해 그의 명저인 「설교의 기술」(*The Craft of the Sermon*)에서 제시된 것 같다. 비록 "다양한 분류 방식들을 모두 합하면 그 범위는 거의 한이 없다."[33]라고 덧붙이기는 했지만 그는 설교의 종류를 주요한 세 가지 형태로 대별하여, 그 각 형태의 설명에 장(章) 하나씩 할애하고 있다. 우선 설교의 첫 번째 분류는 '주제의 성격에 따라'(예를 들면 성경적, 윤리적, 경건적, 교리적, 사회적 또는 복음 전도적 설교) 규정되며, 두 번째 분류는 '구성 방식에 따라'(예를 들면 직접적인 해설, 점진적인 논증, 세분된 한 부분에 초점을 맞추어 설교하는 방식) 그리고 세 번째 분류는 '심리학적인 방법에 따라'(즉 설교자 자신이 교사나 변호사의 입장에 서

---

33) Sangster, *The Craft*, p. 92.

든지 또는 어찌할 바를 모르는 사람이나 사탄의 옹호자의 입장에 서든지 간에) 규정
되었다.

생스터보다 덜 철저한 다른 저술가들은 좀 더 단순한 분류에 만족
해 왔다. 그러므로 그들은 대체로 제목 설교와 본문 설교가 있다고 말
한다. 어느 정도 이 분류를 따라 '주석적' 또는 '해설적' 설교가 포함
되기는 하지만 어떤 설교들은 복음 전도적이거나 변증적 또는 예언적
인 성격을 가지며 다른 설교들은 교리적이거나 경건적 또는 윤리적,
권면적인 성격을 갖는다. 그러나 나는 해설적 설교를 여러 가지 방식
들 중의 한 가지로 규정하는 이러한 분류 방식을 잠자코 받아들일 수
없다(때로는 싫어하기까지 한다). 나의 주장은 진실한 설교는 모두 해설적
설교라는 것이다. 물론 '해설적' 설교가 긴 성경 말씀을 한 구절씩 차
례로 설명하는 것을 의미한다면 실제로 그것은 유일한 설교 방법이다.
그러나 여기서 해설적이란 표현은 그 단어의 오용일 것이다. 바르게
말해서 '해설'이란 훨씬 더 넓은 의미를 가진다. 그것은 설교의 형태
(연속적인 주석) 보다는 오히려 설교의 내용(성경적 진리)에 관련된다. 성경
을 해설한다는 것은 본문으로부터 거기에 있는 것을 끌어내어 그것을
볼 수 있도록 노출시키는 것이다. 해설자는 닫혀 있는 것을 보이도록
열고, 불분명한 것을 명백히 하며, 매듭지어 있는 것을 풀고, 단단히
포장되어 있는 것을 펼친다. 해설의 반대는 '속임'이다. 그것은 본문
에 실제로 없는 것을 부과하는 것이다. 그러나 우리의 '본문'이 한 구
절이나 한 문장 또는 한 단어일 수 있다. 또한 그것이 한 단락이나 한
장 또는 책 한 권 전체일 수도 있다. 그렇지만 그것이 성경적인 한에
있어서는 본문의 크기는 중요하지 않다. 중요한 것은 우리가 본문을

어떻게 다루느냐 하는 것이다. 본문이 길든지 짧든지 간에 해설자로서의 우리의 책임은 더하거나 빼거나 왜곡하는 일이 없이 본문이 그 메시지를 확실하고 명확하며, 정확하고 적절하게 전달하도록 본문을 개방하는 일이다. 해설적 설교에 있어서 성경 본문은 아주 다른 주제를 설교하기 위하여 하는 상투적인 도입도 아니며 잡다한 사상들의 넝마 주머니를 걸기 위한 간편한 나무못도 아니다. 오히려 그것은 이야기되는 것을 지시하며 통제하는 주인이다.

이제 나는 이 해설적 설교에 있어서 몇 가지 중요한 유익들을 주의해 보겠다.

첫째, 해설은 우리에게 한계를 설정한다. 해설은 우리를 성경 본문에로 한정하는데 그것은 해설적 설교란 성경적 설교이기 때문이다. 우리는 우리 자신의 견해들은 말할 것도 없고 세속적인 문헌이나 정치적 발언 또는 심지어 종교적 서적 등으로부터 끌어낸 구절을 설명해서는 안 된다. 결코 그렇게 해서는 안 된다. 우리의 본문은 변함없이 하나님의 말씀으로부터 취해져야 한다. 해설자의 가장 첫째되는 자격은 우리가 거룩한 진리라는 '공탁금'의 관리자들이며 복음의 '수탁자들'이고 '하나님의 비밀을 맡은 청지기들'[34]이라는 사실을 인식하는 것이다. 도날드 코건은 설교에 관한 그의 첫 번째 저서에서 그 사실을 다음과 같이 표현하였다.

기독교 설교자에게는 넘을 수 없는 경계선이 있다. 설교단에 오

---

34) 딤전 6:20; 딤후 1:12-14; 살전 2:4; 고전 4:1-2.

를 때의 그는 전적으로 자유로운 사람이 아니다. 하나님은 그가 넘어가서는 안될 경계선을 정해 주셨다. 그는 마음대로 그의 메시지를 고안해 내거나 선택하지 못한다. 그 메시지는 그에게 위탁된 것이며, 그는 그의 청중들에게 그 메시지를 선언하고 설명하며 권면해야 하는 것이다. … 복음의 전제정치 아래로 들어오는 것은 위대한 일이다![35]

둘째, 해설은 성실을 요구한다. 모두가 이 사실을 확신하지는 않는다. 일반적으로 성경은 어떤 의미로도 해석될 수 있다고 말하기도 한다. 그러나 그것은 단지 그 해설자가 성실치 못할 때만 사실이다. 서머세트 모옴(Somerset Maugham)은 그의 소설 「달과 6펜스」에서 로버트 스트릭랜드 목사가 역사라기보다는 신화에 가까운, 작고한 자신의 아버지의 자서전을 어떻게 썼는가를 기술하고 있다. 사실 그의 아버지는 그림을 그리는 이상한 귀신에 사로잡혀서 아내와 가정과 직업을 버렸다. 그러나 자서전에서 그는 훌륭한 남편과 아버지로, 그리고 친절하고 근면하며 도덕적인 사람으로 그려졌다. 사실에 대한 이같이 터무니없는 왜곡을 보고서 모옴은 이렇게 평하였다. "내가 보기에 현대의 성직자는 주석이라고 불리는 학문을 연구함으로써 어떤 사실들을 교묘히 변명하여 발뺌을 할 수 있는 놀라운 기술을 획득하였다." 그리고 나서 그는 아주 빈정거리는 태도로 덧붙여 말하였다. 로버트 스트릭랜드 목사의 해석의 교묘함은 "틀림없이 때가 되면 그를 교회의 가장 높은 고위 성직자의 지위로 데려갈 것이다. 나는 벌써 그가 그 지위에 오르

---

35) Coggan, *Stewards*, p. 46, 48.

기 위해 신을 신은 것을 본다."[36]

서머세트 모옴이 그처럼 풍자한 '주석'은 사실 가장 엄격한 학문 분야이며 또 그렇게 되어야 한다. 주석이란 역사적 기원과 문법적 구조 모두에 일치하도록 본문을 설명해야 하기 때문에 때때로 그 말에 '문법적 -역사적'이라는 긴 형용사가 덧붙여진다. 종교 개혁자들은 중세 저술가들의 공상적이며 우화적인 해석으로부터 성경적 해석을 보호함으로써, 문법적- 역사적 해석에 큰 공헌을 하였다. 그들이 '문자적' 의미라고 말하였을 때, 그들은 그 말을 '우화적'이라는 말에 대비시켰던 것이다. 그들은 성경의 어떤 구절들이 문제에 있어서 아주 시적이며, 의미에 있어서 상징적이라는 사실을 부인하지 않았다. 그러나 그들은 모든 성경 연구자가 찾아야만 하는 것은 교묘함이 없이 평이하고, 자연스러우며 분명한 각 본문의 의미라고 강조하였다. 성경 저자는 무엇을 의미하고자 하였는가? 바로 그것이 문제이다. 또한 그것은 인내로써 대답될 수 있고, 확신있게 대답될 수 있는 문제이다. 우리는 문서비평 -은밀한 목적을 갖고 있는 모든 성경 저자와 발견되고 벗겨져야 하는 신비로운 의미를 의심하는- 가운데서 풍기는 현대의 냉소적인 분위기에 감염되어서는 안 된다. 왜냐 하면 성경의 저자들은 사기꾼들이 아니라 정직한 사람들이며, '끝없이 해석될 수 있는' 글을 쓰려고 한 것이 아니라 이해되는 글을 쓰려고 했기 때문이다.

종교개혁자들은 또한 '신앙의 유추'(the analogy of faith)에 관해서 많은 이야기를 하였는데, 그들은 그 용어에 의하여, 성경은 하나님의 마음에 의해서 주어진 통일성을 가지고 있으며, 그러므로 성경은 한

---

36) Maugham, p. 8.

구절이 다른 구절에 빛을 던져줌으로써 그 자체를 해석하도록 허용되어야 하고, 교회는 "성경의 한 곳을 다른 곳에서 모순이 되도록 마음대로 해석할" 수 없다는(영국 국교회 신앙 개조 20조항) 그들의 신앙을 표명하였다. 그들은 성경이 가지고 있는 형식의 다양성을 부인하지 않았다. 그러나 현대의 어떤 학자들이 주장하는 것처럼 그 사실을 강조하여 성경의 통일성을 희생시키려고 하지는 더욱 않았다. 오히려 그들은 성경을 조화시키는 일(조작에 대한 동의어가 아님)을 신뢰할 수 있는 그리스도인의 임무로서 보았다.

칼빈은 죽기 한 달 전인 1564년 4월 말경에 제네바의 목사들에게 고별 인사를 하였다. 칼빈이 그들에게 말할 수 있었던 것을 모든 설교자들도 똑같이 주장할 수 있다면 좋겠다.

> 나는 성경의 단 한 구절도 더럽히지 않았으며 내가 아는 한에서는 왜곡하지도 않았다. 그리고 내가 비록 세밀하게 연구하였을지라도 그 의미가 난해할 때는 임의대로 해석하지 않고 언제나 그 의미가 단순해지도록 연구했다. …[37]

약 250년 후에 그와 똑같은 주장을 한 또 다른 해석가는 캠브리지 대학의 찰스 시므온(Charles Simeon)이었다. 학기 기간 중 격주로 금요일 저녁마다 열린 그의 유명한 설교 모임 중 언젠가 그는 그 날에 모였던 학생들에게 이러한 말로써 권고하였다. "원문으로부터 그리고 문맥으로부터 모든 본문의 참되고 충실하며 우선되는 의미를 확인하기를

---

37) Cadier, p. 173-5.

가장 열망하라."[38] 그 자신은 바로 이러한 노력에 심혈을 기울였다. 그의 설교 개요들을 모아서 만든 「설교 시간」이란 책의 서문에서, 그는 설명하기를 "필자는 선입관이나 편견없이 모든 본문에 정확한 의미, 논리상의 자연스러운 결과 그리고 본문의 올바른 사용"[39]을 부여하기 위하여 노력하였다고 썼다. 그리고 발행자에게 보내는 그의 편지 속에서 그는 "나의 노력은 성경에 있을 수 있다고 생각되는 것을 성경에 밀어넣는 것이 아니라 성경에 있는 것을 성경으로부터 끌어내는 것이다. 내가 지금 설명하고 있는 구절에서 성령의 뜻이라고 믿는 것 이상으로는 결코 어떤 것도 말하지 않는다는 이 점에 나는 몹시 마음을 쓴다." 라고 말하였다.

그것은 성경을 판단하기보다는 성경의 권위 아래 겸손히 앉아 있으려는 굳은 결심이었고, 그 결심은 시므온으로 하여금 모든 신학적 조직과 체계를 불신하도록 했다. 그는 이렇게 썼다.

> 본인은 … 조직신학자들의 지지자가 아니다. 본인은 오직 성경으로부터 자신의 종교관을 끌어내려고 애써 왔고, 빈틈없이 충실하게 성경을 고수하는 것이 바로 본인의 소원이다. 본인은 어떤 특정한 견해를 지지하기 위해서 하나님 말씀과 맞서지 않았고, 말씀의 모든 부분에 성경의 위대한 저자들이 전달하려고 계획한 것으로 생각되는 의미를 부여하였다.[40]

---

38) Smyth, *The Art*, p. 176.
39) Simeon, *Horae*, p. 12.
40) ibid, p. 4~5. Preface to Vol. 1.

그가 생각하기에 그 당시 칼빈주의자들과 알미니안주의자들은 그와 같은 견해를 결코 주장하지 않았던 것이다. 오히려 시므온이 악의 없는 유머를 가지고 쓴 것처럼, "두 체계의 열렬한 신봉자들 가운데 어떤 한 사람도, 만약 그가 바울의 일행들과 함께 있었고 바울이 다른 서신을 쓰고 있었다면, 그에게 그의 표현들 중에 하나나 또는 다른 것을 바꾸도록 권하지 않았을 사람은 없었을" 정도였다. 시므온 자신에 관해서 말하자면, 영감받은 본문에 대한 그처럼 거만한 태도는 그에게 전혀 불가능한 것이었다. 왜냐 하면 그는 "거룩한 사도들의 발 아래서 한 사람의 **학습자**로 앉아 있는 것에 만족하였고" "그들에게 어떻게 말해야만 하는가를 그 사도들에게 가르치려는 아무런 야심도 갖고 있지 않았기"[41] 때문이다.

셋째, 해석은 함정들을 확인한다. 우리는 일체의 손실들을 피해야 한다. 해설자의 결심이 그의 본문에 충실하고자 할 때 나타나는 주요한 두 가지 함정은 부주의와 불충분이라고 불릴 수 있을 것 같다. 부주의한 해설자는 한계선을 넘어서 자신의 상상을 따라감으로써 본문에 대한 시각을 상실한다. 불충분한 해설자는 여전히 성경 본문에 머물러 있는 것처럼 보이지만, 사실상 그는 본문을 그 본래의 자연스러운 의미와는 전혀 다른 어떤 것으로 곡해한다.

금세기의 위대한 해석자들 가운데 한 사람인 캠벨 몰간(G. Campbell Morgan)은 먼저 설교 본문을 선정하고 난 후에 그것을 상세히 설명해야 할 필요성이 있음을 강조하였다. 이와 대조적으로 그는 옥스

---

41) ibid, p. 6.

퍼드의 발리올 대학 학장인 벤쟈민 조웨트(Benjamin Jowett)에 대하여 이렇게 쓰고 있다. "그는 설교 원고를 먼저 작성한 다음에 거기에 맞는 성경 본문을 선정하는 것이 자신의 습관이라고 공언하였다. 그의 설교들을 연구해 보면 사실 그러하다. 그러나 그 방법은 위험성이 많음을 알게 될 것이다." 그럼에도 불구하고 "자신의 설교 본문을 읽고 나서 '이것이 나의 설교 본문입니다. 이제 나는 설교를 시작하려 합니다. 어쩌면 우리는 설교 중에 다시 이 본문을 대하게 될 지도 모릅니다. 그러나 어쩌면 이 본문을 대하지 못할지도 모릅니다.' 라고 말한"[42] 또 다른 설교자는 더욱 무법한 사람이었다.

자신의 설교 본문에 대한 이같은 거만한 무관심은 적어도 솔직하게 인정받을 만한 장점을 가지고 있다. 사실상 훨씬 더 나쁜 것은 본문을 자기 뜻대로 이용하고 있으면서도 짐짓 본문을 설명하고 있는 체하는 가식적인 태도이다. 신약의 기자들은 이 악함에 대해서 생생한 표현으로써 우리를 경고한다. 거짓 교사들은 표적을 빗맞힌 궁술가처럼 진리에서 '빗나갔다' 는 이유로, 속임수를 써서 물건을 파는 상인처럼 하나님의 말씀을 '속여 팔았다' 는 이유로, 그 내용을 바꿈으로써 복음을 '변질시켰다' 는 이유로, 성경을 용인할 수 없는 형태로 '왜곡시켰다' 는 이유로 유죄 판결을 받았다. 이러한 죄들과의 대조에 의해서 바울은 아주 엄숙하게 그가 '부끄럽고 부정한 방법들을 버렸고' '하나님의 말씀을 함부로 변경시키는 것을' 철저하게 거부하며 그 대신에 '진리의 공적인 진술' 을 신뢰한다는 사실을 선언하고 있다.[43]

---

42) Morgam, G. C., *Preaching.* p. 40, 42.
43) 딤후 2:18; 고후 2:17; 갈 1:7; 벧후 3:16; 고전 4:2.

본문이 자기들이 원하는 그 의미를 나타낸다고 생각한 사람들은 성경을 의도적으로 조작함으로써 끊임없이 교회의 명예를 손상시켜 왔다. 19세기 중엽에 로잔의 비네(A. Vinet of Lausanne) 교수가 그 점에 관해서 진술한 것처럼 "성경의 어떤 구절은 비성경적인 견해들을 승인하기 위해 수없이 오용되었다."[44] 때때로 그러한 조작은 어떤 본문에 대해서는 비교적 무해하게 나타나기도 했었다. 예를 들면, 제2차 대전 말에 휴전이 되자 런던의 바울 대성당의 수석 사제인 매튜즈(W. R. Mattews) 박사가 승리로부터 계속해서 재건으로 나아가야 할 필요성에 대해 설교하기를 원하여 "우리가 넉넉히 이기느니라"(롬 8:37)라는 본문을 가지고 설교했던 경우와, 모든 인간 경험의 덧없음에 대해 설교하고자 한 어떤 설교자가 구약에 흔히 있는 표현인 "지나갔느니라"[45]는 구절을 우연히 발견한 경우가 그것이다. 그러나 어떤 설교자는, 그가 자신의 신학적인 애완용 목마를 타고 있었기 때문에 성경을 오용한다. 캠벨 몰간은, 세례에 관해서 매우 단호한 견해를 가진 한 침례교 설교자에 관해서 말했는데, 그 설교자는 그 주제를 그냥 내버려 둘 수 없었다. 어느날 아침 그는 "아담아, 네가 어디 있느냐?"는 말씀을 본문으로 읽었다. 그 다음에 그는 계속해서 이렇게 말하였다. "여기에 우리가 살펴볼 세 가지 점들이 있다. 첫째는 아담이 있던 곳에 대해서이고, 둘째는 그가 어떻게 해서 그곳으로 이르게 되었는가에 대해서이며, 셋째이자 마지막으로 세례에 관한 몇 마디 언급이다."[46] 교회의 권위에 대한 그들의 과격한 견해를 잘 지지해주는 본문을 마태복음 18:17에서 발견

---

44) Vinet, p. 76.
45) McWilliam, p. 39.
46) Jones, p. 288.

한, 이른바 옥스퍼드 운동(the Oxford Movement)의 '퓨지주의자들'
(Puseyites: E. B. Pusey가 John Keble, J. H. Newman 등과 함께 일으킨 종교
운동의 추종자들-역자주)은 더욱 더 의도적이었다. 그 본문이 이것이다.
"만일 교회의 말도 듣지 않거든(neglect to hear) 이방인과 세리와 같이
여겨라." 그들은 훼이트리(Whately) 대주교가 "누구든지 교회의 말을
듣지 않거든 그를…"에 대한 설교로서 그들에게 응수할 만큼 "교회의
말을 들으라"는 설교를 자주 하였다.[47] 문맥으로부터는 말할 것도 없
고 본문으로부터 몇 마디 말들을 왜곡하는 이같은 행위는 구약을 철저
하게 싫어한 어떤 설교자가 "모든 율법과 선지서가 달려있는" 말들에
대해 신랄한 공격을 퍼부었다고 하였을 때, 최악의 상태에 이르렀다.

　　설교자 편에서의 그와 같은 파렴치한 본문 왜곡에 대해서 데일(R.
W. Dale)은 1878년 그의 예일 대학 강연에서 마술사들을 생각하며 이
같이 말하였다.

> 양 손에 1파운드짜리 금화 1개를 넣고 비벼서 카나리아가 되게
> 만들고, 그들의 소매자락에서 물이 가득 들어 있고 그 속에 네댓
> 마리의 금붕어가 헤엄을 치고 있는 번쩍 빛나는 유리공을 여섯
> 개씩이나 끄집어 냄으로써 관중들을 즐겁게 만드는 영리한 재간
> 꾼들의 속임수를 나는 언제나 생각한다. 나는 내 자신을 위해서
> 훌륭한 설교자의 설교를 듣고 싶어한다. 그리고 세상이 영리한
> 마술사의 속임수들을 보고 재미있어 하는 것에 대해서는 아무런

---

47) 1935년 이슬링턴 성직자 회의에서 G. T. Manley 목사에 의해 인용됨. 참조. *Au-thority and the Christian Faith*, Thynne 1935, p. 50.

이의가 없다. 그러나 나는 마술과 설교를 분리시키는 것을 좋아 한다.[48] 주일 아침의 마술이나 교회에서의 마술, 성경 본문에 대한 마술은 딱 질색이다.

근면한 해설자가 되겠다는 결심만이 우리로 하여금 이러한 함정들을 피할 수 있게 만들 것이다.

넷째, 해설은 우리에게 설교에 대한 자신을 준다. 만약 우리가 우리 자신의 견해나 틀리기 쉬운 인간의 견해들을 설명한다면 우리는 아주 자신없이 설명하게 될 것이다. 그러나 만약 우리가 성실과 정직으로써 하나님의 말씀을 설명한다면 우리는 담대해질 수 있다. 말하는 자는 누구든지 "하나님의 말씀을 하는 자같이" 해야 한다(벧전 4:11)고 베드로는 말했다. 이것이 우리가 우리 자신의 말들을 감히 신적인 발언으로 생각하기 때문이 아니라 고대 유대인들처럼 우리가 "하나님의 말씀을 맡았기"(롬 3:2) 때문이며, 우리의 가장 우선적인 관심이 아주 양심적인 성실성을 가지고서 그 말씀 자체가 말한다고 생각되는 것으로 또는 오히려 하나님이 그 말씀들을 통해서 말씀하시는 것으로 취급하는 것이기 때문이다.

구스타프 빙그렌 교수는 다음의 글에서 이 사실을 훌륭하게 표현하였다.

해설자는 말씀이 앞으로 나아갈 수 있도록 말씀 자체를 위한 입

---

48) Dale, p. 127.

과 입술을 준비해야 할 뿐이다. … 참으로 위대한 설교자들은 사실 성경의 종들일 뿐이었다. 그들이 잠시 입을 열었을 때 말씀은 그 구절 자체 속에서 빛을 발하며 들려졌다. 목소리가 그것을 들려준다. 성경 구절 자체가 하나님의 목소리이며 발언이다. 설교자는 입과 입술이며 회중은 그 목소리를 듣는 귀이다. … 오직 하나님의 말씀이 나아갈 수 있도록 하기 위해서, 즉 세상으로 나아가 적진을 향하여 밀고 들어가서 그들에게 사로잡힌 포로들에게로 이를 수 있도록 하기 위해서 설교가 필요하다.[49)]

이상의 것들이 설교의 사역을 위한 신학적 기초이다. 하나님은 빛이시다. 하나님은 행하셨다. 하나님은 말씀하셨다. 하나님은 그의 행동과 말이 기록으로 보존되도록 하셨다. 이 기록된 말씀을 통해서 하나님은 지금도 계속해서 살아 있는 음성으로 능력있게 말씀하신다. 또한 교회는 하나님의 말씀을 경청해야 한다. 교회의 건강과 성숙이 말씀에 달려 있기 때문이다. 따라서 목사들은 그 말씀을 해설해야 한다. 바로 이 일을 위해서 그들이 부름을 받았다. 그들이 성실하게 그 일을 할 때는 언제든지 하나님의 목소리가 들려진다. 그리고 그때 교회는 죄를 깨닫고 겸손해지며 회복되고 소생하여 하나님의 영광과 사용하심을 위한 도구로 변화된다.

하나님과 성경, 교회, 목사의 직무, 그리고 성경적 해설에 관한 이러한 진리들은 분명히 흔들리는 우리의 확신을 보강하여 줄 것이다. 그렇게 될 때 오늘날 유행하고 있는 설교에 대한 반론들은 우리를 방

---

49) Wingren, p. 201-3.

해하지 못할 것이다. 오히려 우리는 새로운 열심과 결단으로 이 사역에 전념할 것이다. 또한 우리의 가장 우선적인 일을 하지 못하도록 방해하는 것은 아무것도 없을 것이다.

제4장
다리 놓기로서의 설교

#제4장
다리 놓기로서의 설교

정확히 말해서 설교란 무엇인가? 나는 지금까지 오늘날 유행하고 있는 설교에 대한 몇 가지 반론들을 직시해 보고, 설교에 대하여 신학적으로 변호해보고자 노력해 왔다. 그러나 지금까지 나는 설교가 참으로 기독교적이려면 그것은 해설적이어야 한다는 사실을 주장한 것 외에는 설교에 대한 어떠한 정의도 시도하지 않았다. 그렇다고는 하지만 '설교는 해설이다' 라고 주장하는 것 또한 전적으로 만족할 만한 등식이 되지는 못할 것이다. 왜냐 하면 만약 그 주장이 만족할 만한 것이라면 설교란 성경 문서들에 대한 해석에 지나지 않을 것이며, 설교자에게는 말씀의 현대적 적용에 대한 어떠한 관심도 필요치 않을 것이기 때문이다.

성경 자체에는 기독교 설교자란 어떠한 사람인가를 설명하기 위해 다양한 상(像)들이 제시되어 있다. 그 중 가장 일반적으로 사용되는 것은 좋은 소식의 메시지를 받고서 그것을 선포하도록 명령을 받은 통보자 또는 타운 크라이어(town crier: 포고 사항을 알리고 다니는 읍사무소 직원-역자 주)의 상이다. 그는 시장이나 그 밖의 어떤 공공 장소에서 목소리를 높여 거리낌없이 공평하게 그 메시지를 알린다. 그러므로 "우리는 십자가에 못 박히신 그리스도를 전한다(통보한다)"라는 표현과 "우리는 주 예수 그리스도를 전한다(통보한다)"라는 표현은 이러한 복음 전도적 설교에 대한 바울의 가장 직접적인 묘사들 가운데 두 가지인 것이다.[1]

다음으로 설교자는 씨 뿌리는 자(speiron)이다. 씨 뿌리는 자에 대한 주님의 비유에서처럼 그는 밭에 나가는 농부같이 세상으로 나아간다. 거기에서 그는 몇몇 씨앗만큼은 잘 준비된 땅에 떨어져 머지 않아 좋은 결실을 맺어주기를 기대하면서 귀중한 하나님 말씀의 씨앗을 뿌린다(참조. 눅 8:4 이하).

셋째로 설교자는 대사(presbus)이다. 그는 외국에서 -심지어는 적국에서까지도- 사절(使節)로서 봉사하도록 위임받은 사람이다. 그는 그나라에서 그의 군주나 정부를 대표하여 당당하게 그들을 변호할 책임을 맡고 있다.[2]

설교자는 또한 청지기 혹은 가정관리인(oikonomos)이다. 하나님의 가정을 관리하도록 임명받은 것과, 하나님의 가족들이 필요로 하는 양식들을 위탁받은 것은 그의 특전이다. 이 양식들이란 하나님의 계시된 비밀들을 의미하는 '하나님의 신비들' 이다. 무엇보다도 그에게는 하

---

1) 고전 1:23; 고후 4:5; 사 40:9; 52:7.
2) 참조. 고후 5:20; 엡 6:20.

나님의 가족들에게 그 양식들을 분배하는 일에 충실할 것이 기대된다.[3]

이미 우리가 살펴 본대로 설교자는 목사 또는 목자(poimen)이기도 하다. 목자장(The Chief Shepherd)께서는 하급 목자들(under-shepherds)에게 그의 양 무리를 관리하도록 임명하셨다. 그러므로 그들은 양들을 이리들(거짓 교사들)로부터 보호하여 푸른 풀밭(바른 가르침)으로 인도해야 할 책임을 지게 되는 것이다.[4]

설교자에 대한 여섯 번째 은유는 그를 "부끄러울 것이 없는 일꾼으로 인정된 자"(딤후 2:15)로 묘사한다. 그러나 그가 하나님께로부터 '인정을 받고' '부끄럽지 않으려면' 어떠한 일꾼이어야 할 것인가? 무엇보다 그는 '진리의 말씀'을 다루는 일에 능숙해야 한다. 희랍어 동사 오르토토메오(orthotomeo)에 대하여 흠정역(AV)에서는 설교자가 진리의 말씀을 '올바르게 나눈다'라는 의미로 번역하는데, 이것은 잘못된 번역이다. 반면에 현대 번역 성경들은 말씀을 '바르게 취급한다'(RSV) 또는 말씀을 '정확하게 취급한다'(NIV) 등으로 번역한다. 그러나 이 번역들 또한 그 뜻이 너무 막연하다. 왜냐 하면 그 단어는 좀더 정확하게 '똑바로 파다'라는 의미를 가지므로 그 단어가 나타내는 상(像)은 농부나 도로 건설자의 상이 되기 때문이다. 뉴 잉글리쉬 바이블(N. E. B.)은 농부의 상을 선택하여 설교자를 그의 선포에 있어서 '밭고랑을 똑바로 파는' 사람으로 묘사하고 있다. 그러나 다른 두 가지 성경의 용례들(잠 3:6; 11:5, LXX) 속에서 이 단어는 명백히 '길을 곧게 낸다', 혹은 여행자가

---

3) 고전 4:1, 2; 참조. 딤전 3:4, 5; 딤 1:7.
4) 참조. 겔 34장; 요 21:15 이하; 행 20:28-31.

그 목적지에 곧바로 갈 수 있도록 하기 위해서 '들(수목이 뒤덮여 있거나 그렇지 않으면 통과하기 어려운)을 가로질러 길을 곧게 낸다' 라는 의미가 되므로 도로 건설자의 상이 더욱 적절할 것 같다(AG). 진리에 대한 이 같은 '곧은' 가르침은 진리를 '벗어나 있는' 거짓 교사들과 뚜렷한 대조를 이루며, 청중들이 쉽게 이해하고 따를 수 있도록 우리의 해설이 충실하고 단순해야 할 필요성을 강조한다.

이 여섯 가지 상들에 있어서 곧바로 주목할 수 있는 것은 메시지를 '받았다' 는 점에 대한 한결같은 강조이다. 설교자들은 메시지를 조작(造作)해서는 안 된다. 메시지는 그들에게 맡겨진 것이다. 이와 같이 좋은 소식은 선포하는 통보자에게 주어져 왔고, 좋은 씨앗은 씨 뿌리는 농부에게, 그리고 좋은 양식은 분배하는 청지기에게 주어져 왔다. 한편 좋은 목초지는 양을 그 곳으로 인도하는 목자에게 쓸모가 있다. 마찬가지로 대사는 자신의 정책이 아닌 자신의 국가의 정책을 추구하며, 일꾼은 자신의 말을 위해서가 아니라 '진리의 말씀' 을 위해서 일을 한다. 신약의 모든 은유들을 살펴볼 때 설교자는 어떤 다른 사람의 권위 아래 있는 종이며, 어떤 다른 사람의 말의 전달자라는 사실이 인상적이다.

설교자의 직무에 대한 이 모델들에서는 주어진 메시지를 실존적인 상황에 관련시키는 일, 또는 현대의 특수 용어를 사용하는 일, 하나님의 말씀을 '문맥상으로 판단하는' (contextualize) 일 등에 대한 필요성이 설교자에게 있음을 명백하게 다루고 있지 않다. 그러나 이 요소가 완전히 결여된 것은 아니다. 통보자는 그가 말하는 것을 듣는 사람들에 대해 무관심할 수 없으며, 대사는 상대 국민들에 대해서, 청지기는 그가 책임지고 있는 가족에 대해서 무관심할 수 없다. 그와 같이 목자 역시 그의 양들에게 적절한 목초지를 찾으며, 도로(道路) 건설자는 자신이 정글을 뚫고 닦아 놓는 길을 지나갈 여행자에 대해 관심을 갖는다. 아마도 씨 뿌리는 자의 은유는 그 실제적인 상이 가장 비인격적인 것임에도 불구하고 이 점에 있어서 모든 상들 가운데 가장 암시적인 것 같다. 씨가 떨어지는 각기 다른 땅은 하나님의 말씀을 듣는 각기 다른 사람들을 상징한다. 이 경우 성실한 농부는 좋은 씨앗을 뿌리는 것뿐만 아니라 좋은 땅에 씨앗을 뿌리는 것에도 관심을 갖는 것이다.

1. 문화적 격리를 연결 지음

내가 설교의 본질적인 특성을 설명하기 위하여 또 다른 은유를 전개시키려 하는 것은 설교가 단순한 해석이 아니라 의사의 전달이기 때문이며, 단순한 본문 해석이 아니라 그것을 들을 필요가 있는 산 사람들에게 하나님이 주신 메시지를 전달하는 것이기 때문이다. 이 은유는 성경에서 명백하게 사용되지 않았다는 의미에서 비성경적이라고 말할 수 있다. 그러나 그것이 우리에게 제시하는 바는 근본적으로 성경적인 것이다. 그 은유란 다리 놓기(bridge-building)라는 것이다.

사실 다리란 강이나 협곡으로 말미암아 서로가 단절되어 있는 두 장소를 연결짓는 수단이다. 다리는 왕래가 불가능한 곳의 교통을 가능하게 해 준다. 그렇다면 여기에서 골짜기나 깊이 갈라진 틈이 상징하는 것은 무엇인가? 그리고 그 틈을 연결하는 다리는 무엇을 나타내는

가? 그 틈이란 성경의 세계와 현대 세계 사이의 깊은 간격이다. 1955
년에 출판된 자신의 유명한 에세이 속에서 스노우 경(Lord Snow)은 과
학과 예술이라는 현대의 '두 문화'에 대해 말하면서 문학인들과 과학
인들 사이가 점차적으로 벌어져 가고 있음을 한탄하였다. 그러나 현대
라는 동시대에 공존하는 두 문화 사이의 심연이 그렇게 넓다면 현대
세계와 고대 세계 사이의 간격은 훨씬 더 넓을 것이다. 기독교 전달자
들이 가로질러 다리를 놓아야 하는 것은 바로 2천년 동안(구약의 경우는
더욱 오래된) 변화해 온 문화의 이 넓고 깊은 간격이다. 우리의 일이란
하나님의 계시된 진리가 성경으로부터 흘러 나와 오늘날 사람들의 생
활 속으로 들어갈 수 있도록 하는 것이다.

　나는 몇 년 전에 한 사람은 옥스퍼드 대학에, 다른 한 사람은 에딘
버러 대학에, 각각 재학중이었던 두 형제들과 이야기를 나눈 적이 있
었다. 그들은 전통적인 기독교 가정에서 자랐으며 그들의 부모는 그리
스도인들을 가르치고 있었다. 그러나 그 당시 그들은 부모들의 신앙과
그들의 기독교적 가정 교육을 부인하였다. 한 학생은 자신을 완전한
무신론자라고 했고, 다른 학생은 자신을 불가지론자라고 말했다. 나는
무슨 일이 있었느냐고 그들에게 물었다. "이제 당신들은 더 이상 기독
교가 참되다는 사실을 믿지 않는가?" 그들은 이렇게 대답하였다. "아
니오. 그건 우리에게 아무런 문제도 되지 않습니다. 우리는 사실 기독
교가 참된지 그렇지 않은지를 아는 것에 별 흥미가 없습니다. 그리고
설사 선생님이 우리에게 기독교가 참되다는 사실을 확신시킬 수 있다
고 할지라도 우리는 결코 기독교를 받아들이지 않을 것입니다." 나는
다소 놀라면서 "그러면 학생들의 문제는 **무엇인가?**"라고 물었다. 그들

은 계속해서 말하였다. "우리가 알고자 하는 것은 기독교가 **참된** 종교냐 그렇지 않느냐에 대한 것이 아니라, 기독교가 **적절한** 것인지, 혹은 그렇지 않은지에 관한 것입니다. 그리고 솔직히 말해서 기독교가 어떻게 오늘날의 시대와 관련을 맺을 수 있는지 우리는 알지 못합니다. 기독교는 2천년 전에 1세기의 팔레스타인 문화 속에서 탄생했습니다. 고대 중동에서 발생한 종교가 20세기 말, 끊임없이 변화되는 긴장된 세계 가운데 사는 우리에게 무엇을 말해줄 수 있습니까? 70년대에 사는 우리 현대인은 달나라에 사람을 보냈고 80년대에는 화성에 사람을 보낼 것입니다. 또한 오늘날 우리는 이식 수술을 행하고 있지만 내일에는 유전공학을 발달시킬 것입니다. 팔레스타인의 원시 종교가 우리와 무슨 가능한 관련을 가질 수 있습니까?" 나는 종종 이 대화에 대해서 하나님께 감사하곤 하였다. 그 대화만큼 나에게, 사람들이 성경과 그들 자신 사이에서 인식하는 간격을, 그리고 그 때문에 오늘날 기독교 설교자에게 맞서는 그 도전을 그렇게 뼈저리게 느끼게 한 것은 없다.

그러나 다리 놓기로서의 설교의 개념을 전개하기 전에 오해를 피하기 위해서 나는 두 가지 면에서 인정해야만 할 점이 있음을 전제한다. 첫째, 비록 내가 성경의 세계와 현대 세계 사이의 다리가 놓이지 않은 깊은 구렁을 말하였을지라도, 사실 오랜 옛날부터 계속해서 다리 건축자들이 있어 왔다는 사실과 교회사 전체를 통해서 그리스도인들이 성경의 메시지를 그들이 처한 독특한 문화에 관련시키려고 노력하였다는 사실, 그리고 새로운 그리스도인 세대가 등장할 때마다 그 이전 세대의 성과들을 계승하였다는 사실을 나는 인정한다. 따라서 다리 놓기에 있어서 내가 유추할 수 있는 것보다 더 긴밀한 역사적인 연속성이 있어 왔다. 때때로 새 세대는 새로운 다리를 구축하는 대신에 이전의 다리를 이쪽에는 한 뼘을 더 늘리고 저쪽에는 대들보를 바꿈으로써 실제적으로 옛 것을 개축하고 새롭게 했다. 그럼에도 불구하고 매번 새로 일어나는 세대마다 심연의 간격과 새로운 다리를 구축할 필요성을 느낄만큼 세상은 급속도로 변하고 있다. 내가 만난 그 두 학생의 마음 속에도 확실히 그들을 성경의 메시지로부터 분리시키는 커다란 간격이 있었던 것이다.

둘째, 나는 기독교의 적절성을 집요하게 요구하는 데에는 위험이 있다고 생각한다. 만약 우리가 사람들이 묻는 질문들을 대답하는 일에 전적으로 마음을 빼앗긴다면 우리는 종종 그들이 틀린 질문을 할 수 있고, 그러므로 그들이 바른 질문을 하도록 도움을 받아야 한다는 사실을 간과할 수가 있다. 만약 우리가 세상의 가치 판단을 무비판적으로 따른다면 우리는 하나님의 종이라기보다는 오히려 유행의 종이 되어 버리게 될 것이다. 그러므로 '인민당원'(populist) 또는 현대의 거짓 선지자가 되는 함정을 피하기 위해서 구축할 다리의 형태는 시대적 정신에 의하기보다는 오히려 성경의 계시에 의해서 결정되어야 한다. 교회의 사명은 세속주의에 굴복하는 것이 아니라 세속주의에 도전하는 것이다. 그럴지라도 우리를 둘러싸고 있는 현대 세계에 대한 더욱 깊은 이해와 민감성 역시 절실하게 필요하다.

이 문제(두 세계 사이의 심연을 연결하는 것)에 직면한 설교자들은 다음의 두 잘못들 가운데 어느 하나를 범하기가 쉽다.

만약 우리가 보수주의자들로서(내가 지금 말하고 있는 것은 우리의 신학에 관한 것이지 우리의 기질이나 정치적 입장을 말하는 것이 아니다), 역사적 정통 (正統) 기독교의 전통 속에 서 있다면 우리는 그 심연에 있어서 성경편에 살고 있는 것이다. 그 곳은 우리가 편안하며 안전하다고 느끼는 곳이다. 우리는 성경을 믿고 성경을 사랑하며 성경을 읽고 성경을 연구하며 성경을 설명한다. 그러나 우리는 저쪽 편에 있는 현대 세계 속에서는 마음이 불편하다. 만약 우리가 중년에 이르렀거나 중년을 지났다면 더욱 그러할 것이다. 현대 세계는 우리를 위협하며 당황하게 만든다. 그래서 우리는 스스로 그 세계로부터 격리되려는 경향이 있다. 만약 서구 문화가 변하고 있는 급속한 속도와 이것이 사람들에게 야기하는 혼란을 실증(實證)하는 알빈 토플러(Alvin Toffler)의 「미래의 충격」 (Future Shock)을 읽는다면(그러나 '문화 충격'의 형태는 공간 대신 시간을 통한 우리의 진행에 의해 야기되었다), 우리는 심원한 충격의 상태 속에 빠지게 될 것이며, 우리 중 어떤 사람들은 거기에서 결코 헤어나오지 못할 것 같다. 여러분은 그 사실을 우리들의 설교 속에서 납득할 수 있을 것이다. 우리는 성경적으로 설교한다. 물론 그렇다. 어떻게 우리가 달리 설교할 수 있는가? 찰스 시므온과 찰스 스펄전은 우리의 영웅들이다. 우리는 우리도 그들처럼 성경을 해설하고 하나님의 말씀으로부터 우리의 모든 가르침을 끌어내겠다고 결심한다. 그러나 만약 내가 두 세계 사이의 심연으로부터 어떤 도식을 끌어내서 그 도식에 따라 설교를 구상한다면 성경의 세계 속에서 시작해서 직선 궤도를 따라 허공으로 뻗어가지만, 결코 맞은 편에는 닿지 않는 어떤 직선을 그리지 않을 수 없을 것이다. 그 설교는 현대 세계로의 다리를 연결시키지 못한다. 그 설교는 성경적이긴 하지만 현대적이지는 못하다. 그리고 만약 누군가 우리에게 적용하는 일이 없이 해설만 하는 우리의 설교 습관에 대해 설명해 주기를 요청한다면 우리는 하나님의 말씀을 인간 생활의 각 현실들에 적용시키시는 성령을 믿는다고 경건하게 대답할 것이다.

만일 보수주의적 설교에 대한 나의 의견이 여러분의 기분을 상하게 하였다면 나를 용서해 주기 바란다. 변명하자면 내가 앞에서 서술한 것은 바로 이전(以前)의 내 생각이라는 사실을 이야기하지 않을 수 없다. 왜냐 하면 비록 최근에는 나의 방법들을 고치기 시작했다고 생각하지만, 설교에 대한 이전의 나의 이론과 실제는 성경 본문을 설명하고, 그 적용은 주로 성령께 맡기는 방법이었기 때문이다. 더욱이 이 방법은 다음의 두 가지 이유로 결코 쓸모없는 것처럼 보이지 않았다. 첫째로 성경 본문 자체가 놀랄 만큼 현대적이기 때문이며, 둘째로 성령께서 그 본문을 사용하셔서 청중들에게 죄의 인식과 그리스도께 대한 믿음 그리고 거룩한 성장을 주신다는 사실 때문이다. 이 점에 대해서 포사이드보다 더 잘 표현한 사람은 없다.

> 설교자가 그의 청중들을 끌고 들어가야 하는 곳은 바로 성경의 영원한 구속(救贖)의 세계이다. … 그 점은 모든 시대에 있어서 거의 같으며 모든 시대에 대해서 동일하게 권위를 가지므로, 아무리 현대일지라도 달라질 수 없다. 현재까지 모든 시대를 위한 유일한 설교는 이 영원에 대한 설교로서, 그것은 오직 성경 안에서 우리에게 나타나는 거룩한 사랑, 은혜, 구속의 영원함과 우리의 씻을 수 없는 죄로부터 우리를 구원하는 은혜의 영원하고 변치않는 덕성에 대한 설교인 것이다.[5]

하지만 설교의 의사 전달(communication)적 기능에 대한 문제를 회피하기 위한 구실로서 복음의 부단한 현재적 관련성과 성령의 현대적인 사역을 언급하는 것이라면 결코 용납될 수 없을 것이다. 우리는 죠지 엘리어트가 우리에게 '아주 긴 담뱃대로 담배를 피우며 아주 짧은 설교를 하는 훌륭한 노신사'로 소개하는 쉐퍼톤(Shepperton)의 영국 가톨릭 교회 신부인 메이너드 길필(Maynard Gilfil)의 본을 따라서는 안 된다. 사실 "그는 겉표지가 누르스름하고 가장자리가 낡은 짧은 설교 원고들을 아주 많이 가지고 있었으므로 매 주일 거기에서 제목과는 상관없이 손에 잡히는대로 공평하게 두 편씩을 골라 설교하였다."[6] 사실상 부적당한 설교에 관한 끔찍한 이야기들은 많이 알려져 있다. 한 가지 예를 들자면, 나일강 상류에서 거대한 댐을 짓는 건설현장을 방문한 목사가 있었다. 그의 회중은 폭염(暴炎)과 극도의 고독을 참아야 하고, 오락을 위해 너무 많은 시간을 허비하는 사람들을 향한 강한 반발을 참아야 할 만큼 너무 부족한 오락 시설들을 가진 사람들로 이루어졌다. 여러분은 이 때 그가 무엇에 관해서 설교했다고 생각되는가? 그는 "마치 그들이 고국에 있는 교회의 열심 있는 과부들과 미혼 여성들이기라도 한 것처럼 교회력(敎會曆)에 표시된 모든 성자들의 축일을 지켜야 할 의무"에 관해서 설교하였다. 그 이야기를 전하는 맥그리거(W. M. McGregor)는 "그는 제일 큰 바보였다"고 평했다.[7] 그 다음으로는 매스콜(E. L. Mascall)이 그의 책에서 말하고 있는 사람으로서, 캠브리지 대학 침실 담당 사환들에게 "하나님의 존재에 관한 본체론적 논증은 주

---

5) Forsyth, p. 22.
6) Eliot, p. 43, 121.
7) McGregor, p. 45, 46.

로 최근에 튜튼족의 영향 하에서 기독교 변증학 중 상당히 열등한 위치로 밀려났다"는 말과 함께 설교를 시작한 캠브리지 대학의 학감이 있다.[8] 그런데 소울즈베리의 존 워즈워드 주교(1885-1911)는 이 무지막지한 학감보다 더 어리석은 사람이었다. 그는 세르본느(Sherborne) 중고등학교의 견신례 예배 중에 행한 그의 설교에서 "다른 어떤 것은 할 수 있을지라도 결코 죽은 아내의 여동생과 결혼해서는 안 된다고 소년들에게 열심히 애원하였다."[9]

스펄젼은 그처럼 부적절한 설교들과 사소한 교리들에 몰두함으로써 갖는 비극적인 어리석음을 보여 주고 있다.

> 예를 들면, 타죄이후설(墮罪以後說, sublapsarianism)과 타죄이전설(墮罪以前說, supralapsarianism) 같은 심오한 문제들, 영원한 친자관계(eternal filiation)에 관한 날카로운 논쟁들, 성령의 이중발현(double procession)에 관한 열띤 논박들, 전천년설과 후천년설의 도식들은 —아무리 어떤 사람들이 그 문제들을 중요한 것들로 간주할 수 있을지라도— 바느질 삯으로 일곱 자녀를 벌어 먹여야 하는, 그래서 그처럼 심오한 신비의 문제들보다는 하나님의 섭리와 자비에 관해서 더 듣기를 원하는 독실한 과부에게는 실제적으로 아무런 관심거리가 되지 않는다. 내가 알고 있는 한 목사는 짐승의 열 발가락, 그룹들의 네 얼굴, 오소리 가죽의 신비한 의미 그리고 언약궤의 상징적인 방위(方位),

---

8) Coggan, *Stewards*, p. 70.
9) 스미드(Smyth) Garbett, p. 470에 있는 스웨인(W. S. Swayne) 주교의 교구 목사의 즐거움(*Parson's pleasure*, 1934, p. 79)으로부터 인용

솔로몬 성전의 창문들에 관한 문제에 대해서는 매우 열심이다. 그러나 그는 사업가들의 죄나 시대의 유혹들, 그리고 노인들의 필요에 관한 문제들에 대해서는 좀처럼 언급하지 않는다.[10]

바꾸어 말하자면 그는 전적으로 부적절한 설교자이다.

이제 나는 그들의 신학이 보수적이기보다는 오히려 '자유주의적' 이고 또는 보다 극단적이며 '급진적인'[11] 사람들의 설교에서 나타나는 특징적인 오류들을 살펴보고자 한다. 그들은 거대한 심연의 현대 편에서 사는 것이 마음 편하다고 생각한다. 그들은 현대의 세계에 속해 있는 현대인들이다. 그들은 유행하는 풍조에 민감하며 그들 주변에서 일어나고 있는 일들을 이해한다. 그들은 현대시와 현대 철학을 읽는다. 그들은 현대 작가들의 글과 현대 과학자들의 발견물들을 잘 알고 있다. 그들은 연극과 영화를 관람하며 또 텔레비전을 본다. 토플러의 「미래의 충격」(Future Shock)은 그들에게 충격을 주지 못한다. 왜냐 하면 그들은 마음속 깊은 곳에 충격 흡수 장치를 가지고 있기 때문이다. 그들은 움직이는 시대와 함께 움직이고 있다. 그러므로 그들의 설교를 그려 보자면 비록 이번에는 반대 방향에서 시작하는 것일지라도 나의 그림에서 또 다른 직선을 그려야 할 것이다. 그들의 모든 설교들은 현실 세상에 접지되어 있다. 그러나 실제로 그 설교들이 어디로부터 오는지는 하나님만이 아신다. 확실히 그들의 설교가 성경으로부터 나온다고 생각되지는 않는다. 그 반대로 이 설교자들은 그들의 설교에서

---

10) Spurgeon, *Lectures*, First Series, p. 78, 79.
11) 나는 그 명칭들을 영속시키는 판에 박힌 문구들을 좋아하지 않는다. 그러나 그 문구들을 달리 피할 수 있는 방법을 알지 못한다.

성경의 계시가 빠져 나가도록 내버려 두었다.

자유주의 신학자들이 전통적인 기독교를 포기한 데 대해서 그들을 비난하는 우리 쪽의 사람들은 언제나 그들이 주는 자극을 존중하지 않으며 그들이 애써 하고 있는 바에 대한 그들의 공을 인정하지 않는다. 그들의 관심의 요지는 파괴가 아니라 재건이다. 그들은 수많은 그들의 동시대 사람들이 기독교의 신앙은 지킬 수가 없으며 그 형식들은 낡고 그 용어는 아무 의미 없다고 느꼈기 때문에 경멸적으로 기독교를 떠난다는 사실을 알고 있다. 이 사실이 철저한 자유주의자들에게 깊은 고통을 불러일으켰으므로, 그들의 신학적 사변 이면에는 바로 이러한 사실이 숨어 있는 것이다. 그들은 기독교 신앙을 그들의 세상 동료들과 친구들에게 이해될 수 있고 의미를 가지며 신뢰받을 수 있는 용어로 재진술하는 일에 급급해 있다. 그들이 현대 세계를 위한 현대의 복음을 발견해야 할 필요성에 대해 진지하게 노력하고 있다는 사실에 한해서 나는 전적으로 그들을 존중한다. 또한 우리 보주주의자들은 이러한 자극을 함께 나누며, 낡아빠지고 상투적인 문구들로 자신을 방비하지 말고, 메시지 전달에 있어서 우리의 실패에 대해 그렇게 화날 정도로 안일하게 되지 않기를 바란다. 그러나 자유주의자들에 대해서 비판할 점은 그들이 옛날의 형식들을 버림과 동시에 형식화된 진리까지 버리는, 즉 목욕물과 함께 아기까지 내던지는 경향을 가지고 있다는 점이다.

오늘날의 교회들 간에 있는 중요한 두 신학적 그룹들 사이에서 내가 드러내 보인 그 대립이 내게는 우리 시대의 가장 큰 비극들 중 하나로 생각된다. 한편으로 보수주의자들은 성경적이나 현대적이지 못하고, 다른 한편으로 자유주의자들과 급진주의자들은 현대적이나 성경적이지 못하다. 도대체 우리는 왜 이같이 고지식한 태도로 양극화되어야만 하는가? 양편 모두 그 나름대로의 정당한 관심사를 갖고 있다. 한쪽 편은 하나님의 계시를 보존하는 데 관심을 갖고 있고, 다른 한쪽 편은 하나님의 계시를 현실 세계에 살고 있는 현실적인 사람들에게 의미있게 관련시키는 데 관심을 갖고 있다. 왜 우리는 서로의 관심사들을 함께 결합시키지 못하는가? 자유주의자들은 보수주의자들로부터 역사적이며 성경적인 기독교의 원칙들을 보존할 필요성을 배우는 것이 불가능한가? 또한 보수주의자들은 자유주의자들로부터 그 원칙들을 현실 세계에 철저하고도 적절하게 관련시켜야 할 중요성을 배워 깨달을 수는 없는가?

그 동안 이 두 그룹은 깊은 문화적인 단절 속에서 각각 자기 쪽에만 머무른 채 어느 쪽도 다리를 놓으려고 시도하지 않았던 것 같다. 그럼에도 불구하고 우리 설교자들은 의사 전달의 직무에 종사하도록 기대되고 있다. 강의라는 것은 그것이 어느 한 쪽의 마음을 통과하지 않고서도 강사의 노트로부터 학생의 노트로 옮겨지는 정보의 양도로서 재치있게 정의되어 왔다. 그러나 설교가 그같은 비(非) 전달(nor-communication)의 우울한 예가 되어서는 안 된다. 우리는 하나님께서 이 심연에 다리를 놓고자 결심하는 기독교 전달자들의 새로운 세대를 일으켜 주시기를 계속해서 기도해야 한다. 즉 변하지 않는 하나님의 말씀을 끊임없이 변하는 세상에 관련시키기 위해서 노력하는 전달자들을, 또한 시대와의 관련성 때문에 진리를 희생시키거나 진리를 위한다는 명목으로 관련성을 희생시키기를 거부하는 전달자들을, 그러나 성경에 충실한 만큼 똑같이 오늘날의 시대에도 적절하고자 결심하는 그런 기독교 전달자들을 일으키시기를.

2. 성경적인 선례 및 역사적인 선례들

　이같은 말씀을 세상에 접지시켜야 하는 일은 해도 되거나 안해도 되는 어떤 것이 아니라 참된 기독교 설교의 필수적인 특성이다. 사실 그것은 우리가 믿는 하나님의 속성에 의해서, 그리고 하나님께서 자신의 살아 있는 기록된 말씀을 통하여 그리스도와 성경 안에서 자신을 우리에게 전달하신 그 방법에 의해서 우리에게 부과된 의무이다. 성경 속에서 하나님은 합당한 역사적 문화적 배경들 속에서 인간의 말로써 그의 말씀을 하셨다. 하나님은 문화와 상관없는 일반론 속에서 말씀하시지 않으셨다. 마찬가지로 그의 영원하신 말씀도 1세기 팔레스타인 유대인의 모든 특이성을 지니고서 육신이 되셨다. 이 두 경우 모두에서 하나님은 그가 교통하고자 원하시는 사람들이 있는 곳으로 내려 오셨다. 즉 하나님은 인간의 언어로 말씀하셨고 인간의 몸을 입고 나타나셨다. 이렇게 영감과 성육신의 심오한 교리들은 의사 전달의 신적 선례(先例)를 확립하셨다. 하나님은 그의 신성을 포기하시지 않으신 채 인간으로까지 낮아지셨다. 우리의 다리도 역시 메시지의 신적인 내용을 손상시키거나 그 안에서 메시지가 전해져야 하는 인간적인 배경을 무시하지 않은 상태에서 구렁의 양편에 견고하게 이어져야 한다. 우리는 두려움없이 두 세계 속으로, 즉 고대와 현대, 성경의 세계와 오늘의 세계 속으로 뛰어 들어가야 하며 주의깊게 두 세계의 말을 들어야 한다. 그렇게 하게 될 때 우리는 각각의 세계가 무엇을 말하고 있는지를 이해할 것이며 지금의 세대에 대한 성경의 메시지를 분별할 것이다. 우리는 디트리히 본회퍼의 논쟁의 여지가 있는 외침인 "오늘날 누가 우리를 위한 그리스도이신가?"라는 의문을 제기해야 한다. 이미 1932년에 그는 이렇게 말했다. "문제는 우리가 어떻게 메시지를 만드느냐는 것이 아니라 참으로 무엇이 현시대를 위한 메시지이며 그 내용인가?"라는 것이다.[12]

이 모든 사실들은 우리의 설교에 대해 좀 더 신중해야 함을 의미하는 것이다. 일반적으로 말해서 우리는 회중들의 요구를 충분히 만족시키지 못한다. 그들이 교회에 와서 듣는 메시지는 이미 전에 다 들었던 메시지이다. 그들은 주일학교에 다녔기 때문에 그 설교를 알고 있다. 그 설교는 케케묵고 지루하며 부적절하다. 그 설교는 회중들을 '사로잡거나' 흥분시키지 못한다. 그들은 하품을 억누를 수가 없다. 그들은 문제들을 안고서 교회에 오지만 여전히 문제들을 갖고서 교회를 떠난다. 그 설교는 그들이 필요한 것을 충족시켜 줄 만한 것이 못 되는 것이다.

물론 나는 지금 우리가 우리의 회중을 마치 대학생 청중들인 것처럼 취급하자거나, 우리의 설교를 학적인 강의로 만들자고 제의하는 것이 아니다. 또한 나는 반사회적인 고립 속에서 책을 읽으며 자신의 상상력을 소멸시키고 직선적인 논리의 노예가 되는 학자에 대한 마샬 맥루한(Marshall McLuhan)의 혐오를 결코 잊지 않는다. 어떤 사람들이 논

---

12) Fant, *Bonhoeffer*, p. 107.

리를 통해서 '이르는 결론들을' 다른 사람들은 직관을 통해서도 이를 수 있다는 것과, 말에 의해서뿐만 아니라 상상에 의해서도 배울 수 있다는 것, 그리고 하나님께서 창조하신 인간들은 '이지적'(지적 능력으로서)일 뿐만 아니라 '감각적'(일반적으로 '내장 반응')이라는 것은 누구나 다 아는 사실이다. 그러므로 직관적인 사람, 상상력이 풍부한 사람 그리고 감정적인 사람을 위해서 설교한다는 것은 정당하고 필수적이기도 하다. 이 문제들에 관해서는 후에 더 언급해야 할 것이다. 그럼에도 불구하고 전적으로 문맹한 사람들까지 포함한 모든 인간이 합리적으로 창조되었다는 것 또한 사실이다. 그러므로 하나님은 사람들에게 합리적인 계시를 전하셨으며 자신의 메시지를 사람들의 마음에다 말씀하시고 그들이 메시지를 이해하기를 기대하시는 것이다. 그리고 우리가 독서를 포기한다고 할지라도 우리는 여전히 어느 정도까지는 직선적인 사고자들로 남을 것이다. 왜냐 하면 "말도 문자와 마찬가지로 직선적인 것이기 때문이다 ―실제로는 더욱더 그렇다."[13] 참으로 많은 현대 영화와 연극들(예를 들면 버그만, 우디 앨런, 톰 스타퍼드와 브라이언 클라크의 작품들)이 거의 행동 묘사가 없고 청중들에게 고도의 정신 집중을 요구하는 신속한 대화에 의존하고 있다는 사실은 나에게 놀라움이 되어왔다. 그럴지라도 분명히 우리는 사람들이 이해할 수 있는 그런 방법으로 설교해야 한다. 1919년부터 1932년까지 체스터의 주교였으며, 자신을 '말을 하는 것보다는 친구를 사귀는 일에 더 적격'이라고 묘사한 헨리 패이짓(Henry Paget)은 자신이 이전에 봉사하였던 이스트 서포크(East Suffolk)에 남아 있기를 좋아하였다. 왜냐 하면 농촌에 있으면 모든 사

---

13) Miller, J. McLuhan, p. 113.

람을 알 수 있고, 또 그들을 이해할 수 있기 때문이었다. 그는 어느날 한 시골 목사로부터 다음과 같은 말을 들었다. "나의 팔이 다른 사람의 팔보다 조금 더 길어서 회중들이 먹기에 충분할 만큼 낮게 식물을 깔아 놓을 수 없다면 나는 설교자라 할 수 없다."[14] 그렇지 않고 사람들이 이해할 수 없는 설교를 하는 것은 그 사람들을 알지 못하는 소치이다. 그것은 마치 스펄젼이 언젠가 비평했던 것과 같은 태도이다. 그는 다음과 같이 말했던 것이다. "그리스도께서는 내 양을 먹이라 … 내 어린 양을 먹이라고 말씀하셨다. 그러나 어떤 설교자들은 양이나 어린 양들이 미칠 수 없는 높은 곳에다 음식을 놓는다. 그들은 그 본문을 내 **기린들을 먹이라**고 읽는 것 같다."[15]

비록 우리가 우리 회중들의 지적 수용 능력을 과대 평가해서는 안 될지라도 그것을 과소 평가해서는 안 된다. 내가 바라는 바는, 우리가 그들을 실제적인 문제들을 가진 현실적인 사람들로서 다루자는 것이다. 그리하여 설교 속에서 현실적인 문제들을 해결하고자 애쓰며, 그들이 살고 사랑하며, 일하고 놀며, 울고 웃으며, 버둥거리고 고통을 당하며 나이 들어서 죽는 현실 세계 속에 다리를 놓자는 것이다. 우리는 그들로 하여금 세상의 모든 풍조 속에서 자신들의 삶에 관해서 생각하도록 만들어야 하고, 예수 그리스도께서 그들의 삶의 모든 영역에 주가 되시도록 그들에게 도전해야 하며, 현대세계에 대한 예수 그리스도의 관련성을 그들에게 증명해야 한다.

다리 놓기 작업으로서의 설교의 상을 기술함에 있어서 나는 전혀

---

14) Paget, p. vii, 145.
15) William, *W. Reminiscences*, p. 145.

새로운 어떤 것을 제시하지는 않을 것이다. 모든 시대에 있어서 기독교 설교자들은 그들이 살고 있는 시대에 하나님의 계시를 관련시킬 필요성을 보아왔고 그 도전에 응답해 왔던 것이다. 그 몇 가지 예를 들어 보겠다. 어쩌면 기독교의 첫 3세기 동안의 가장 설득력 있고 솔직한 설교자였을지 모르는 크리소스톰(A. D. 407년 사망)에 대해서 혼(C. S. Horne)은 이같은 말로 요약하였다. "우리는 크리소스톰에게서 두 가지 특성들을 발견하게 된다. 그런데 그 특성들은 서로 결합하여 그를 독보적인 존재로 만들고 있다. 즉 **그는 말씀의 사람이며 세상의 사람인 것이다.**" "모든 능력 있는 설교자들의 경우에서처럼 그의 메시지에는 영원한 요소와 시대적인 요소가 공존해 있었다."[16] 그와 비슷하게 드와이트(S. E. Dwight)는 18세기 대 각성 운동의 중심 역할을 맡았던 조나단 에드워즈에 대해서 이렇게 썼다. "그의 설교에 나타난 그의 성경 지식은 … 거의 타의 추종을 불허할 것이다. 영감받지 못한 어떤 설교자의 지식도 인간의 마음과 그 활동에 대한 그의 지식에는 거의 필적하지 못했다."[17]

19세기 영국에서 찾아 볼 수 있는 예는 로버트슨(F. W. Robertson, 1816-1853)의 경우이다. 그는 키가 크고 말랐으며 자손심이 강하고 감수성이 예민하여 신경질적이고 고독한 성품을 가진 사람이었다. 브리튼에 있는 트리니티 채플 목사로 재직한 지 불과 6년만에 그는 건강이 악화되어 37세의 나이로 죽었다. 그럼에도 불구하고 헨슬리 헨슨(Hensley Henson)은 그의 탄생 100주년을 기념하는 강연에서 "비교적

---

16) Home, p. 135, 144-5.
17) Dwight, Vol. 1, p. 606.

잘 알려지지 않은 이 브리튼의 설교자는 지방 사람들의 영적 생활에 깊고 영원한 표적을 남겨 놓았다"[18]고 말하였다. 그는 어떻게 그러한 영향을 끼치게 되었을까? 그것은 그가 "사회를 동요시키는 것은 무엇이든지 … 자신의 설교 제목으로 택했기"[19] 때문이었다. 헨슨 주교는 그의 영향력을 다음의 세 가지로 설명하였다. 첫째, '그의 설교에 있어서 현대의 사상과 생활 상태들에 대한 신중한 언급'이며, 둘째, '그의 설교 전체를 통하여 흐르고 있는 매우 개인적인 주해'와, 셋째, '그의 말에 생기를 불어 넣어 주시는 주 예수 그리스도께 대한 그의 열렬한 헌신'[20]이 그것이다. 이 세 가지 중 첫 번째 것이 가장 탁월하였다. 그는 다소 성경을 독단적으로 사용한다는 이유로 비난받을 수 있다. 그러나 그는 대단한 용기를 가지고서 당대의 편견들과 맞서 싸웠고, "자신의 논증을 그 당시 대중들의 주요한 관심사가 되었던 주제들에 연결시킴으로써 시종일관 그의 '시사적(時事的)인' 설교 습관을 고수하였다."[21] 필립스 브룩스(Brooks) 주교가 말한대로 "유능한 설교자는 진리를 시기적절하게 사용한다."[22]

20세기에 와서 시대적 관련성이 있는 성경적 설교의 필요성을 가장 설득력 있게 말했던 사람은 아마도 칼 바르트일 것이다. 1922년 목회자 모임에서 그는 '기독교 설교의 필요와 약속'이라는 제목으로 연설하였다. 그는 직접 자신의 12년 간의 목회 생활을 다음과 같이 이야기하였다.

---

18) Henson, Robertson, p. 19.
19) ibid., 66.
20) ibid., p. 92.
21) Henson, Church and Parson, p. 60, 61.
22) Brooks, Lectures, p. 220-1.

나는 한편으로 인간 생활의 문제와 다른 한편으로 성경의 내용 사이에서 나의 갈 길을 찾으려고 애썼다. 목사로서의 나는 생활의 무수한 모순 속에서 살고 있는 사람들에게 말하고자 하였다. 그러나 생활만큼이나 수수께끼가 많은 성경의 무수한 메시지 역시 전하고자 하였다. 생활과 성경, 이 중대한 두 문제들은 너무나 빈번하게 실러(Schylla: 메시나 해협의 이탈리아 쪽 해안의 큰 바위에 살던 머리 6개, 다리 12개의 여자 괴물-역자 주)와 카립디스(Cahrybdis: 시실리 섬 앞바다의 위험한 소용돌이-역자 주)처럼 내 앞에 나타났다(지금도 여전히 나타난다). 만약 이 문제들이 설교의 출처와 목적지라면 누가 목사가 되어 설교를 할 것이며, 또 할 수 있겠는가?

마침내 이 딜레마는 그로 하여금 로마서에 대한 그의 획기적인 주석을 쓰게 하였다고 그는 계속해서 설명하였다. 그러므로 독자들이 그 주석 전체를 통하여 '무엇이 설교인가?' 라는 그 목사의 질문을 듣게 되면, 그 딜레마를 가장 잘 이해하게 될 것이다. '설교단에 서는 사람'의 입장이란 이런 것이다. "그의 앞에는 신비로 가득 찬 성경과 역시 신비로 가득 찬 그의 청중들이 앉아 있다. **이제 무엇을 해야 할 것인가?** 라고 그 목사는 묻는다." 교회가 종을 울릴 때는 어떤 "위대하고 결정적이며 중대한 일이 **일어나리라는 기대가 공중에** 울려퍼진다." 그 기대란 무엇인가? 그것은 바로 자신들의 무수한 질문에 대한 답변인 하나님의 말씀을 들을 것이라는 사람들의 기대이다.[23] 수년 후에 누군

---

23) Barth, p. 100-4.

가가 칼 바르트에게 이렇게 물었다. "당신은 주일 설교를 준비하기 위해서 무엇을 합니까?" 그러자 바르트는 "한 손에는 성경을 다른 한 손에는 신문을 듭니다."라고 대답하였다.[24] 약 50년 전에 스펄전이 「성경과 신문」(The Bible and the Newspaper)[25]이라는 제목의 책을 저술한 사실은 흥미있는 일이다.

스위스 노이채텔(Neuchatel)의 장쟉 폰 알멘(Jean Jacques von Allmen) 교수 역시 스펄전과 마찬가지로 이 문제의 중요성을 역설하였다. 그는 그의 저서 「설교와 회중」(Preaching and Congregation)에서 '설교의 두 기둥들' 즉 하나님의 말씀과 말씀을 듣는 청중들에 관해서 글을 썼다. 둘 중 어느 한 가지도 다른 한 가지가 없이는 전혀 쓸모가 없다. "에베소 사람들이 그들의 아데미 여신(Diana)의 위대함을 외쳤던 것처럼 강단에서 예수 그리스도 우리 주 예수 그리스도 우리 주 하며 되풀이해서 외치는 것만으로는 설교자가 그리스도의 왕권을 진정으로 설교했다는 보증이 되지 못한다." 그렇게 되기 위해서는 듣고 이해하며 그와 관련해서 반응을 보이는 청중이 있어야 한다. 그러나 그 반대의 잘못도 또한 일어날 수 있다. 즉 청중은 모일지 모르나 하나님의 말씀이 선포되지 않는 경우이다. 그는 그 두 가지 잘못은 모두 이단적인 기독론자들에게 부합되는 것이라고 말한다. 첫 번째 잘못은 가현설(假現說) 주의적(그리스도의 인성을 부인하는) 설교에서, 두 번째 잘못은 아리우스적(그리스도의 신성을 부인하는) 설교에서 나타난다. 설교자의 일은 하나님의 말씀을 충실하게 현대의 언어와 사상의 범주로 옮겨 그 말씀을

24) Ramsey and Suenens, The Future, p. 13, 14.
25) Spurgeon, Lectures, Third series, p. 54.

우리 시대의 것으로 만드는 것이다. 따라서 "하나님의 말씀을 전달하기 위해서, 우리는 두 가지 언어를 알아야 하며 그 말씀을 당대의 말씀으로 만들기 위해서 우리는 두 시대를 알아야 한다."[26] 스웨덴의 잉브 브릴리오드(Yngve Brilioth) 주교가 설명한 대로 설교에 있어서 중요한 두 가지 요소는 "해설적 또는 주석적인 요소(즉 성경 본문으로부터 시작하며 성경 본문을 해설하는)와 예언적인 요소(성경 본문을 실제적인 상황 속에서 살아 있는 말씀으로 만드는, 현재를 위한 메시지로서)이다."[27]

성경적 요소와 현대적 요소를 결합시켜야 할 필요성을 요약하기 위해서 나는 네 사람의 최종적인 증인들을 제시하고자 한다. 제임스 스토커(James Stalker)는 독일 신학자 톨룩(Tholuck)의 말을 인용하여 "설교는 하늘을 그 아버지로 땅을 그 어머니로 가져야 한다."[28]고 하였다. 마틴 로이드 존스는 "설교의 직무란 성경의 가르침을 우리 시대에 일어나고 있는 것에 관련시키는 것이다."[29]라고 썼다. 그리고 얀 피트와트슨(Ian Pitt-Watson) 교수는 "모든 설교는 한 쪽은 성경 본문에 다른 한 쪽은 그 시대의 인간 생활의 문제들에 연결되어 있는 활 시위처럼 뻗쳐져 있다. 만약 줄이 어느 한 쪽 끝에만 묶여 있다면 그 활은 쓸모가 없다."[30]라고 썼다. 네 번째로 스테펜 네일(Stephen Neill) 주교는 또 다른 은유를 만들어냈다. 그는 이렇게 썼다. "설교란 직조(織造)와 같아서 날줄과 씨줄의 요소가 있다. 즉 변경할 수 없는 고정된 요소로서 하나님의 말씀이 있고, 직조자가 그의 의지대로 그 모양을 바꾸고 변화

---

26) Von Allmen, p. 20-9
27) Brilioth, p. 3.
28) Stalker, p. 107.
29) lloyd-Jones, *Warfare*, p. 109.
30) Pitt-Watson, p. 57.

를 주는 변경할 수 있는 요소로서 끊임없이 변하는 사람들과 상황들의 다양한 형태가 있다."[31]

이제는 이론에서 실제로 돌아갈 때가 되었다. 만약 참된 설교는 다리 놓기 작업이다라는 사실이 인정되고, 그 사실이 풍부한 성경적 역사적 사실들에 의해서 정당화 된다면 우리에게 무엇이 요구될 것인가? 우리는 비록 어떤 상황에서는 그렇게 하는 것이 불가피하다 할지라도 단순히 현대의 속어를 사용하기 위해서 신학적 전문용어를 포기하는 따위의 일을 해서는 안 된다. 오히려 우리가 해야 할 것은 실제적으로 사람들의 감정과 사고의 세계 속으로 들어가는 일이다. 그런 의미에서 단순한 번역(한 단어를 다른 언어로 바꾸는)이 아닌 성육신(한 세계를 다른 세계로 바꾸는)은 의사 전달에 있어서 그리스도인의 모범이 되는 것이다. 여기에서 나는 두 가지 본보기를, 즉 첫째는 인격적이고 개인적인 본보기와, 둘째는 윤리적이고 사회적인 본보기를 기술할 것이다.

3. 우리의 동시대인인 그리스도

첫째로 우리는 대담하게 인간 생활의 중요한 주제들을 다루어야 한다. 그것들은 모든 사람들이 언제나 질문해 왔으며 모든 시대의 위대한 소설가들과 극작가들이 끊임없이 다루어 온 문제들이다. 즉 우리 존재의 목적은 무엇이며 인생이란 어떤 의미를 갖고 있는가? 우리는 어디로부터 왔으며 어디로 가고 있는가? 인간이 된다는 것은 무엇을

---

31) Neill, p. 74.

의미하며, 인간은 동물과 어떻게 다른가? 초월에 대한 이같은 갈망, 우리 위에 초월하여 있는 어떤 실체에 대한 이 우주적인 질문, 무한한 전능자에게 엎드려 경배하려는 이 욕구는 어디로부터 오는 것인가? 무엇이 자유이며 나는 어떻게 그 자유를 경험할 수 있는가? 현재의 나와 내가 바라는 나 사이의 고통스런 긴장은 왜 생기는가? 한편으로는 사랑, 성적 만족, 결혼, 가정 생활, 공동체에 대한 갈망이, 다른 한편으로는 질투, 원한, 증오, 정욕 그리고 복수의 비열하고 파괴적인 열정들이 일어나는 것은 무엇 때문인가? 자신을 이기고 이웃을 사랑한다는 것이 참으로 가능한가? 어떻게 우리는 먼저는 생명을 그 다음에는 죽음을 맞이하기 위한 용기를 가질 수 있는가? 그리고 죽음 뒤에는 무엇이 놓여 있는가? 어떤 희망이 절망의 심연 속에 있는 우리를 일으켜 줄 수 있는가?

모든 세대와 모든 문화 속에서 사람들은 이 문제에 대해 질문해 왔고 이 문제들에 대해 논쟁을 벌여 왔다. 또한 바로 이것들로부터 세계의 위대한 문학은 형성되었다. 우리 그리스도인들은 이 문제들에 관해서 할 말이 없는가? 물론 있다. 우리는 그 문제들 자체가 성경이 가르치는 바 모순된 인간의 속성, 즉 하나님의 피조물로서의 인간의 존엄성과 타락하고 범죄한 죄인으로서의 인간의 부패를 증거하며 반영한다고 확신한다. 우리는 또한 예수 그리스도께서 이 문제들 −고통이나 악과 같이 해결하기 어려운 문제에 있어서도− 에 대한 해결책을 갖고 계시며, 다른 어떤 것보다도 그 문제를 잘 해결해주실 것을 믿는다. 우리가 믿는 예수 그리스도는 인간 모두의 진실된 열망의 성취이시다. 그를 발견하는 것은 곧 우리 자신을 발견하는 것이다.

그러므로 우리는 다른 무엇보다도 그리스도를 설교해야 한다. 제임스 스토커는 1891년 그의 예일대학 강의에서 "그리스도께 대한 열심이 곧 설교의 정신"이라고 말하였다.[32] 그보다도 2세기 훨씬 전의 사람인 리챠드 박스터는 "우리가 우리의 교인들에게 그리스도를 가르칠 수만 있다면 우리는 그들에게 모든 것을 가르치는 것이다."[33]라고 썼다. 그뿐만 아니라 예수 그리스도는 또한 사람들에게 거의 저항할 수 없는 흡인력을 발휘하신다. 예수께서는 말씀하신 그대로 하늘에 오르셔서 사람들을 자신에게로 이끄신다(요 12:32). 이것이 바로 18세기에 횟필드와 웨슬리의 설교에 있었던 아주 비밀스런 힘이 아니었든가? 1739년 1월 사우드 런던의 버먼지(Bermondsey)에서 죠지 횟필드는 교회 안에 사람들이 꽉 찼고, 교회 밖에는 교회에 들어가지 못한 수천 명의 사람들이 있는 것을 보았다. 그는 그 교회에서 행했던 자신의 설교에 대해서 이렇게 기록하였다. "나는 죄인들에게, 그를 믿음으로 받고자 하는 모든 사람들에게 예수 그리스도를 값없이 주었다." 그리고 심지어 설교하는 있는 동안에도 그는 다시 그리스도를 설교하기 위해서 교회 마당으로 나아가 묘비 위에 올라갈 수 있는 방법을 궁리하였던 것이다.

죤 웨슬리가 특별히 첫해 순회목회 기간 동안에 애용했던 본문은 예수 그리스도를 '우리의 지혜와 의로움과 거룩함과 구속'으로 알리는 고린도전서 1:30이었던 것 같다. 그처럼 그 본문은 우리의 모든 필요들에 대한 예수 그리스도의 포괄적인 타당성을 선언한다. 만일 우리

---

32) Stalker, p. 199.
33) Baxter, *Reformed Pastor*, p. 136.

가 참된 지혜를 얻고 하나님과 바른 관계를 맺으며 그리스도와 같은 인격으로 성장하고자 한다면, 또는 어느날엔가 완전하게 그리고 궁극적으로 구원받고자 한다면, 우리가 의지해야 할 대상은 오직 예수 그리스도뿐이다. 왜냐 하면 십자가에 못 박히시고 부활하신 그리스도께서는 하나님에 의해 그의 백성들에게 모든 것이 되도록 지명받으셨기 때문이다. 웨슬리는 이 사실을 한껏 선포하였다. 그가 개심한 다음 해인 1739년에 쓴 그의 일지로부터 몇 구절들을 인용해 보자. 6월 14일 블랙해드(Blackheath)에서 만 이천 내지 만 사천 명 되는 사람들에게 "내가 좋아하는 주제인 '하나님께로부터 나와서 우리에게 지혜와 의로움과 거룩함과 구속함이 되신 예수 그리스도'"를 설교하였다. 7월 17일, 배드(Bath)로부터 5마일 떨어진 브래드포드(Bradford)가 내려다보이는 언덕 위에서 약 천 명 가까이 되는 사람들에게 "나는 지혜와 의로움과 거룩함과 구속을 위한 그리스도를 전하였다." 10월 7일, 글로체스터(Gloucester)에서 수 마일 떨어진 마을 잔디밭에서 "나는 참석한 모든 사람들(약 3천 명 정도)에게 그들의 유일한 지혜와 의로움, 거룩함 그리고 구속함으로써 그리스도를 받아들이도록 권했다. 이전에 결코 설교하지 않았던 것처럼 기운이 왕성해서 거의 두 시간 동안 계속해서 설교하였다." 그 다음 10월 15일에, 사우드 웨일즈에 있는 쳅스토우(Chepstow)를 지나 이삼 마일 떨어진 작은 잔디밭에서 그는 삼사백 명 정도의 평범한 사람들에게 "우리의 지혜와 의로움, 거룩함, 구속함이 되시는 그리스도"에 대해서 설교하였다. 이상의 모든 인용 구절들이 그가 목회를 시작한 첫 해의 기록에서 나온 것들이지만, 웨슬리는 그리스도를 설교하는 일에 결코 싫증을 느끼지 않았다. 그때로부터 20

년 후인 1761년 7월 22일의 메시지도 똑같은 것이었다. 그는 잉글랜드 북쪽에 있는 카운티 더햄(County Durham)에 있었다. 햇볕은 뜨거웠고 그의 몸은 쇠약해 있었다. 장소도 역시 적당치 않았다. "금방이라도 나를 질식시킬 것 같이 지독한 악취를 풍기는 생선 냄새가 하늘을 진동했고, 사람들은 바다의 파도처럼 으르렁거렸기 때문이다. 그러나 하나님의 목소리는 더 강하였다." 약함도 열기도 냄새도 적대행위도 그를 잠잠케 만들 수 없었다. 내가 "하나님께서 우리에게 지혜와 의로움과 거룩함과 구속함으로 주신 예수 그리스도"를 선포하면서부터 얼마 지나지 않아 모든 군중은 조용해졌고 내 말을 진지하게 경청하였다.

스펄전 또한 학생들에게 행한 강의와 목사들에게 행한 연설에서 똑같이 그 영광스런 주제로 돌아갔다. 그는 '우리는 무엇을 설교해야 할 것인가?'라고 자문한 후 이렇게 대답했다.

> 내가 말하고자 하는 모든 것을 요약하자면 바로 이것이다. 나의 형제들이여, 그리스도를 설교하라. 언제나 그리고 영구히, 그가 곧 완전한 복음이시다. 그의 인격과 임무와 행동은 우리의 위대하고 포괄적인 주제가 되어야 한다. 세상은 여전히 그의 구세주임에 대해서 그리고 그에게 이르는 길에 대해서 들어야 할 필요가 있다. … 구원은 내가 그것을 위해서라면 기꺼이 모든 방언을 동원하고자 하는 주제이다. 나는 복되신 하나님의 영광스런 복음에 대한 증거를 몹시 열망한다. 참으로 십자가에 못 박히신 그리스도는 하나님의 사람들이라면 누구나 져야 하는 짐인 것이다.[34]

---

34) Spurgeon, *Lectures*, First Series, p. 82, 83.

후에 목사들을 위한 한 연례(年例) 수련회에서 스펄젼은 '시대의 악한 자들을 대처하는 방법'이라는 제목의 연설을 하는 가운데 이렇게 말했다. "복음에 머무시오. 더욱 더 그렇게 하시오. 사람들에게 그리스도를 오직 그리스도를 전하시오." 그리고는 당시에 만연하고 있던 악들을 상세히 설명한 후에 그는 이렇게 결론지었다. "우리는 그 악들에 대한 한 가지 유일한 처방을 갖고 있습니다. 그것은 곧 예수 그리스도를 설교하는 일입니다. 그러므로 그 일을 더욱 더 열심히 합시다. 도로변이든 작은 방이든 극장이든 어느 곳에서든지 예수 그리스도를 전합시다. 여러분이 여러분의 능력 안에서 다른 무엇인가를 하기 원하고 또한 할 수 있다면 책을 쓰시오. 그러나 여러분이 다른 어떤 것은 할 수 없을지라도 그리스도만은 전하시오."[35)]

이상의 인용들로부터 다음과 같은 사실이 명백해진다. 즉 우리가 설교하고 있는 그 분은 공허한 그리스도도, 현실 세계와 무관한 신비한 그리스도도 아니며, 고대 역사에서의 예수만으로서는 더욱이 아닌, 과거의 한 때를 사시다가 죽으셨으며, 이제 다시 살아계셔서 오늘날의 다양한 세계 속에서 인간의 필요를 충족시켜 주시는 현대의 그리스도이신 것이다. 그리스도를 만난다는 것은 현실과 접촉하면서 초월을 경험하는 것이다. 예수께서는 우리에게 자기 가치의 의식 또는 자신의 의미에 대한 의식을 심어 주신다. 그것은 예수께서 우리에게 우리에 대한 하나님의 사랑을 확신시키시기 때문이다. 예수께서는 우리를 죄로부터 자유케 하신다. 그가 우리를 위해 죽으셨고 그의 부활의 능력으로 말미암아 우리들 자신의 자기중심의 감옥으로부터 우리를 해방

---

35) Spurgeon, *All-RoundMinistry*, p. 117, 127.

시키시기 때문이다. 예수께서는 우리를 마비시키는 두려움으로부터 우리를 자유케 하신다. 이는 그가 통치하시며 악의 모든 정사와 권세들을 그 발 아래 복종시키셨기 때문이다. 예수께서는 결혼과 가정, 노동과 여가, 인간됨과 시민권에 의미를 부여하신다. 예수께서는 우리를 그가 창조하고 계시는 새로운 공동체 안으로 이끌어 들이신다. 예수께서는 우리에게 그를 인정하지 않는 세계의 어떤 지역에 들어가서, 거기서 그를 증거하며, 그를 위해 봉사하라고 도전하신다. 예수께서는 역사란 의미도 끝도 없는 것이 아니며, 언젠가 그 자신이 역사를 종결 짓고 죽음을 깨뜨리며 의와 평온이 거하는 새로운 세계를 이끌어 들이기 위해 돌아오시겠다고 약속하셨다. 그리하여 "그 안에는 신성의 모든 충만이 육체로 거하시고 너희도 그 안에서 충만하여졌으니"(골 29, 10)를 이루실 것이다. 모든 설교자들의 직무들 가운데 가장 매력적인 일 중의 하나는, 예수께서 어떻게 우리의 공허함을 채우실 수 있고, 우리의 어둠에 빛을 비추실 수 있으며, 우리의 가난함을 부요케 하실 수 있고, 우리 인간의 갈망들을 충족시키실 수 있는가를 증명하기 위해서 타락한 인간의 공허함과 예수 그리스도의 충만을 탐구하는 것이다. 그리스도의 부요함은 이루 다 측량할 수가 없다(엡 3:8).

4. 그리스도인들을 위한 윤리

하나님의 말씀을 세상에 연결시키거나 그리스도를 개인에게 연결시키는 다리 놓기로서의 설교에 대한 이같은 개인적인 예로부터 나는 윤리적인 의무의 영역으로 옮겨 가고자 한다. 칭의는 필연적으로 성화로 인도된다. 의무가 없는 교리는 열매를 맺지 못하며 행함이 없는 믿음은 죽은 것이다. 그러면 믿음의 열매인 '행함'이란 무엇인가? 논쟁은 여기에서부터 시작된다. 그 문제에 대하여 우리는 개인적인 윤리로부터 시작해서 교회, 가정 그리고 사회 문제를 거쳐서 정치적인 차원을 갖는 문제에까지 옮겨 가는 일련의 동심원(同心圓)을 생각하며 고찰하는 것이 좋을 것이다.

적어도 몇몇 기독교 집단에서는 개인적인 기독교 윤리 중에서 보잘것 없이 하찮은 것들만 취급해 왔다. 예를 들면, 옷 입는 스타일(여자들이 스커트를 얼마만큼 짧게 입을 수 있는지), 머리 형태(남자들이 머리를 어느 정도까지 길게 기를 수 있는지), 그리고 화장품 사용(화장품을 사용한다 할지라도 크림이나 파우더, 립스틱, 마스카라를 어느 정도까지 사용할 수 있는지)에 관한 문제와 더불어 소위 '의심스런 오락'이라고 불렸던 것들(춤, 카드 놀이, 영화 구경 그리고 연극 관람)과 함께 흡연과 음주 문제들에 사로잡혀 있는 복음주의적 소문화(evangelical subculture)가 있다. 나는 지금 이런 문제들이 전혀 중요하지 않다고 말하는 것은 아니다. 예를 들면, 알코올중독은 많은 나라에서 심각한 문제가 되고 있다. 그러므로 모든 그리스도인들은 전적으로 술을 마시지 않든가, 아니면 때에 따라 적당히 마시든가에 대하여 책임있는 결정을 내려야만 한다. 그리고 심한 흡연과 어떤 형태의 암 사이의 관련성은 과학적으로 확증되었다. 그러므로 성령의 전(殿)인 자신의 몸에 대한 그리스도인의 의무는 흡연에 대한 결정 문제와 관련을 가지는 것이다. 예수께서 눈의 훈련은 성욕 자제에 대한 중요한 수단이라고 가르치셨기 때문에 그리스도인들은 볼 영화와 연극 그리고 읽을 소설과 잡지들과, 보지 말고 읽지 말아야 할 것들 사이에 양심적인 선택을 해야만 한다. 더 나아가서 옷 입는 것과 화장품 사용, 머리 형태, 장신구의 문제들에 있어서도 사도들 자신이 가르친 대로 겸손과 허영심, 검소와 사치 사이에서 선택이 이루어져야 한다. 따라서 이러한 문제들이 중요하지 않은 것은 아니다. 그러한 모든 문제들에 있어서 우리는 기독교적 시각을 발전시켜야 하며 그리스도인다운 결정을 내려야 한다. 그럼에도 불구하고 어떤 그리스도인들은 그 시대의 커다란 도덕적 사회적 문제들과 비교하여 볼 때 아주 사소한 것들로 간주될 수밖에 없는 이러한 문제들을 요령있게 다루지 못하고 크게 부각시킨다. 그러한 문제들은 '거시 윤리'(macro-ethics)와 구별되는 '미시 윤리'(micro-ethics)적인 것이다. 그러한 문제들에 몰두하게 되면, 사소한 것들을 중히 여기고 예수께서 "율법의 더 중한 바"라고 말씀하신 "정의와 긍휼과 믿음"은 무시하는 복음주의적 바리새주의(하루살이는 걸러 내고 낙타는 삼키는)를 범하게 된다(마 23:23, 24).

구약에서의 개인적인 혹은 사적인 도덕은 선지자들, 제사장들, 서기관들, 지혜자들에 의해서 가르쳤는데, 그들은 십계명의 함축된 의미를 찾아내려고 노력한 사람들이었다. 세례 요한은 예수께서 오시기 전까지 이 명예로운 전통을 대표하는 마지막 사람었다. 그는 "회개에 합당한 열매를 맺으라"고 백성들을 훈계하였을 뿐만 아니라, 이것이 각각의 사람들에게 무엇을 의미하는 것인지를 분명히 말하였다. 즉 세리들에게는 부과된 것 외에는 거두지 말 것을, 그리고 군인들에게는 강탈하지 말며 거짓으로 고발하지 말고 받는 급료를 족한 줄을 알 것을 가르쳤던 것이다(눅 3:8-14). 개인적인 윤리에 대한 비슷한 가르침은 신약의 서신들에서도 나타나는데, 때로는 그리스도인의 덕들(성령의 열매는 사랑과 희락과 화평과 오래 참음과 자비와 양선과 충성과 온유와 절제니, 갈 5:22, 23)에 대한 일반적인 추천으로, 때로는 길들이기 어려운 기관(器官)이며 '쉬지 아니하는 악' 인 혀의 제어 등과 같은 특별한 요구로 주어진다(약 3:1-12).

그러나 내게 있어서 가장 인상적인 예는 디도서 2장에서 발견된다. 여기서 디도는 회중 가운데 각기 다른 그룹들에게 상세한 윤리적 교훈을 가르치도록 지시받는다. 즉, 늙은 남자들에게는 절제하며 경건하고 온전하라고 가르치고, 늙은 여자들에게는 자제할 것과 젊은 여자들에게 남편과 자녀들에 대한 책임을 가르치도록 권면하며, 젊은 남자들에게는 신중할 것을 배우도록 하되, 디도 자신이 흠없는 본을 보이도록 하고, 종들에게는 범사에 상전들에게 순종하며 열심히 일하고 정직할 것을 가르치도록 지시받았던 것이다. 이 개인적인 윤리들보다 더욱 인상적인 것은 그 윤리들의 기초가 기독교 교리 안에 놓여 있다는 사실이다. 왜냐 하면 그 단락이 "바른 교리(교훈)에 합당한 것을 가르치라"는 명령과 함께 시작해서 선한 행실은 "우리 구주 하나님의 교리(교훈)를 빛나게 할 것"이라는 진술로써 끝을 맺기 때문이다. 그러므로 디도의 교육적인 책임들에는 두 가지 면이 있다. 한편으로 그는 '바른 교리' (사도들은 바른 교리를 사람의 몸처럼 전체적으로 통합된 것이라고 믿었다)를 가르쳐야 했다. 다른 한편으로 그는 '그 교리에 합당한 것' (그 교리에 적절하여 그 교리를 '빛내' 거나 그 아름다움을 드러낼 윤리 행위)을 가르쳐야 했다. 무엇보다도 중요한 것은 우리가 우리의 설교 사역 안에서 이 두 가지를 서로 갈라 놓지 말고 하나로 결합시킴으로써 사도들의 뒤를 따라야 한다는 사실이다. 복음을 전할 때 우리는 계속해서 복음에 내포된 윤리들을 나타내야 하며, 그리스도인의 행실을 가르칠 때 우리는 그 행실의 복음적 기초들을 제시해야 한다. 그리스도인들은 그리스도께 대한 신앙이 실제적인 결과들을 가진다는 사실과, 선한 행실에 대한 주요한 자극이 복음 안에서 발견된다는 사실을 모두 파악해야 한다. 그리스도 안에 있는 하나님의 구원하시는 은혜는 실제적으로 우리의 도덕 교사로서 인격화되어서 "우리를 양육하시되 경건하지 않은 것과 이 세상 정욕을 다 버리고 신중함과 의로움과 경건함으로 이 세상에 살도록 한다"(딛 2:11, 12).

우리의 '개인적인' 의무와 구별되는 것으로서 우리의 **교회의** (ecclesiastical이란 말은 지나치게 사치스럽고 제도적인 말처럼 들린다) 의무라는 용어를 사용함으로써 나는 예수께서 세우신 새로운 공동체 안에 있는 서로에 대한 우리의 책임들을 말하고자 한다. 사도들의 윤리적 가르침은 주로 "하나님의 집에서 어떻게 행하여야 할 것"(딤전 3:15)인가에 대하여, 또한 하나님의 새로운 사회 속에서 기대되는 새로운 행위 양식과 그 표준들은 어떤 것들인가에 대하여 언급하고 있다. 따라서 신약에 있는 많은 '서로'의 권고들은 바로 여기에서 자기 자리들을 찾는다. 즉 우리는 서로 사랑하며 서로 용서하고 서로 참으며 "서로 대접하기를 원망 없이 하고"(벧전 4:9) "짐을 서로 지도록"(갈 6:2) 하여야 한다. 이것이 에베소서 4장과 5장에서 바울에 의해 명시된 의무 목록의 배경이다. 우리는 십자가로 말미암아 생긴 새로운 친교(하나님의 가족이며, 그리스도의 몸과 성령의 전으로서의)에 어긋나는 거짓과 분냄, 부정직, 악한 말, 빈정댐, 비방 그리고 더러움을 버려야 한다. 왜냐 하면 "우리가 서로 지체가 되기"(엡 4:25) 때문이며 우리의 모든 행동은 우리가 그리스도 안에서 서로에게 속해 있다는 이 사실에 일치되어야 하기 때문이다. 소송을 하거나 다른 형제의 연약한 양심을 상하게 하는 태도로 우리의 자유를 즐기는 그런 행실들은, 우리가 그리스도를 통해서 서로 형제와 자매가 되었다는 이념에 완전히 위배된다. "형제가 형제와 더불어 고발한다"(고전6:6). "네 지식으로 그 믿음이 약한 자가 멸망하나니 그는 그리스도께서 위하여 죽으신 형제라"(고전8:11). 이와 같이 우리는, 바울이 형제애를 위반하는 행위들에 대해 진술할 때 그 사도의 목소리 속에 격노가 깃들어 있는 것을 들을 수가 있다.

선한 행실이 좋은 소식의 필연적인 결과일지라도 그것이 가르쳐질 필요가 없는 '자동적인' 결과라는 의미는 분명히 아닌 것이다. 복음을 선포한 사도들은 또한 분명하고도 구체적인 윤리적 가르침을 전하였다. 따라서 그들의 가르침 안에는 율법과 복음이 결부되어 있다. 만약 율법이 우리를 그리스도에게로 인도하는 '초등 교사'이 되어서 그리스도로 하여금 우리의 유일한 구원의 소망이 되게 하는 그러한 규율과 죄의 선고 아래로 우리를 가두어 두었다면 이제 그리스도께서는 우리가 어떻게 살아야 할 것인지 가르치시기 위해서 우리를 율법에로 돌려보내신다. 심지어 우리의 죄를 대신한 그의 죽음의 목적조차도 단지 우리가 용서받을 수 있다는 것뿐만 아니라 용서를 받은 후 "육신을 따르지 않고 그 영을 따라 행하는 우리에게 율법의 요구가 이루어지게 하려 하심"(롬8:3,4)인 것이다. 오늘날에는 '율법주의자'라는 낙인이 찍히는 것을 두려워하여 회중들에게 윤리적인 설교를 하지 않는 목사들이 많이 있다. 참으로 우리는 사도들의 길로부터 얼마나 미끄러져 나왔는가! '율법주의'란 율법에 대한 복종으로써 구원을 얻고자 하는 잘못된 시도이며, '바리새주의'란 외형적이고 사소한 종교적 의무들에 몰두하는 것을 뜻한다. 그러나 복음을 빛내는 도덕 행위의 표준들을 가르치는 것은 율법주의도 바리새주의도 아닌 명백한 사도적 기독교 신앙인 것이다.

이제 우리가 생각할 수 있는 윤리적 책임의 세 번째 범위는 **가정**이다.[36] 사도 바울과 베드로는 그들의 편지들 가운데에 남편과 아내, 부모와 자녀, 주인과 종 상호간의 의무들을 상세히 설명하는 부분을 포함시킨다. 그들은 명백하게 그리스도인의 가정과 그 가정이 특징적으로 나타내야 하는 조화있는 관계를 중히 여긴다. 그래서 그들은 이 주제에 대해 바른 교훈을 제시하고 있다. 가정, 결혼, 자녀 교육 그리고 생계를 위한 노동 등은 여전히 인간 생활의 중요한 부분이며 거의 모든 그리스도인들에게 있어서 매일 매일의 관심사이다. 그러나 각 영역에서의 기독교적 표준들은 비기독교 세계의 표준들과 현저하게 다르다. 따라서 기독교 교리와 결혼, 부모, 노동의 의무들에 대한 철저한 가르침이 오늘날 절실하게 요구되지만, 그러한 가르침을 전하려고 하는 설교자들은 지극히 소수인 실정이다.

5. 사회적, 정치적인 문제들

일반적으로 공동체 안에서의 우리의 행동에 영향을 미치는 **사회**문제들은 우리의 개인과 교회 가정의 의무들보다 더 넓은 범위에 걸쳐

---

36) 엡 5:21-6:9; 골 3:18-4:1; 벧전 2:18-3:7.

있다. 먼저 산상 설교에서 말씀하신 보복하지 말고 원수를 사랑하라는 주님의 가르침(마 5:38-48; 눅 6:27-36)을 가지고 생각해 보자. 이 가르침을 통하여 우리는 우리의 가정과 교회 밖의 세계인, 폭력이 지배하며 예수님의 인격과 그의 표준들에 적대하는 세상으로 나아가게 된다. 행악자와 원수에 대한 그리스도인의 태도의 문제는 개인적인 윤리의 영역에만 제한될 수 없다. 그 문제는 즉시 국가와 공직자들(입법자들, 정치인들, 재판관들)에 관한 문제들을 일으킨다. 바울은 "악을 악으로 갚지 말라"는 개인으로서 그리스도인의 의무와 행악자를 처벌하는 국가의 의무를 의도적으로 나란히 놓음으로써 이 사실을 분명히 하고 있다(롬 12:14-13:5). 사실 그는 진노와 보복에 관한 그의 가르침으로써 그 대조를 뚜렷하게 하고 있다. "너희가 친히 원수를 갚지 말라"고 그는 쓰고 있다. 왜 그래야 하는가? 보복 자체가 잘못이기 때문이 아니라 그 일이 우리의 권리이기보다는 오히려 하나님의 대권(大權)이기 때문이다. "원수 갚는 것이 내게 있으니 내가 갚으리라"고 주께서 말씀하신다. 마찬가지로 우리는 우리를 박해하는 자들을 저주하지 않고 축복하여야 하며, 결코 보복하지 말고 화평하게 지내야 한다. 왜 그렇게 해야 하는가? 악에 대한 분노와 심판은 언제나 의와 모순(矛盾)되는가? 그렇지는 않다. 다만 그 일이 하나님께 속한 것이기 때문이다. 그러므로 바울은 "그 일을 하나님의 진노하심에 맡기라"고 쓰고 있다(롬 12:19). 왜냐 하면 하나님께서 "악을 행하는 자에게 그의 진노하심을 집행하는 하나님의 사자"인 정부를 통해서 부분적으로 그의 진노를 펴시기 때문이다(롬 13:4).

이같은 바울의 가르침을 간략하나마 상세히 설명하려 한 이유는 산상 설교가 단순히 개인적 윤리의 영역에만 국한될 수 없다는 사실을 보여 주고자 하는 데 있다. 왜냐 하면 그것은 우리의 생각에서 지나쳐 버리거나 강단에서 무시될 수 없는 폭력과 비폭력에 관한 문제들을 야기시키기 때문이다.

다른 여러 가지 예들이 제시될 수 있다. 한 가지가 성윤리의 문제이다. 성도덕(性道德)에 관한 확실한 표준들이 성경에서 분명하게 가르쳐져 왔다. 예를 들면, 성생활을 즐길 수 있는 유일한 배경과 방식 ―음란(정욕)에 반대 되는 '존귀한 것' 으로서― 은 일생 동안 지속되는 부부관계라는 가르침이 있다.[37] 게다가 결혼 생활 자체가 구속의 의식이라기보다는 창조의 의식이기 때문에, 이러한 거룩한 표준들은 단지 줄어가고 있는 경건한 신앙인들에게만 적용되는 것이 아니라, 사실상 모든 인간의 공동체에 적용된다. 그러므로 회중들에게 성경적인 성윤리를 충실하게 가르쳤다고 해서 만족할 수는 없다(사실 그렇게 하는 것조차도 드문 일이어서 그 일 자체가 환영할 만한 진보로서 평가될지라도). 우리는 또한 결혼에 관한(이제 결혼은 그다지 필요치 않은 것이 아닌가?), 이혼과 이혼한 사람들의 재혼에 관한(왜 이러한 문제들로 야단법석을 떠는가?) 그리고 동성연애에 관한(그 생활이 난잡하지 않고 충실하다면 그것은 이성간의 결혼 생활에 대한 하나의 변화로서 받아들여질 수 있지 않은가?) 공적인 논쟁에 관심을 가져야 한다. 그리스도인들은 활발하게 이러한 논쟁들에 뛰어들어야 하며 강단에서 두려움 없이 그 문제들을 거론해야 한다. 우리는 타협하지 않고 용기있게 하나님의 표준들을 명백히 해설하고, 우리 교인들에게 이 표준들을 아주 성실하게 수행하도록 권해야 할 뿐만 아니라 계

---

37) 창 2:24; 막 10:5-9; 살전 4:3-5.

속해서 그것들을 세속 사회에 권해야 할 책임을 가지고 있다. 사도들이 그랬듯이 우리는 복음을 전해야 할 뿐만 아니라 복음을 주장해야 한다. 마찬가지로 우리는 성경의 윤리들(성윤리를 포함해서)을 가르쳐야 할 뿐만 아니라, 그 윤리들을 떠나면 사회 행복이 파괴될 정도로 그 윤리들이 사회 행복의 지도(指導)적 원리가 된다는 사실을 계속 주장해야 한다.

이제 성에서 돈의 문제로 넘어 간다. 예수께서는 여러 번 부의 위험과 탐욕의 죄, 물질적 야망의 어리석음 그리고 관대함의 의무를 말씀하셨다. 주의 형제 야고보는 그의 편지에서 수전노처럼 부를 축적하고, 임금을 미루어 품꾼들을 곤궁하게 만들면서 이기적인 사치를 누리며 생활하는 부유한 자들에 대해 맹렬히 고발하고(구약의 선지자들을 생각나게 하는) 있다(약 5:1-6). 야고보와 요한 그리고 바울 사도 모두가 가난한 자들에게 생활에 필요한 것들을 나누어 주어야 하는 부유한 그리스도인들('세상의 재물들'을 소유한 자들)의 의무를 강조한다.[38] 그럼에도 불구하고 오늘날 우리는 성경의 권위를 가장 엄격하게 고수한다고 주장하는 교회들과 설교자들에게 조차도 이 성경의 가르침을 자주 듣지 못하고 있는 실정이다. 우리는 부가 안고 있는 위험들과 희생과 검소의 기쁨을 설교함으로써 부유한 교인들을 화나게 만들까 두려워하고 있지는 않는가? 그렇지 않으면 우리의 관심의 시야를 곤궁한 형제 그리스도인들에게로만 제한함으로써 그와 같은 성경 주제들의 도전을 피해 보려고 하는가? 확실히 이것만으로도 하나의 혁명적인 조치(措置)가 될 수 있을 것이다. 왜냐 하면 세상에는 우리 서구 그리스도인들의 부유

---

38) 약 2:14-18; 요일 3:17, 18; 고후 8:1-15.

함을 부끄럽게 만드는 곤경에 처한 수백 만의 빈곤한 그리스도인들이 있기 때문이다. 그럴지라도 그같은 제한은 용납될 수 없다. 왜냐 하면 비록 성경이 우리의 가장 우선적인 책임은 그리스도와의 친교 안에 있는 우리의 형제 자매들에 대한 것이라고 가르칠지라도 성경은 또한 우리에게 "모든 이에게 착한 일을 하라"(갈 6:10)고 권고하기 때문이다. 예수께서도 물론 우리에게 우리의 원수들까지 사랑하며 행동으로 사랑을 보이라고 말씀하셨다. 그때서야 비로소 우리가, 악인과 선인을 구별없이 사랑하시며, 모두에게 햇빛과 비를 주시어 그의 사랑을 보이시는, 하늘에 계신 우리 아버지의 참 자녀인 것을 증거할 것이기 때문이다(마 5:43-48). 따라서 북쪽의 국가들과 남쪽의 국가들 사이의 엄청난 경제적 불균형은 단지 그리스도인들의 정당한 관심사일 뿐만 아니라 명령된 관심사인 것이다. 필연적으로 그것은 인류의 통일성과, 지상 자원들에 대한 청지기직, 불평등한 특권들 속에 내재해 있는 불의를 가르치는 성경교리의 연장(延長)이 되는 것이다.

이제 나는 동일한 중심을 가지고 있는 기독교 윤리의 범위들 가운데 다섯 번째이자 가장 넓은 원에 속하는 **정치적인 문제**로, 즉 개선될 수는 있으나 정치적인 활동이 없이는 치유될 수 없는 사회적 불의의 문제로 들어가고자 한다. '거시 윤리'의 문제들에 관해서 설교자들은 어떤 태도를 취하는가? 그 문제들은 여러 방면으로부터 우리에게 밀어 닥친다. 압제와 자유에 대한 부르짖음, 가난, 굶주림, 문맹과 질병, 환경의 오염과 자연 보호, 낙태, 안락사, 사형과 그 밖의 생사의 문제들, 노동과 여가, 실업, 인권과 시민의 자유, 기술정치(technocracy)와 관료 정치에 의한 비인간화, 범죄의 증가와 범죄자들에 대한 사회의 책임, 인종 차별, 민족주의, 부족제도와 인간 공동체, 폭력과 혁명, 무기 경쟁, 핵의 공포와 세계 전쟁의 위협 등이 그것이다. 그 목록을 일일이 열거하자면 거의 끝이 없을 것이다. 이것들은 신문들의 지면을 채우며, 사려깊은 대학생들이 밤낮으로 논쟁하는 문제들이다. 그런데 어떻게 우리가 그 문제들을 설교에서 제외시킬 수 있겠는가? 만약에 우리가 오로지 '영적인' 문제들에만 전념하기 위해서 그렇게 한다면, 우리는 거룩한 것과 세속적인 것의 불안한 분리(이것들은 서로 별개의 영역들이며 하나님은 전자에만 관심을 보이시고 후자에는 무관심하다는 것을 의미하게 되는)를 영속시키며, 기독교 신앙을 생활로부터 분리시키게 된다. 그리고 경건한 그리스도인으로 하여금 현실 세계로부터 물러나도록 종용하며, 종교는 사람들로 하여금 현상을 묵인하도록 마취시키는 아편이라고 말한 칼 마르크스의 잘 알려진 비평을 정당화시키게 된다. 또한 우리는 세상 사람들에게 기독교는 세상과 무관한 것이 아닌가 하는 그들의 은근한 의심을 확신시키게 된다. 이러한 모든 것이 우리의 무책임의 대가로 치루어지게 되는 엄청난 결과인 것이다.

그러나 나는 나의 반대자들이 내 말을 반격하기 위해서 몰려드는 것을 볼 수 있다. 그들은 이렇게 말할 것이다. "당신은 오늘날의 기독교 설교자들에게 이제까지 성경 기자들도, 예수님도 하지 않았던 어떤 일을 하라고 주창(主唱)하고 있는 것 같다. 그러나 그들은 결코 쓸데없이 정치에 참견하지 않았다. 그들은 구원을 전하였다. 그들이 가르친 윤리적 교훈은 개인과 가정 그리고 교회에 제한되었다. 그들은 바깥 세상에 속한 사회적인 혹은 사회 정치적인 문제들에 직접 관여하지 않았다." 여러분도 그렇게 생각하는가? 다시 한 번 이 문제들을 잘 생각해 보라. 살아계신 성경의 하나님은 언약의 하나님이실 뿐만 아니라 창조의 하나님이시므로, 그의 관심은 그의 언약의 공동체를 지나서 모든 인간의 공동체에까지 미친다. 그는 공의와 자비의 하나님이시므로 이것들이 모든 사회 속에서 융성하는 것을 보기 원하신다. 아모스서의 처음 두 장을 살펴보자. 거기에 기록된 것을 보면, 하나님의 법을 무시하고 힘 없는 자들을 압제한다는 이유로 하나님의 심판이 그의 백성들, 곧 유다와 이스라엘 왕국에 내려질 뿐만 아니라, 그 주변의 이방 국가들, 즉 수리아와 블레셋, 두로, 에돔, 암몬, 모압에게도 내려질 것이 나타나 있다. 그러면 그들이 무엇 때문에 심판을 받았는가? 그것은 전쟁 중에 그들이 행한 야만적이고 잔학한 행위들과, 피정복 국가의 주민들을 멸절시키고 노예로 만든 것 또한 적국 왕들의 시체를 모독한 행위들 때문이었다. 이 구절(열방들에 대한 유사한 예언적 말씀과 함께)은 하나님께서 모든 공동체 속에서의 정의와 인간 행동에 관심을 가지신다는 사실을 보여 준다.

이것은 하나님의 형상을 지니고 있고, 유일무이한 가치와 존엄성을 가지고 있으며, 그 때문에 존경과 봉사를 받는, 하나님의 창조의 왕관인 남자와 여자 즉 사람에 대한 성경의 교리와 관련을 맺고 있다. 그러므로 가난한 자들을 압제하는 것은 그들의 창조주를 모욕하는 것이며 인간을 저주하는 것은 '하나님의 형상으로 지어진' 사람을 멸시하는 것(잠 14:31; 약 3:9)이라고 성경은 말한다. 하나님을 닮은 존재들로서의 사람들에 대한 이같은 경의는 그들을 대하는 우리의 태도에 관한 성경의 가르침에 따르면 근본적인 것이다. 그것은 우리로 하여금 인간을 비인간화시키는 모든 것에 반대하게 하고 인간을 더욱 인간답게 만드는 모든 것을 지지하게 만든다. 사실 복음만큼 인간을 더욱 인간답게 만드는 것은 아무것도 없다. 따라서 우리는 우리가 사용할 수 있는 모든 힘을 다해 철저하고도 절박하게 또한 열심을 가지고서 온 세계에 복음을 선포해야 한다. 그러나 일단 그리스도의 구원의 좋은 소식이 사람들을 하나님과의 바른 관계로 이끌어서 그들로 하여금 하나님의 택하신 사랑하는 자녀로서 새로운 자존심과 긍지를 가지고 똑바로 서게 하였으면, 그 다음에 우리는 그들 가운데 수백 만의 사람들이 가난과 질병 그리고 문명의 비인간적인 조건들 속에서 비참하게 살고 있는 상태를 그대로 내버려 둘 수는 없다. 또한 진실로 우리는 비그리스도인들을 압박하는 동일한 비인간적인 조건들 역시 용납할 수 없으며, 그 조건의 희생자들이 그리스도를 모른다는 이유 때문에 그 조건들에 대하여 냉정하고 게으르게 반응할 수 없는 것이다. 그것은 얼마나 냉혹한 차별인가? 그들 또한 하나님의 형상을 지니지 않았는가? 모든 압제는 하나님을 불쾌하시게 만드는 행위가 아닌가? 그렇다면 하나님을 불쾌하시게 만드는 것은 반드시 우리를 불쾌하게 만든다. 우리는 어떤 것도 방관할 수 없고 방관해서도 안 된다.

우리 주 예수 그리스도께 관해서 생각해 보면, 그의 메시지는 일반적으로 인식되고 있는 것보다 더욱 더 광범위한 정치적 암시들을 가지고 있었다. 확실히 그 당시 사람들은 그렇게 생각하였다. 그러므로 그들은 주님을 체포하고 재판에 회부하여 선동죄로 유죄 판결을 내렸던 것이다. 유대의 지도자들은 빌라도에게 "우리가 이 사람을 보매 우리 백성을 미혹하고 가이사에게 세금 바치는 것을 금하며 자칭 왕 그리스도라 하더이다"(눅 23:1, 2)라고 말하였으며, 한편 예수께서 처형당하시는 죄목을 밝히는 십자가 위에 달린 패에는 '이는 유대인의 왕이라'(눅 23:38)고 적혀 있었다. 물론 유대인들의 고발은 어느 정도 거짓이었다. 예수께서는 백성을 미혹하지 않았고 가이사에게 세금 바치는 것을 금하지도 않으셨다. 그렇지만 예수께서는 사실 자신이 왕이심을, 하나님의 왕 그리스도이심을 또한 주장하셨다. 그러므로 유대의 지도자들은 왕권을 주장하는 예수의 어떤 암시들을 파악했던 것이다. 그뿐 아니라 후에까지 유대인들은 계속해서 사도들을 반대하는 운동을 폈었다. 데살로니가에서 그들은 "이 사람들은 … 천하를 어지럽게 해 왔다"고 호소하였다. 말하자면 그들은 정치적 위험 인물들이라는 것이다. 왜냐하면 "이 사람들이 다 가이사의 명을 거역하여 말하되 다른 임금 곧 예수라 하는 이가 있다"(행 17:6, 7)고 말하였기 때문이다. 그 말은 비방이었는가? 아니면 그 고발이 사실이었는가? 둘 다 맞는 말이었다. 물론 사도들은 반란을 일으키도록 백성을 선동하지 않았다. 그러나 그들은 예수의 최고의 왕권을 선포하고 다녔으며 이것은 필연적으로 가이사가 가장 선망했던 것, 즉 그의 백성들의 절대적인 존경과 심지어 그들의 예배의 대상까지 되고자 했던 그의 요구를 거부하는 것을 의미하였다. 더 나아가서 그 사실은 왕 예수가 이들의 공동체를 백성으로 가지고 있음을 의미했다. 그러므로 이들은 자신들의 가치와 표준들 그리고 생활 양식에 관한 지침들을 예수께 기대하고 있었던 것이다. 또한 그들은 자기들이 세상의 빛과 소금이 되어야 할 책임이 있음을 알고 있으며 만일 두 공동체들 사이에 두 가치 체계들 사이에, 충돌이 있을 때면 언제나 그들의 생명을 희생해 가면서까지도 가이사를 대항하고 그리스도를 따를 준비가 되어 있었던 것이다. 그 사실은 현상태의 사회를 평온하게 유지하는 데에 그 주요 관심을 두는 정치, 경제 체제에서는 아주 불안스러운 요소였다.

그럼에도 불구하고 이상의 논증들이 나의 반대자들을 납득시키지는 못할 것이다. 대항하는 두 왕들과 양자 택일의 공동체를 인정한다고 할지라도, 주님과 사도들이 가이사에게 그가 어떻게 그의 직무를 수행해야 할 것인가를 가르치지 않았으며, 로마제국의 법전이 어떻게 개선되어야 할 것인가를 제안하지도 않았고, 심지어 노예 제도의 폐지도 요구하지 않았다고 그들은 말할 것이다. 물론 그것은 사실이다. 그들은 그렇게 하지 않았다. 그러나 여기에서 분명한 것은 그들이 노예 제도를 (계속 시행하도록) 너그럽게 보아 주었다거나, 먼저는 영국에서 그 다음에는 미국에서 마침내 노예 제도의 폐지를 확보하는 일에 성공했던 그리스도인 정치가들이 그들의 의무를 잘못 이해하고 있었다거나, 또한 그들이 위하여 일했던 그 그리스도로부터 어떤 명령도 받지 못했다고 주장할 수는 없다는 사실이다. 나의 반대자들이라도 틀림없이 이러한 식의 논증을 추구하지는 않을 것이다. 그렇지만 분명히 우리 모두는 윌리엄 윌버포스와 그의 친구들이 하나님의 마음을 분별하였고 그들의 용기있는 활동들 속에서 하나님의 뜻을 행하였다는 것에 동의할 것이다. 그러므로 그는 노예 제도(다른 사람에 의한 인간의 소유)는 사람에 대한 기독교 교리와, 바울 자신이 노예 소유자들에게 그들의 노예들에게 베풀라고 요구했던(골 4:1) '공평' (정의)에 모순된다는 사실을 성경으로부터 정확하게 추론해 내었던 것이며, 또한 기독교 설교자들로부터 이러한 성경의 원리들을 실천에 옮기도록 정당하게 격려받았던 것이다. 그러므로 그들은 불굴의 인내심으로 노예 무역(윌버포스는 그것을 '가장 혐오스럽고 사악한 행습'[39]이라고 불렀다)의 폐지뿐만 아니라 노예 해방을 위해서까지 노력했던 것이다.

　그렇다면 왜 그리스도인들은 좀 더 일찍 성경으로부터 이 사실을 추론해서 악을 제거하지 않았는가? 이 점을 보다 일찍 깨닫지 못했다는 비극적인 약점을 논외로 할 때, 신약 시대와 19세기 사이의 주요한 차이점은 그리스도인들의 사회적 신분과 정치적 역량에 있다. 기독교 역사 초기에 있어서 그리스도인들은 미약하고 박해를 받는 무력한 소수였다. 그 당시 그들에게 있어서 직접적인 정치 활동이란 전혀 불가능하였다. 오늘날 공산주의, 이슬람교, 힌두교, 불교 또는 세속 문화가 우세한 많은 나라들에 사는 그리스도인들에게도 그 점은 마찬가지이다. 그와 같은 상황 속에는 민주주의 정부가 없거나, 혹 있다고 할지라도 국회에 참여하는 그리스도인들이 없다(있다면 극히 소수이다). 그처럼 정치적으로 무력한 상태에서 그리스도인들은 그리스도인의 생활과 가정에 일치하는 그들의 신앙과 표준들을 설교하고 가르치거나 주장하고 설득하며 나타내기 위해 애쓸 수는 있다. 그렇지만 그들이 직접적으로 정치적 행동을 취할 수는 없다.

　그러나 신앙을 고백하는 그리스도인들이 실제적으로 다수를 이루고 있으며, 그 문화가 수세기 동안에 충분히 기독교적이 되어 온 서구와 제3세계의 몇몇 나라들에 관해서 우리는 어떻게 얘기해야 할 것인가? 확실히 이같은 상황 속에서 우리 그리스도인의 책임들은 매우 다양하다. 비록 직접적인 정치 활동에 관여하는 그런 것이 교회나 교단의 책임은 아닐지라도 그리스도인 개인들과 그룹들은 그런 일들을 해

---

39) Pollock, *Wilberforce*, p. 53.

야 하며, 그렇게 하도록 설교를 통하여 격려받아야 한다. 그리스도인들은 상반되는 두 가지 잘못들, 즉 방임주의(국가의 정치적 안녕에 대하여 그리스도인이 전혀 기여하지 않는)와 강제(imposition, 미국의 주류 제조 판매 금지 기간 동안의 주류법과 같이 소수의 견해를 따를 의사가 없는 다수에게 강요하는)를 피해야 한다. 대신에 우리는, 민주주의란 통치받는 사람들의 '동의'에 따라 행해지는 정치 형태를 의미하며, '동의'란 다수의 공적인 견해를 말하며, 공적인 견해는 기독교의 영향을 받기 쉬운 유동적인 것이라는 사실을 기억해야 한다. 염세주의자들은 인간의 본성은 타락하였고, 유토피아란 이룰 수 없는 것이며, 그러므로 사회 정치적 활동은 시간 낭비라고 반박할 것이다. 사실 기독교의 영향으로 인한 사회 개선이 불가능하다고 말하는 것은 터무니없는 억지이다. 역사적 기록이 그 반대의 사실을 증명하기 때문이다. 기독교의 복음이 들어가서 승리를 거둔 곳에서는 어디든지 교육에 대한 새로운 관심, 의견을 달리 하는 사람들의 견해를 기꺼이 존중하려는 태도, 재판을 집행함에 있어서의 공평에 대한 새로운 표준들, 자연 환경에 대한 새로운 청지기적 자세, 결혼과 성에 대한 새로운 태도, 부녀들과 어린이들에 대한 새로운 관심, 가난한 자를 구제하고 병든 자를 고치며 죄수들을 복권시키고 노인들과 죽어가고 있는 사람들을 돌보려고 하는 새로운 동정적인 결심 등이 복음을 통하여 일깨워졌다. 더욱이 기독교의 영향력이 성장함에 따라 이 새로운 가치들은 박애사업에서뿐만 아니라 입법에서도 표현되었다. 이것은 물론 유토피아를 이루는 것과는 여전히 거리가 멀다. 또한 그것은 하나님의 나라와 기독교화 된 사회를 동일시하는 오류를 범한 자유주의의 '사회 복음'도 아니다. 하나님의 나라란 그리스도를 통하여 구속받은 그의 백성들을 다스리는 하나님의 통치이다. 그러나 새로운 생명과 새로운 비젼 그리고 새로운 능력을 소유한 이 새로운 백성들은 세상의 빛과 소금이 되도록 계획되어 있다. 그들은 사회의 부패를 방지하고 하나님의 사회에 사랑과 의와 평화의 빛을 비침으로써 하나님의 자비와 공의에 더욱 합치하는 사회를 형성하도록 도울 수 있다.

　나는 지금 강단이 정밀한 정치 프로그램들이 고안되고 추천되는 장소라고 말하고 있는 것이 아니다. 그보다는 오히려 당시의 사회 문제들과 관련이 있는 성경의 원칙들을 나타내며, 그렇게 함으로써 모든 사람들로 하여금 그 문제들에 관해서 기독교적인 판단을 발전시키도록 돕고, 회중 가운데 영향력 있는 공직자의 자리에 앉아 있는 의견 형성자들이나 정치 의안자들로 하여금 이같은 성경의 원칙들을 그들의 직업 생활에 적용시키도록 고무하고 격려하는 것이 설교자의 책임이라고 말하고자 하는 것이다. 회중 가운데는 정치인, 변호사, 교사, 의사, 실업가, 사무원, 소설가, 저널리스트, 배우, 라디오와 텔레비전 프로듀서, 각본 작가들이 있을 수 있다. 설교자는 그들이 보다 기독교적으로 생각할 수 있도록 도와 주어야 하며, 그렇게 함으로써 그들이 그리스도를 위하여 맡은 바 직무를 더욱더 깊이 통찰하도록 도와 주어야 한다.

　비록 어떤 것도 조금이나마 정치와 관련을 맺지 않은 것은 없을지라도 확실한 것은 설교자가 정치적인 영향력을 가졌다는 사실이다. 왜냐 하면 설교자의 침묵은 바로 사회를 변화시켜서 하나님의 뜻에 더욱 합당하게 나아가도록 돕기보다는 그 당시의 사회 정치적 상태들을 승인하는 표시가 되기 때문이다. 그래서 설교는 그 당시 사회를 반영하며 교회를 세상에 순응시키는 거울이 된다. 설교자에게 있어서 중립성이란 불가능하다. 우리는 폴 웰스비(Paul Welsby)가 1947년에 이르기까지 400년 동안 영국 성공회에서 행한 설교들 가운데서 45편을 뽑아 편집한 명설교집에서 이 사실을 실증하기에 충분한 증거를 발견할 수가 있다. 그 책은 「설교와 사회」(Sermons and Society)라는 제목으로 출판되었다. 그는 그 책의 서문을 이렇게 시작한다.

> 이 설교집의 목적은 종교개혁 이후 이 나라의 사회적 조건들에 대한 영국 성공회 설교자들의 태도를 예증하는 것에 있다. 그들의 설교를 읽어가는 과정에서 우리는 설교자의 눈을 통해서 그 설교가 전해지던 당시의 영국의 생활상을 볼 수 있다.[40]

어떤 설교자들은 현상태를 묵인하였는가 하면 다른 설교자들은 그것을 공공연히 비난하였다. 어떤 설교자들은 개혁을 찬성하지 않은 반면에 다른 이들은 개혁을 적극적으로 권장하였다. 그러므로 그들의 설교는 우리에게 사회와 교회에 관한 어떤 것을 그리고 그들 상호간의 영향에 관한 어떤 것을 말해 준다. 그런데 애석하게도 이 긴 기간 동안의 대부분은 "교회 자신이 생각하기를 그쳤기 때문에 교회의 사회적인 가르침 역시 그 중요성을 상실하게 되었다." 이 말은 폴 웰스비가 인용한 토니(R. H. Tawney)의 비평이었다.[41] 그는 겨우 19세기 말엽부터서야 영국의 교회가 사회 변화에 대하여 보다 큰 영향력을 행사하게 되었다

---

40) Welsby, p. 9.
41) *Religion and the Rise of Capitalism* by R. H. Tawney(Pelican, 1938), p. 71, in Welsby, p. 16.

고 주장한다.

6. 논쟁의 여지가 있는 문제들을 다룸

그 다음으로 만약 우리가 우리의 설교 가운데 사회적, 도덕적, 정치적 암시들을 지닌 주제들을 포함시키게 된다면 우리는 어떻게 그 논쟁의 여지가 있는 문제들을 다룰 것인가? 하나님의 말씀 안에서 하나님의 뜻을 발견하기를 바라며, 발견하였을 때는 그 뜻에 복종하려는 동일한 소원을 가진 성경적 그리스도인들마저도 서로 다른 결론에 도달하며 괴롭게도 서로 의견이 불일치하는 것은 의심의 여지가 없다. 그렇다면 우리는 어떻게 그와 같은 주제들을 다루어야 할 것인가? 우리는 다음의 세 가지 방법들 중의 한 가지를 택할 수 있다.

첫째로 우리는 이러한 주제들을 전적으로 피해 버릴 수 있다. 우리는 이렇게 말할 수 있을 것이다. "설교에 논쟁이란 있을 수 없다. 나는 권위있게 설교하며 '여호와께서 이같이 말씀하시기를'이라는 예언자적 방식을 따르거나 '성경은 말하기를'이라는 독단적인 태도로 선언할 수 있기를 바란다. 그러나 나는 이러한 주제들에 대해서는 권위를 가지고 설교할 수가 없다. 그 이유는 그리스도인들 사이에서조차도 그 주제들에 대해서는 논쟁의 여지가 있다고 인정하기 때문이고, 또 다른 이유로는 내가 그것을 다룰 만한 충분한 지식이나 전문적인 견해를 가지고 있지 못하기 때문이다. 나에게는 전혀 아무런 대안책이 없다. 그러므로 나는 그 주제들을 피할 것이다."

이러한 태도는 이해할 만한 것이기는 하나 무책임한 태도이다. 그리스도인들은 이러한 영역에서 인도받기를 부르짖고 있다. 그들은 그 문제들에 관해서 그리스도인으로서 생각할 수 있도록 도움받고 싶어한다. 우리는 이 깊은 바다 속에서 그들이 홀로 허우적거리도록 내버려 두어야 할 것인가? 이것은 비겁자의 태도이다.

둘째로 우리는 어떤 한 견해에 대한 열성적인 지지자의 입장을 취할 수 있다. 이같은 경우 만약 전쟁에 관해서 설교한다면 우리는 강경한 평화론자(비둘기파)나 군국주의자(매파)가 될 것이며, 경제 문제에 관해서 설교한다면 자본주의를 변호하거나 사회주의를 옹호하게 될 것이다. 그리고 남자와 여자, 남편과 아내 사이의 관계들에 대해서 설교한다면 우리는 전적인 여권신장론을 펴거나 맹목적 남성주의를 채택할 것이다. 이것은 우리가 독단과 열정을 가지고 설교할 수 있는 태도이다. 권하려는 뚜렷한 입장을 가지고 있기 때문에 우리는 웅변과 수집할 수 있는 모든 논증들을 이용하여 그 입장을 권할 수 있으며 그러는 동안에는 그 밖의 대안적인 견해들을 무시할 수 있다.

그러나 이러한 태도는 설교를 오용하는 것이다. 설교는 하나님 말씀의 해설과 적용을 위한 것이다. 그러므로 그것은 사사로운 견해의 공표를 위하거나, 우리가 성경의 선지자와 사도들 같은 무오류성을 가지고 있는 체 하기 위한 도구가 아닌 것이다. 또한 그러한 태도는 사람을 기만하는 것이다. 왜냐 하면 그 태도는 그리스도인들이 주장할 수 있는 입장은, 오직 한 가지밖에 없다는 인상을 줌으로써 다른 그리스도인들이 다르게 생각할 수도 있다는 사실을 은폐시키기 때문이다. 이것은 독단주의자의 방법이며 내게 있어서는 어리석은 자의 방법이라고까지 생각된다.

그러면 우리는 어떠한 세 번째 방법을 찾을 수 있을까? 논쟁의 여지가 있는 화제들을 비겁하지 않고 용감하게, 독단적이지 않고 겸손하게, 어리석지 않고 지혜롭게, 설교에서 다룰 수 있는 방법이 있는가? 나는 있다고 생각한다. 그것은 기독교적 정신을 발전시키도록 그리스도인들을 돕는 방법이다. 기독교적 정신(이것은 그와 같은 제목의 해리 블래마이어즈〈Harry Blamires〉의 책 속에서 그에 의해 널리 보급된 표현이다)이란 특별히 기독교적인 또는 종교적인 주제들에 관해서만 생각하는 정신이 아니라, 모든 것에 관해서 심지어는 '가장' '세속적인' 것일지라도 '기독교적으로' 또는 기독교적인 사고 구조 속에서 생각하는 정신을 말한다. 그것은 컴퓨터의 메모리 뱅크(memory bank)처럼 모든 문제에 대한 적절한 답들이 아주 깨끗이 정리되어 꽉 채워진 정신을 뜻하는 것이 아니다. 그보다는 오히려 성경의 진리들과 기독교적 전제들을 아주 철저하게 흡수하여 모든 문제를 기독교적 관점에서 볼 수 있고, 그럼으로써 그 문제에 대해 기독교적 판단을 내릴 수 있는 정신을 말한다. 블래마이어즈는 오늘날 교회 지도자들 사이에서조차 기독교적 정신이 거의 전적으로 상실된 데 대하여 한탄하고 있다. "기독교적 정신은 기독교 역사에서 그 유례를 찾아볼 수 없을 정도로 나약하고 무기력하게 세속적 동향(動向)에 굴복해 버렸다. … 사고하는 존재로서의 현대 그리스도인은 세속화에 굴복하고 있다."[42]

설교자들은 상실된 기독교적 정신을 회복하고자 노력해야 한다. 수 년에 걸친 성경의 조직적인 해설에 의해서 우리는 회중에게 진리의

---

42) Blamires, p. 3.

뼈대를 제공해야 한다. 여기에는 살아계신 하나님의 실재와 자비로우신 인격, 창조에 의한 인간 존재의 고귀성과 타락에 의한 인간들의 부패, 악의 만연함과 사랑의 수위성(首位性), 예수 그리스도의 승리와 통치, 하나님의 역사적 목적에 있어서 새로운 중심적 공동체, 시간의 초월성과 심판과 구원의 **종말**(eschaton)적 확실성 등의 기본적인 신앙들이 포함될 것이다. 좀 더 간단히 요약하자면 어떤 정신이 창조, 타락, 구속 그리고 완성이라는 4중적인 성경의 도식을 굳게 붙잡고서 그 관점에서 삶의 현상을 평가할 수 있을 때 그 정신은 기독교적이라고 말할 수 있다. 따라서 매주 하는 우리의 설교는 점차적으로 '하나님의 모든 지혜'를 펼쳐야 하며, 그렇게 함으로써 회중들로부터 기독교적 정신을 발전시키는 일에 이바지해야 한다.

그러면 어떻게 이 일을 논쟁적인 설교에 연결시킬 수 있는가? 어떻게 우리는 논쟁의 대상이 되는 특별한 화제에 관해서 기독교적으로 생각하도록 교인들을 도울 수 있는가? 이 점에 있어서 우리는 네 가지 의무를 지니고 있는 것 같다. 첫째로 우리는 용기와 신념을 가지고, 성경에 포함되어 있는 원리들과 원칙들을 명료하게 설명해야 하며, 하나님께서 자신의 뜻을 명백하게 계시하신 주제의 여러 측면들을 설명해야 한다. 둘째로 우리는 성경적인 그리스도인들이 제시한 여러 선택할 수 있는 적용들과 그들이 그들의 결론을 지지하기 위해서 사용했던 논증들을 공정하게 요약하여 설명하려고 노력해야 한다. 셋째로 우리는 그 입장이 현명하다고 스스로 판단할지라도 우리가 고수하는 입장과 의의를 강압적으로 주장하려고 애쓰지 않아야 한다. 넷째로 우리는 회중들로 하여금 우리가 가르친 원칙들과 개략적으로 진술한 문제들을 파악하여 스스로 결정하도록 허용해 주어야 한다.

　나의 첫 번째 실례는 중동 지역의 문제이다. 나는 여러 아랍 국가들을 여행할 기회를 두세 번 정도 가졌었는데, 그때 직접적으로 아랍과 이스라엘 간의 긴장을 경험하였으며, 팔레스타인 문제에 관한 아랍 사람들의 불법 의식이 어떤 것인가를 느끼게 되었다. 나는 아랍의 그리스도인들은 이런 상황에서 어떻게 반응해야 하는가? 라는 질문을 받았다. 그들의 목사들은 그 문제에 관해서 어떻게 말해야 하는가? 나로서는 설교단에서 그 문제를 대화의 중요한 주제들 밖으로 추방시켜 버리거나, 어느 한 편이 전적으로 정당한 것인 양 극단적인 한 당파의 입장만을 채택하는 것은(비록 내가 이 두 노선을 따르는 목사들이 있다는 것을 알고 있다 할지라도) 불가능할 것 같다. 어쩌면 나같은 국외자가 그처럼 미묘한 상황에 대해 어떤 의견을 표시한다는 것이 주제넘는 일인지 모른다. 그러나 지역 기독교 지도자들 몇 사람과 이야기를 나누어 본 후에 나는 이와 같은 견해를 말해 볼 수 있다고 느꼈다. 한편으로는, 목사들이 확신을 가지고 설교해야 하는 아주 명백한 성경의 진리들이 있다. 예컨대 성경의 하나님은 공의의 하나님이시기 때문에 결코 어떤 개인이나 국가들 간의 불의를 용납하지 않으신다는 점이다. 즉 개인적인 증오와 복수는 그리스도인들에게는 완전히 금지되었으며, 예수께서도 그를 따르는 자들에게 그들의 원수를 사랑하고 그들의 사랑을 행위와 기도로써 건설적으로 표시하도록 명령하셨던 것이다. 그러므로 예배드리기 위해서 모이는 아랍의 모든 그리스도 교회는 특별히 이스라엘을 위하여 기도하는 시간을 할애해야 하며, 이스라엘에 있는 모든 기독교 그룹은 그들의 이웃인 아랍 사람들을 위해서 기도해야 한다.

또한 예수께서는 그의 제자들에게 부당한 고통을 보복하지 않고 인내로써 견디어 주기를 기대하시며 그들로 하여금 화평케 하는 자들이 되도록 부르시기 때문에 이러한 주님의 모든 가르침을 순종하는 그리스도인들(유대인이든 아랍인이든 간에)은 그들의 동포들 가운데 다수가 옹호하는 맹목적인 열광에서 떨어져 나와야 한다. 물론 그렇게 함으로써 그들은 오해받을 수 있고 비애국적이라는 비난과 비방을 받을 수도 있을 것이다. 그러나 이러한 가르침에는 전혀 논쟁의 여지가 있을 수 없다.

다른 한편으로 기독교 목사가 훨씬 더 시험적인 태도를 취해야 할 필요성이 있는 곤란한 논쟁의 영역들이 있다. 성경은 민족들에 관해서, 대체로 영토에 대한 민족의 통치권에 관해서, 특별히 약속된 땅을 차지하는 권리에 관해서 무엇이라고 말하는가? 폭력적인 수단에 의해서 정의를 확보하려는 것은 옳은 일인가? 의용군에 가담한 그리스도인들은 사람을 죽이기 위해서 총을 쏘아야 하는가? 도대체 가능한 기독교적 중재가 있을 수 있을까? 이러한 영역들에서 목사는 논쟁을 개시해야 할 것이다. 예를 들면 폭력과 반전론에 관한 문제에 있어서 그는 교회사 전체를 통해서 그리스도인들이 서로 상반되는 입장들을 취해 왔다는 사실을 인정해야 할 것이다. 즉 비록 모든 그리스도인들이 전쟁을 악이라고 비난하여 무죄한 인간들을 죽이는 것은 잘못이라는 점에는 일치할지라도 어떤 사람들은 거기에서 더 나아가 십자가의 길은 무조건적인 폭력의 포기를 요구한다고 주장하여 왔고, 반면에 다른 사람들은 '정당한 전쟁' 이론, 즉 어떤 특별한 상황(특별히 전쟁의 목적, 이용된 수단들, 수반된 고통 등에 관련되는, 또 한편으로 예기되는 결과에 관련되는)

에서는 전쟁이 이상의 두 가지 악들보다는 덜 악할 수 있다는 이론을 발전시켜 왔던 것이다. 그러므로 교인들은 그 문제를 직면하고 그 논쟁들을 숙고한 다음에 각자의 결론에 이르도록 격려되어야 할 것이다.

두 번째 예로서 낙태에 대한 서구인들의 논쟁을 생각해 볼 수 있을 것이다. 누군가가 이 문제에 관해서 설교한다면 권위를 가지고 가르칠 명백한 성경의 원칙은 인간 생명의 존엄성일 것이다. 즉 살인이 성경에서 그처럼 가증한 죄악으로 간주되는 이유는 모든 생명 자체에 존엄성이 있기 때문이 아니라(생명 자체의 존엄성에 대한 이러한 입장에 극단적으로 치우치는 것은 기독교적이라기 보다는 오히려 불교적인 개념에 가깝다) "하나님이 자기 형상대로 사람을 지으셨으므로"(창 9:6) 인간의 생명이 존엄하기 때문이다. 그 논쟁은, 태아가 인간으로서 간주되어야 한다는 어떤 문제와 관련을 맺고 있다. 로마 가톨릭의 입장은 난자와 정자가 결합하는 순간부터 몸과 영혼을 지닌 완전한 인간으로 존재하게 된다는 것이다. 프로테스탄트의 견해는 분명히 하나님은 우리가 태어나기 전부터 우리를 아셨다는 것과 우리 어머니의 모태 속에서 우리를 조성하신 자는 바로 하나님이시며(시 139:13-16), 적어도 결합의 순간부터 태아는 '형성되고 있는 인간'이라는 입장을 가진다. 그러므로 프로테스탄트 신학자들은 태어나지 않은 아이(단지 어머니뿐만 아니라)도 보호받을 '권리'를 가진다고 주장하였다. 이러한 근거들에서 그들은 청구가 있는대로 집행하는 낙태를 끔찍스러운 것으로 간주하였을 뿐만 아니라, 어머니의 생명과 태아의 생명 사이에 어떤 선택을 해야 하는 드문 경우를 제외하고는 모든 낙태를 반대하였다. 의술에 의한 임신 중절이 도덕적으로 정당화될 수 있는 다른 극단적인 경우들(예를 들면 강간 당한 후에 임신하게 된

미혼모의 경우같은)이 있는지 어떤지는 결정하기 곤란한 양심적인 논쟁의 문제이다. 그러나 그들의 기독교적 정신이 하나님을 닮은 인간들 -그들이 '형성 중'에 있거나 그들이 완전히 성장했거나 간에- 의 존엄성을 굳게 확신하고 있을 때 그리스도인들은 그와 같은 경우들에 훨씬 용이하게 어떤 결정에 이를 수 있게 될 것이다.

그러므로 설교자들로서 우리의 직무는 논쟁을 일으킬 수 있는 모든 영역들을 피하거나 사람들이 깊이 생각해야 하는 성가심을 피할 수 있게 하기 위해서 복잡한 문제들에 대해 빈틈없는 답을 제공하는 것이 아니다. 그 어느 방법도 교인들을 스스로 생각할 수 없는 어린아이들처럼 취급하는 것이며 그들을 영구히 성숙치 못하게 만드는 것이다. 그보다는 그들로 하여금 기독교적 정신을 발전시키도록 명료하고 설득력 있게 성경의 명백한 진리들을 가르치고, 기독교적 정신에 입각하여서 그 시대의 많은 문제들을 생각하도록 격려하며, 그렇게 함으로써 그리스도 안에서 성숙하도록 만드는 것이 우리의 책임이다.

7. 그리스도인의 성숙의 길

양심적인 사고와 결정 행위는 인간 성숙에 있어서 필수불가결한 측면이다. 또한 그 인간 성숙은 현대 상담 절차에서 소위 말하는 '비지시적(non-directive)인 요소에 대한 이유가 된다. 다른 사람들을 대신해서 선택을 결정한다는 것은 그들을 어린아이처럼 취급하며 계곡해서 어린아이로 있도록 만드는 것이지만, 그들 자신의 선택을 결정하도록 돕는 것은 그들을 성인으로 취급하며 성인이 되도록 돕는 것이다. 기독교 교사들과 설교자들은 이같은 인간의 자유를 보호해야 하며, 광고와 교육에서 나타나는 세속 세계의 비인간적인 조작들에 대항해서 그 자유를 옹호하는 데 최선을 다 해야 한다.

저술가이자 저널리스트인 밴스 패커드(Vance Padkard)는 '무의식을 통한 대중 설득의 기술 도입'이라는 부제가 달린 「숨은 설득자들」 (*The Hidden Persuaders*)이라는 그의 유명한 저서에서 미국 사람들을 "철의 장막 밖에서 가장 조작받는 국민들"[43]이라고 묘사하였는데 이것은 국민들이 끊임없이 '지능적인 광고주들'이나 '교묘한 설득자들'의 대상으로서 노출되어 있기 때문이다. '동기 유발에 대한 연구'(선택을 결정하는 데 대한 우리의 잠재의식적인 이유들에 관한 실험들)의 결과들을 사용해서 상인들, 정치관계 전문가들, 자금 조달자들, 정치인들, 실업가들 그리고 그 밖의 사람들은 조직적으로 우리의 숨은 약점들(예를 들면 우리의 허영심, 야망, 두려움, 성적 욕구들 등)을 이용하고 있다고 그는 주장한다. 그 책은 상당히 재미가 있다. 그러나 그 책은 또한 해를 끼치기도 한다. 그 이유는 그 책이 사람들을 무의식 속에서 설득할 수 있는 방법들을 폭로하기 때문이다. 밴스 패커드는 다음과 같이 쓰고 있다. "정신의학과 사회 과락에서 수집된 통찰들을 이용하여 우리의 사고하지 않는 습관들, 구매 결정 및 사고 과정들을 유도하려는 대규모의 노력들이 아주 인상적인 성공을 거두며 행해지고 있다."[44] 우리들을 '소비자들'[45]로 생각하든지 '시민들'[46]로 생각하든지 간에 숨은 설득자들은 '우

---

43) packard, p. 9.
44) ibid., p. 11.
45) ibid., Part 1.

리 정신의 개인적인 자유를 침범하려고'[47] 애쓰며 일하고 있다.

조작이 행해지는 또 다른 영역은 교육이다. 많은 사람들이 이 문제에 관해서 글을 썼다. 그러나 이 위험을 설명하기 위해서 내가 선택한 저자는 1921년 북동 브라질의 레시페(Recife)에서 태어난 파울로 프레이레(Paulo Freire)이다. 열한 살밖에 안 되는 소년 시절에 직접 굶주림의 고통을 체험한 그는 세계 속에 있는 굶주림에 대항해서 싸울 것을 맹세하였다. 그는 문교부 장관이 되었으며 브라질의 '성인 국민 교육 계획'의 총책임자가 되었다. 그러나 1964년에 군부 구테타가 일어나자 그는 투옥되었다가 후에 추방당했다. 그 이후로 그는 칠레와 하버드 대학에서 그리고 제네바에서 일하였다. 그의 주요 관심사는, 그가 '침묵의 문화'라고 일컬었던 것으로서 라틴 아메리카 대중들이 빠져 있는 무지와 수동성의 상태에 대해서였다. 그러므로 그는 「압제받는 자들의 교육학」(Pedagogy of the Poore-ssed)이라는 자신의 저서를 통하여 그들의 '의식화'(con$cientization), 즉 그들로 하여금 먼저 자신들의 사회적 현실을 인식하고 그 다음에 그것을 변형시킬 수 있게 하는 교육적인 과정을 주창한다. 물론 파울로 프레이레는 명백한 마르크스주의자이다. 그러므로 그의 책에는 내가 싫어하고 받아들일 수 없는 어떤 특징들이 있다. 그럴지라도 마르크스주의자로서의 그의 활동이 우리에게 그의 교육적인 주제들을 반대하게 할 어떠한 이유를 제공한다고 나는 생각지 않는다. 그는 교육의 두 개념들을 대조한다. 첫째 개념은 '이야기식 교육'이라고 불리는데, 그 이유는 그 개념이 '말하는

46) ibid., Part 2.
47) ibid., p. 216.

주체(교사)와 끈기있게 듣는 대상들(학생들)'을 포함하고 있기 때문이다. 그 교육은 학생들을, 교사들이 계속해서 무엇인가를 채우는 '그릇들' 이나 '저장 용기들'로 만든다. "따라서 이같은 교육은 학생들은 수탁 자들이고 교사는 예금자가 되는 하나의 예금 활동이 된다. 여기서 교 사는 전달 활동을 하기보다는 공보(公報, communiques)를 지급한다. 이 것은 은행업무적인 교육개념이다."[48]

파울로 프레이레 자신이 옹호하는 또 다른 개념은 그가 '예금 행 위'[49]에 반대되는 것으로서 '문제 제시'(problem-posing)라고 부르는 교육이다. 그 개념은 학생들과 교사들이 함께 현실을 직면하고 그 현 실을 비판적으로 숙고하도록 서로를 돕는 대화적 상황을 전제한다. 두 개념들 사이의 차이점을 그는 이렇게 요약한다.

> 은행업무적인 교육이 창의력을 마비시키고 억제하는 반면에 문 제 제시적 교육은 끊임없는 현실의 폭로를 포함한다. 전자는 의 식을 침몰을 유지하기를 꾀하며 후자는 의식의 자각과 현실에의 비판적인 참여를 위한[50] 투쟁들을 시도한다.

더 나아가서, 인간이 동물로부터 가장 명백히 구별되는 것도 바로 이 점이다. 동물들은 그들의 형편에 대해서 생각할 수 없으며 '목표를 설정할' 수도 없고 현실을 변형시키는 일에 '스스로 참여할' 수도 없 기 때문에 비역사적인 존재들이라고 그는 주장한다. 그러나 반대로 인

---

48) Freire, p. 45-6.
49) ibid., p. 52.
50) ibid., p. 54.

간은 자신과 세상을 의식하며, 변화를 위한 목표들을 세울 수 있다.[51] 또한 "동물은 세상을 숙고하지 않으며 세상에 잠겨 있다. 반대로 인간은 세상으로부터 빠져나와 세상을 객관화한다. 그리고 그렇게 함으로써 세상을 이해하고 노력을 통해서 세상을 변형시킬 수 있다."[52] 이러한 반성과 행동이 없는 한 그들은 충분히 인간답게 되지 못할 것이다. 왜냐 하면 사고와 행동에 의해서 그들은 다른 사람들의 지배와 조작의 단순한 대상이 되기를 거부하고 그들 자신이 주체가 되어 역사를 지배하게 되기 때문이다.[53]

광고 행위와 교육활동에서, 사람들을 조작하거나 반대로 그들에게 봉사함으로써, 그들에게서 인간성을 빼앗거나 그들을 더욱 인간답게 성숙시키는 것이 가능하다. 마찬가지로 설교자도 그와 같은 양자 택일의 문제에 직면한다. 그러나 설교는 그와 또 다른 하나의 과정이며, 그것이 영감있고 권위 있는 하나님 말씀을 취급하는 일을 포함하기 때문에 독특한 과정이다. 그럴지라도 우리는 결코 사람들의 고귀함을 파괴하는 그런 방법으로 하나님 말씀의 권위를 휘둘러서는 안 된다. 하나님께서 친히 사람들을 사랑하셔서 그의 형상으로 그들을 지으셨고 인간의 말로 우리에게 말씀하시기 때문이다. 하나님은 우리에게 주신 지성과 의지를 존중하시기 때문에 우리를 강요하시지 않고 그 대신에 신중하고 사랑이 깃든 자유로운 반응을 요구하신다. 이것이 바로 성경 기자들이 그들의 독자들에게 비판적인 청취를 발전시키도록 고무하는 이유가 아니겠는가? "입이 음식물의 맛을 분별함 같이 귀가 말을 분별

51) ibid., p. 70-3.
52) ibid., p. 96.
53) ibid., p. 97, 101, 135.

한다."는 엘리후의 말은 올바른 것이었다. 음식처럼 견해들도 마찬가지인 것이다. 그래서 엘리후는 계속해서 '우리가 정의를 가려내고 무엇이 선한가 우리끼리 알아보자'(욥 34:1-4)고 말한다. 마찬가지로 신약에서 그리스도인들은 '영들이 하나님께 속하였나 분별하라' 즉 '모든 것을 시험하라'는 말을 들었다. 그때에서야 비로소 그들이 '좋은 것을 취하고 악은 어떤 모양이라도 버릴' 수 있었기 때문이다(요일 4:1; 살전 5:19-22). 즉 영감받았다고 주장하는 메시지들조차도 사도의 가르침에 비추어서 평가되어야 했다. 이렇게 해서 그리스도인의 지식과 분별력은 점점 자랄 것이며, 그리스도인들은 '성숙해져서' '지각을 사용함으로 연단을 받아 선악을 분별하는 능력'을 가지게 될 것이다(빌 1:9; 히 5:14).

오늘날 기독교 설교자가 되도록 부름받은 우리들은, 회중들로 하여금 빌어온 표어들과 부적당하고 진부한 표현들에 의존하는 것으로부터 자라나서 지적 도덕적 비판 능력을 발전시킬 수 있도록, 즉 참과 거짓, 선과 악을 구별할 수 있는 능력을 발전시킬 수 있도록 우리가 도울 수 있는 모든 일을 해야 한다. 물론 우리는 성경에 겸손히 복종하는 자세를 고무시켜야 한다. 그러나 그와 동시에 우리는 결코 우리의 성경 해석에 대한 무오류성을 주장하지 말아야 함을 분명히 해야 한다. 우리는 청중들이 우리의 설교를 '맛보고' '평가 하도록' 권장해야 한다. 우리는 질문들을 환영하고 그 질문들에 대해서 불쾌하게 여겨서는 안 된다. 우리는 교인들이 우리의 설교에 완전히 정신을 빼앗기고 우리의 말들에 마술이 걸리며 스폰지처럼 그 말들을 빨아 들이기를 원해서는 안 된다. 그와 같이 무비판적으로 우리에게 의존하기를 바라는 것은 사람들에게 '랍비'라 칭함 받기를 바라는 것에 대한 예수님의 맹렬한 책망을 받을 만한 것이다(마 23:7, 8). 반대로 베뢰아 사람들은 데살로니가 사람들보다 더 '너그럽다'는 칭찬을 받았는데, 그 이유는 그들이 열성적인 감수성에다 비판적인 청취를 결합했기 때문이었다. "그들은 간절한 마음으로 말씀을 받고 이것이 그러한가 하여 날마다 성경을 상고하였다"(행 17:11).

이같이 개방적이나 의문을 제기하는 정신은 '목자적'이라는 은유에도 함축되어 있다. 사실 양은 '유순한' 피조물로 묘사되며 또 그렇기도 하다. 그러나 양들은 자기들이 먹는 음식을 꽤 가리며 확실히 염소처럼 닥치는 대로 아무 것이나 먹지 않는다. 게다가 목자들이 양들을 먹이는 방법에도 커다란 의미가 있다. 사실 목자들은 전혀 양들에게 먹을 것을 주지 않는다(목자가 팔에 안아서 우유를 먹이는 병든 어린양의 경우를 제외하고는). 그 대신에 목자는 양들이 스스로 먹도록 좋은 풀밭으로 그들을 인도한다.

결론적으로, 계시된 말씀과 당시의 현실 세계 사이에 하나의 다리 놓기 활동으로서 생각해 본 설교 사역의 주요한 특징들을 요약해 보자. 그와 같은 설교는 성경의 원칙들을 해설함에 있어서는 권위가 있을 것이나, 그 원칙들을 그 당시 시대의 복잡한 문제들에 적용함에 있어서는 시험적일 것이다. 권위 있는 태도와 시험적인 태도, 독단적인 자세와 불가지론적인 자세, 교인들을 가르치되 그들 자신이 결정하도록 자유롭게 두는 태도의 이같은 결합은 유지하기가 매우 어렵다. 그러나 내게 있어서 그러한 태도는 한편으로는 하나님의 말씀을 성실하게 다루고(명백한 하나님의 뜻은 선포하되 그렇지 않을 때도 모든 것이 명백하다는 듯한 태도는 취하지 않는), 다른 한편으로는 하나님의 백성들을 성숙으로 인도하는(기독교적 정신을 발전시키고 그것을 사용하도록 격려하는) 유일한 방법으로 생각된다.

제5장
소명적인 연구

#제5장
소명적인 연구

만일 우리가 현실 세계로 통하는 다리를 놓고서 하나님의 말씀을 삶의 주제와 그 날의 주요 문제에 연결시키고자 한다면, 우리는 성경 본문과 그 당시의 시대적 상황을 다같이 진지하게 고려해야 한다. 우리는 문화의 분수령의 어느 한 쪽에만 머물러 있을 수는 없다. 세상으로부터 성경 속으로 물러나는 것(현실도피)이나, 성경으로부터 세상 속으로 물러나는 것(영합)은 설교사역에 치명적인 잘못이 될 것이다. 양쪽의 실수는 모두 다리 놓는 일을 불가능하게 만들며 의사 불통(non-communication)을 불가피하게 만든다. 그보다도 계곡 양 사면의 지역을 답사하여 완전히 익숙하게 되도록 하는 것이 우리의 책임이다. 그 때에 비로소 우리는 양자(兩者)간의 관계를 분별하며, 어느 정도 민감하고 정확하게 하나님의 말씀을 인간의 상황에 맞게 전할 수 있을 것이다.

그러한 답사란 연구를 의미한다. 어떠한 지식의 분야에서든 가장 훌륭한 교사는 일생 동안 학생으로 지내는 자라는 데에는 의심의 여지가 없다. 이것은 말씀 사역(the ministry of the Word)에 있어서 특히 그러하다. "무엇보다 먼저 학자가 되지 않고서는 훌륭한 말씀의 사역자가 되지 못할 것이다."[1] 스펄전도 이와 똑같은 확신을 가졌다. "배우기를 그만 둔 사람은 가르치기를 포기한 사람이다. 더 이상 연구에 씨를 뿌리지 않는 사람은 더 이상 강단에서 수확을 거두지 못할 것이다."[2]

연구에 의하여 작성된 설교에는 신선함과 생명력이 있다. 그러나 연구하지 않으면 우리의 눈은 흐려지고 생명력은 감퇴되며 필치(筆致)는 서툴게 된다. 필립스 브룩스 주교는 1877년 예일 강연에서 "설교자의 삶은 거대한 축적물의 삶이다."라고 하였으며 이어서 이렇게 말하고 있다.

> 설교자는 항상 설교를 만들어야 하는 것이 아니라, 항상 진리를 탐구해야 하는 것이다. 그렇게 하면 설교는 그가 얻은 진리로부터 저절로 생겨날 것이다. … 여기에 폭넓고 풍부한 연구의 필요성이 있다. 진리를 위해 연구할 수 있어야 한다. 사고(思考)의 기쁨과 이득을 위해 생각할 수 있어야 한다. 그러면 여러분의 설교는 펌프로 물을 길어 올리는 것이 아니라 샘이 솟아오르는 것 같이 될 것이다.[3]

---

1) Calvin의 신명기 5:23이하의 주석.
2) Spurgeon, *All-Round Ministry*, p. 236.
3) Brooks, *Lectures*, p. 159-60.

잘 알려진 복음주의자 빌리 그레함도 오늘날의 설교자들에게 꼭같은 권고를 한다. 그는 1979년 11월 런던에서 약 600명의 성직자들에게 연설하면서 자기가 다시 사역을 한다면 두 가지를 바꿀 것이라고 했다. 사람들은 놀란 표정을 지었다. 그게 대체 무슨 말일까? 계속되는 그의 말에 의하면, 그 첫째는 지금까지 자신이 연구한 것보다 세 배나 더 연구할 것이며 떠맡는 일을 줄일 것이라는 점이다. "나는 너무 많이 설교했고 너무 적게 연구했다"는 것이 그의 말이었다. 두 번째로 바꿀 것은 기도에 더 많은 시간을 할애하겠다는 점이다. 이 점을 강조하기 위해서 그는 '우리는 오로지 기도하는 것과 말씀 사역에 힘쓰리라'(행 6:4)는 사도적 결의를 신중하게 되풀이 했음에 틀림없다. 나중에 내가 그레함 박사의 말에 대해 높이 평가하는 논평을 했을 때, 그는 그 다음날 나에게 편지를 써서 다음과 같은 말을 덧붙였다. "저는 도널드 그레이 반하우스 박사(필라델피아 제10 장로교회)가 '내가 단 3년만 주님을 섬겨야 한다면, 나는 그 중 2년은 연구와 준비로 보낼 것이다'라고 말한 것을 기억합니다."

1. 성경 연구

목사는 우선적으로 말씀 사역에 부르심을 받았기 때문에 성경 연구는 그의 으뜸가는 책임이며, 안수식 때에는 그 일에 전념할 것을 공약한다. 이 점은 1662년의 영국 국교회의 서품 예식서에 매우 분명히 나와 있다. 주교는 서품을 받을 사람들에게 다음과 같이 권고한다.

오직 성경으로부터 취해진 교리와 권고 및 그에 일치하는 생활 이외에는 그 어떤 수단에 의해서도 인간의 구원에 관한 그처럼 막중한 일을 수행할 수 없다는 것을 느낀다면, 얼마나 고심하여 성경을 읽고 배워야 하는지를 생각해 보시오. … 우리는 여러분 들이 이 때가 있기 오래전부터 이러한 것들을 심사 숙고했으며, 하나님이 여러분들을 기뻐 부르신 이 직무에 전적으로 헌신할 것을 하나님의 은혜로 분명히 결정하고, 이 한 가지 일에 완전히 전념하여 여러분의 관심과 연구를 이 길로 끌어갈 것을 바라며, 또한 여러분이 유일하신 구주 예수 그리스도를 묵상함으로써 끊임없이 하나님 아버지께 기도하여 성령의 거룩한 도우심을 구할 것을 바라며, 매일 성경을 읽고 고찰함으로써 사역을 하는 일에 있어서 더 원숙하고 강해질 것을 바랍니다.

성경에 대한 우리의 안목이 높아질수록 성경 연구는 더 열심히 그리고 성실하게 해야 한다. 그 책이 참으로 하나님의 말씀이라면 아무렇게나 멋대로 하는 주석은 그만두어야 한다! 성경이 그 보화를 내어 놓을 때까지 시간을 들여 본문을 꿰뚫어야 한다. 우리 자신이 성경의 메시지를 충분히 이해했을 때에야 비로소 그것을 자신있게 남들에게 나누어 줄 수 있는 것이다. 사무엘이 하나님께 귀를 기울였을 때 하나님은 그에게 말씀하셨다. 그리고 나서야 사무엘이 이스라엘에게 말했을 때, 그들은 귀를 기울였던 것이다(삼상 3:9-4:1). 마찬가지로 에스겔도 하나님의 말씀을 백성에게 전할 입장이 되기 전에 스스로 말씀을 먹고 소화했다. 하나님께서는 그에게 이렇게 말씀하셨던 것이다. "인자야

··· 이 두루마리를 먹고 가서 이스라엘 족속에게 말하라"(겔 3:1).

우리의 성경 연구에는 적어도 다음과 같은 세 가지 특징이 있어야 한다. 첫째, **포괄적**이어야 한다. 죤 헉스터블(John Huxtable)의 글에 의하면, "사람과 사물에 대한 산만한 관찰을 밝혀내기 위하여 매주(每週) 좋은 책을 읽는 사람은 말씀을 전하는 설교자가 될 자격이 없다."[4] 산발적으로, 그리고 되는대로 성경을 읽는 것으로는 충분치 않다. 또한 좋아하는 구절에만 머물러 있거나 몇몇 주요 본문을 현미경적으로 조사하는 데에 집중해서도 안 된다. 성경에 대한 그러한 선택적인 지식과 사용은 마귀의 계략에 빠져 버리게 되기 때문이다. 모든 이단은 다른 진리에 의해 제한되거나 조화됨이 없이 어떤 진리를 지나치게 강조하는 데서 기인한다. 신학을 시작하는 가장 안정된 방법은 매우 다양한 특정 본문들로부터 일반적인 결론에 이르는 성경적 귀납법이다. 그러나 그것은 성경의 다양한 특성에 대한 철저한 지식을 전제로 한다. 그렇게 되어야 비로소 성경의 장엄한 주제가 나타나게 된다. 그런 후에야 전체에 비추어 각 부분들을 볼 수 있기 때문에 더 연역적인 접근을 할 준비가 되는 것이다.

개인적으로 나는 전에 웨스트민스터 채플 목사였던 마틴 로이드 죤스 박사께서 20년 전쯤 나에게 로버트 머레이 맥체인의 '성경 읽기 달력'을 소개해 준 것에 감사하고 있다. 맥체인이 그것을 만들어 낸 것은 1842년 당시 자기가 섬기고 있던 스코틀랜드 던디의 성 베드로 교회 교인을 위해서였다.[5] 이것에 따르면 매년 성경 전체를 구약은 한

---

4) Huxtable, p. 25.
5) 이것은 아직 Banner of Truth Trust사(3 Murrayfield Road,) Edinburgh, Scotland)에서 출판하고 있다.

번, 신약은 두 번씩 읽을 수 있다. 로이드 존스 박사가 차후에 「목사와 설교」(Preaching and Preacher)에서 기술했듯이, "모든 설교자는 적어도 일 년에 한 번씩은 성경 전체를 완전히 통독해야 한다고 말하고 싶다. … 그것이 설교자가 성경을 읽어야 할 최소 분량이다."[6] 맥체인의 성구집은 매일 네 장(chapter)을 읽도록 배열되어 있다. 당시는 평온한 빅토리아 시대였기 때문에 그의 의도는 날마다 개인 경건 시간에 두 장(아침과 저녁) 및 가족 기도회에서 두 장(역시 아침과 저녁)을 읽게 하려는 것이었다. 나 자신의 습관으로는 오히려 아침에 세 장 ―가능하면 두 장은 읽고 세 번째 장은 연구를 하며― 넷째 장은 저녁을 위해 남겨 둔다. 맥체인의 계획에 있어서 특히 도움이 되는 것은 장을 할당하는 방식이다. 그것은 1월 1일 창세기 1-4장에서 시작하여, 1월 2일에는 창세기 5-8장, 1월 3일에는 창세기 9-12장으로 계속되는 방식이 아니다. 그보다는 새해 첫날의 말씀은 성경에 나오는 네 가지 위대한 시초, 즉 창세기 1장(창조의 시작), 에스라 1장(민족의 갱생), 마태복음 1장(그리스도의 탄생), 사도행전 1장(기독교회의 탄생)으로 시작된다. 이렇게 하나님의 계시 목적에 평행선을 그으며 따라가는 것이다. 어느 날에는 족장, 에스더, 예수님의 사역, 바울의 여행에 대해 읽을 것이고, 다른 날에는 왕정의 성쇠를 추적하고, 예언자의 메시지에 귀를 기울이며, 요한이 그리는 예수님의 모습을 보고 계시록에 의해 드러나는 미래를 응시하고 있을 것이다. 내게 있어서 기복이 심한 성경의 전체를 개관하며, 그 기저에 깔려 있고 반복되어 나타나는 주제를 파악하는 데에 이보다 더 도움이 되는 것은 없었다.

6) Lloyd-Jones, *Preaching*, p. 172.

만일 우리가 회중으로 하여금 그리스도인의 마음(Christian mind)을 가지도록 도움을 주고자 한다면, 우리 스스로 그 마음을 길러야 한다. 그리고 이를 위한 유일한 길은 우리의 마음을 성경에 흠뻑 적시는 것이다. 스펄전은 자기의 학생들에게 이렇게 말했다. "형제여, 성경의 대가(大家)가 되시오. 다른 책은 샅샅이 연구하지 못해도 예언자와 사도들의 글에는 정통하시오. 하나님의 말씀이 여러분 속에 풍성히 거하게 하시오."[7] "성경을 이해하는 것이 우리의 대망이 되어야 합니다. 가정주부가 바늘에, 상인이 장부에, 선원이 배에 익숙한 것처럼, 성경에 익숙해야 합니다."[8] 한편, "성경의 정신에 몰입되어 마침내 … 여러분의 피가 **성경형**(Bibline)이 되고 성경의 진수가 여러분에게서 흘러 나오게 되는 것은 복된 일입니다."[9] 과거의 능력있는 설교자의 주된 비결은 이와 같이 성경에 몰두하는 것이었다. 스티븐 닐 주교는 "초기 교회의 위대한 학자 오리겐은 … 성경 전체를 정리하여 기억하고 있었던 것 같다"고 기록했으며, 크리소스톰의 설교는 구약에서 7,000개의 인용구를, 신약에서 11,000개의 인용구를 담고 있다.[10]

성경 연구가 포괄적이 되어야 한다면 또한 **열린 마음**이 되어야 한다. 즉, 성경 읽기를 통해 그 의미를 왜곡하거나 그 도전을 피하지 말고 하나님의 말씀에 주의를 기울이려는 순수한 열망이 있어야 한다. 그것이 어떻게 가능한가? 지금까지 설교를 성경과 현대 세계 내지는 문화 사이에 다리를 놓는 작업으로 생각함에 있어서 우리는 전자와 후

---

7) Spurgeon, *Lectures*, Second Series, p. 25
8) Spurgeon, *Lectures*, First Series, p. 195
9) Day, p. 131
10) Neill, p. 67

자가 서로 관계해야 하는 필요성에 집중했다. 그러나 우리는 그 작업의 셋째 요인, 다시 말해서 또 다른 문화권에 속해 있을지도 모르는 다리 놓는 사람 자신에 대해서는 거의 언급하지 않았다. 사실, 필수적이긴 하지만 흥미로운, 기독교 의사소통의 규율은 이 세 문화 간의 상호 작용과 관계가 있다. 설교자나 복음주의자는 이렇게 중얼거린다! "어떻게 한 문화권에서 자라난 내가 그와는 다른 문화권에서 주어진 특정한 성경 본문을 가지고 그것과 또 다른 제3의 문화권에 속한 사람들에게 그 메시지를 왜곡하거나 난해하게 만들지 않고 설명할 수 있을까?" 이 순간 우리의 관심사는 성경 주해에 있기보다는 우리 자신이 개인적으로 성경을 읽고 이해하는 데에 있게 된다. 이로 인해 우리는 거기 포함된 두 문화, 다시 말해서, 한편으로는 성경 본문의 문화와 다른 한편으로는 그것을 해석하려 하는 우리 자신의 문화를 최대한도로 진지하게 취급해야 하는 것이다. 오늘날 '신 해석학'(new hermeneutic)이라고 언급된 학설이 가지는 큰 장점도 이 필수성을 강조하는 데에 있다.

우선 우리는 지식과 상상력을 총동원하여 성경 저자의 입장으로 되돌아가서 그가 생각한 대로 느끼기 시작해야 한다. 우리의 할 일은 우리의 견해를 그가 기록한 문자 속으로 집어넣어 해석함으로써 그의 견해를 우리의 견해에 동화시키는 것이 아니라, 그의 마음과 정신을 꿰뚫으려 애씀으로써 우리의 견해를 그의 견해에 동화시키는 것이다. 이렇게 하기 위해서는 그의 입장에 대해 상상력 이상의 통찰력이 필요하다. 또한 우리는 우리의 통찰력에 대해 자기 비판적이어야 한다. 우리가 순전하고 객관적이며 편벽되지 않고 문화에 구애받지 않는 연구자로 성경 본문을 살핀다는 환상은 반드시 버려야 한다. 왜냐 하면 우리의 실상은 그렇지 않기 때문이다. 우리는 문화의 렌즈를 가진 안경을 끼고 성경을 본다. 우리가 아무리 성경을 받아들이기 위해 마음을 연다고 해도 성경을 생각하는 우리의 마음은 비워지지 않는다. 그와 반대로 우리의 마음은 문화적 선입관으로 가득하다. 그러므로 우리는 비록 우리 자신으로부터 문화적인 유산을 완전히 없앨 수는 없을지라도, 문화적 선입관을 인식해야만 한다. 또한 우리가 성경에 접근할 때 가지는 전제(前提)는 성경 밖에서 끌어들이는 것(즉, 인문주의자나 자본주의자, 마르크스주의자, 혹은 과학적 세속주의자의 전제)이 아니라 성경 자체에 의하여 주어진 기독교적 전제라는 점을 점점 더 확실히 하도록 해야 한다.

이제 거론해야 할 것은 두 문화의 지평선, 즉 성경 저자의 문화와 독자의 문화이다. 토니 디즐튼 박사(Dr. Tony Thiselton)가 철저히 연구하여 면밀히 논증한 저서인 「두 지평선」(Two Horizons, 1980)에 요약되어 있듯이 "지평선들의 두 집합체, 말하자면 본문과 해석자의 지평선이 서로 관계를 가지게 될 때 그 이해가 가능하다."[11] 그렇다면 어떤 관계를 가져야 하는가? '해석학적 순환계'(hermeneutical circle)라는 표현이 여러 방면으로 사용되어 왔는데, 그 중 어떤 면은 해석자가 본문의 의미를 통제한다는 인상을 주기 때문에 받아들일 수 없다. 사실 그와는 반대로 본문이 해석자에게 도전을 주는 것이다. 참된 '해석학적 순환계'는 선배로서의 성경과 우리 사이에 오고 가는 일종의 대화 내지는 '본문과 해석자 간의 역동적인 상호작용'이다. 꼭 이렇게 되어야 하는 이유를 이해하기란 어렵지 않다. 성경에 접근할 때 우리가 염두

---

11) Thiselton, p. 103

에 두는 질문과 기대하는 대답은 모두 우리의 문화적 배경에 의해 결정된다. "그러나 대답을 얻을 뿐만 아니라 더 많은 의문도 생길 것이다. 우리가 성경을 향해 말을 걸 때 성경도 우리에게 말을 건다. 우리는 문화에 의해 결정된 우리의 전제가 도전을 받고 있고, 우리의 의문이 바로잡혀지고 있다는 것을 깨닫는다. 실제로 우리는 이전 질문을 재정립하고 새로운 질문을 하지 않을 수 없는 것이다. 그렇게 하여 활발한 상호 작용이 진행된다." 이렇게 됨에 따라 하나님과 그의 뜻에 대한 우리의 이해, 우리의 신앙과 순종이 계속해서 자라고 깊어가는 것이다. 그것은 "항상 그 중심과 기준에 성경이 있는 일종의 상향 나선이 된다."[12]

이러한 것들이 '열린 마음으로' 성경에 접근하는 의미들이다. 우리는 듣고 싶지 않은 것도 과감히 들을 수 만큼 마음을 열어야 한다. 우리는 위안을 얻기 위하여 성경을 읽도록 배워 왔다. 바울 자신도 '성경의 위로'(롬 15:4)에 대해 기록하고 있지 않은가? 그러므로 성경을 읽음으로써 위로를 받을 것이라고 기대하는 것은 당연하다. 성경을 읽음으로써 마음이 혼란스러워지고 싶지는 않을 것이다. 그러므로 우리는 자신의 편견을 재확인시켜 주는 메아리만을 듣고자 성경에 다가가려고 생각하는 경향이 있다.

더욱이, 하나님의 말씀에 대해 스스로를 격리시키거나 달갑지 않은 침입을 막기 위해 담벽을 쌓기란 어렵지 않다. 지금까지 생각해 온 두 -성경 저자와 독자의- 문화는 하나님께서 우리에게 주시기 원하는 말씀의 충격, 때로는 타격으로부터 우리를 보호할, 두 겹의 두꺼운 쿠

---

12) Willowbank Report, p. 11

선과도 같은 역할을 할 수 있다. 하나님의 말씀에 우리 자신을 열기 위한 첫 단계는 우리에게 제거해야 될 보호막이 있다는 것을 인식하는 일이다. 우리는 하나님 자신이 기본 원칙을 규정하시고, 아무리 우리 마음에 맞지 않는다 해도 우리에게 말씀하시고자 하는 바를 결정하시기를 바라야 한다. 우리에게는 주님을 제한하거나, 협상의 범위를 제시할 자유가 없다. 정말 그렇다. 우리는 문화의 장벽을 무너뜨리고 우리의 생각과 마음을 열어 주님께서 하시는 말씀은 무엇이든지 들으려고 애써야 한다.

셋째로, **기대**를 가지고 성경 연구를 할 필요가 있다. 우리가 성경을 대할 때 가지게 되는 즐거운 기대(期待)에 상치되는 요건은 적어도 두 가지가 있다. 첫째는 현행의 해석학적 논쟁 자체에 의해 몇몇 사람들로부터 야기된 비관론이다. 그들에게는 성경 해석이 너무도 복잡하게 보이기 때문에 그들은 냉소적이 되며 도저히 하나님의 말씀에 대한 참되고도 균형잡힌 이해를 할 수 없는 것으로 단념해 버린다. 그러나 만일 신해석학이 전문가 이외에는 성경을 해석할 수 없다고 주장한다면 우리는 그것을 위험한 탈선으로 정죄해야 할 것이다. 왜냐 하면 성경은 우리와 같은 보통 사람들을 위하여 기록되었기 때문이다. 고린도전서에는 교리와 윤리 및 교회 질서에 관한 심오한 가르침이 있음에도 불구하고 그 서신은 '지혜 있는 자가 많지 아니한' 기독교 공동체에 보내졌던 것이다. 그러나 신해석학은 종교개혁의 복을 제한하지 않았으며 성경을 다시 평신도의 손에서 빼앗지 않았다. 조금만 참을성 있게 그 낯선 원리들을 파악하여 적용한다면 그렇게 섣불리 비관하게 되지는 않는다.

기대에 좋지 않은 영향을 끼치는 두 번째 요건은 영적 둔감성 (Spiritual Staleness)인데, 이것은 모든 목사에게 있어서 중요한 문제거리가 될 수 있다. 만일 우리가 매 년 성경 전체를 통독하면 몇 년 후에는 자신이 성경을 꽤 알고 있다고 생각하게 될 것이다. 이 때 닥쳐오는 시험은 싫증난다는 것과, 하나님께서 성경을 통해 우리에게 말씀하실 것이라는 열렬한 기대없이 일상적으로 성경을 읽게 된다는 것이다. 그러나 우리는 1620년, 미국의 조상들(Pilgrim Fathers)을 메이플라워호에 태워 보낸 화란의 분리파 교회(독립 교회: Separatists' Church)의 목사인 존 로빈슨의 유명한 말, 즉 하나님께서는 "아직도 그 거룩한 말씀으로부터 쏟아낼 진리와 빛을 가지고 계시다"를 확신해야 한다. 그러므로 우리는 천사들처럼 매일 "여호와 앞에 서서"(욥 1:6; 2:1) 주의 종과 같이 '깨우쳐진 귀'를 구하고(사 50:4) 사무엘이 한 것처럼 주의 종이 듣고 있으니 주께서 말씀하시기를 요청할(삼상 3:10) 필요가 있다. 우리는 "지식을 불러 구하며 명철을 얻으려고 소리를 높이며, 은을 구하는 것 같이 그것을 구하며 감추어진 보배를 찾는 것같이 그것을 찾을" 필요가 있다. 왜냐 하면 그 때에 비로소 우리는 '깨달으며 하나님을 알게' 되기 때문이다(잠 2:3-5). 그러한 구도(求道)의 자세는 냉정한 거절에도 아랑곳하지 않는다. 즉, 야곱처럼 하나님을 붙들고서 하나님이 축복하지 않으시면 축복할 때까지 놓지 않는 자세인 것이다(창 32:26). 하나님께서 귀하게 여기시는 것은 바로 단호한 기대와 열심 있는 심령이다. 주님은 가난한 자에게 좋은 것으로 채워 주시기를 약속하셨다. 주님께서 빈 손으로 돌려 보내시는 사람은 스스로 만족해 하는 사람뿐이다(눅 1:53). 그러므로 우리는 마치 영적 둔감성을 정상적이거나 심지어 꽤 좋은 것인 양 생각지 말고 성령의 재충만을 위해 기도해야 한다. 이렇게 할 때, 우리의 갈망이 무디어지면 주님이 날카롭게 하실 것이고, 우리의 마음이 차가워지면 주님이 우리 속에 기대의 불을 다시 붙이실 것이다.

이렇게 포괄적이며, 열린 마음으로, 또 기대를 가지고 연구하는 데 있어서 우리의 교과서는 성경 자체이지만, 입수할 수만 있다면 성경을 이해하는 데 도움이 되는 여러 자료를 많이 이용해야 할 것이다. 책은 설교자에게 꼭 필요한 자본이다. 얼마나 폭넓게 신학서적을 읽어 가는가는 우리가 쓰는 시간에 달려 있고, 어디에 연구를 집중시키는가는 개인적인 관심사에 의해 좌우된다. 어쨌든 유럽과 북미의 인쇄소로부터는 신학 서적이 홍수같이 쏟아져 나오고 있기 때문에 우리는 그것을 엄선해서 읽어야 한다. 즉, 서평을 보거나 가장 중요하다고 생각되는 책을 서로 제시해 줄 필요가 있다는 말이다. 신간(新刊)과 함께 구간(舊刊)도 읽어야 하며, 특히 성경 구절과 교리를 설명하고, 시간을 초월하여 읽혀져 왔기 때문에 일시적인 현대 저작물보다 더 값진 기독교 고전을 읽는 것이 현명한 일일 것이다. 또한 상세히는 아닐지라도 총괄적으로, 책을 직접 보지는 않더라도 정기 간행물에 나온 요약된 기사를 통해서, 현대의 신학적 논쟁에 대해 알아둘 필요가 있다. 왜냐 하면 이러한 논쟁들은 학문의 상아탑 속에만 머무르지 않기 때문이다. 그것들은 곧 라디오와 텔레비전에 발표되며 오래지 않아 학교 교과서에 침투한다. 그러므로 회중들은 우리가 현행의 논쟁을 의식할 수 있게 되기를 기대하고, 그들이 그 논쟁에 사려깊게 대처할 수 있도록 도와주기를 기대한다. 역사는 신학연구에 있어서 또 하나의 핵심적인 차원이다. 새로운 진리나 이단은 거의 없다. 대부분 고대 사상의 재탕인 것이다. 역사 신학을 조금 알면 잘 조정된 안목(perspective)을 갖고 최근의 교리적 동향을 살필 수 있다. 전기(傳記)는, 하나님께서 다른 시간과 장소에 산 그리스도인을 어떻게 대하셨는지를 배울 수 있게 하는 것으로서, 조화와 지혜와 용기를 가져다 준다. 그리고 이 모든 독서에 있어서 우리의 목적은 지식의 축적이 아니라, 그리스도인답게 생각하도록 하는 자극이다.

책값이 늘 비싸지기 때문에 서구의 도시 주민은 훌륭한 공공 도서실에 갈 수 있는 것을 점점 더 감사히 여기고 있다. 더욱이 모든 지역 교회는 조그마한 참고 도서실을 운영할 수 있어야 한다. 그러면 목사들은 서로간에 책을 빌려 줄 수 있으며 또 교인들에게도 책을 빌려 줄 수 있다.

17세기 체스터의 주교였던 조 윌킨스가 성직자들에게 추천한 '잘 설계된 도서설'의 장서 목록은,[13] 아마 필수 참고 도서, 특히 몇 번이고 참고할 필요가 있는 사전과 주석에 중점을 두고 있다.

나는 종종 교파적이든 초교파적이든 지역 성직자 모임이 생각을 자극하는 데 더 효과적일 수 있으리라고 생각한다. 서로 만나 업무를 처리하는 것은 물론이거니와 서로의 연구를 격려할 수도 있을 것이다. 18세기 후반은 영국의 성직자 특히 복음주의자들의 협회가 크게 설립된 시기였다. 맨 처음 설립된 것은 트루로(Truro)에 있는 워커의 '성직자 동호회'인데, 그 목적은 '주님의 일을 할 때 서로의 손을 강하게 하기' 위한 것이었다. 그 후 몇 년간 영국의 여러 곳에서 10개 가량의 협

---

13) Ecclesiastes, p. 31

회가 생겼다. 레스터(Leicester)의 토마스 로빈슨은 "남들은 볼링을 하러도 만나는데, 우리가 왜 기도하러 만나지 않겠는가?"라고 반문했다. "다른 사람들은 춤추고 술마시는 회합도 가지는데, 우리가 왜 심의회를 가지지 않겠는가?" 이러한 동호회 중 가장 유명하고 영향력 있는 것은 한 때 선장이자 노예 상인이었으나 성직사가 되어 당시 런던시의 성 메리 울노드의 교구 목사로 있던 존 뉴튼과 그의 친구에 의해 창설된 절충 협회(the Eclectic Society)였다. 그들은 격주(隔週) 월요일마다 만났다. "우리는 차 마시는 것으로 시작했다"고 뉴튼은 기록했다. "그리고 나서 짤막한 기도 후에 제시된 주제에 관해 세 시간 가량 대화를 가졌는데 그 이야기는 언제나 흥미진진하였다." 그는 또 "회원들이 모두 왕족 출신이었고 왕께서도 친히 우리를 만나 주셨기" 때문에 그 모임이 왕립 협회라 불릴 만했다고 덧붙였다.[14]

2. 현대 세계

성경 및 신학 연구 자체만으로는 훌륭한 설교에 부족을 느끼게 한다. 그것이 필수불가결한 것은 사실이지만 현대의 학문 연구에 의해

---

14) Hennell, p. 84. 1798년과 1814년 사이에 절충 협회에서 토의된 것은 요시아 프랫이 기록했으며, 그 아들 존 프랫이 편집하여 1856년 처음으로 출판했고 1978년 다시 Banner of Truth Trust사에 의해 발행되었다. 원래의 절충 협회는 19세기 중엽 어느 때엔가 사라졌다. 1955년 4월 '영적인 상호 교제…와 영적 진리의 탐구'가 필요한 것을 깨닫고 (뉴튼도 자기 세대에 그것이 필요하다는 것을 알았다) 랭엄 플레이스의 올 소울즈 교회(All Souls Church)로부터 22명의 젊은 복음주의적 성직자들에게 같이 하루를 보내며 절충 모임을 재설립하자는 초청장이 보내졌다. 그러한 작은 시작으로부터 그 모임은 자연스럽게 성장하여 1966년에는 지역 모임이 17개에다 회원 수가 1000명 이상이나 되었다. 지금은 40세 미만의 복음주의적 성직자와 평신도로 제한되어 있어서 규모가 작아졌지만 아직도 영향력은 있다.

보충되지 않으면 우리는 불행하게도 문화적 간격의 한쪽에 격리될 수도 있는 것이다. 데이빗 리드는 에딘버러 대학교의 교목으로서 1951년의 워랙 강의(Warrack Lectures)를 할 때 그러한 위험에 대해 말했다. "'아, 비둘기의 날개가 있다면 멀리, 멀리 날아 다닐텐데'라는 찬송이 너무 자주 설교 전에 불려지고 있다."고 말했던 것이다. 종종 우리의 설교는 멀리 사회로부터 떨어져 '그 고통에는 손길이 닿지 않고 그 부적절한 이상 속에 순결하게 있는' 것처럼 여겨진다.[15] 그는 계속해서 젊은 목회자가 '이상적인 교회 및 목사관 건축 계획'이라고 생각한 것을 기술한 글을 다음과 같이 제시한다.

> 두드러진 특징은 한 쪽 끝에는 목사관의 연구실로 나 있는 문이, 다른 쪽 끝에는 교회의 강단으로 들어가는 문이 있는 곧고 긴 복도였다. … 그것은 주님의 말씀을 위한 고속도로로, 설교자의 생각(mind)으로부터 청중의 마음(heart)에 이르는 직선 코스였다.

방해도 혼란도 없다. 그러나 데이빗 리드는 계속해서 이렇게 말했다.

> 신학이라는 완충 장치를 한, 그러한 격리된 연구는 사형 집행실이며, 그 복도를 따라 운반되는 것은 죽은 말이지 … 마음에서 마음으로 삶에서 삶으로 전해지는, 원래의 살아있는 말씀은 아닌 것이다.[16]

---

15) Read, P. 47

그러고 나서 그는 설교가 탄생되는 경위에 대한 자신의 이해를 덧붙였다.

> 연구실에서 강단으로 가는 길이 살아있고 요구하고 간섭하는 목
> 사관을 통해, 시끄러운 거리로 나가, 집과 병원, 농장과 공장, 버
> 스, 기차, 영화관을 들락날락거리며 … 어쩔줄 몰라 하는 사람들
> 이 줄지어 앉은 사이를 지나, 설교하도록 부름을 받은 곳으로 나
> 있다는 것은 기독교 설교의 공리이다. … 살아있는 말씀에는 연
> 구실에서 강단으로 직접 가는 첩경이 없다.[17]

그렇다면 분수령의 양쪽에 관해 연구할 필요가 있다. 전(前) 세기 말에 오스틴 펠프스(Austin Phelps)가 기술했듯이, 철저히 훈련받은 설교자는 우선 인간을 잘 아는 인간이며 다음으로 서재를 잘 아는 학자이다. 즉 "어떤 전문직도 현재의 실생활 세계와 책 속에 살아있는 과거의 세계를 흡수하여 자체의 용도에 충당한다는 점에 있어서 설교직에 비할 바가 못 된다."「사람과 책」(Men and Books)이라는 제목 하에 출판된 펠프스의 강의 시리즈 전체는 이 주제와 설교자가 이 두 자원을 개발해야 할 필요성에 대해 언급하고 있다.[18]

이러한 강조점 때문에 본인으로서는 현대 세계에 대한 우리의 연구가 책이 아닌 사람으로 시작하는 것이 기쁘다. 가장 훌륭한 설교자는 언제나 근면한 목사, 즉 자기 지역의 사람들과 회중을 알고 인간 현

---

16) ibid., p. 62-3
17) ibid., p. 63
18) Phelps, 서문과 p. 3.

장의 모든 고통과 기쁨, 영광과 비극을 잘 이해하는 사람이다. 그리고 그러한 이해를 얻는 가장 빠른 길은 우리의 입을 다물고(충동적인 설교자로서는 힘든 일이다) 눈과 귀를 여는 것이다. 하나님께서 우리에게 두 귀와 두 눈을 주시면서 입은 하나만 주신 것은 우리로 하여금 말하는 것의 두 배를 보고 듣게 하려는 의도라고 한 말은 옳은 말이다.

> 지혜로운 올빼미 옹이 참나무에 살았는데
> 많이 볼수록 적게 말했고
> 적게 말할수록 많이 들었건만
> 우린 왜 이 새와 같지 못할까?

그러므로 우리는 사람들에게 질문을 하여 그들로 하여금 말하게 할 필요가 있다. 우리가 그들보다 성경 지식이 더 많은 것은 틀림없지만 그들은 현실 세계에 대해 우리보다 더 많이 알 것이다. 그러니 우리는 그들이 자기의 가정과 가족 생활, 직업, 전문 지식, 여가의 관심사 등에 대해 이야기하도록 격려해야 한다. 또한 우리는 그들의 행동을 주시할 뿐 아니라 그와 같은 행동을 하게 된 생각까지 꿰뚫어 볼 필요도 있다. 왜 그런 행동을 하는가? 그들의 기독교 신앙은 그들에게 어떤 동기를 부여하는가? 어떤 문제가 그들의 신앙을 방해하며, 그 신앙을 삶에 적용시키지 못하게 하는가? 사람들의 배경이 다양할수록 우리는 더 배워야 한다. 다른 문화권과 함께 다른 세대, 특히 젊은 세대의 전형적인 인물들의 말에 귀를 기울이는 것이 중요하다. 10대의 자녀를 가진 기혼 목사가 현실에 파묻히지 못한다는 것은 해명될 수 없

는 일이다. 겸손히 듣는 것은 적절한 설교에 불가결한 것이다. 또한 그
것은 우리의 성경 지식과 다른 사람들의 세상 지식을 결합하여 다리를
만드는 것으로서, 설교를 협동작업화한다.

주의깊게 듣는 것에 덧붙여, 일간지나 주간지를 일고(수년간 나는 일
간지를 대충 훑어보는 것보다는 주간지를 철저히 읽는 것이 훨씬 더 유익하다는 것을
알았다), 텔레비전을 보며, 구해 읽을 만한 가장 영향력 있는 현대서적
을 찾기 위해 비종교 서적의 서평을 숙독하는 것은 당연한 일이라고
생각한다. 또한 무대와 화면만큼 현대 사회를 충실히 반영해 주는 것
이 없기 때문에 가장 유명한 영화와 연극 중 몇 편을 볼 필요가 있다는
것도 분명한 것 같다.

독자들 중 어떤 사람은 내가 그랬던 것처럼 영화나 연극이라면 이
맛살을 찌푸리는 기독교 소문화권(subculture)에서 영적인 양식을 공급
받았을지도 모르기 때문에, 나로서는 이 시점에서 있을 수 있는 비판
을 미리 이야기하는 것이 옳을 것 같다. 첫째로 불필요한 유혹에 이끌
리지 않도록 지혜롭게 피해야 할 연극, 영화, 서적이 있지 않느냐고 물
을 독자가 있을 것이다. 물론, 그러한 것들은 있다. 그러나 비록 우리
에게 다른 사람들을 통제할 자유는 없지만 분명히 우리 자신의 도덕적
내지는 영적 평정을 뒤엎어 놓기 쉬운 것들은 멀리해야 한다. 실족케
하는 눈, 발 또는 손에 대한 예수님의 가르침은 아직도 유효하다. 그러
니 우리가 보고 읽는 것을 분별하기 위해 추천된 소설과 연극에 대해
주의깊게 문의하는 것이 현명하다. 이도저도 아닌 연극과 영화, 그리
고 적그리스도의 영을 포착하기 힘들 정도로 그 영향력이 잠재적인 경
우에는 혼자가 아니라 친구들과 떼를 지어 가는 것이 유익함을 알게

되었다. 그렇게 하면 자신의 비판적인 격리(隔離)를 유지하여 그 분위기에 빨려들어가지 않기가 쉽기 때문이다.

둘째로 바울이 로마서와 고린도서에서 그처럼 많이 언급한 '약한 형제'(또는 자매)에 대해서는 어떻게 생각해야 하는가? 비록 우리 자신은 악에 물들 수도 있는 위험한 일을 할 만큼 강하다고 여기더라도 우리의 본보기가 약한 그리스도인들로 하여금 길을 잃게 하는 것은 아닌가? 그렇다. 이것도 중요한 질문이다. 성경은 다른 사람에 대한 우리의 책임과 우리의 본보기가 가지는 선이나 악의 능력에 대해 많은 것을 말해 주고 있다. 우리 주님이 하신 가장 맹렬한 고발과 가장 엄중한 경고 중 한 가지가 '작은자'(문자적으로는 영적으로 어린이)를 실족케 하는 사람을 향한 것이었다. 그런 사람은 차라리 물에 빠져 죽는 것이 낫다고 말씀하신 것이다. 그렇지만 약한 형제 자매의 '약함'이 의미하는 것은 그들의 의지라기보다는 양심이다. 약한 양심이란 지나치게 꼼꼼한 양심이다. 약한 양심은 잘못된 생각일지라도 어기는 법이 없다. 그러나 그 양심은 교육받을 필요가 있다. 그러므로 우리가 연극이나 영화를 보러 가는 것에 의해 실족할 '약한 형제'가 우리 회중 속에 있다면 그에 대한 책임은 우리 자신에게 있게 되는데 그 이유는 그들의 양심을 강하게 하거나 교육하는 것이 우리의 할 일이기 때문이다!

셋째로 어떤 사람들은 현대소설이나 연극, 영화를 연구하는 일은 시대의 풍조와 타협하는 일로 간주하기 때문에 그것을 거부한다. 그들은 설교에서의 '적절성'에 대한 탐구를 세상적인 것에 대한 굴복으로 간주한다. 그것에 굴복한 사람들의 주된 의도는 경건하게 되는 것이라기보다는 유행을 따르고, 사람을 즐겁게 만드는 것으로 전락된다. 다시 한 번 우리는 이 비판을 조심할 필요가 있다. 인기욕은 정말 위험하다. 그리고 우리 중에는 '사람의 영광을 하나님의 영광보다 더' 사랑하는 20세기의 바리새인들이 많이 있다(요 12:43). 이러한 경향을 가장 통렬히 비판한 사람 중 한 사람은 1911년부터 1934년까지 성 바울 성당의 제사장이었던 잉게(W. R. Inge)이었다. 그는 1911년 '교회와 시대 정신과의 협력'에 대한 강의에 초청되었는데, 그 주제에 대한 자신의 입장을 '나로서는 화나는 일'이라고 일기에 밝혔다. 그는 계속하여 말하였다. "많은 시대 정신이 있는데 대부분은 악한 것이며 만일 당신이 자신의 세대의 정신과 결혼하면 다음에 과부가 될 것이다."[19] 이것은 현명한 경고다. 그러나 그것이 현대의 조류를 정죄하는 것은 아니다. 내가 제안하는 것은 시대 정신과의 협력도, 더구나 그것과의 결혼은 더더욱 아닌 적절한 하나님의 말씀으로 그것에 대처하려는 목적을 가지고 그것을 이해하자는 것이기 때문이다.

3. 독서 및 자원 그룹

그렇다면, 어떤 종류의 연구가 현대 세계에 대한 우리의 이해를 증진시켜 줄 것인가? 나는 1974년에 한 독서 그룹이 설립되도록 도움을 준 바 있는데, 그 그룹으로부터 받은 엄청난 자극을 지금 증거하려 한다. 그 모임은 10여 명의 젊은 대학 졸업자와 전문 직업인들로 구성되어 있는데, 그 중에는 여러 명의 의사들, 법률가들, 교사들과 주택 개

---

19) Inge, p. 12.

발 공무원 한 명, 건축가 한 명, 인사 담당 이사 한 명 및 대학원생 여러 명이 있었다. 내가 런던에 있을 때 우리는 매월 한 번씩 만나 모임이 끝날 때에는 다음 모임이 있기 전에 읽어야 할 것을 정하였다. 이 모임에서 우리는 함께 저녁 내내 책에 대한 소감(所感)을 이야기한 후 그 메시지의 함축된 의미를 토론하며 그것에 대한 기독교적 응답을 얻어내고자 하였다. 선택된 책 중에는 기독교적인 안목에서 쓰여진 것도 있었다. 예를 들면, 자끄 엘륄의 「폭력과 도시의 의미」(Violence and The Meaning of the City), 수마허의 「작은 것은 아름답다」(Small is Beautiful), 도날드 맥케이의 「시계 태엽장치의 의미」(Clockwork Image), 존 하워드 요더의 「예수의 정치학」(The Politics of Jesus), 존 테일러의 「충분한 것은 충분하다」(Enough is Enough) 등을 들 수 있다. 또한 우리는 복음적 기독교에 라이벌이 되는 이데올로기를 제시하는 책도 연구하였다. 또한 코란도 읽었고, 동방의 신비주의가 현대에 미치는 호소력을 이해하려 했고, 제임스 사이어(James Sire)의 「이웃 우주」의 도움으로 다른 '주의'를 연구했으며, 카를로스 카스타네다(Carlos Castaneda)에 의해 주창된 야퀴(Yaqui)식 인식법에 매료되기도 했고, 호세 미구에스 보니노(Jose Miguez Bonino)가 쓴 「그리스도인과 마르크스주의자」(혁명에의 상호 도전)를 통해 마르크스주의의 매력을 느꼈고, 「그리스도인이 되는 것에 대하여」(1977)에서 박식하게 그 개요를 서술한 한스 큉(Hans Küng)의 로마의 자유 가톨릭 사상도 보았다.

그러나 우리는 종교 서적보다는 비종교 서적에 집중하려 했다. 그것은 우리 모임의 주 목적이 기독교 이후의 서구의 세속 사상을 이해하여 기독교 정신을 가지고 그것과 싸우기 위해서였기 때문이다. 그래서 나는 매월 그 모임에서 읽을 책 선택에 책임을 맡게 되었다. 우리는 테오도레 로작의 「반문화의 형성」(The Making of a Counterculture), 찰스 라익의 「아메리카의 성숙」(The Greening of America), 알빈 토플러의 「미래의 충격」(Future Shock)과 같은 책에 대해 현대문화 분석 연구소로부터 도움을 받은 바 크다. 우리는 헤르베르트 마르쿠제(Herbert Marcuse, 1960년대 학생들의 이교적 영웅)와 에릭 프롬(Erich Fromm)과 같은 인기 있는 현대 철학자와 논쟁하기도 했다. 우리는 여권주의, 낙태, 안락사에 있어서의 문제점을 이해하려 애썼으며, U.F.O.의 증거를 검토하면서 놀라운 하루 저녁을 보내기도 했다. 또한 까뮈, 카프카, 윌리엄 골딩, 헤르만 헷세, 그리고 존 파울즈와 같이 인기 있는 소설가를 이해하려고도 했다(각 회원들은 서로 다른 작품을 읽었다.).

어떤 경우에는 책을 읽는 대신 영화나 연극을 보러 가기도 했다. '스타워즈'와 '크로스 엔카운터'는 우리에게 공상 과학의 전영역(全領域)을 소개해 주었으며 '대체 누구의 생명인가?'와 '생명 선고'는 자발적 안락사 운동과 그 반대자들을 소개해 주었다. 잉그리드 버그만의 '가을 소나타'는 우리에게 심오한 충격을 주었다. 우리는 영화가 끝난 후에도 사랑을 받지 못하는 결과가 한 가정에 끼치는 비극적 영향에 압도되어 침묵을 지키며 의자에서 떨어질 줄 몰랐다. 우리는 울적한 감정을 해소하기 위해 교회로 걸어가서 함께 기도해야 했다. 우리는 '크레이머 대 크레이머'(Kramer V. Kramer)를 보고서 어른이 야기하는 자녀 보호권 문제에 대해 깊은 감동을 받았다. 그 후 희비극(喜悲劇) 배우 우디 알렌(Wood Allen)의 진정한 사랑을 찾지 못한 채 성적 타락의 길을 헤매는 최근의 영화를 보고 나서 책임이 수반되지 않는 사랑은

받을 것이 못 된다는 기독교의 진리를 확고히 하게 되었다.

독서 그룹에서의 경험 —우리가 읽은 책, 관람한 영화와 연극에 대한 토론— 은 현대 세계에 대한 우리의 이해를 증진시킬 뿐만 아니라 상실과 절망 속에 있는 자들에 대해 연민의 정을 불러일으키게 하고 우리의 기독교 신앙을 확고하게 해 주며 그리스도인의 사명감을 다시 일깨워 주었다. 그리하여 나는 이와 같이 가치 있는 모임을 동료 사역자들에게 추천하였다. 아무리 조그마한 교회라도, 또 그 교회가 어떤 문화권에 소속되어 있든지 간에, 교회가 세상에 대해 가지는 관련성이나 기독교 정신이 세속 정신에 대해 가지는 관련성이나 예수께서 그 라이벌에 대해 가지는 관련성에 대해 담임 목사와 논의할 만한 사려 깊은 교인은 있는 법이다. 런던의 그 모임에서, 나는 읽어야 할 책 중 적어도 몇 권은 읽도록 권장할 필요가 있음을 느꼈으며 또한 제기된 문제를 토론할, 예리한 이지(理智)와 따스한 마음을 가진 젊은이들이 필요함을 느꼈다. 그들은 나를 현대 세계로 인도하여 현실 세계의 땅에 두 발을 힘있게 디딜 수 있도록 하는 데 도움을 주었다. 나는 그들을 매우 고맙게 생각하고 있다.

정기적으로 만나는 독서 그룹 외에도 나는 몇몇 특별 자원 그룹으로부터 큰 도움을 얻었다. 담임 목사 미카엘 본(Michael Baug-hen)이 의장으로 있는 올 소울즈 교회(All Souls Church)의 간사회는 약 2년 전에 '오늘날의 영국이 당면한 문제' 라는 제목을 가진 매 년 4회의 설교회를 분기마다 갖기로 하고 설교자로는 나를 초청했다. 선택된 주제는 '다민족(多民族)적 꿈', '직업과 실직', '무기 경쟁' 및 '신 국제 경제 질서' 였다. 그 초청(혹은 도전)을 받아들이긴 했지만 나는 곧 그 주제를 다루기에는 나의 힘이 부족하다는 것을 알았다. 내가 이 문제에 관해 어떤 성경적 확신을 기지고 있었던 것은 분명했지만 종족 관계나 군비 또는 경제에 대한 실제적인 지식은 거의 없었고 산업이나 실직에 대한 개인적인 경험도 결코 없었다. 그런데 어떻게 내가 감히 그러한 문제를 전반적으로 이야기할 수 있단 말인가? 그 때 나는 분명히 다음과 같은 것들이 필요함을 느꼈다.

첫째로 나에게는 사실과 수치(數値)를 제공하고 사고를 자극시켜 줄, 정봉 밝은 최근의 문헌이 필요했다. 나는 이 곳에서 설교에 대한 비성경적 정보를 포함시키는 일을 변호해야 하겠다. 그것이 없으면 성경적 메시지는 허공 속으로 선포되는 것이다. 따라서 성경으로부터 노동에 대한 기독교적 교리를 해설할 수도 있겠지만, 계속적으로 상승하는 실업률을 감안하면서 강해한다면 그 의의는 더욱 클 것이다. 제자들에게 화평케 하는 자가 되라고 한 그리스도의 명령에 대해 설교할 수도 있으나, 초강대국의 병기고의 규모가 아찔할 정도라는 것을 알 때 주님의 부르심이 훨씬 더 긴박하게 들리는 것이다. 또한 하나님께서 가난한 자를 돌보시고 무력한 자를 보호하시고 공의를 요구하시며 그 백성들로 하여금 서로 아낌 없이 나누도록 요청하신다는 것을 성경으로부터 가르칠 수 있지만, 세상 사람 중 8억이 빈민이며 매일 만 명이 기아와 그와 관계있는 질병을 죽는다는 사실을 덧붙이면 그 메시지는 더욱 더 통렬한 것이 된다. 마찬가지로 세계 선교를 위하여 성경적 근거를 개괄하고 우리의 마음을 토로하여 회중들로 하여금 기도하고 헌금하고 봉사하도록 요청할 수 있으나, 세계 인구의 사분의 삼쯤 되는 30억의 사람들이 복음을 듣고 그것에 응답할 적당한 기회를 갖지 못했다는 사실을 덧붙일 때 우리의 호소는 훨씬 더 강력한 것이 된다.

둘째로 나는 분기 설교 전에 나와 함께 두어 시간을 같이 보내 줄, 특별 전문가 그룹과 토론을 할 필요를 느꼈다. 각 그룹은 서로 다른 관점, 때때로 서로 모순된 관점을 가진 대표자들의 모임이었다. 예를 들면, 노사관계에 관한 설교를 하기 전에 만난 그룹에서는, 이전에 노조의 직장 대표 겸 지점장을 지냈다가 이제 거의 6,000명의 노동자를 관리하는 전임 노조 간부가 된 사람, 지방 출장소장인 우편 노조원, 지배인이면서 판매부장으로서 15년간 양조장에서 일하다가 이제 성직자가 되기 위한 공부를 하고 있는 사람, 경영자와 노조원 양쪽을 위해 일했던 건강 보험회사 고문 겸 중개인, 그리고 '평생 일당 노동이라곤 한번도 해 본 적이 없는' 의과대학 학생, 인플레가 매매 과정에 주는 영향을 전공한 경제학 강사 등이 있었다. 그 다음, 무기 경쟁이라는 훨씬 더 논란의 여지가 많은 주제에 대해 설교하기 전에 만난 그룹에서는, 재침례파 출신의 확고한 평화론자, 전쟁에 관한 연구로 박사 학위를 받은 공무원, 국방 대학에서 경력 중간 과정을 밟고 있는 해군 중령 및 영국 어느 지역에 있는 육군 교육대장이 있었다.

세 번째로 언급하고자 하는 예는 노동과 실직에 대한 설교에 관해 조언을 해 준 그룹에 관계된 것이다. 그 그룹은 고용주 인사 관리인(해고될 간부에게 흉보를 알리는 불행한 일을 맡은), 경제학 연구생이자 강사인 사람, 옥스퍼드 상점가의 교회 목사, 보험회사 고용인, 그리고 실직의 경험이 있는 두 사람으로 이루어졌다. 두 사람 중 한 사람은 신문 기자로서 대중 관계의 일을 하다가 35세 때 해고당했다. 다른 한 사람은 사회 정책 분야에서 학위를 얻은 후 대학원에서 화학을 공부하면서 최선을 다해 암환자와 불구자를 돌보았던 간호사였는데 그녀는 전혀 예기치 못한 상태에서 2주 간의 예고로 해고당했다. 그 후 그녀는 43군데의 직장에 지원했지만 겨우 여섯 번 면접을 받았고 아직도 실직자인 채로 있다. 이 두 친구로 인해 나는 실직을 통계학적 견지에서보다는 개인적인 견지에서 볼 수 있게 되었다. 이들은 이들 자신이 느낀 것 ─ 실직이 가져다 준 충격, 거절, 상처, 굴욕, 그리고 무력감─ 을 내가 느끼도록 도움을 주었다.

　나는 언제나 각 그룹이 모이기 전에 핵심 문제가 무엇인지 확인하고 그들에게 어떤 질문을 해야 할지에 대해서 약간의 준비 작업을 해야 했다. 토론은 변함없이 활기가 넘쳤고, 종종 나는 방관자의 입장에서 서로 다른 견해가 전개되어 가는 토론을 듣기도 했다. 이렇게 엿듣는 것도 극히 고무적이며 교화적(敎化的)이었다. 사실 성경적인 원칙과 현대의 맥락을 서로 연결시키려고 한 그러한 모든 경험은 창조적인 것이었다.

　이제 자원 그룹에 대한 나의 제안이 다른 성직자에게 불러일으킬지도 모르는 비판적 반응에 대해 생각해 보고자 한다. 저소득층이 사는 도시 중심이나 산업 지역에서 지나치게 일하는 목사가 있는데, 그는 이미 능력의 한계에 도달하여 지금보다 더 많은 일을 할 수 있다고는 생각할 수 없다. 게다가 교인(敎人)의 수는 25명 밖에 되지 않았으며 그 중 어떤 분야에든지 전문가는 아무도 없다. 이같은 상황에서 자원 그룹은 불가능할 것이다. 그 목사에게는 그와 같은 전문 지식을 가질 만한 시간이 없었으며 회중들에게도 그러한 것을 감당해 낼 전문 지식인이 없는 것이다.

그러나 나는 도시와 교외에 사는 회중이 자원 집단을 훨씬 더 잘 모을 수 있는 위치에 있음을 분명히 알고 있다. 아무리 조그마한 도시 교회와 일에 시달린 목사라도 아무것도 해 낼 수 없다는 것은 선뜻 인정하고 싶지 않다. 비록 당면 문제에 대해 깊이 생각한 설교를 분기마다 할 수 없다 해도 일 년에 한 번 정도 설교하는 것도 정말 불가능한가? 그리고 교인 가운데 그 분야의 전문가가 없다면 다른 교회에 소속되어 있으나 자기의 전문 지식을 어떤 토의 그룹에서 이야기하고 싶어하며, 그렇게 해 달라는 요청을 받았을 때 놀라워하며 고마워하기까지 할 사람이 분명 가까이에 있을 것이다.

어쨌든 설교 작성 과정에 있어서 성직자와 평신도 간에 더 많은 협력이 있어야 하며, 여러 은사가 있는 그리스도의 몸으로서 신약에 나타난 교회상이 요구하는 것도 바로 이것이라고 확신한다.

전 켄터베리 대주교인 마이클 램제이는 뉴욕에서 다음과 같은 강의를 했다. 사제(즉, 목사)는 신학을 배워 가르치는 자이다. 그가 하는 연구는 깊고 꾸준하다. … 그는 오만하게 신학을 가르치지 않는다. 왜냐하면 그가 평신도에게 자기 도움 없이는 그들이 알지 못하는 것을 가르치는 동안, 신학이 적용되는 문제에 대해 그들로부터 내내 배워야 하기 때문이다. 사제와 평신도 간의 이러한 협력에 있어서 그리스도의 이름으로 가르치는 사제의 권위는 실제적인 것이지만 그리스도의 겸손과 배우는 자의 심령으로 행사되어야 할 것이다.[20]

개인적으로 나는 '사제와 평신도 간의 이러한 협력'을 발전시키

---

20) Ramsey and Suenens, *The Future*, p. 35.

고, '그리스도의 겸손'을 표현하는 데 있어서 램제이보다 더 강조하고자 한다. 그것은 단지 평신도는 질문만을 하고 우리는 그 질문에 대답하기 때문만은 아니다. 우리도 그들에게 질문해야 한다. 그것은 오히려 우리는 성경적 안목에서, 그들은 현대의 안목에서, 서로 질문함으로써 말씀이 현실(現實)에 부딪칠 때 야기되는 문제의 해결책을 함께 발견할 수 있기 때문이다.

4. 연구 습관

나는 지금까지 깊은 분수령의 양 쪽에 대한 연구에 초점을 맞출 필요성이 있음을 상술했다. 우리는 고대의 성경 본문과 현대의 현장, 성경과 문화, 말씀과 세상, 둘 다를 연구해야 한다. 그러므로 우리는 체계적으로, 포괄적으로, 열린 마음으로, 그리고 기대를 가지고 성경을 숙고하는 동시에, 인간 사회 속에서, 인간 사회를 향해, 하나님의 말씀을 설명하도록 부름을 받았으므로 우리의 사회를 이해하려고 노력하면서 연극과 영화, 그리고 텔레비전을 듣고 보고 읽고 관람하고 그룹에게 도움을 청해야 할 것이다. 이것은 방대한 작업이다. 이렇게 하기 위해서는 일생 동안 연구해야 한다. 어떻게 이와 같은 일을 해 낼 수 있을까?

우리 선조들은 정신을 혼란시키게 하는 일을 회피함으로써 그와 같은 일을 해 내었다. 런던에 있는 시티 템플(City Temple)의 수석 목사인 조셉 파커를 예로 들어 보자. 그는 매일 아침 7시 30분에 연구를 시작했다. 게다가 공적인 생활이나 업무에는 개입하지 않았다. 그는 다음과 같이 말하고 있다. "나는 내 일을 위해 살아왔다. 그 뿐이다. 만일 일주일 내내 이야기 했다면 주일 설교는 할 수 없었을 것이다. 그 뿐이다. 만일 내가 위원회에 참석하고, 정치에 관여하고, 국가의 일반적인 문제에 관심을 가졌더라면 이미 나의 체력은 다 소모되었을 것이다. 그 뿐이다. 신비적인 것은 없다"[21] 캠벨 몰간은 신학 교육이나 대학교 학위를 받은 적도 없었지만 매일 아침 6시에 연구를 시작했다.[22]

맨체스터 침례교 설교자인 알렉산더 맥레런(1903년 사망) 역시 자신의 연구와 준비에 집중하기 위해 사교 및 연설 약속을 사절했다. 그러나 그는 자기의 해박한 지식에 또 하나의 설명을 덧붙였다. 그것은 그가 자기의 목회 초기 기간을 벽지에서 보냈다는 사실을 만족하게 여긴다는 점이었다. 그의 말에 의하면, "나는 조용하고 작은 외딴 곳에서 목회를 시작한 것에 대해 하나님께 감사한다."[23] 그렇게 비교적 격리된 속에서 그는 맨체스터의 번화한 등불 속에서 보낼 장래를 위한 자료를 축적할 수 있었다.

그러나 우리는 매우 다른 세계에 살고 있는 것 같다. 내가 다니던 신학 대학의 학생들은 아직도, 근면한 목사는 오전에는 책을 보면서 오후에는 심방을 하면서 시간을 보낸다고 배우고 있었다. 내가 알기로는 그러한 생활을 성공적으로 한 사람도 있는 것 같다. 그러나 나에게 있어서 그것은 처음부터 도달할 수 없는 이상(理想)이라는 것을 알았다. 나는 힘껏 노력했으나 헛수고였다. 나는 오전에 책을 볼 수 없었다. 주

---

21) Wiersbe, p. 56.
22) ibid., p. 133.
23) ibid., p. 37.

일 오전에는 교회에서 공중 예배를 드렸다. 월요일 오전에는 재직회에 참석하였다. 화요일은 휴무일(休務日)이다. 그러나 수요일은 또 급한 편지를 써야 했고 목요일 오전에는 교회 학교(Church Day School)에서 가르쳤다. 금요일 오전에는 장례식이 있게 마련이었고 토요일 오전은 설교 준비를 위하여 시간이 필요했다. 내가 책을 읽기 위하여 단 하루의 아침 시간도 얻지 못한 채 한 주일이 지나갔다. 그래서 나는 나의 기대를 낮춰 현실적인 목표를 세워야 했다. 나는 짧은 연구 기간이 누적되어 얻는 효과의 가치를 믿게 되었다. 나는 목사가 개인적인 성경 연구와 기도 시간 외에 하루 한 시간씩도 독서하지 못할 정도로 바쁘지는 않을 것이라고 생각한다. 또한 더 지속적인 연구를 위해 —오전이든, 오후든, 저녁이든— 일주일에 한 번 연속하여 네 시간의 시간을 내는 것도 대부분 가능할 것이다. 단지 필요한 것은 일주일에 한 차례씩 그러한 시간을 정해 놓고 긴급한 일 이외에는 그 일정표대로 실천하는 훈련뿐이다.

다음으로 나는 적어도 한 달에 한 번 묵상일(quit day)을 갖는 것이 굉장히 유익한 일임을 알게 되었다. 나는 1951년경 이즐링턴 성직자 회의에서 윌킨슨 목사의 연설을 통해 이것을 배웠다. 내가 회의 전체로부터 기억하는 것은 그것뿐이다. 그러나 나에게 있어서 그것은 하나님으로부터 들려오는 메시지와 같이 생각되었다. 나는 29세 때 올 소울즈 교회의 담임 목사가 된 적이 있었는데, 나로서는 그러한 책임을 떠맡기에는 너무도 어리고 경험이 없었다. 나는 어쩔 수 없이 임기응변식으로 살기 시작했다. 업무는 쌓이기 시작하였고 나는 그 업무의 무거운 짐에 억눌려 숨도 쉬지 못할 지경이었다. 나는 전형적인 성직자의 악몽에 시달리기 시작했다. 강단의 계단을 올라 가는 도중 갑자기 설교 준비를 잊고 있었다는 것을 깨달은 적도 있었던 것이다. 바로 이 대 윌킨슨의 연설을 듣게 되었다. 그는 이렇게 말하고 있다. "한 달에 한 번 묵상일을 가지시오. 할 수 만 있으면 아무 간섭도 받지 않는 시골로 가시오. 물러서서 앞을 바라보고 어디로 가고 있는지 생각해 보시오. 하나님의 안목과 그 뜻에 몰두하도록 하시오. 하나님이 보시는 대로 사물을 보려고 하시오. 긴장을 푸시오!" 나는 그렇게 했다. 집으로 가는 즉시 나는 한 달의 일정표에 묵상일을 명기했다. 그리고 그 날을 지키기 시작하고부터 그 견디기 어려운 짐은 벗겨지기 시작했으며 다시는 그와 같은 짐이 나를 괴롭히지 않았다. 그 묵상일이 그처럼 가치있는 것임을 안 후부터 나는 수년 동안 한 달에 하루가 아니라 한 주일에 하루로 정하려고 노력했다. 나는 그 날을 위해 서두르지 않고 방해받지 않는 시간을 요하는 항목들 −장기간의 계획, 생각하고 기도해야 할 문제들, 초안 잡기가 어려운 편지들, 준비, 독서 그리고 저술− 을 준비해 둔다. 이 묵상일이 나의 삶과 목회에 가져다 준 복은 이루 말할 수 없다.

이제 공휴일의 문제를 거론하고자 한다. 사실 19세기의 유명한 설교자들은 2개월 간의 여름 휴가를 가졌는데, 이 긴 기간 동안 한 해 전체의 설교 윤곽을 잡으면서 그 준비의 많은 양을 해 내곤 했다. 예를 들면 에딘버러의 알렉산더 화이트는 '여름철 중 적어도 2개월 간 −만년에는 3개월 간− ' 도시를 벗어나 있었고 '크리스마스와 부활절에는 짧은 기간 동안' 그렇게 했다. 그렇지만 그는 편히 쉰 것이 아니라 일하고 있었던 것이다. 이 기간은 '독서, 묵상, 때로는 저술로 꽉 짜여져 있었다.' [24] 요즈음 성직자의 휴일은 상당히 짧아졌다. 그래도 그 동안 성직자는 책을 몇 권 읽을 수 있어야 한다. 많은 자녀를 거느린 기혼자일지라도 매일 조용히 독서하고 연구하기 위한 시간을 낼 수 있어야 한다.

로이드 존스 박사는 「목사와 설교」에서 그 자신이 최근의 뱀프튼 강좌집이나 허버트 강좌집을 읽은 때는 휴일이었을 뿐 아니라 또한 처자와 약속이 있었던 날이었다고 하였다. "그들은 내가 이 일(중요한 책을 읽는 일)을 할 수 있도록 아침 시간을 할애해 주었다. 그렇게 아침 시간을 보내고 난 뒤에 그들이 제안하는 것을 할 준비를 하였다." [25] 올 소울즈 교회는 수년 전 교역자가 어떤 종류의 회의나 교육 과정에 출석하거나 아니면 열심히 책을 읽기 위해 정기 휴가 외에 적어도 1년에 한 주간은 업무에서 물러나 있어야 한다는 점에 동의했다. 모든 교회는 목사를 위해 그와 같은 준비를 해야 하며 목사에게는 연구할 시간이 절대적으로 필요하다는 것을 인식해야 하지 않겠는가?

앞 단락에서 제안한 것이 나로서는 절대적인 최소한의 연구 시간으로 생각되기 때문에, 아무리 바쁜 목사라도 그 시간만큼은 여유를 가져야 한다. 시간의 여유가 많으면 더 많은 것을 성취할 수 있을 것이지만 최소한 다음과 같은 시간은 필요하다. 하루에 적어도 한 시간, 일주일에 하루 오전이나 오후, 혹은 저녁, 한 달에 하루 전체, 일 년에 한 주간. 이렇게 정해 놓고 보면 매우 적은 것처럼 보인다. 이것은 정말 너무 적은 양이다. 그러나 이대로 해보는 사람이면 누구나 이렇게 짜

---

24) Barbour, p. 286.
25) Lloyd-Jones, *Preaching*, p. 182-3.

여진 골격 속에서 할 수 있는 독서가 얼마나 많은지를 발견하고서는 놀란다. 그것을 모두 합치면 일 년 동안 거의 600시간이나 되는 것이다.

　어떤 연구 습관을 들이든, 그 열매를 모아 두는 것은 분명히 중요한 일이다. "설교자는 다람쥐처럼, 닥쳐 올 겨울을 위해 자료를 모으고 간직할 수 있어야 한다."[26] 책을 읽는 사람은 각기 자신만의 표시, 밑줄 긋기나 노트법을 개발한다. 중년기를 거쳐 노년기에 접어들면서부터는 기억력이 떨어질 때 기억을 돕고 촉진시키는 수단이 꼭 필요해진다. 나는 중요한 책의 주제가 내 마음속에 생생하게 남아 있을 동안에도 그 논지(論旨)의 개요를 간략히 기록해 두는 것이 유익함을 알게 되었다. 또한 나는 어떤 책을 다 읽은 후에는 몇몇 인상적인 인용구를 적어 두거나 비서에게 타이핑해 달라고 하기까지는 다른 책을 시작하지 않으려 한다. 이 수년 동안 요약한 것과 인용구가 캐비닛에 보관할 수도 있고(구멍 2개를 뚫어) 루스리프식(looseleaf) 책에 끼워넣을 수도 있는 가로 5인치, 세로 3인치짜리 카드에 보존되어 왔다. 우리는 모두 파일 시스템(filing system)을 '사물을 알파벳 순으로 잃어버리기 위한 장치'라고 한 미국식 정의(定義)를 알고 있다. 그래서 나는 파일을 두 가지로 보관하고 있는데, 하나는 창세기에서 계시록에 이르는 것이고, 다른 하나는 A에서 Z에 이르는 것이다. 그리고 카드마다 내가 다시 가장 잘 찾을 만하거나 하여튼 가장 잃지 않을 만하다고 생각되는 곳에 철해 둔다. 이 시스템은 나에게 아주 도움이 되었다. 그것은 단순하면서도 융통성이 있다. 나는 보통의 설교는 카드 넉 장에 노트할 수 있고 그러

---

26) ibid., p. 173

고 나서 적당한 인용구나 예화를 담는 카드를 한 장 덧붙일 수 있다는 것을 알고 있다. 만일 내가 목회를 다시 시작한다 해도 같은 시스템을 채택할 것이다. 바꿀 것이 하나 있다면 그것은 시력이 점점 나빠져가기 때문에 가로 5인치 세로 3인치의 카드를 가로 6인치 세로 4인치로 고치는 일이다.

5. 연구의 장애물

내가 연구의 골격으로 제안한 최소한의 시간에도 동의하지 않는 독자가 있을지도 모르겠다. "나는 너무나도 바쁩니다"라고 할 사람이 있을 것이다. "당신의 계획은 나의 상황으로서는 거의 현실성이 없습니다. 당신은 비서와 자원 그룹으로 형성된 하나의 목회팀(pastoral team)을 언급하고 있지만 당신 자신이 얼마나 큰 은혜를 입고 있는지 알지 못합니다. 내겐 그런 사치스러운 것이 없습니다. 내겐 완전히 나 자신뿐이란 말입니다." 사실, 나는 대단히 큰 은혜를 입어 왔고, 지금도 입고 있다는 것을 부인할 수는 없다. 실로, 팀으로 일하는 것이 주는 혜택은 이루 말할 수 없다. 그럼에도 불구하고 지나치게 많은 일을 하기 때문에 혹은 일손이 부족하기 때문에 연구할 시간이 없다는 것은 변명의 구실이 되지 못한다. 대부분 이런 주장의 이면(裏面)에 깔린 것은 잘못된, 또는 '교권주의적인' 교회상이다. 목사가 교회의 고삐를 모두 손 안에 쥐고 있고 평신도 지도자를 포함하는 책임 분담의 개념을 가지고 있지 않다면, 연구할 시간이 없음은 물론이다. 그러나 그가 그리스도의 몸으로 간주되었던 신약의 교회상을 파악하여 각 지체마다 어떤 형태의 사역을 위한 은사를 받았다는 것을 알았다면, 사람들로 하여금 그것을 깨닫고 개발하고 활용하도록 권면하기 위해 하나님께서 주신 그 은사들을 계속 찾을 것이다. "각각 은사를 받은 대로 하나님의 여러 가지 은혜를 맡은 선한 청지기 같이 서로 봉사하라"(벧전 4:10). '위임' 조차도 이 경우에 합당한 말이 아니다. 그 말은 그 일이 의당 목사의 것이지만 그 중 일부를 다른 사람에게 생색내며 넘겨 준다는 것을 암시하기 때문이다. 오히려 '협력'(partnership)이 더 성경적인 개념이 되며 따라서 성직자와 평신도는 하나님께서 주신 각종 은사를 누리면서 그 은사를 사용하여 그리스도의 몸을 세우기 위한 부름을 이루도록 서로 돕게 되는 것이다.

모든 세대의 교회는 사도행전 6장의 교훈을 다시 배워야 한다. 하나님과 그의 교회를 위한 사도들의 열의에는 잘못된 것이 아무것도 없었다. 그들은 궁핍한 과부들에게 그리스도와 같은 자비로운 구제 사역을 분주히 하고 있었다. 그러나 그것이 사도로 부름을 받은 그들의 사역은 아니었다. 그들의 소명은 '말씀과 기도의 사역' 이었고, 과부들에 대한 사회적 배려는 다른 사람들의 책임이었다. 그래서 필요한 조정이 이루어졌던 것이다. 물론 오늘날의 목사는 사도가 아니다. 그러나 사도들의 가르치는 사역에는 목사에게 속한 부분이 있기 때문에 많은 목사들이 사도들이 저지른 실수를 똑같이 저지르고 있는 비극을 보게 된다. 그들은 극히 양심적인 사람들이다. 사실, 그들은 가능한 한 모든 요구에 응하며, 언제 누구에게나 자신의 손이 닿을 준비가 되어 있지 않으면 죄의식을 느낀다. 그들의 헌신, 열정 또는 실행을 나무랄 수 있는 사람은 아무도 없다. 또 목사는 실로 그리스도께서 몸소 그러하셨듯 사람들을 섬기도록 부르심을 받은 사람이다. 그러나 그들은 예수께서 산(山) 속에 물러나 기도하기 위해 몸소 군중을 보내신 때가 있었다는 것을 잊어 버렸다. 그들은 또한 그리스도께서 자기들을 부르신 주목적인 말씀의 사역으로부터 벗어나 버렸다. 그들의 정력과 열의가 다른 방향으로 돌려져 있는 것이다. 동시에 그들 대부분은 부지불식간에 은사를 받은 평신도 지도자들에게 봉사할 기회를 주지 않음으로써 그들을 방해하고 있다. 지나치게 일을 하는 성직자와 아무 일도 못하게 된 평신도는 위험한 결합을 형성한다. 그런식으로는 그리스도의 몸이 성숙되지 않는다.

이와 같이 평신도 지도자직을 언급함에 있어서 나는, 평신도 남녀가 성직자보다 더 유능하게 해내는 사회 및 실무적인 책무뿐만 아니라, 장로로서든 집사로서든 낭독자로서든 평신도 설교자로서든 가정교회나 친목회의 지도자로서든, 회중에 대해 가지는 목회적 감독의 분담에 대해서도 언급하려 한다. 처음에 바울이 각 교회에 '장로들'(복수로 되어 있다)을 세웠고(행 14:23. 참조. 20:17; 빌 1:1) 디도에게 그레데의 각 도시에서 그와 같이 하라고 가르쳤듯이, 오늘날 모든 교회는 단 한 명의 목자에 의해서가 아니라 팀에 의해서 돌보아져야 한다. 많은 경우, 특히 인플레가 교회에 타격을 가하고 있는 경우에 있어서는 팀은 소위 '자비량 목회'(tent-making ministry)를 하는 무급 성직자 한두 명을 포함한 대부분의 평신도들로 이루어질 수 있다.

동시에, 어떤 규모의 집회이든 그러한 팀에다 적어도 한 명의 전임(專任) 유급 목사가 있어야 할 필요가 있다. 신약은 분명히 이러한 상황을 직시하고 있는 것 같다. 바울은 "가르침을 받는 자는 말씀을 가르치는 자와 모든 좋은 것을 함께 하라"(갈 6:6 참조, 딤전 5:17, 18)고 촉구할 뿐만 아니라, 자신의 경우에는 포기했지만, 목사와 전도자는 재정적으로 지원받을 권리가 있음을 주장한다(고전 9:1-18). 전임 유급 목사는 자신의 생계비를 걱정하지 않고 오로지 사람들에 대한 목회적 배려와 특히 '말씀과 기도의 사역'에 전념할 수 있기 때문에 꼭 필요한 것이다. 개인 상담과 협동, 중보 기도와 연구 및 준비와 설교를 포함한 이와 같은 사역은 매우 힘든 일이다. 그러므로 정시제(定時制, part-time) 목사만으로는 그 일을 만족스럽게 성취할 수가 없다. 이것은 이미 구약 시대에 명백히 나타난다. 즉, 히스기야 왕은 "예루살렘에 사는 백성을 명령하여 제사장들과 레위 사람들 몫의 음식을 주어 그들에게 여호와의 율법을 힘쓰게 하라"고 명했던 것이다(대하 31:4). 똑같은 원칙이 신약 시대에도 준수되었다. "병사로 복무하는 자는 자기 생활에 얽매이는 자가 하나도 없나니, 이는 병사로 모집한 자를 기쁘게 하려 함이라"(딤후 2:4). 목사가 연구에 적절한 시간을 내지 못하는 것은 바로 이 '얽매임' 때문이다. 전임 목사가 없는 교회는, 비록 정시제 목사의 팀이 있다 할지라도 곤란하게 되지 않을 수 없다. 우리는 "말씀과 가르침에 수고하는"(딤전 5:17) 전임 목사를 더 많이 필요로 한다.

그렇다면 목사가 재정 지원을 받으면서도 연구를 하지 못하는 이유는 무엇일까? 솔직히 말해서 단 한 가지 이유는 게으름이다. "인간은 할 수 있는 데까지 게으름을 피운다"고 랠프 왈도 에머슨이 말하지 않았던가? 사실이다. 그리고 우리 목사들은 우리 일을 감독하거나 우리가 그것을 게을리한다고 비난할 고용주가 없기 때문에 이 분야에 매우 과감해질 수 있다. 게다가 우리는 할 일이 정해져 있거나 그 할 일을 해야 할 시간이 정해져 있는 것도 아니다. 우리가 우리 자신의 주인이며 우리 자신의 일정표를 짜야 한다. 우리는 시간을 낭비하는 것으로 인하여 무질서한 생활로 전락할 정도로 하루하루를 헛되이 보낼 가능성이 있다. 이것은 목회 사역에 있어서 매우 분명한 사실이다. 시릴 가베트는 사우드워크의 주교로 있는 동안(1919-32) 한 친구에게 사적으로 이렇게 말했다. "나는 성직자가 언제 책을 읽거나 생각을 하려는 진지한 시도를 포기하게 되는지 항상 알 수 있다. 그것은 45세의 나이 쯤 될 때 분명해진다. 그가 영국 국교회 가톨릭파이면 고집불통이 되고, 복음주의파이면 감상적인 사람이 된다."[27]

알렉산더 화이트는 이 주제에 관해 단호한 말을 했다. 그는 에딘버러에 있는 자유 성 죠지 교회(Free St. George's Church)에서 47년 간 (1860-1907) 목회를 했다. 1898년에 그는 스코틀랜드 교회 총회장이 되었으며, 1909년에는 73세의 나이로 다른 책임들에 더하여, 뉴 에딘버러 대학(New College Edinburgh) 학장직을 수락했다. 그는 자신을 엄격히 훈련했으며 다른 사람들의 게으름을 혐오했다. 그는 1904년 이렇게 말했다. "나는 대학으로부터 게으른 학생을 모두, 그리고 총회로부터 게으른 목회자를 모두 제명시키겠다. … 나는 우리 학생들 모두에게서 그리고 우리 목회자 모두에게서 게으름은 용서받지 못할 죄로 확정하겠다."[28] 그리고 나서 그가 총회장으로 있던 1898년 총회 마지막의 폐회사에서 그는 이렇게 말했다.

---

27) Smyth, p. 167.
28) Barbour, p. 282.

우리는 시간을 절약하여 축적하면 일할 시간이 많이 있습니다. … 우리는 재정적으로 우리를 지원하는 사람들이 일하는 만큼, 매일 같은 시간을, 그리고 열심히 일했습니까? 그들만큼 아침 일찍이, 밤 늦게, 그리고 하루 종일 열심히 일했습니까? 그렇지 않았습니다. 우리는 양심상 시간이 없었기 때문이라고 말할 수는 없습니다. 우리에게 없는 것은 뜻입니다. 결심입니다. 방법입니다. 동기입니다. 양심과 하고자 하는 마음입니다. 시간 이외에는 아무것도 없기 때문입니다.[29]

그러므로 우리는 끊임없이 회개하고 우리의 생활과 일정을 훈련시키려는 결심을 새롭게 할 필요가 있다. 끊임없이 늘 새롭게 그리스도와 자신의 임무를 그려보는 것만이 우리를 게으름에서 구출하여 우리의 우선 순위를 정확히 조정시켜 놓을 수 있다. 그리고 나면 우리는 읽고 생각할 시간을 얻게 될 것이고, 또한 우리의 양심적인 연구의 열매로서 우리의 설교는 새롭고 신실하며 적절하면서도 사람들이 충분히 이해할 만큼 단순해질 것이다.

---

29) ibid., p. 284-5.

제6장
설교 준비법

본문을 선택하라
본문을 묵상하라
지배적 사상을 부각시켜라
중심사상에 맞추어 자료를 배열하라
서론과 결론을 첨가하라
설교를 작성한 후 그 메시지를 위해 기도하라

제6장
설교 준비법

이전에 게으른 영국 성공회 교구 목사가 있었다. 그는 이미 오래 전부터 설교준비를 위해서는 조금도 노력하지 않는 사람이었다. 그는 선천적으로 상당히 지성적이었고 연설에 능하였으며, 그의 회중은 단순한 사람들이었다. 그래서 그는 준비되지 않은 설교를 가지고도 목회를 그럭저럭 이끌어 나갈 수 있었다. 그러나 양심의 가책을 면하기 위해서 그는 항상 즉흥적으로 설교를 하되 성령에 의지하여서 할 것이라는 맹세를 하곤 하였다. 어느 날 아침 예배가 시작되기 몇 분 전 교회에 들어온 그가 단지 가족석에 앉아 있는 주일 휴가 중의 주교를 발견하기 전까지는 모든 것이 순조로웠다. 그 목사는 당황했다. 그는 몇 년 동안 무식한 회중들 앞에서 가까스로 허세를 부려 왔지만, 주교를 속이기에는 자신의 능력이 미치지 못한다는 것을 알고 있었다. 그리하여 그는 예기치 못했던 방문객에게 다가가서 받아야 될 비판에 선수를 치기 위하여 자기는 늘 즉흥적인 설교만 할 것을 엄숙히 서약하였다고 말했다. 주교는 이해하는 것 같았고 예배는 시작되었다. 그러나 당혹스럽게도 주교는 설교 도중에 벌떡 일어서서 나가 버렸다. 예배 후, 제복실 테이블 위에는 "나는 당신의 맹세를 면하여 주겠소"라고 휘갈겨 쓴 주교로부터의 메모가 놓여 있었다.

다음에는 미국의 어떤 젊은 장로교 목사가 있었는데 그에게 항상 따라다니는 죄는 게으름이 아니라 자만심이었다. 그는 자신의 주일 설교 준비에 필요한 시간은 그가 교회 옆에 있는 목사관에서 나와 교회까지 걸어오는데 걸리는 단 몇 분 간이라고 대중 앞에서 자랑하곤 했다. 아마 여러분들은 그의 장로들이 한 일을 상상할 수 있으리라. 그들은 그에게 교회에서 5마일이나 떨어진 곳에 새 목사관을 사 주었던 것이다! 나의 보편적인 비유는 아직 끝나지 않았다. 이들 감독파 교회의 목사나 장로교 목사와는 달리 아무런 악습도 가지고 있지 않은 어떤 침례교 목사가 있었다. 그에게 있어서 단점이 있다고 한다면 그 단점은 그의 지나친 영성(靈性)이었다. 그는 설교 준비를 하지 않았지만 이것은 게으름이나 자존심과는 무관한 것이었다. 반대로 그것은 참 경건 때문이었다. 감독파 교회의 형제처럼 그도 성령을 확신했으나 그와는 달리 그 자신의 맹세로써가 아닌 성경 자체에 의지함으로써였던 것이다. 그의 친구들이 과감히 그를 비난했을 때 그는 깜짝 놀라며 "자네들은 마태복음 10장 19절과 20절에 나오는 예수님의 말씀을 읽어보지 못했나?"라고 그들에게 물었다. "'어떻게 또는, 무엇을 말할까 염려하지 말라. 그 때에 너희에게 할 말을 주시리니 말하는 이는 너희가 아니라 너의 속에서 말씀하시는 이 곧 너희 아버지의 성령이시니라'고 예수님이 명령하시지 않았는가?" 그러나 이 재간있는 형제가 실수한 것은 주의 말씀을 자기들의 상황 하에서 읽었다는 점이다. 사실상 그 말씀은 "너희를 넘겨 줄 때에"로 시작함으로써 교회가 아니라 법정에 대해 언급한 것이다. "또 너희가 나로 말미암아 총독들과 임금들 앞에 끌려 가리니"(18절)라고 예수께서 말씀하셨던 것이다. 예수께서는 이러한 상황 속에서 우리가 변박(辨駁)을 준비할 시간이 없을지 모른다는 것을 의미하셨다. 바로 그 때에 성령께서 우리에게 할 말을 주신다. 예수님의 약속은 변호사가 없는 이들에게 큰 위로가 된다. 그러므로 그것은 너무 게으르거나 너무 교만하거나 너무 경건하여 자신의 설교를 준비하지 않는 설교자들에게는 아무런 위로의 이유도 되지 않는 것이다.

"설교 준비를 하지 않은 채 습관적으로 강단에 나오는 것은 용서받지 못할 무례다."[1]라고 말한 스펄전에게 우리는 모두 동의해야 한다고 나는 생각한다. 자기의 소송 사건에 대한 준비없이 그의 고객을 위해 변호하려고 법정에 들어가는 변호사를 어떻게 상상할 수 있겠는가? 조웨트(J. H. Jowett)는 "소송 사건은 사무실 안에서 판가름 난다"라는 어떤 명망있는 영국 판사의 명언을 인용하고 있다. 그 말은 "법정 변호사에 관한 한 그의 결정적 싸움장은 공적인 법정이 아니라 그 자신의 사적인 공간이다"는 것을 의미한다. 같은 원리가 설교자에게도 적용된다. "만약 서재가 휴게실이 된다면 강단은 엉망이 될 것이다."[2]

자기 세대에게 영향을 끼친 위대한 설교자들은 모두 성실한 설교

---

1) Spurgeon, *Lectures*, Second Series, p. 4.
2) Jowett, p. 113-14.

준비의 필요성을 입증해 왔다. 여러분은 그들의 설교를 들을 때 그렇게 생각하지 않을지도 모른다. 막상 설교가 진행되면 그 설교들은 모두 믿을 수 없게 단순해지기 때문이다. 본문의 전개, 그것의 예화와 적용, 뚜렷한 개요, 문장의 구조와 용어의 선택, 이 얼마나 쉬운 일인가? 그러나 그 배후에는 일생 동안의 훈련과 근면이 있다. 한 가지만 예를 들겠다. 1976년 새해 레슬리 위더헤드(Leslie Weatherhead) 박사가 사망한 후에 로이 트레비비언(Roy Trevivian)은 1977년 1월 9일자 〈영국 교회 신문〉에 그에 대한 개인적 평가와 함께 회고문을 이렇게 쓰고 있다.

> 국민들에게 끼친 그의 비범한 영향력의 비밀은 무엇이었는가? 가난한 자나 부자나, 세력있는 자나 가지지 못한 자, 유명한 자나 평범한 자나, 모두 다와서 그의 설교를 경청했다. 그의 설교가 많은 회중들을 사로잡은 마법의 비밀이 무엇인지에 대해서 나는 20번이나 그에게 물었지만 그의 한결같은 대답은 '준비'(prepa-ration)라는 한 마디였다.

그렇다면 우리는 어떻게 준비해야 하는가? 이것은 매우 개인적인 문제이다. 설교를 준비하는 데에는 오직 한 가지 방법만 있는 것이 아니다. 모든 설교자는 저마다의 기질과 상황에 맞는 각자의 방법을 가지고 있어야 한다. 그러므로 다른 사람의 것을 무비판적으로 본따는 것은 잘못된 것이다. 그럼에도 불구하고 우리는 서로에게서 배울 수 있는 것이 있다. 언젠가 에라스무스(Erasmus)가 장난기 있는 어조로 말한 것처럼 "실제로 코끼리가 춤출 수 있도록 훈련받을 수 있고 사자가 유희를 하도록, 표범이 사냥에 쓰이도록 훈련받을 수 있다면 분명히 설교자도 설교하는 훈련을 받을 수 있다."[3] 사실상 대체로 우리들이 밟아야 할 과정은 모두 여섯 단계가 있는 것 같다.

1. 본문을 선택하라

우리에게 본문이 있어야 한다는 사실은 매우 당연한 일이다. 우리는 사색가가 아니라 강화자이기 때문이다. 그러나 하나의 특수한 설교를 위하여 우리는 어떻게 본문을 선택하여야 하는가? 많은 설교자들이 책상 앞에 앉아 연필을 빨거나 씹으며, 자기 앞의 백지를 멍하니 바라보고 이 질문을 한다. 그러나 선택에 골치를 앓는 것은 본문이 소량이어서가 아니라 너무 방대하기 때문이다. 만일 우리가 규칙적으로 성경 연구를 하여 그 내용을 노트해 둔다면, 우리의 기억은 음식이 잘 정돈된 찬장과 같이 되어서 설교해야 할 본문들이 잘 정리되어 있을 것이다. 그러면 우리는 어떻게 선택해야 되는가? 우리의 선택에 영향을 미치는 데에는 네 가지 중요한 요소가 있는 것 같다.

첫째는 의식적(儀式的)인 요소이다. 대부분의 기독교 종파들은 (특히 로마 가톨릭, 그리스 정교, 루터파 교회, 성공회) 교회력의 절기를 여전히 준수하고 있다. 그러므로 그 절기들은 달력에 표시되어 있으며 적절한 성구집들과 함께 주일마다 지켜진다. 1967년 영국의 초교파적인 예배의식 연합회(Joint Liturgical Group)에서는 「달력과 성구집 재평

---

3) *Form his teratise On Preaching,* in Bainton, Erasmus, p. 323.

가」(*The Calendar and Lectionary: A Reconsideration*)[4]라는 제목의 논문집을 발간하였다. 그 이듬해 영국 교회의 예배의식 위원회(Liturgical Commission)에서는 「달력과 교회력의 교훈」(*The Calendar and Lessons for the church's year*)[5]이라는 보고서로서 그것을 더욱 공고히 하였다. 이것은 '예배자들에 대한 목회적 관심에 있어서 교회력의 보다 합리적인 표시'를 주장하고 있다.[6] 이제 나는 비의식적 교회의 교인들에게도 호소력을 가질 수 있는 방법으로 그것의 권고를 간단히 요약하겠다. 모든 기독교인들은 적어도 매년 세 가지 주요한 절기, 즉 (그리스도의 나심을 축하하는) 크리스마스와 (그의 부활을 기념하는) 부활절, 그리고 (성령 강림의) 오순절을 지킨다. 이들을 중심적인 기점으로 잡으면, 그 각각에 따르는 자연스러운 준비를 하게 되고 이어서 자연스러운 결말에 이르게 된다. 이 방법으로 교회력은 세 기간으로 분할될 수 있다.

첫째로 10월에서 시작하여 12월까지는 강림절(降臨節) 기간이 된다. 유럽에서 추수 감사절은 보통 9월말 혹은 10월초에 시작되고 미국에서는 11월에 지켜지므로 이 시기는 창조와 타락, 그리고 구약 이야기와 예수 그리스도의 탄생에 대한 기대, 또한 그리스도의 '강림' 혹은 이방인에게 나타나심 등에 관하여 생각하기에 좋은 시기이다.

둘째 시기는 크리스마스에서 시작하여 오순절까지인데, 1월부터 5월에 걸치는 기간이 된다. 이 시기는 그리스도의 출생과 삶, 성격과 모범, 말씀과 사역, 고난과 죽음, 부활과 승천 및 성령 강림으로 절정화되는 그리스도 안에서의 하나님의 능력있는 행적을 재확인하기에 적

---

4) Oxford University Press.
5) S. P. C. K. 1969.
6) The Calendar and Lessons for the Church Year, p. 7.

당한 시기이다.

셋째 시기는 '삼위일체 후의 주일들'이라기보다는 '오순절 후의 주일들'이라고 간주되어져야 한다. 이 시기는 5월부터 9월까지를 포함하는 시기인데, 우리는 성령 안에서의 삶인 그리스도인의 생활과, 성령과 교제하는 그리스도 교회에 관하여 생각할 기회를 가질 수 있다. 이 시기는 우리가 기독교인의 윤리적, 사회적, 선교적 책임과 기독교인의 소망, 곧 그리스도의 승리의 재림에 대한 우리의 기대에 전념할 수 있는 좋은 시기이다.

이러한 방법으로, 매년마다 교회력은 성경적 계시의 이야기, 즉 9월부터 12월까지의 기간에는 창조에서부터 그리스도 탄생까지의 이야기인 구약을, 1월부터 5월까지의 기간에는 그리스도의 생애를 묘사하는 복음서를, 그리고 오순절 후기인 5월부터 9월까지의 기간에는 사도행전, 서신서, 계시록을 되풀이 할 수 있다. 그것은 또한 하나님께서 창조주이며 아버지로서, 또한 성육신하신 하나님의 아들로서, 그리고 성령의 인격과 사역 안에서, 어떻게 자신을 점진적으로 계시하셨는지를 상고해 봄으로써 불가피하게 삼위일체적 구조가 되는 것이다.

설정된 교훈들(구약 이야기, 서신서, 복음서와 기타)이 교회력의 절기에 적합하므로, 설교자는 이따금 이것들 중의 하나를 본문으로 선택할 수 있다. 그러나 규정된 성구집에 독창성 없이 집착하는 것은 불필요한 속박일 수 있다. 오히려 그 구절들은 그 날의 주제에 암시를 주는 지침들로 생각함이 좋다.

분명히 설교자는 교회력에 속박되어서는 안 된다. 그 이유는 그렇게 되면 크리스마스가 아닐 때 성육신에 대해 설교하거나 부활절 외에 부활에 대해 설교하는 것이 금지되어 있는 것 같은 느낌을 가지게 되기 때문이다. 콜린 모리스(Colin Morris)가 바로 이러한 질문을 했다. "가을의 오순절? 쓸쓸한 한 겨울의 승천절? 왜 안 되는가? 이 위대한 진리들은 보편적으로 연관되어 있지 않은가? 확실히 그것들은 교회력의 전제 정치에 종속되어서는 안 된다."[7]

그럼에도 불구하고 교회력의 가치는 분명하다. 에딘버러(Edin-burgh)의 뉴 컬리지(New College)에서 신약 고전어와 문학, 신학의 명예 교수였던 제임스 스튜워트(James Stewart)는 당대의 가장 인기 있는 설교자 중의 한 사람으로서 '기독 교회력의 적절한 준수'에 대하여 이렇게 말했다.

> 기독 교회력의 획기적 사건-강림절, 크리스마스, 사순절, 성 금요일, 부활절, 성령강림 주일, 삼위일체 주일-들은 우리의 진로를 설정하고, 우리의 기본 주제를 제시한다. 그것들은 우리로 하여금 신앙의 기초적인 교리를 따르지 않을 수 없게 만든다. 그것들은 샛길에서 방황하며 주저하곤 하는 우리를 소환하여 구속의 위대한 도로로 데려다 준다. 그것들은 우리의 설교 속에서 우리가 끊임없이 능하신 하나님의 행적들-이것들을 선포하기 위하여 교회가 존재하는 것이다-로 돌아가야 할 것을 확신시켜 준다.[8]

---

7) Morris, p. 143.
8) Stewart, *Heralds*, p. 110-11.

본문을 선택함에 있어서 우리를 돕는 두 번째 요인은 **외부적인 것**으로서 우리 주변의 일반 생활 상에서 일어나는 사건들(예를 들면 선거, 공적 인물의 죽음, 혹은 국가적 스캔들)과 공적인 토의의 쟁점들(예를 들면 군비 확장 경쟁, 낙태, 극형, 실업 문제, 동성연애 행위, 이혼)과, 천재 지변(홍수, 기근, 지진 등), 혹은 어떤 다른 재난들(비행기 혹은 기차의 충돌)을 의미한다. 기독교인들이 교회에 올 때, 그들은 라디오와 텔레비전과 신문의 특종 기사란에 나타나 있는 이러한 일들에 대하여 외면할 수도 없고 또 당연히 그렇게 하지도 않는다. 반대로 그들은 이러한 근심거리를 예배에 가지고 와서 "주님께서는 어떻게 말씀하고 계시는가?" 또는 "기독교인이라면 이러한 일들에 대하여 어떻게 대처해야 할까?"라고 묻는다. 설교자는 회중들의 마음에 있는 이 커다란 공적 문제에 민감해야 할 필요가 있다.

세 번째로 회중들의 영적 생활을 위해 필요한 것이 무엇인지를 발견해 내는 **목회적** 요소가 있다. "가장 훌륭한 설교자는 항상 훌륭한 목회자이다. 왜냐 하면 그들이야말로 회중들의 필요와, 문제와, 의심과, 두려움과 소망이 무엇인지 알기 때문이다."라는 말은 적절한 것 같다. 성실한 목회자는 "발가락에 티눈을 갖고 있는 환자에게 목의 습진을 위한 연고를 바르라고 처방하는 외과 의사와 같이" 청중들의 요구와 관계 없는 설교는 결코 할 수 없다고 더글러스 클레버리 포드(Douglas Cleverley Ford)는 평한다.[9] 회중들의 현재의 필요성에 대한 평가와 어떻게 설교할 것인가에 대한 결정은 함께 어울린 목회팀에 의하여 훌륭하게 형성된다. 비록 오직 한 사람의 전담 목회자가 있는 지역 교회일

---

9) Ford, *Ministry*, p. 210.

지라도 그 목회자는 목회적 관심을 함께 가져주는 정시제 사역자나 자원 봉사자 혹은 장로들의 도움을 받고자 원한다. 의심할 바 없이 그들은 기도와 토론과 계획 수립을 위하여 함께 정규적인 시간을 보낼 것이며 그들의 의제 항목 중 하나는 분명 그들의 설교 사역일 것이다. 올 소울즈(All Souls) 교회의 교구 목사인 미카엘 바우엔은 1975년 이래로 적어도 일 년에 세 차례씩 바로 이 목적을 위해 그의 팀을 소집했다. 때때로 그는 기도를 요청하기 위해 사전에 팀원들에게 알리기도 하고, 그들을 방문하거나 특히 교제 모임 지도자들을 방문하여 설교 제목 혹은 설교 시리즈를 위한 제안과 요청을 하기도 했다. 때때로 우리가 다음 몇 달 동안의 설교 계획에 관해 토의할 때 평신도 지도자들이 우리와 함께 하기도 한다. 이것은 우리에게, 중요한 기독교적 교리와 의무를 빠짐없이 다룰 수 있도록 과정을 수립하고, 성경의 책 전부를 강화하며, 혹시 우리가 간과했던 영역은 없나 스스로 살필 수 있는 기회를 제공해 준다. 이러한 종류의 설교 계획은 평신도에게 성경 계시의 다양성과 통일성을 한눈에 볼 수 있게 해 준다. 주일마다 본문을 따로 택하는 데 대한 위험성 중 하나는 그것이 성경에 대하여 어떠한 공통적인 주제도, 전체적인 메시지도 없는 무관계한 단편들의 단순한 명시선(名詩選)에 불과하다는 인상을 주는 데 있다.

지난 6년 간 올 소울즈 교회에서 설교했던 중요한 시리즈를 열거한다면 도움이 될 것이다. 교리적인 면으로는 하나님의 성품, 그리스도의 생애, 십자가, 부활, 하나님의 가족과 성경 등을 포함한다. 좀 더 실제적인 면들은 윤리적 문제(예를 들면 제자됨, 십계명, 산상보훈, 그리스도를 본받음, 사랑의 의미에 관한 14단계)와 주제별 문제(예를 들면 하나님의 인도, 여성 목회, 고통에 대하여, 신령한 은사) 등과 관련을 갖는다. 또한 14단계의 기도에 대한 시리즈가 있다.

같은 기간에 우리는 긴 성경 본문을 강해하는 법도 모색했다. 구약 성경에서 우리는 창세기의 처음 몇 장과 족장들의 생애, 선정된 시편, 이사야서와 다니엘서의 일부 등을 연속으로 강해했다. 신약에서 우리는 짧은 서신들(에베소서, 빌립보서, 베드로전서, 데살로니가전후서)과 고린도전후서, 로마서와 같은 긴 서신서를 연구했다(후자의 경우는 43편의 설교로서 11월부터 3월까지와, 5월부터 7월까지의 두 기간을 필요로 했다). 우리의 가장 긴 연속 설교는 아마도 가장 은혜스러웠던 것 같다. 그것은 1978년 9월부터 1981년 4월까지에 걸쳐서 마가복음 전체를 연속 설교한 것으로, 본문을 7부분으로 나누어 62편의 설교로 작성해서 강해하였다.

한 문단씩 구분해서 보는 이러한 개관에 덧붙여서 우리는 짧은 본문을 통하여 더욱 천천히, 한 구절 한 구절씩 강해하는 것도 유용하다는 것을 발견했다. 이러한 방법을 사용하여 사도행전 20:19-38(에베소 교회 장로들에게 향한 바울의 연설)과 에베소서 1장(하나님의 영광을 위한 백성)과 에베소서 4장과 5장(기독교인의 도덕 기준), 히브리서 11장(믿음의 영웅들) 그리고 좀 덜 알려진 히브리서 13장 등을 강해했다. 이것은 다음과 같이 나누어진다.

1. 형제 사랑이 계속되게 하라(1절)
2. 손님을 환대하라(2절)
3. 갇힌 자를 기억하라(3절)
4. 혼인을 귀히 여기라(4절)

5. 만족해 할 것(5, 6절)

6. 인도자를 기억하라(7, 17-19절)

7. 위험!(9절)

8. 그리스도와 함께 고통을(10-17절)

9. 임시적 처소(14절)

10. 하나님을 기쁘게 하는 희생(15, 16절)

11. 행함으로 무장함(20, 21절)

이 모든 연속 강해는 인식된 교회의 목회적 필요에 응하여 교역자 회의에서 결정된 것이다.

우리가 본문을 선택하는 데 있어서 네 번째 요인은 **개인적인 것이** 다. 의심할 바 없이 우리가 다른 사람들에게 하는 최상의 설교는 먼저 우리 자신에게 설교한 것이다. 혹은, 좀 달리 말하자면 하나님께서 성경 본문을 통하여 우리에게 먼저 말씀하셔서 그 말씀이 우리를 조명하고 빛을 비추게 한 후, 우리가 다른 사람들에게 그 말씀을 전파하게 되면 그 말씀은 거룩한 영광으로 더욱 빛나게 되는 것이다. 캠벨 몰간 (Campbell Morgan)은 시티 템플(City Temple)에 있는 조셉 파커(Joseph Parker) 박사의 제복실에서 자신이 목격한 다음의 일을 전해주고 있다. 어느 날 그 제복실에 한 남자가 들어와서 조셉 파커 박사에게 "저는 그 설교에 감사하러 왔습니다. 그 설교는 제게 꼭 필요했습니다."라고 말했다. 이에 대해 조셉 파커 박사는 그를 쳐다보며 "그렇소 선생, 나도 그것이 내게 유익했기 때문에 설교했소."라고 대답했던 것이다.[10] 물

---

10) Morgan, *Preaching*, p. 50.

론 이 말은 모든 설교가 반드시 개인적 체험으로부터 나와야 한다는 것을 의미하지는 않는다. 우리 중 어떤 이는 독신이지만 결혼에 대하여 설교해야 하며, 결혼 중에 있지만 이혼에 관하여 설교해야 한다. 또한 우리 모두는 우리가 죽기 전에 죽음에 관하여 설교해야만 한다. 그러나 깊은 개인적 확신으로부터 발현(發現)된 설교는 풍성한 자기 확증의 가치를 가지는 것이다. 이것이 바로 제임스 스토커가 '경험의 핏줄'이라고 부른 것이다. "진리는 자신의 노고와 고통으로부터 배운 사람이 이야기할 때, 이중 삼중으로 진실하다."라고 그는 첨언하였다.[11]

그러한 이유로 해서 모든 설교자는 항상 손쉬운 노트, 혹은 (17세기경에 불려져 왔던 것처럼) '비망록'(Common place book)을 가지고 다녀야 할 필요가 있다. 나는 여러분에게 나와 같은 경험이 있는지는 알 수 없다. 나의 마음은 항상 상당히 두꺼운 안개에 싸여 사물을 명백히 인식할 수 없었다. 그러나 가끔 안개가 걷히고 빛이 관통할 때 나는 아주 명백히 인식한다. 이 순식간에 지나가는 조명의 순간을 우리는 붙잡아야 할 필요가 있다. 우리는 안개가 다시 내려오기 전에, 그 조명의 순간을 포착하여야 한다. 이러한 시간은 가끔 난처한 순간이나 한밤중에, 혹은 다른 누군가가 강의하거나 설교할 때, 책을 읽을 때나 심지어 담화 중에도 온다. 아무리 불편한 시간이라 할지라도 우리는 그것을 놓쳐서는 안 된다. 그것을 충분히 이용하기 위해서 우리는 신속하고 기민하게 그것을 적어놓을 필요가 있다.

이상과 같이, 우리의 설교 본문의 선택을 도와주는 요인으로서 이러한 네 가지 면, 즉 의식적인 면, 외적인 면, 목회적인 면, 개인적인

---

11) Stalker, p. 166.

면이 있다.

이제 다음 준비 단계로 넘어가자.

2. 본문을 묵상하라

만일 우리의 본문이 연속 강해의 일부이거나 혹 다른 이유로 해서 몇 주 혹은 한 달가량 계속하려고 결정해 왔던 것이었다면, 우리는 긴 기간의 '잠재의식적 잉태 과정'(Subconscious incubation)[12] 또는 '성숙 과정'을 갖는 셈이 된다. 주일 설교의 본문은 적어도 그 전 월요일에 선택되어야 잉태 과정이 있을 수 있다. 잉태 과정의 기간은 길면 길수록 좋다. 로버트 루이스 스티븐슨(Robert Louis Steven-son)은 언젠가 자신에 관하여 "나는 내 알을 오랫동안 침묵으로 품고 있다."고 말한 적이 있다.[13] 디트리히 본회퍼(Dietrich Bonhoeffer)는 항상 자신의 본문을 아주 적절한 시기에 선택했다. 그리고 나서 그는 날마다 그것을 묵상하면서, "그 본문 속에 깊숙이 잠겨 실로 그것이 말하는 바가 무엇인가를 들으려고 애썼다."[14]

조만간에 보다 집중적으로 준비할 시간이 오게 된다. 이제 설교자는 무엇을 설교해야만 하는가? 본문을 읽고, 다시 읽고, 다시 읽고, 또 다시 한 번 읽으라. 그것을 마음속에 숙고하고 또 숙고하기를 마치 목자들이 말했던 모든 이야기를 의아해 하면서도 "이 모든 말을 마음에

---

12) Tizard, p. 71.
13) Luccock, p. 205.
14) Bosanquet, p. 110.

새기어 생각한"(눅 2:18, 19) 마리아 같이 하라. 마치 봄 꽃을 찾는 벌같이, 무궁화꽃 즙을 찾기 위해 윙윙거리는 벌새같이 당신의 본문을 탐색하라. 개가 뼈다귀를 물고 뒤흔들듯이 그것에 고심하라. 아이들이 오렌지를 빨아먹듯이 그것을 빨아들여라. 소가 새김질을 하듯이 그것을 씹으라. 이 비유들에 덧붙여 스펄전은 곤충과 목욕통의 비유를 들고 있다. "마치 곤충이 열매의 배아에까지 도달하기 위해 애써서 길을 파는 것과 같이 설교자의 자아로 하여금 본문의 정신과 골수까지 침투하여 그 신령한 음식에 의하여 그 곳에서 일할 수 있도록 기도하는 것이 가장 중대한 일이다."[15] 또한 "사랑하는 형제여 **복음으로 흠뻑 적셔지기** 위해 노력하라. 나는 항상 내 본문에 잠겨 흠뻑 젖어있게 될 때, 가장 잘 설교할 수 있다는 것을 발견한다. 나는 본문을 선택하여 그 의미를 찾아낸다. 그러고 나서 그것에 목욕을 한 후 아예 거기에 누워 그것이 내 속에 스며들어 오도록 깊이 잠기는 것을 좋아한다."[16]

그러나 이 생생한 은유들로써도 설교자가 그의 본문을 묵상하는 동안 실제로 하고 있는 것이 무엇인가에 대하여는 명백하게 표현되지 못하는 것 같다. 그것은 이렇게 설명될 수 있을 것이다. 설교자는 그의 본문에 관하여 의문을 제기하는 데 특별히 다음 두 가지를 묻는다. 첫째, **그것이 무엇을 의미하는가?** 아마, 그것이 처음 말하여지거나 기록될 때 무엇을 **의미했었나**라고 묻는 것이 더욱 분명할 것 같다. 히쉬(E. D. Hirsch)가 "본문은 그 저자가 의미하는 바를 의미한다"고 강조한 것도 그 때문이다.[17] 우리가 보았듯이, 우리는 본문의 역사적 지리적 배

---

15) Spurgeon, *Lectures*, First Series, p. 42.
16) Spurgeon, *All-Round Ministry*, p. 124.
17) Hirsch, p. 1.

경과 그것의 문화적 상황 속으로 우리 자신을 소급시킴으로써, 저자의 정신과 의도를 파악하는 사색의 훈련을 하지 않을 수 없다. 저자는 무엇을 의미하는가? 무엇을 확인시키려 하고, 정죄하고, 약속하고, 명령하려 하는가를 살펴야 한다.

두 번째 질문은 그것이 지금 말하고 있는 것이 무엇인가이다. 말하자면, 이 시대의 메시지가 무엇이냐 하는 것이다. 그 본문이 오늘날 우리에게 무엇을 말하는가 하는 것이다. 이것은 또 다른 문제이다. 그것은 고대의 말씀과 현대 세계를 관련시키고, 그 본문을 오늘의 문화적 술어로 번역하는 '다리놓기'(bridge-building) 훈련을 포함한다.

이 두 가지 질문을 서로 구별하고, 함께 유지시키는 것이 꼭 필요하다. 오늘을 위한 본문의 **메시지** 혹은 (어떤 신학자들이 즐겨 부르는 것처럼) 본문의 '중요성'(significance)을 식별하지 못한다면 본문의 **의미**를 발견하는 것은 순전히 학문적 흥미로서만 국한되어 버릴 것이다. 그러나 원래의 뜻을 찾기 위해 노력하지 않고 현대적 의미만을 탐구하는 것은 금지된 지름길을 찾는 시도이다. 그것은 (특수한 역사적 문화적 상황 속에서 계시하시는 그 분 자신의 선택적인 방법을 무시하여) 하나님의 명예를 손상하는 것이고, (성경을 역서(曆書)나 마법 주문처럼 취급하여) 하나님의 말씀을 오용하는 것이며, 따라서 (성경 해석법에 관하여 혼란을 야기함으로써) 회중들을 잘못 인도하게 되는 것이다.

우리가 그 의미와 메시지에 관하여 본문에 대해 두 가지 질문을 제기할 때 당연히 우리는 원어 사전(lexicon)과 성구 사전 및 도움이 되는 주석 등도 살펴야 한다. 그것들은 우리로 하여금 성경 구절을 잘못 해석하지 않도록 보호해 주고, 본문을 조명하여 그에 대한 우리의 사색에 자극을 준다. 그러나 그것들은 보조 자료 이상은 아무것도 될 수 없다. 그것들이 본문에 대한 우리의 직접적 개인적 접촉을 대신할 수 없는 것은, 우리가 우리 스스로 그 본문을 반대심문(cross-examine)하고 또한 그것이 우리를 반대 심문하도록 인정하고 있기 때문이다. 게다가 몇 년 동안 성경 연구를 해 왔으므로 우리는 성경 본문을 완전한 문외한(門外漢)으로서 만나는 것이 아닌 오히려 이전의 명상의 조명 하에서 접근하게 되기 때문이다.

언제나 우리는 진리의 영께서 조명해 주실 것을 하나님께 겸손히 부르짖으며 기도해야만 한다. 우리는 "원하건대 주의 영광을 내게 보이소서"(출 33:18)라고 한 모세의 간구와 "여호와여 말씀하옵소서 주의 종이 듣겠나이다"(삼상 3:9, 10)라고 한 사무엘의 간구를 되풀이 하여야 한다. 기독교적 명상이란 연구와 기도의 조합으로 이루어진다는 점에서 다른 명상들과는 구별된다. 어떤 설교자들은 매우 근면한 연구가들이다. 그들의 책상에는 신학적 연구물들로 높이 쌓여 있으며, 그들은 본문 해석에 몰두한다. 그러나 그들은 영감을 위해 좀처럼 기도하지 않는다. 다른 어떤이는 매우 경건하게 기도하지만 진지한 연구는 결코 하지 않는다. 우리는 하나님께서 연합하신 것을 분리해서는 안 된다. 나의 경우를 말한다면, 나는 가능한 한 무릎을 꿇고, 앞에 성경을 펴 놓고, 기도적 연구를 통해서 나의 설교 준비를 하는 것이 효과적임을 알았다. 이것은 내가 성경 광신자(biblioater)이거나 성경책 숭배자이기 때문이 아니라, 성경의 하나님을 경배하기 때문이고, 내 자신을 겸손하게 그 분과 그 말씀 앞에 낮추고자 함이며, 심지어 내가 본문 연구에 마음 쏟을 때조차도 마음의 눈을 밝혀 달라고 간절히 기도하고자 하기 때문이다(엡 1:18).

기도와 사색의 이러한 조합에 대하여 다니엘은 훌륭한 구약의 예를 보여준다. "책을 통해 … 그 연수를 깨달았나니 곧 예루살렘의 황폐함이 칠십 년만에 그치리라 하신 것이니라." 그 이유로 그가 주 하나님을 향하여 "금식하며 베옷을 입고 재를 덮어쓰고 기도하며 간구하기를" 계속하는 중에 가브리엘이 그에게 와서 "다니엘아 내게 이제 네게 지혜와 총명을 주려고 왔느니라"(단 9:1-3, 20-23)라고 말했던 것이다. 또한 잇따른 환상 속에서 한 사람이 그에게 나타나 그를 어루만지며 그에게 이렇게 말했던 것이다. "다니엘아 두려워하지 말라 네가 깨달으려 하여 네 하나님 앞에 스스로 겸비하게 하기로 결심하던 첫날부터…"(단 10:1-14). 신약 성경의 사도 바울이 디모데에게 말한 것도 이와 같은 것이다. "내가 말하는 것을 생각해 보라 주께서 범사에 네게 총명을 주시리라"(딤후 2:7). 이 두 경우 모두 한편으로는 책을 읽고 진지하게 사색하여 이해하려고 결심하는 마음이 있고, 또 한편으로는 기도와 고백으로 되는 자기 겸손이 있다. 오직 연구와 간구 양자에 대한 응답으로써만이 괄목할 만한 통찰력이 주어지는 것이다. 데일(R. W. Dale)이 고대 영국의 작가를 인용하여 썼듯이 "기도 없는 연구는 무신론주의이며 연구없는 기도는 주제넘는 짓이다."[18]

'명상'이라 불리는 이러한 기도적 연구의 기간 동안, 비록 우연적일지라도 마음속에 명료해진 단상들을 적게 되는 것은 말할 것도 없다. "이 기간이 어느 정도 되어야 합니까?"라고 내게 묻는 이들이 가끔 있다. 내가 할 수 있는 대답은 '될 수 있는 대로 오랫동안'이다. 본문

---

18) Dale, p. 91.

을 가지고 시간을 소요하는 것을 대치할 것은 아무것도 없다. 필요한 대로 길게 가져라. 한 방울의 꿀도 남아 있지 않을 때까지 꽃을 탐색하라. 말라 없어질 때까지 열매를 빨아마셔라.

지금까지 나는 우리의 본문 연구가 은밀하고 개인적이어야 한다고 말해왔다. 그러나 또한 협동 설교 준비를 하는 경우가 있으며, 이 점에 대하여 레슬리 뉴비긴(Lesslie Newbigin)은 자신이 남인도 마드라스의 추기경으로 있을 때 행했던 그의 실험을 이렇게 말하고 있다.[19]

"한 달에 한 번 몇 명의 목회자들이 반나절 혹은 한나절 동안 모였다. 그들은 문제가 되었던 주일의 성경 본문에 대한 면밀한 주석적 연구로 시작했다." 이것은 전체 모임(plenary session)과 너댓 그룹이 다음 한 달의 각 주일에 행할 설교의 개요를 준비하기 위해 질의 응답하는 모임이었다. "설교 개요는 평가, 비판, 토의를 위하여 전체 모임에 제출된다. 일반적으로 설교 본문은 남인도 교단에서 출판된 성구집(lectionary)으로부터 택하여졌다. 그러나 때때로, 특히 교회나 국가에 관하여 매우 중요한 일이 발생했을 때, 그룹들은 이러한 상황에 대하여 어떠한 기독교적 응답이 마땅할 것이며, 사건이 일어난 그 주일 예배의 본문은 어떤 것이 적절할까에 대해 질의 응답했다." 뉴비긴 추기경의 마지막 평은 다음과 같은 것이었다. "결국 각자는 집에 돌아가서 자신의 설교 준비를 해야 했지만 그러나 이러한 훈련은 그렇지 않았더라면 그 사건 자체로 있었을 경우보다 그 훈련으로써 더 많은 것을 얻을 수 있음을 확신하게 해 주었다."

---

19) 이 이야기는 1979년 12월 7일 그와 개인적으로 만나서 들었다.

3. 지배적 사상을 부각시켜라

우리가 본문을 기도와 연구로 묵상하고, 생각들을 모아 적을 때, 우리는 본문의 지배적 사상(dominant thought)을 찾아내야만 한다. 실로 우리는 묵상 중에 그것이 나타나서 명백해질 때까지 인내로 참아야 한다. 왜 그렇게 해야 하는가?

첫째로 모든 본문은 하나의 중심 주제를 갖고 있기 때문이다. 만약 우리가 3장에서 논의했던 바와 같이, 하나님께서 자신의 기록된 말씀을 통하여 말씀하신다면 우리 스스로 "그가 무엇을 말씀하시는가?" "그의 강조점은 어디에 있는가?"하고 묻는 것은 아주 중요한 일이다. 물론 나는, 본문을 취급하는 데 대한 몇 가지 합리적인 방법과, 그것으로부터 배울 수 있는 몇 가지의 특별한 교훈이 있음을 부인하지는 않는다. 그러나 내가 주장하는 바는, 모든 본문들은 하나의 우선적인 주제를 가지고 있다는 점이다. 우리는 이것을 잘 식별하고, 본문을 곡해하거나 우리 자신의 강조를 더하려는 유혹에 저항하기 위해서 성실성이 필요하다.

예를 들면 선한 사마리아인의 비유에서 볼 때 참사랑은 항상 희생적이고, 건설적인 봉사 속에서 자신을 나타낸다고 말할 수 있을 것이다. 그러나 그 이야기를 하실 때 예수께서 의도하신 주된 비판적 의미는 두 유대인은 하려고 하지 않았던 일을 경멸받던 소외자(疏外者)인 사마리아인이 했다는 충격적인 사실이다. 그러므로 이러한 인종적 문제와 비록 정통이라 할지라도 사랑이 없으면 아무것도 아니라는 점을 내포하고 있는 종교적 비판을 강조함이 없이는 그 비유를 정확하게 강해할 수 없다. 또한 "우리가 아직 죄인되었을 때에 그리스도께서 우리를 위하여 죽으심으로 하나님께서 우리에 대한 자기의 사랑을 확증하셨느니라"는 로마서 5:8의 말씀으로부터 몇 가지 진리를 가르칠 수 있을 것이다. 우리는 인간의 죄악과 그리스도의 죽음과 하나님의 사랑 등에 관하여 설교할 수 있을 것이다. 이 세 가지 모두 이 구절 안에 언급되어 있기 때문이다. 그러나 이 본문의 중심 사상은 우리같은 죄인들을 위한 그리스도의 죽음은 '우리에 대한 하나님의 사랑의 확증'이라는 사실인 것이다. 그래서 로마서 5:8에 대한 설교 시에는 '하나님은 어떻게 그의 사랑을 확증하셨는가'의 문제가 제기되어야 하며 또한 그리스도를 통한 객관적 증거(그의 십자가, 8절)와, 성령을 통한 주관적 경험(우리의 마음속, 5절)과도 연결되어야 하는 것이다.

우리가 각 본문의 지배적 사상을 찾아내야 하는 두 번째 이유는 설교란 강의와는 달리 하나의 중요한 메시지만을 전달하는 것을 목적으로 하고 있다는 사실이다. 학생들은 강의 도중 많은 노트를 해야 하고 이후에는 그것들을 정리해야 한다. 이때 강의자는 방대하게 강의할 수 있으며 넓은 분야를 망라하고 심지어 본론에서 벗어난 말도 하게 된다. 실로, 얼빠진 교수들의 괴짜 같은 말은 청강하는 사람들의 중요한 기쁨 중의 하나가 되고 있다. 그렇지 않으면 누구나 참고 서적으로부터 자료를 선택하는 편이 오히려 낫다. 그러나 설교란 완전히 다른 것이다. 실제로 어떤 사람들은 노트를 해 가기도 하고, 반면에 어떤 이들은 요약한 것을 복사하거나 카세트 녹음기를 유용하게 사용하기도 한다. 그러한 것들은 기억하는 데 있어서 매우 유용하다. 그러나 그러한 경우는 예외적인 것이다. 그것도 역시, 회중들이 후에 노트를 공부해야겠다는 의도로, 또는 카세트를 들으면 된다는 생각에서 설교를 경청하지 않으려 할 때는 해로운 것이 되기 때문이다. 왜냐 하면 설교는 하나님의 자기 백성에게 대한 살아있는 말씀으로서 그 당시 거기에 있는 회중에게 영향을 끼쳐야만 하기 때문이다. 회중들은 설교의 세부 사항까지는 기억하지 못할지 모른다. 설교자는 그것을 기대해서는 안 된다. 그러나 회중들은 중심 사상은 기억해야만 한다. 왜냐 하면 모든 설교의 세부 사항은 그들이 그 설교의 메시지를 파악하고 그것의 능력을 느끼도록 배열되어 있기 때문이다.

설교법의 거성들은 이 점에서 모두 일치하는 것 같다. 옛날에 이 중심 사상은 대개 '명제'(proposition)라고 불렸고, 설교자들은 그것을 명백히 하기 위하여 노력했다. 찰스 시므온(Charles Simeon)은 말하기를 "나는 모든 설교는 전보처럼 한 영역에서 한 목적만을 가지고 있어야만 한다고 생각합니다."[20]라고 했다. 이하는 그의 저서 「설교의 시간」의 서문에서 그 자신의 방법을 기술한 것이다.

> 이 강화가 형성된 방식을 지적하는 것은 무용한 일이 아닐 것이다. 주제가 결정되자마자 첫 번째로 조사할 것은 본문의 주요 범위와 의미는 무엇인가? 하는 것이다.(나는 특히 모든 젊은 목사들이 이것을 기억해 주기를 바란다.)[21]

본문의 주된 의미가 식별되었을 때, 그 다음 단계는 그것을 '범주

---

20) Carus, p. 717.
21) Simeon, *Horae*, p. Ⅵ. Ⅶ. 괄호는 시므온이 후에 한 말임.

적 명제'(categorical proposition)로 표현하는 것이라고 시므온은 계속해서 말한다. 그러므로 이것을 하는 것은 '강단을 위한 모든 작문의 위대한 비밀'인 것이다.[22]

> 당신의 본문을 단순한 형태의 명제로 축소시키고 날실처럼 짜내려 가라. 즉, 본문 자체를 직물처럼 사용하라. 그렇게 함으로써 본문에 포함되어 있는 여러 용어들에 의해 중심 사상을 밝혀라. 그 말씀을 청중들의 마음안으로 스크루처럼 압축시켜라. 스크루는 모든 기계적 힘 중 가장 강한 것이다. … 스크루가 몇 바퀴 돌았을 때는 어떤 힘도 그것으로부터 거의 빠져나올 수 없다.[23]

리쳐드 박스터(Richard Baxter) 역시 "진리의 스크루를 회중들의 마음안으로 돌려라"[24]고 썼다. 더 나아가서 조웨트(J. M. Jowett)는 다음과 같이 말한다.

> 나는, 우리 설교자가 주제를 수정처럼 선명하고도 의미 심장한 문장으로 요약하여 표현할 수 있기 전까지는 어떠한 설교라도 준비하지 않은 것이나 다름없다고 확신한다. 나는 나의 연구에 있어서 그 문장 하나를 얻는 것이 가장 고통스럽고, 가장 엄정(嚴正)하며, 성과있는 작업이라는 것을 깨닫는다. 나는 구름 한 점 없는 달처럼 명백하고 선명한 그 문장이 떠오를 때까지는 어떠한

22) ibid., Vol. X?.
23) Hopkins, p. 59.
24) Baxter, *Reformed Pastor*, p. 160.

설교라도 선포되어지거나 활자화 되어서는 안 된다고 생각한
다.[25]

이와 비슷하게 이안 피트 와트슨 교수도 "모든 설교는 명확한 하나
의 주제를 가져야만 한다. '이것이 첫째되고 으뜸되는 강령이다.'"[26]
라고 말하고 있다.

일단 본문의 비밀이 드러나고 중요한 설교 주제가 명백해지면, 이
상적으로 볼 때 전체 예배는 그것을 중심으로 구성된다. 의심할 바 없
이, 개회 예배가 보다 일반적 용어로 회개와 찬양을 표현할 수 있고,
중보 기도가 세계와 교회와 궁핍한 자들에 대한 많은 관심을 기울여야
한다 할지라도, 예배의 이러한 순서들에서조차도 회중들의 이성과 마
음을 설교 주제를 향해 이끌어들이기 시작하여 그것을 영접하도록 준
비시키는 것은 중요한 일이다. 분명히 설교 전의 우리의 기도를 표현
하는 찬미와 설교 후의 응답으로서의 찬미는 관련성이 있어야만 한다.
우리는 단순성과 반복성을 두려워해서는 안 된다. 이것은 미국의 흑인
목회로부터 배울 수 있는 깊은 교훈이다. 헨리 미첼(Henry Mitchell) 박
사는 '흑인 영가'와 '흑인을 위한 설교 스타일에서 보이는 느린 속도
의 특징' 사이에 흥미있는 유사성이 있음을 다음과 같이 말한다.

흑인 문화권에서의 설교는 흑인 영가와 설교학적인 쌍둥이 형제
이다. 가창문화(歌唱文化)의 경우 전체 곡은 매우 짧은 시구(詩

---

25) Jowett, p. 133.
26) Pitt-Watson, p. 65.

句)로 형성된다. 헌팅 합창(Haunting choruses)은 다음과 같은 네 단어로만 구성되어 있다. '기억하소서 나를, 오 주여, 기억하소서 나를.' 백인 문화권 찬송이 긴 절수로 구성되어 매우 빠르게 불리는 반면, 흑인 영가는 '신자되기 원합니다. 이 내 맘에' 와 같이 단순하고 느리게 불린다. 반복과 아울러 흑인 설교의 느린 속도는 느린 속도의 흑인 어법과 창법의 자연적인 형태이다. 이러한 흑인 어법과 창법은 간단한 표현을 여러 말로 해야 할 필요가 없도록 구성되어 있다.[27)]

그러므로 우리는, 설교를 준비할 때 중심되는 사상 자체가 떠오르기까지 인내를 가지고 기다려야만 한다는 원리를 무시하려 해서는 안 된다. 우리는 본문에 대한 권위자 혹은 조종자라는 자존심을 포기하고, 대신에 겸손하며 복종적인 종이 되기까지 기도와 사색으로 본문 깊숙이 들어가며, 심지어 그 밑에 내려서기까지 해야만 한다. 그렇게 할 때 본문 왜곡(歪曲)을 예사로 하는 위험은 결코 없을 것이다. 반대로 하나님의 말씀은 우리 지성에 뚜렷해지고, 우리 마음에 불타오르며, 우리의 강해의 단계를 조종하고, 후에는 회중들에게 영원한 감동을 남길 것이다.

---

27) Mitchell, *Black Preaching*, p. 175.

4. 중심 사상에 맞추어 자료를 배열하라

설교 준비 과정에 있어서 지금까지 우리는 본문으로부터 많은 잡다한 생각들을 수집하여, 한 장의 종이 위에 뒤죽박죽으로 써놓으면서 본문의 중심되는 사상을 따로 떼어내기 위해 노력해 왔다. 이제 우리는 그 자료들을 구체화시키되, 특히 중심 사상을 가장 잘 보조할 수 있는 형태로 구체화시켜야 한다. 이 단계의 목적은 문화적 걸작을 만드는 데 있지 않고, (찰스 스미스가 쓴 바와 같이 유창한 설교는 사탄의 덫 가운데 가장 위험한 것 중의 하나이다)[28] 본문의 중심 사상으로 하여금 최대한의 효과를 낼 수 있게 해주는 데 있다. 이렇게 끌로 새기고, 구체화하는 과정은 소극적인 면과 적극적인 면을 모두 가지고 있다.

소극적인 면에서 우리는 관계성이 없는 것은 냉정하게 삭제해 버려야 한다. 이것은 말하는 것보다 실천에 옮기기가 더욱 어렵다. 명상의 시간 중에는 수많은 은혜로운 생각들과 영롱한 아이디어가 떠오르고 우리는 그것들을 충실하게 적어놓게 된다. 바로 이 때 어떻게 해서든지 그것을 억지로 끌어 넣으려는 유혹이 일어나게 된다. 시험에 저항하라! 관계 없는 자료들은 설교의 효과를 약화시키기만 할 뿐이다. 그것들은 다른 기회에 유용하게 사용될 수 있을 것이다. 우리는 그것들을 그 때까지 놓아둘 지성의 힘이 필요하다.

적극적인 면에서 우리는 우리의 주제를 조명해 주고 강화시킬 수 있도록 자료를 우리의 주제에 맞게 배열하여야 한다. 그렇게 하기 위해서 우리는 구성과 어휘와 예화가 필요해진다. 그 각각에 관하여 중

---

28) Smyth, *The Art*, p. 27.

요한 것만을 논의해 보자.

먼저 **구성**에 대해서 살펴 보자. 대다수의 설교자들은 질서있는 자료 배열이 필요하다는 사실에 동의한다. 사실상, 우리는 급증하는 시각적 문화 속에 살고 있다. 선진국에 살고 있는 많은 사람들은 직선적인 논리를 듣기보다는 텔레비전 화면의 영상에 더 큰 영향을 받는다. 그러므로 데이비드 길리트(David Gillett)가 썼듯이 여기에서는 소위 '얼룩 반점식' 교수법이 유용한 것이다. 이 방법은 한 요점을 주제로 정하여 여러 각도에서 그것을 살펴봄으로써, 사람들의 마음에 형성된 그림을 더욱 명료하게 되도록 만드는 방법이다.[29]

그러나, 우리의 접근 방법이 시각적이든, 논리적이든, 우리는 우리의 생각들을 전할 수 있도록 어떤 구조로 조직해야만 한다. 창세기 1:2에 묘사된 태초의 혼돈상태를 언급하면서 생스터(W. E. Sanster)는 "형식이 없는 설교 —이런 것은 하나님의 은혜다— 라고 해서 모조리 공허한 것은 아님"을 인정했다. 그럼에도 불구하고 그는 "이것은 거의 기적적인 일이라고 말할 수 있다. 어떠한 설교일지라도 구성에 짜임새가 없으면 역시 허술한 설교인 것이다"[30]라고 덧붙여 말했다. 살이 없는 뼈가 보기에 앙상한 것처럼 뼈없는 살도 해파리처럼 흐느적거린다. 뼈다귀만 있는 설교나, 살만 있는 설교는 훌륭한 설교가 될 수 없다.

설교를 구상해 나감에 있어서 우리는 두 가지 위험에 직면한다. 첫째는 말라빠진 사람의 늑골처럼 볼썽사납게 튀어나온 체제이다. 그것

---

29) Gillett, p. 12.
30) Sangster, *The Craft*, p. 90.

이 우리 앞에 주제넘게 나서기 때문에 우리는 방해받지 않을 수 없게 된다. 그것은 설교 개요에서도 마찬가지다. 우리는 설교의 이러한 형식적인 것들에 얽매임으로써 내용에 충실을 기하지 못할 경우가 있다. 아마도 우리는 너무 기교를 부린다든지(이중의, 삼중의 두운을 맞추어 시적으로 대지를 구성하려는 설교자들이 있다), 혹은 너무 복잡하게 설교를 구성한다(시므온에 의하면 리챠드 박스터가 그러한 사람인데 그는 한 번은 '모든 회중이 64가지의 이전 대지를 모두 기억할 수 있는 것인 양 65번째 대지로 결론을 맺었다'는 것이다).[31] 이러한 식으로 형식이 강조되는 설교는 항상 산만하게 되어버린다. 이러한 식의 설교를 구성하는 설교자들은 골격 구조의 목적이 신체를 지지하며, 그렇게 함으로써 외관상 걸출하게 보이도록 유지시키는 데 있다는 사실을 망각하고 있는 것이다.

설교를 구상할 때의 두 번째 위험은 '부자연스러움'(artificiality)이다. 어떤 설교자는 본문에 적합하지도 않고 본문을 조명해 주지도 않을 뿐 아니라 진리의 맑은 물을 진흙탕으로 만들고 청중들을 혼동시켜 버리는 본문 개요를 강요한다. 설교 윤곽에 있어서 가장 중요한 법칙은 각각의 본문이 그 자신의 구조를 가지게끔 해야 한다는 것이다. 능숙한 강화자들은 아침 태양이 장미꽃을 피워, 전에 감추어진 아름다움을 드러나게 하듯이 자신의 본문 말씀을 드러나게 한다. 이 점에 있어서 훌륭했던 사람 중 한 사람은 19세기의 맨체스터 침례교의 설교자인 알렉산더 맥클라렌(Alexander McLaren) 박사였다. 로버트슨 니콜(Robertson Nicoll)은 그를 '예리하며 선명하게 분석하는 지성'이라고 표현하였고, 본문을 분석하는 비범한 은사를 받은 사람으로 묘사하였다.

---

31) Smyth, *The Art*, p. 177.

"그는 본문을 은 해머로 두드려서 즉시 자연스럽고 기억하기 좋은 구절로 나누어 쪼갰다."[32] 스펄전도 같은 은유를 사용했다. 어느 날 그는 자기가 다루기 난해했던 본문들에 관하여 그의 학생들에게 말했다. "여러분은 그것을 쪼개려고 애쓰시오. 여러분은 여러분의 노력이 헛되지 않도록 전력을 다하여 그것을 내려치시오. 여러분은 첫 번 강타로 부숴질 때 생기는 불티와 가루를 발견할 것이고 마침내 그 안에 반짝이는 희귀한 광물질의 섬광을 볼 것입니다."[33] 모든 설교자는 그 경험을 가지고 있다. 최소한 가끔은 그런 경험을 가지고 있는 것이다. 우리는 주님께서 오늘 우리에게 은 해머를 몇 개 더 지급해 주시도록 기도할 필요가 있다.

설교의 구조에 대한 논의에 있어서 으레 3대지(大旨) 설교의 문제가 거론되는데, 이것은 항상 인상찌푸리게 하는 문제가 되어 왔다. 그것은 현대적인 산물이 아니라 오랜 역사를 가지고 있다. 찰스 스미스 (Charles Smyth)는 세 가지의 대지로 나뉘어지는 (가능하다면 '세 가지 중요 단어'로까지 요약될 수 있는) 주제 본문만을 요구한 중세의(특히 영국에서의) '설교도식'의 엄정한 구조에 관하여 자세히 연구했다.[34] 그러나 우리가 변화없이 사용해오는 3대지 설교는 우리 자신을 '구속복'(strait-jacket) 속으로 제한시키는 격이 될 것이다. 그것은 또한 오직 하나, 혹 둘로, 경우에 따라서는 넷 또는 다섯으로 나눌 수밖에 없는 많은 본문들에 억지로 삼분법을 강요한다. 그러나 이상한 것은 삼중적인 것이 매우 자연스럽게 받아들여진다는 사실이다. 나는 이따금 그 이유가,

---

32) Nicoll, p. 245, 249.
33) Spurgeon, *Lectures*, First Series, p. 88-9.
34) Smyth, *The Art*, p. 19-54.

제6장 | 설교 준비법   351

그리스도인이 성부, 성자, 성령이나 혹은 하나님의 초월하시고, 우리를 위하시고, 우리 안에 계시다는 삼위일체적 사실 등에 쉽게 암시를 받는 삼위일체주의자들이라는 데 있지 않나 의아해 한다. 그러므로 나는 1322년 「설교의 형식」(Forma Praedi-candi)이라는 책을 출판한 바세본의 로버트(Robert de Basevorn)에게서 이 사상이 출현했다는 사실에 흥미를 갖는다. 그는 "이 법칙은 삼위일체를 경외하고자 하는 열망에 의해 판단되어질 것이다"라고 썼다.[35]

설교를 구성하는 데는 여러 가지 방법이 있다. 생스터는 그 자신이 '강화'(exposition) '논쟁'(arguement) '여러 방면의 분석'(face-ting) '분류'(categorizing) 그리고 '유추'(analogy)[36]라고 명명한 다섯 가지 중요 방법으로 구별했다. 핼포드 루코크(Halford Luccock)는 더욱 세분하여 10가지 유형으로 나누었다. 그는 또한 그것들에 '사다리꼴 설교'(사다리의 디딤살 같이 한 가지 요점에서 또 다른 요점으로 옮겨가는) '보석 설교'(마치 보석을 손에 쥐고 빛이 반사되는 여러 방면들을 살펴보는 것처럼 하나의 사상을 여러 각도에서 관찰하여 보는) 및 '공중 로켓 설교'(소위 '슈'나 '꽝'하는 소리가 나듯이 센세이션을 일으킬 만한 것이어서가 아니라 처음에는 땅에서 시작하여 높이 올라간 후에 다시 산산조각 나서 땅에 떨어지기 때문에…)와 같이 기발한 이름을 붙였다.[37] 우리의 본문과 주제들은 다양하게 취급되어야 한다. 또한 우리는 단순한 상투적인 문구로부터 탈출을 모색하여 다양한 방법을 개발할 필요가 있다.

---

35) ibid., p. 22.
36) Sangster, The Craft, p. 53-94.
37) Luccock, p. 134-47.

이제 나는 구성에서 **어휘**로 넘어가겠다. 만일 우리가 일주일에 한 번씩 40년 동안 설교한다면 우리는 약 구백만 단어를 말한 셈이 될 것이다. 어휘가 문제이다. 명백하게 의사를 전달하기 위해서는 우리의 사상을 어휘로 옷입혀야 하는 것이다. 정확한 어휘의 선택이 없이 정확한 메시지의 전달은 불가능하다. 우리가 외국으로 전보를 보내는 전문(電文)을 작성하기 위해 애쓰는 시간과 고통을 생각해 보라. 어휘 수가 엄격하게 제한되어 있으므로 우리는 우리의 의도하는 바가 정확히 이해될 수 있으리라고 확신할 때까지 그것을 몇 번이고 반복해서 검토하며 여기저기에서 낱말을 바꾸거나 교정하게 되는 것이다. 이것은 설교에 있어서도 마찬가지로 진리이다. 전도서 저자는 설득력 있는 어휘를 찾아내려고 애썼으며 정확하게 진리의 말씀을 기록하였다. 그러한 '지혜로운 자의 말'은 특히 그것이 은혜와 진리를 조화시킬 때 '찌르는 채찍같이' 양심에 박혀 마음을 자극시키고, '잘 박힌 못 같이' 기억 속에 깊이 뿌리박혀 쉽게 사라지지 않는 것이다(전 12:10, 11). 그러므로 설교자가 어휘를 선택하기 위해 고통을 당하는 것은 가치있는 일이다. 그것은 우리가 설교를 읽고 또한 설교를 기억하거나 암송할 것이기 때문에 가치 있는 것은 아니다. 그것은 분명한 사고의 훈련을 실제로 습작해 보는 것이기 때문에(베이컨이 말한 대로 습작은 인간을 정확하게 만든다) 가치있는 것이다. 만일 우리가 설교의 어떤 부분에 있어서 우리가 사용하기를 원하는 어휘까지 준비한다면 단지 메모지만 가지고 설교단에 올라갈지라도 매우 특별한 방법에 의해서 이 어휘들이 우리 마음에 떠오르기 때문에 가치있는 것이다. 그러면 어떠한 어휘를 사용하여야 할까? 첫째로 설교자의 어휘는 가능한 한 단순하고 명백해야 할 필요

가 있다. 비록 오식(misprint)이라고 할지라도 유명한 고린도전서 13:1
의 번역은 진리다. 즉 "내가 사람의 방언과 천사의 말을 할지라도 **명백
함**이 없으면 소리 나는 구리와 울리는 꽹과리가 된다." 확신하기로는
적합한 어휘를 찾으려는 우리의 연구는 때때로 비범한 어휘를 구사할
수 있게 된다. 그러나 우리는 장황한 말을 피해야 한다. 많은 전문적인
설교자들이 이 올무에 걸려든다. 1878년 디즈라엘리(Disraeli)가 "자신
의 장황한 어휘의 화려함에 도취되어버린 궤변 수사학자"라고 불렀던
글래드스톤(Gladstone)과 꼭 닮은 사람들이 아직도 많다. 변호사들은
법률학적으로 훈련받은 사람들만이 해석할 수 있는 서류를 작성하는
데에 즐거움을 느끼는 것 같다. 의사들 역시 가끔 불필요한 횡성수설
을 사용하는 공범자들이다. 남부 요크셔, 로텔담의 발드함(K. D.
Bardham) 박사는 다음의 한 사회 봉사 보고서로부터 그 예를 보여준
다.

> 연로한 이 노인병 여환자는 여러 모양의 관절염으로 인하여 보행
> (步行)하는 데 제한을 받고 있다. 의사 소통의 단절은 그녀를 현
> 실로부터 유리되게 하였고 그녀의 고립주의적 증상을 한층 강화
> 시켰다. 이러한 이유들로 인하여 그녀는 주위에서 일어나고 있는
> 여러 사건들을 올바르게 판단할 수 있는 능력을 상실하고 있다.
> 개념 혼란의 문제에 대한 노인정신병학적 사려와 편집 증세는 그
> 녀의 총체적 지병 문제의 차원에서 매개 변수로 작용한다.

발드함(Bardham) 박사는 자신의 보고서를 다음과 같이 번역하였다.

"83살먹은 이 할머니는 관절염에 걸려 걸어다니지 못하고 외로운 데다가 정신이 혼미하고 놀란 증세를 보인다."[38] 그의 편지는 미국 중류 사회에 만연해 있는 정신착란증적인 중얼거림에 대해 기사화한 크리스토퍼 리이드(Christopher Reed)의 기사에 실림으로써 신속히 알려졌다. 이것이야말로 인간의 행동의 참된 심리학적 이해를 공허한 슬로건으로 바꿔버린 횡설수설인 것이다.

그러나 언어의 그릇된 사용의 예를 발견하기 위해 영국에서 아틀란타 해협을 건널 필요는 없다. 이런 류의 잘못은 사회 민원 봉사에서뿐만 아니라 가정에서도 얼마든지 있다. 이 점에 관해서 「평범한 언어」(Plain Words)라는 유명한 책을 쓴 어네스트 가우어(Ernest Gowers)보다 더 실증적으로 말한 사람은 없다. 그는 "그들의 목적은 문어체를 매매 거래의 도구로 사용함으로써 공무원을 돕는 데 있다"[39]고 설명했다. 그러나 이러한 그의 말은 구어체에도 똑같이 적용될 수 있는 것이다. 그는 어휘의 사용과 문체는 분리될 수 없다고 주장하며, 자신의 논지를 증명하기 위하여 매튜 아놀드(Matthew Arnold)와 딘 스위프트(Dean Swift)를 인용하였다. "말해야 할 중요한 것을 가지고 할 수 있는 대로 그것을 명백하게 말하라. 그것이 문체를 만드는 오직 한 가지 비결이다."[40] "적절한 곳에 놓여지는 적절한 어휘야말로 진정한 문체의 정의를 이룬다."[41] 따라서 그는 우리에게 조심스럽게 어휘 선택을 할 것과 과잉 표현에 주의할 것, 또한 쉽사리 이해되며, 정확한 어휘를 선

---

38) The Guardian Weekly, 29 Januaury 1978.
39) Gowers, p. 1.
40) Arnold, in Gowers, p. 3.
41) Swift, in Gowers, p. 119.

택할 것을 권하고 있다. 우리에게 있는 근본적 약점은 너무 복잡하게 말한다는 사실이다. "단순하고 명료하며 직설적으로 하기보다는 과장하고 사족이 많고 우회하여 말한다는 것이다." 그는 이것을 '공문서적인 딱딱한 표현'(go-bbledygook)[42]이라고 불렀다. 이것은 1944년 5월자 뉴욕 타임즈에서 머리 마버릭(Maury Maverick)에 의해 '잰체 하는 관청 용어식 표현'이라는 새로운 표현으로 불렸다.

불행하게도 이 병은 교회에서 고질화되고 있다. 고(故) 케니스 그럽(Kenneth Grubb)경은 교회 통합 운동(ecumenical movement)이야말로 '여왕의 영어를 처음으로 살인한 자'였다고 주장한 고든 루프(Gordon Rupp) 박사의 의견을 인용하면서, "이상하게도 교회는 앵글로 색슨어보다 라틴계 어휘를 더욱 애용하고 있다"는 그의 비판을 입증해 주는 실례들을 제시하고 있다.

> 회의는 대결이 되었고, 대담은 협의회가 되었다. 국면은 차원(次元)으로, 표현은 성좌(星座)로 대치되었다. 이들은 타동사와 능동태의 사용을 경멸했다. 그들은 강세 명사를 주어로, 그리고 정확한 형용사 대신에 약(弱) 형용사를 사용하는 것을 경멸했다. 바람이 서쪽에서 불었으므로 아무 일도 일어나지 않았다. 그러나 오직 '서구에서만 그러하였다.' 따라서 기쁜 소식은 부적절한 언어 속에서 증발해 버렸다.[43]

---

42) Gowers, p. 47.
43) Grubb, p. 153, 155.

산만하고 복잡한 언어의 이러한 용례들이 만연하는 속에서 설교자들은 단순성과 명료성을 찾고자 고심해야만 한다. 이것은 솔직담백한 어휘뿐 아니라 가급적 종속절을 쓰지 않는 짧은 문장의 사용을 의미하는 것이다. 이것을 습관화하기 위한 좋은 연습인 외국어 번역을 할 때에 우리는 이러한 점들에 더욱 유의하게 된다. 그러므로 외국어 번역은 이것을 습관화하기에 좋은 훈련이 되기도 한다. 라일(J. C. Ryle) 주교는 언젠가 "마치 그대가 천식에 걸린 사람인 것처럼 설교하라"라고 말했다.

설교자의 어휘는 이와 같이 단순해야 할 뿐 아니라 생생해야 한다. 다시 말해서 그들은 마음속에 상을 그려내야 한다는 것이다. 예화에 관하여는 잠시 후에 더욱 상세히 기술하겠다. 반면에, 우리가 인식하여야 할 것은 이야기 방식이 유일한 방법은 아니라는 점이다. 만일 비유적 표현들이 말하고자 하는 바를 조명해 줄 수 있다면 심지어 단어 하나 혹은 관용구 하나조차로도 가능한 것이다. "정확한 어휘와 거의 정확한 언어 사이의 차이점"은 마크트웨인이 비평한 대로 '번갯불과 반딧불의 차이다.'

그러나 우리가 은유법으로 말할 때는 우리의 은유가 혼동되어 회중의 상상 속에 뒤죽박죽된 영상을 그려 넣음으로써 회중을 혼동시킬 위험을 무릅써야 한다. 스테펜 리코크(Stephen Leacock)는 모든 설교자들에게 유익한 경고를 주는 괄목할 만한 예를 들고 있다. 그는 토론토의 북쪽 마리포사(Mariposa)의 지방 교구장이었던 루펠트 드로운(Rupert Drone) 목사를 다음과 같이 풍자하였다. 그는 이렇게 썼다.

처음에는 누구라도 교회의 부채 때문에 고심하는 사람은 많지 않으리라고 생각한다. 드로운 교구장의 모습을 볼 때면 부채를 갚는 것은 오직 시간의 문제인 것처럼 보인다. 즉, 단지 약간의 회중의 노력이 필요할 따름이다. 회중들의 허리를 약간 졸라매게 하면 된다는 것이다. 그들은 모든 부채를 걸머맬 수 있다. 회중들에게 일을 시키면 그들은 곧 부채에 대하여 상세히 알게 된다. 그러면 그들은 그 어려움을 극복할 수 있으며 각자 자신의 평화를 찾을 수 있을 것이다.[44]

만약 우리의 설교가 단순하고 생동감이 넘치게 되려면 거짓 없는 어휘를 사용해야 한다. 우리는 과장을 경계하여야 하고 최상급의 사용을 절제해야 한다. 이러한 가치를 감소시킴에 있어 이 시대는 너무도 자유롭다. 이외에도 예수께서 친히 우리의 논술을 정교화하기 위해 강한 어조를 사용할 필요없이 예이면 '예'로 아니면 '아니오'라고 함으로 매우 명백한 교훈을 주신 것이다(약 5:12; 마 5:33-37에 기록된 주님의 가르침을 암시함).

이것을 강조한 근래의 사람은 루이스(C. S. Lewis)이다. '언어살해'(Verbicide)는 다양한 방법으로 범해질 수 있다고 그는 주장했다. 그러나 가장 보편적인 것 중 하나는 우리가 '매우'를 의미할 때 '엄청나게'라고 말하거나, '큰'의 의미에 대하여 '굉장한'이라고 말하는 '과장'에 의해서 범해지는 경우이다.[45] 그가 1956년 6월 26일 편지 형식으로

---

44) Leacock, p. 109.
45) Lewis, C. S., Studies, p. 6-7.

미국 어린이들에게 보낸 일반 상식의 충고는 충분히 이용할 만한 가치가 있다. 실로 중요한 것은 다음과 같다.

1. 항상 여러분이 의미하는 바를 아주 명백하게 나타내도록 언어를 사용하고, 여러분의 문장이 다른 어떤 것을 의미할 수 없도록 만들어라.

2. 길고 모호한 어휘보다는 평범하고 직접적인 어휘를 사용하라. 약속을 '이행한다' (implement)라고 하지 말고 약속을 '지킨다' (keep)라고 하라.

3. 그 구체적인 명사가 있으면 결코 추상 명사를 사용하지 말라. 만일 여러분이 '더 많은 사람이 죽었다'를 의미하려고 할 때 '사망률이 증가했다'고 말하지 말라.

4. 여러분이 묘사하기 원하는 사물에 대한 감정을 단순히 말하는 형용사는 사용하지 말라. 내가 뜻하는 바는 '소름끼치는' 이라고 말하는 대신에 우리들이 소름끼칠 수 있도록 묘사하라는 것이다. '즐거웠다'고 말하지 말고 우리가 그 표현을 읽을 때 '즐거웠다'고 말할 수 있게 만들어라. 그 모든 표현(무시무시한, 훌륭한, 끔찍한, 우아한)들은 그저 독자들에게 '제발 내 대신 내 일을 해 주세요' 라고 말하는 것에 불과하다.

5. 의미에 비해 너무 큰 어휘는 사용하지 말라. 여러분이 '매우' 라는 뜻을 의미하려 할 때, '무한히' 라고 말하지 말라. 그렇게 말하면 여러분이 진실로 무한한 무엇에 관해 말하려고 할 때 사용할 어휘가 없지 않은가.[46]

---

46) Lewis, W. H. *Letters*, p. 271.

아마도 이 인용을 통하여 설교자에게 어휘가 얼마나 중요한 것인가를 충분히 확신할 수 있을 것이다. 우리가 어떤 메시지를 청중들에게 전달하려고 애쓸 때 우리는 그들이 이해할 수 있는 단순한 어휘나 우리의 말하는 바를 영상화 하는데 도움을 주는 생생한 어휘, 또는 평범한 진리를 과장없이 표현하는 솔직 담백한 어휘를 찾고자 할 것이다. 말콤 머저리지(Malcom Muggeridge)는 '말의 마술사' 로 인식되어 온 사람이다. 그러나 그는 그의 자서전 1권에서 자신이 '맨체스터 가디안' (Manchester Guardian)이라는 잡지의 저널리스트로서 일하는 중 얼마 안 가서 자신이 말 잘하고, 익살맞고 심지어 위선적이기까지 되었음을 발견하였다고 고백하고 있다. 그는 다음과 같이 썼다.

> 이제와서 나는 이따위 비언어(non-language)를 이용하는 방법을 모색하였던 안일함에 관해 회상하는 것이 고통스럽기까지 하다. 부질없는 비문장들(non-sentences)은 사상 아닌 것들(non-thoughts)을 전했고, 아무 두려움도 아무 소망도 주지 못하였다. 어휘란 사랑과 같이 아름답고 쉽게 배신할 수 있는 것이다. 나의 그릇된 행위보다 대중 통신의 엄청난 쇠똥 무더기 속에서 영원히 자비롭게 잃어버린 대부분의 그릇된 어휘로 인하여 나는 더욱 참회할 따름이다.[47]

그 당시 그 참회는 변하여 야망이 되었다. 그 자신이 요구한 비명 문구는 '어휘를 잘 사용했던 사람' 이었다.

---

47) Muggeridge, *Chronicles, The Green Stick*, p. 171.

설교의 구성과 어휘에 대한 고찰로부터 나는 **예화**로 옮겨가겠다. 나 자신부터 이 예화 사용에 있어서 실패하고 있으므로 이 문제를 말하기에 두려움이 앞선다. 지금도 내 친구들은 이 점에 대하여 나를 놀리고 있으며 나 또한 개선하려고 노력하고 있다.

나는 설교자들에게 있어서 예화의 문제를 소홀히 한다는 데 대하여는 아무런 변명의 여지가 없다는 사실에 동의하지 않을 수 없다. 왜냐 하면 그를 격려하는 광범위한 거룩한 전례(前例)가 있기 때문이다. 요크(York) 지방의 전(前) 대주교였던 시릴 가베트(Cyril Garbett)는 한 성직자가 런던의 맨델 크라이톤(Mandell Creighton) 주교에게 설교 예화집 한 권을 추천해 달라는 내용의 편지를 썼을 때 "그는 체신 엽서에 단지 **성경**이라는 두 낱말로 쓰여진 답장을 받았다"고 몇 번이고 반복해서 말하곤 했다.[48] 주교는 옳았다. 성경은 예화, 특히 비유로 충만하다. 구약 성경을 생각해 보자. "아버지가 자식을 긍휼히 여김 같이 여호와께서는 자기를 경외하는 자를 긍휼히 여기신다." "사악한 자는 마치 바람에 나는 겨와 같다." "나는 이스라엘에게 이슬같이 될 것이다. 그는 백합처럼 피고 백향목 같이 뿌리를 내릴 것이다." "그들이 독수리 같이 날개치며 오르리라." "내 말이 불 같지 아니하냐. 바위를 쳐서 부스러뜨리는 방망이 같지 아니하냐"[49] 또한 신약 성경을 보자. "너희는 세상의 소금이다. 너희는 세상의 빛이다." "번개가 하늘 아래 이쪽에서 번쩍이어 하늘 아래 저쪽까지 비침같이 인자도 자기 날에 그러하리라" "화 있을진저 외식하는 서기관들과 바리새인들이여, 위선자들이

---

48) Smyth, *Garbett*, p. 172.
49) 시 103:13; 시 1:4; 호 14:5; 사 40:31; 렘 23:29.

제6장 | 설교 준비법 361

여! 겉으로는 아름답게 보이나 그 안에는 죽은 사람의 뼈와 모든 더러운 것이 가득하도다." "도리어 너희 가운데서 유순한 자가 되어 유모가 자기 자녀를 기름과 같이 하였으니" "너희 생명이 무엇이냐 너희는 잠깐 보이다가 없어지는 안개니라."[50] 이 말씀들은 무작위(無作爲)로 뽑아 놓은 것이다. 이외에도 우리는 성경에서 무수한 비유와 예화들을 들 수 있다.

무엇보다도 예수님의 비유가 있다. 가장 잘 알려진 탕자의 비유나 선한 사마리아 사람의 비유는 평범한 인간이 기독교를 이해하는 데 있어서 결정적인 부분이다. "예수께서 이러한 많은 비유로 그들이 알아들을 수 있는 대로 말씀을 가르치시되 비유가 아니면 말씀하지 아니하시고 다만 혼자 계실 때에 그 제자들에게 모든 것을 해석하시더라"(막 4:33, 34). 생스터(W. E. Sangster)가 예수 그리스도의 예를 들면서 "오직 공허와 불경의 조합만이 그의 눈길을 피하는 것이었다"고 말했을 때 그는 과장하는 것이 아니었다.[51] 진리를 예증하거나 생생하게 만드는 데 대한 중요성을 나타내는 것은 예수님의 비유뿐 아니라 예수님 자신도 마찬가지다. 왜냐 하면 예수님은 육신이 되신 하나님의 말씀이시고 보이지 아니하는 하나님의 보이는 형상이므로 그를 본 자는 아버지를 본 것이기 때문이다.

그러므로 교회사에 있어서 설교 시에 예화를 사용하는 것은 오래되고 명예로운 전통이라는 사실은 놀라운 것이 못 된다. 4세기와 5세기의 위대한 설교자인 크리소스톰, 어거스틴 그리고 암브로시우스 등

---

50) 마 5:13, 14; 눅 17:24; 마 23:27; 살전 2:7; 약 4:14.
51) Sangster, *The Craft*, p. 211.

도 예화를 사용하였다. 찰스 스미스는 중세 설교의 특징 중 하나는 "우리가 예화라고 부르는 '예증(exempla)의 사용'에 있다"고 썼다.[52] 이 전통은 13세기 도미니크 수도원과 수도사들 및 아시시의 프랜시스(Francis of Assisi)에 와서 한층 더 발전되었다. 그 시대에는 설교자를 위한 예화 수록집들이 만들어져 유포되었는데(스미스는 열다섯 가지 이상의 목록을 만들었다) 그것들이 오늘날의 '설교예화의 보고'(treasury of sermon illustrations)의 전신들이었다. 거기에는 물론 성경 이야기, 고전 문학으로부터 따 온 이야기, 역사의 예증, 성자들의 전설, 동물 우화 및 자연계로부터의 교훈 등이 포함되어 있다. 위클리프(Wycliffe)와 그의 '불행했던 설교자들'이 차라리 성경 본문에 집중할 것을 결심함으로써 성경으로부터의 설교에 역점을 두었던 종교개혁으로의 길을 열게 된 것은 이러한 예화들이 그릇된 교훈의 매게 수단으로서 또는 진지한 성경적 강화의 대체물로서 사용되었기 때문이었다. 찰스 스미스는 그의 역사적 연구에 있어서 이 부분을 '틸로슨의 승리'(The Triumph of Tillotson)로서 종결짓고 있다. 요한 틸로슨(John Tillotson)은 1691년부터 1694년까지 켄터베리 대주교를 지낸 사람이었다. 비록 청교도적 교육을 받기는 했어도 말년의 그의 설교는 복음전도라기 보다는 도덕적 선행에 대한 에세이에 지나지 않았다. 그는 짧은 문장과 단순한 언어로 "이성과 상식에 호소하는 법을 발전시키고, 주의깊고 이해력 있고, 견고하고 성급하지 않고 꾸밈이 없는 논증으로 발전시켰다."[53] 그러나 그는 차라리 청교도 정신에 대해서라기보다는 오히려 중세 시대

---

52) See the chaper entitled 'The Exemplum' in Smyth, *The Art*, p. 55-98.
53) Smyth, *The Art*, p. 146.

의 사변과 탁상공론과 정교한 예증에 대하여 반동적이었던 것 같다. 왜냐 하면 비록 몇몇 청교도적인 풍유가 지나치게 공상적이었다고는 할지라도 존 번연의 위대한 우화인 「천로역정」(Pilgrim's Progress)이 널리 읽혀졌다는 사실은 그것의 강력한 영적 영향력을 입증하고 있으며, 사실상 많은 청교도 설교자들도 기독교인의 삶을 고난과 전투로 점철되는 위험한 여행으로 묘사하였기 때문이다. 그들의 설교는 주로 '비유적 표현으로 풍부하여졌던' 것이다. 진실로 '극소수의 설교만은그렇지 못했으나' 많은 설교들 속에는 영적 여행과 영적 전투에 관한 그러한 환상들이 풍부하게 있었던 것이다.[54] 성경적 전례와 역사적 전통 외에 예화 사용의 또 다른 근거로서 우리는 인간의 심리를 들 수 있다. 우리 인간은 추상개념들을 취급하기에 많은 어려움이 있는 것을 안다. 우리는 그 개념을 상징화(수학처럼) 하거나 그림으로 나타내야만 한다. 왜냐 하면 상상력은 하나님께서 인간에게 주신 가장 좋은 탁월한 은사 중의 하나이기 때문이다. 멕네일 딕슨 교수는 이렇게 쓰고 있다.

> 역사의 형성에 있어서 가장 지배적인 힘이 무엇이냐는 질문에 대하여 대답을 해야만 할 때 내가 은유 혹은 비유적인 표현이다라고 대답했다면 여러분은 나를 이상한 사람이라고 판단할 것이다. 인간이 살아온 것은 상상력에 의해서이다. 상상력은 우리의 삶을 지배한다. 인간의 정신이란 철학자들이 여러분으로 하여금 생각하게 하듯이 토론장이 아니라 미술화랑인 것이다. 그 화랑의 여기저기에 우리의 비유들과 우리들의 개념들이 걸려 있는 것이다.

---

54) Haller, p. 140, 142.

우주를 기계로 보는 우주개념과 같이 이런 종류의 개념의 전제
정치는 인간의 마음르로서는 결코 도피할 수 없는 것이다. … 은
유는 종교와 시의 본질이며 과학도 이 철조망을 벗어나지는 못한
다.[55]

비쳐(H. W. Beecher)는 이 원리를 설교자로서의 우리의 사명에 적용
시켰다. 그의 다섯 번째 예일 강의에는 '상상력의 힘'이라는 대목도
끼어 있었다. 그는 "여러분은 퍽 의외일 것이나 여러분의 설교가 능력
있고 효과적이기 위해서 의지해야 할 첫째 요소는 **상상력**이며, 나는
그것이야말로 설교자에게 있어야 할 모든 요소 가운데 가장 중요한 것
으로 생각한다."고 했다. 그는 "상상력이란 보이지 않는 것들을 감지
하고 그것들이 타인에게도 보여질 수 있게 현재화 할 수 있는 정신적
인 능력"을 뜻한다고 설명했다.[56]

바울은 갈라디아 사람들에게 마치 예수 그리스도께서 그들 눈 앞
에서 십자가에 못 박혀 죽으신 것처럼 십자가에 대한 그의 설교를 '주
지(周知)의 사실로서' 말하고 있다(갈 3:1). 십자가 사건은 그 때로부터 약
20년 전에 일어났고, 갈라디아서에서 바울 서신을 읽는 자들은 아무
도 그 사건을 실제로 보지 못하였다. 그러나 그의 생동감 넘치는 복음
선포에 의해서 바울은 이 과거의 사건을 현재로 소급시킬 수 있었고
귀로 전하여진 바를 극적이고 현재적인 모습으로 영상화할 수 있었던
것이다. 이와 같은 것이 바로 모든 예화의 목적인 것이다. 그렇게 함으

---

55) From Chapter 3 of *The Human Situation* (1937), in Keir, p. 65-66.
56) Beecher, p. 127, 134.

로써 예화는 회중들의 상상력을 자극하여 그들 마음속에서 사물을 명백하게 새겨볼 수 있도록 도와주게 되는 것이다. 예화는 추상적인 것을 구체적인 것으로, 고대를 현대로, 생소한 것을 친숙한 것으로, 일반적인 것을 특수한 것으로, 모호한 것을 정확한 것으로, 비실재적인 것을 실재적인 것으로, 보이지 않는 것을 보이는 것으로 바꾸어 놓는다. 라일(J. C. Ryle)이 인용했던 동양의 속담에 의하면 "달변가란 청중들의 귀를 눈으로 바꾸어 자신이 말하는 바를 볼 수 있게 하는 사람"인 것이다.[57]

볼 수 있으려면 인간은 빛이 필요하다. '예증하다'(illustrate)라는 말은 '조명하다' 또는 어두운 대상물에 '빛을 던지다' 혹은 '광휘를 주다'의 뜻을 지닌다. 설교예화가 종종 집의 창문에 비유되는 것도 이러한 이유에서이다. 스펄젼의 「신학생들에게 고함」이라는 강의의 세 번째 시리즈는 '예화의 기술'이라는 제목으로서 전적으로 이 주제로 일관되었는데 여기에서 스펄젼은 17세기 성공회 역사가로서 기인이었던 토마스 풀러(Thomas Fuller)가 "설교를 구성함에 있어서 주된 기둥은 논의이지만 비유는 최고의 빛을 주는 창문이다."라고 한 말을 인용한다. 이 비교가 '적절하며 암시적인 것'이라고 선언하면서 스펄젼은 계속하여 다음과 같이 말했다.

집안에 창문을 내는 가장 중요한 이유는 풀러가 말한 것처럼 빛이 들어오도록 하기 위해서인 것이다. 비유, 직유, 은유 등은 이러한 효과를 갖는다. 그러므로 우리는 주제를 조명하기 위해

---

57) Ryle, *Light*, p. 408.

서, 또 달리 말하면 빛으로 밝히기 위해서 그것들을 사용하는데, 그것이 바로 존슨(Johnson) 박사가 예증한다는 단어를 문자적으로 해석한 바인 것이다.

창문 없는 건물은 '집이라기보다는 차라리 감옥'이며 비유 없는 강화 역시 단조롭고 지루하며 무미건조하고 또한 견디기 힘든 육체적 권태를 수반한다. 왜냐 하면 어린아이일지라도 우리가 이야기를 들려줄 때면 눈과 귀를 번쩍 뜨고 얼굴에 미소를 띠우기 때문인 것이다. … 우리는 "마치 어린아이가 건포도로만 만든 케익을 원하는 것과 꼭같이 청중들은 종종 설교 전부가 예화이기를 바란다."고 감히 말한다.[58] 그러나 물론 케익이 전부 건포도일 수 없고, 집이 온통 창문일 수는 더욱 없다. 그러므로 우리는 이들의 요구와 창문과 건포도의 절대적 부재 사이에서 '적절한 중용'(happy medium)을 찾는 것이 필요하다. 로마서 5장에서 8장까지의 중요한 부분에 대한 주석인 「새 인간」(Man Made New, 1966)이라는 나의 작은 책이 출판되자 한 친구가 매우 노골적인 다음과 같은 솔직한 편지를 썼다. "자네 책은 창문 없는 집과 같고 건포도 없는 과자와 같네." 나는 혹시 그가 스펄전의 저서를 읽지 않았는가 의아해 하지 않을 수 없었다.

이제 예화의 필요성으로부터 그 위험성에 관하여 생각해 보겠다. 이 점에 대해서는 주로 두 가지를 들 수 있다. 첫째는 예화가 너무 두드러져서 어떤 애매한 점에 관해 빛을 던져주는 대신 그 빛에 예화 자체가 부각되어 버리는 경우이다. 생스터가 너무 많은 예화를 사용하는

---

58) Spurgeon, *Lectures*, Third Series, p. 1-3.

것을 비판하면서 "회중들은 그들의 길을 밝혀 줄 등대가 필요하다"고 역설한 것은 확실히 바른말이다.[59] 왜냐 하면 이것이 예화의 실제적 기능이기 때문이다. 즉 예화는 응접실의 등과 같이 그것 자체에 이목 (耳目)을 집중시키는 것이 아니라 "가로등 같이 잘 눈에 띄지는 않으나 밝은 빛을 길 위에 비치는 것"과 같은 것이다.[60] 우리 모든 설교자들은 너무 주제넘게 부각되는 예화들이 있다는 것을 알고 있다. 그런데 충격적인 사실은 예화를 적용시킨 진리는 잊혀도 한참 뒤에 그 예화가 본문과는 관계없이 기억난다는 사실이다.

예화에 따르는 두 번째 위험은 그것을 적당하지도 온당하지도 않은 유추(類推)에 적용한다는 점이다. 모든 유추에서 우리는 어떤 점에서 유사점이 추론되었는지를 밝혀야만 한다. 예를 들면 예수께서 우리에게 "어린아이와 같이 되라"고 하셨을 때, 예수께서는 우리가 모든 면에서 어린아이 같이 되라고 하신 것은 아니다. 예수께서는 어린이의 미숙함이나 장난기나 무책임이나 순진무구성이나 무지를 권고하신 것이 아니라 어린아이의 '겸손'을 권하신 것이다. 즉 어린아이가 부모를 의지하는 것 같이 우리는 은혜에 의존해야 한다는 것이다. 그렇기 때문에 우리가 어린이 같이 되는 것이 권장되기보다는 오히려 금지되고 있는 다른 성경 구절들이 있는 것이다.[61] 그러므로 '유추에 의해 논증하는 것', 즉 두 사물 혹 두 사건이 한 가지 점에서 유추되기 때문에, 따라서 분명히 그것들은 모든 점에서 유추되어야 한다는 그릇된 인상을 주는 것은 항상 위험하고 종종 오류에 빠진다.

59) Sangster, p., Dr. Sangster, p. 275.
60) Jowett, p. 141.
61) 렘 1:6; 고전 3:1, 2; 14:20; 히 5:11-14.

유추를 적절하지 못하게 사용한 예로서, 언젠가 상당히 엄숙하게 의도적으로 띄엄띄엄 말하면서 설교를 시작했던 또 다른 내 친구를 들겠다. "성경에서 전능하신 하나님은 암탉에 비유된다." 그의 주장은 우리들에게 재미있으나 당황스러운 것으로 받아들여 진다. 물론 어떤 면에서 그는 아주 옳았다. 시편 기자는 하나님의 날개 아래 피난처를 발견하는 것을 기뻐하였으며, 보아스는 개심한 모압 여인 룻에 대하여 이스라엘의 하나님의 '날개' 아래 피난처를 찾았다고 기술했다.[62] 게다가 그 은유에는 명백한 주님의 권위가 있다. 예루살렘을 바라보며 우시던 예수님은 "암탉이 그 새끼를 날개 아래에 모음 같이"(마 23:37) 예루살렘 거민을 모으려고 했던 일이 얼마나 간절했는지를 선포하셨다. 그것은 하나님의 사랑과 자애와 보살피는 돌보심을 명백하게 보여주고 있으며, 시골 농원을 방문하여 뒤뜰에 병아리들이 노니는 것을 본 사람이라면 누구나 친숙하게 연상할 수 있는 한 폭의 아름다운 장면인 것이다. 그것이 너무 생생하여 우리는 농장 냄새를 맡을 수 있고, 어미 닭이 꼬꼬댁 소리를 내는 것을 들을 수 있고, 병아리들이 종종걸음으로 어미를 향해 가는 것을 볼 수 있다.

그런데 왜 나의 친구가 설교를 시작하였을 때에는 그 말이 그렇게 이상하게 들렸을까? 부분적인 이유로는, 그가 다소 엄숙한 의미의 단어들(전능하신 하나님, 성경 등)과 과장된 말투(극적인 휴지기간 등)로 시작하여 그의 청중들은 고상한 클라이막스를 기대했으나, 갑자기 '닭'이라는 단어가 나옴으로써 용두사미격이 되어버렸기 때문이다. 그것이 우스꽝스러웠던 두 번째 이유는 그가 유추로써 묘사한 논점을 구체화하

---

62) 시 36:7; 룻 2:12.

지 않았기 때문이다. 성경은 전능하신 하나님을 닭으로 묘사하지는 않는다. 성경이 묘사하는 바는 하나님의 돌보심을 닭의 날개에 비유한 것이며, 더욱 정확하게 말할 때(그 영상이 동적이며 정적인 것이 아니기에) 그 것은 하나님께서 우리를 그의 날개 아래에 품으시려는 열심의 견지(見地)에서의 하나님의 은혜와, 그 밑에 쉴 곳을 찾으려는 우리의 응답적 신앙의 양면을 말하는 것이다. 그러므로 만일 내 친구가 성경을 더욱 자세하게 보았더라면 그는 "마치 암탉이 병아리를 날개 아래에 모음 같이" 하나님께서는 우리에게 향하신 그의 사랑으로 우리를 그의 구원하시는 보호하심 아래로 데려가시고자 하신다고 말하였을 것이며, 그 때 비로소 회중은 즉각적으로 이해하고 아무런 어색한 느낌을 갖지 않았을 것이다.

예화는 여러 가지가 있을 수 있다. 어떤 것은 한두 단어 혹은 한 구절 정도에 그치지만 그럼에도 불구하고 그것은 인상적인 강화적 특색을 지니며 드라마틱하고 실제적인 상(像)을 전해줄 수 있는 것이다. 우리는 우리의 방어물들을 깨뜨리시는 하나님이나(그럼으로써 공격으로부터 자신을 보호하기 위해 바리케이트를 쳐 놓은 회중들을 보이게 할 수 있다), 우리의 꼭 닫힌 마음 문을 새 진리를 향해 여시는 성령님(그리함으로 망치나 못뽑개의 압력에 못 견뎌 마지못해 열리는 상자 뚜껑의 끼익끼익 하는 소리를 들을 수 있다)에 관해 말할 수 있다. 어떤 설교자는 성경 이야기를 재현시켜 이야기하거나, 비유를 현대어로 표현하는 데 있어 아주 좋은 기술을 가지고 있는 반면, 어떤 설교자는 참신하고 현대적인 비유를 고안하는 데에 숙달되어 있다. 그러나 가장 효과적인 예화는 아마 역사나 전기, 또는 최근의 사건이나 우리 자신의 경험 등으로부터 따온 일화들일 것이다. 왜냐 하면 그것들은 가능한 역사적이며, 세계적이며 인간적인 배경의 광범위한 맥락 속에서 성경을 이해할 수 있도록 돕기 때문이다. 그러므로 모든 설교자는 항상 예화를 찾아다닌다. 그들의 눈은 예민해져 있고 그들의 귀는 언제나 열려 있다. 물론 우리는 단지 설교 자료를 수집하려는 목적만으로 책을 읽거나 회중의 말을 경청하지는 않는다. 생스터(Sangster)가 말한 것처럼 "모든 자연과 모든 삶은 풍성한 예화들로 가득 차 있다. 우리가 그물을 쳐 놓은 어부와 같은 민감함으로 우리의 삶을 관찰해 본다면 얼마나 많은 것들이 우리의 그물에 걸려들 것인가!"[63] 그리고 우리는 우리가 읽은 책들에서 얻은 가장 좋은 인용문과 머리에 떠오른 아이디어(착상)들을 독서 카드나 바인더에 적어 두면 더욱 유익할 것이다.

설교 예화를 사용하는 일에 있어서도 우리는 극다(極多)와 극소(極小) 사이의 조화를 모색하여야만 한다. 테오도르 파커 페리스(Theodore Parker Ferris)는 이 점에 있어서 아주 좋은 충고를 하고 있다. 그는 "그림 한폭은 일만 단어보다 가치가 있다. 그림 없는 설교, 즉 예화 없는 설교는 단지 추상적인 것만 인식할 수 있게 하는 지적 훈련만을 쌓게 할 뿐이다. 반면에 너무 많은 예화를 가진 설교는 너무 많은 보석을 지닌 여인처럼 품위를 높이는 것이 아니라 오히려 격하시켜 버린다"라고 말하면서 자신의 주장한 바를 실행했다.[64]

우리의 본문의 중심사상에 알맞게 우리 자료를 준비하였으면(구성과 어휘 및 예화로써), 이제는 다음 단계로 넘어갈 준비가 된 것이다.

63) Sangster, W., *The Craft*, p. 239.
64) Ferris, p. 93.

5. 서론과 결론을 첨가하라

먼저 설교 본론을 준비하는 것이야말로 필수적인 일일 것 같다. 만일 서론 혹은 결론을 미리 결정해 놓고 설교 준비를 시작한다면, 어쩔수 없이 우리는 거기에 맞추기 위해 본문을 왜곡시킬지도 모른다. 그러므로 우리는 본론으로 시작하는 것이다. 그리고 나서야 본론에 '꼭대기를 잇고 아랫단을 달아서' 즉, 서두와 말미를 덧붙여 서론과 결론으로 끝맺음을 하게 되는 것이다. 수사학과 설교학의 고전 작가들은이들을 '기서'(exordium)와 '결어'(peroration)라고 불렀다.

서론은 중요하며, 너무 길거나 너무 짧아서는 안 된다. 너무 긴 서론은 설교의 박진감을 감소시켜 버린다. 그러나 오늘날에는 서론을 너무 과감하게 축소하거나 심지어 즉시 본문으로 돌입하기 위하여 서론전체를 생략해 버리기도 한다. 이러한 것들은 지혜롭지 못한 일이다. "인간은 갑작스러움을 싫어하고 다소 점진적인 접근을 좋아하는 본능이 있다. 현관이 없는 건물이 보기 좋은 경우는 아주 드물다. 공들여서작곡한 음악 작품에는 최소한 얼마간의 전주곡을 위한 선율이 있기 마련이다."[65] 하나님의 방법도 역시 이와 같지 않은가? 자연 그 자체는황혼과 여명의 부드러운 빛으로서 '준비와 점진적 변화의 예술'을 우리에게 가르쳐 주고 있다.[66]

훌륭한 서론은 두 가지 목적에 알맞게 구성된다. 첫째로 그것은 흥미와 호기심을 유발시킴으로써 청취 의욕을 더욱 왕성하게 갖도록 해

---

65) Broadus, p. 101.
66) Vinet, p. 269.

준다. 둘째로 그것은 주제를 순수하게 소개함으로써 청중들을 그 주제로 인도해 준다. 전자 혹은 후자만의 기능을 살려주면서 서론을 작성하는 것은 비교적 쉬운 일이다. 흥미는 재담이나 인상적인 이야기를 함으로써 어렵지 않게 일으킬 수 있다. 그러나 그것들이 본론으로 자연스럽게 인도되지 않는다면 기왕에 얻는 흥미는 쉽게 사라지고 만다. 반면에 회중의 주의를 집중시키기 전에 본론부터 흥미있게 소개해 나갈 수 있다. 그러나 힘들지만 올바른 방법은 화제(話題)를 소개하여 즉시로 흥미를 유발시킴으로써 회중들의 마음을 우리의 메시지에 쏠리게 하는 방법이다.

설교의 서론을 말하는 전통적인 방법은 설교 본문을 알리는 것이다. 이렇게 시작하는 방법이 가치 있다는 사실은 너무나 명백하다. 이렇게 시작함으로써 우리는 처음부터 우리 자신의 견해를 발표하기보다는 오히려 하나님의 말씀을 강화한다는 설교자로서의 우리의 자각을 선포하게 되는 것이다. 그럼에도 불구하고 많은 설교자들이 이러한 방법을 외면했다. 그들은 이 방법이 너무 관습적이고 너무 교회 의식적이고 지루한 것이라고 생각한다. 때때로 우리는 회중을 인도해 가고자 하는 곳에서 시작하기보다는 오히려 그들이 현재 있는 곳에서 시작하기 때문에, 본문 대신 상황을, 성경적으로가 아닌 상황에 따라서 설교를 시작하는 것이 현명할 때가 있다. 예를 들면, 나는 23,000명의 목숨과 백만 명 이상의 집을 앗아간 1976년의 무시무시한 지진이 일어났던 직후의 과테말라 시에서 설교학 세미나를 인도했던 일을 기억하고 있다. 나는 목회자들에게 지진이 일어났던 다음 주에 그 지진에 관하여 설교했는지를 물었다. 나는 많은 목회자들이 그 지진에 관하여 설교한 것을 알고는 매우 기뻤다. 이 경우에 있어서 "오늘 아침 나의 본문은 …"이라고 시작함으로써 그 사건을 당한 회중들을 위로할 수가 과연 있을까? 차라리 "오늘 아침 우리는 큰 슬픔을 만났습니다. 우리 가운데 상당수가 친척 혹은 친구를 잃었습니다. 어떤 이들은 집과 재산을 상실했습니다. 왜 하나님께서는 그런 재앙을 허락하셨습니까? 이것이 바로 우리가 진정으로 묻고 있는 중대한 질문입니다. 하나님이 사랑의 하나님임을 우리는 지금도 믿을 수 있습니까?" 이렇게 시작하는 것이 보다 자연스러울 것이다. 만일 처음부터 본문이 낭독되어 읽히고, 그 본문이 하나님의 섭리의 문제와, 하나님의 사랑의 확신을 직접적으로 나타낸다면 상처입은 사람들의 마음은 그것을 받아들이기 어려울 것이다.

결론은 서론보다 한층 더 어렵다. 어떤 설교자들은 그들의 설교를 조직적으로 끝맺음할 능력이 없는 것처럼 보인다. 그들은 안개낀 날 장비(裝備)가 없어 착륙하지 못하는 비행기가 그렇듯이 빙빙 겉돌기만 한다. 그들의 설교는 "목적없는 비극보다 나을 것이 없다."[67] 다른 설교자들은 너무 갑작스럽게 끝내 버린다. 그들의 설교는 대미(大尾)없는 연극과 같고 크레센도(crescendo, 점점 세게)도 절정도 없는 음악과 같다.

결론은 단순히 반복적인 개괄이 아니다. 반복적인 개괄은 물론 가치가 있다. 회중들의 기억은 환기될 필요가 있다. 사도들은 사려깊이 반복하는 것을 꺼려하지 않았다. "너희에게 같은 말을 쓰는 것이 내게는 수고로움이 없고 너희에게는 안전하니라"고 사도 바울은 말하였다.

---

67) Bull, p. 131.

베드로도 같은 견해를 가지고 있다. "내가 항상 너희에게 생각나게 하려 하노라 내가 이 장막에 있을 동안에 너희를 일깨워 생각나게 함이 옳은 줄로 여기노니 …"[68] 어떤 보다 최근의 설교자는 그의 설교 방법을 이러한 술어로 묘사하였다. "먼저 나는 내가 말하고자 하는 것을 그들에게 그 다음 내가 말해야 하는 것을 말한다. 셋째로 내가 이미 말한 것을 말한다." 그러므로 그의 회중은 결국 같은 메시지를 세 번 듣게 되는데, 특히 그것은 그가 동일한 내용을 다소 다른 말들로 요령있게 반복할 수만 있다면 아주 좋은 것이다. 어떻게 (루터가 종종 말했듯이) "회중의 머리 속에 귀가 멍멍하도록 외치지 않고 진리를 그들의 마음에 심을 수 있단 말인가?" 재주있는 목수는 단 한 번의 일격으로 못을 끝까지 박을 수 있다. 그러나 대부분의 사람은 망치로 단계적으로 때려서 박는 것이 더 안전함을 알게 된다. 이와 마찬가지로 진리도 반복이라는 망치질을 가해야 할 필요가 있다.

참된 결론은 반복 그 이상의 개인적인 적용에까지 나아간다. 물론 모든 적용이 다 끝까지 남아 있어야 되는 것은 아니다. 왜냐 하면 우리 본문은 우리가 설교를 행하고 있을 때에도 적용될 필요가 있기 때문이다. 그럼에도 불구하고 우리가 도달해야 할 결론을 너무 빨리 나타내는 것은 실수이다. 만일 그렇게 한다면 우리는 회중들의 기대감을 잃어버리게 된다. 무엇인가 아주 중요한 것은 우리의 소매 속에 감추어 두는 것이 좋다. 그래야만 우리는 성령의 능력으로 회중들을 설득하여 행동하게 할 우리의 설득하는 바를 끝까지 남길 수 있는 것이다.

이것이 연설에 관한 고전적 이해에 있어서의 결정적 요소였다. 키

---

68) 빌 3:1; 벧후 1:12, 13 참조. 벧후 3:1, 2.

케로(Cicero)는 「웅변가」(The Orator)라는 책에서 "웅변하는 자는 가르치 듯이(docere) 흥미롭게(delectare) 그리고 설득력있게(flectere or movere) 말해야만 한다"라고 했다. 어거스틴은 키케로의 격언을 인용하여 지성을 가르치고, 정서를 즐겁고 생기있게 하며, 의지를 감동시켜야 할 기독교 설교자의 책임에 그것을 적용시켰다. 계속해서 그는 "왜냐 하면 가르치는 것은 필수적인 것이요, 기쁘게 하는 것은 유쾌한 것이며, 설득하는 것은 하나의 승리이기 때문이다."라고 말하였다.[69] 현대의 커뮤니케이션 이론도 이에 동의한다. "우리의 메시지를 들으려고 온 사람의 특수한 반응의 한도 내에서 우리가 말하고자 하는 목적을 말하는 법을 터득할 때, 우리는 능률적이고 효과적인 커뮤니케이션의 첫걸음으로 들어간 셈이 된다."[70] 설교가 끝나갈 때쯤 우리가 기대하는 바는 회중들이 다만 이해하거나 기억하거나 가르침을 기뻐하는 것이 아니고 그 설교를 듣고 무엇인가 행하는 것이다. "호출 명령이 없다면 설교도 없는 것이다."[71]

성경 저자들은 이것이 그들의 교훈의 목적임을 명백히 했다. 에스겔 선지자는 '이스라엘 집의 파수꾼으로' 부름을 받아 하나님의 심판과 회개를 경고하였다. 그의 선지자적 사역의 가장 큰 고통은 회중들이 그의 말을 그대로 행하려 하지 않았다는 데에 있었다. 하나님께서는 그에게 "그들은 네가 고운 음성으로 사랑의 노래를 … 하는 자 같이 여겼나니 네 말을 듣고도 행하지 아니하거니와"(겔 33:30-33)라고 말씀하셨다. 그러나 설교를 듣는 것과 음악 합주를 청취하는 것은 매우 상이

69) On Christian Doctrine, Ⅳ. 12, in Schaff, Vol. Ⅲ, p. 583.
70) Berlo, p. 12.
71) Boradus, p. 210.

(相異)한 경험들이다. 왜냐 하면 음악은 즐기는 것이지만, 성경은 복종해야 하는 것이기 때문이다. 신약 성경의 사도들도 '진리'가 도덕적 요구를 수반(隨伴)하고 있음을 명백하게 설명했다. 그것은 단지 청취해야 하는 것이 아니라 '실천'해야 하는 것이며, 단지 믿어야 하는 것이 아니라 복종해야 하는 것이다.[72] 왜냐 하면 예수께서도 그들에게 "너희가 이것을 알고 행하면 복이 있으리라"(요 13:17)고 말씀하셨기 때문이다. 야고보도 "듣기만 하지 말고 행하여"(약 1:22-25)라고 그의 독자들을 촉구하면서 동일한 필요성을 언급하였다.

교회사에 있어서 위대한 설교자들도 마찬가지로 이 점을 확신하였다. 우리는 청교도 설교자들에서 주목할 만한 예를 찾을 수 있다. "기독교 설교의 최종적 특징은 모든 설교가 '영혼을 회개하게 하며, 성결(聖潔)로 훈련시키는 것'과 특히 관계하는 그것의 적용 혹은 '응용(應用)' 부분을 가져야 한다는 데 있다."[73] 나는 (비록 그들의 저서에서는 이러한 표현을 발견하지 못했다 할지라도) 그들이 '가슴으로 통하는 설교'의 필요성에 대해 설교해 왔음을 알고 있다. 그러나 그들은 결코 사고(思考)를 무시하는 설교를 했다고 비난받을 수 없다. 왜냐 하면 그들은 무게있는 교리적 설교를 하였기 때문이다. 그러나 그들은 그 메시지가 머리를 통해 인간의 인격의 중심인 가슴에까지 관통(貫通)하게 되기를 원했다. 마찬가지로 요한 웨슬리는 그의 「잡지」(Journal)에서 여러 사례를 들면서, '머리 사역'과 '가슴 사역'을 구별하여 자신의 메시지가 가슴으로 돌파되도록 기대하였음을 보여주고 있다. 즉, "나는 아무도 상처받지

---

72) 요 3:18-21; 롬 1:18-23; 살후 2:10-12; 요일 1:6, 8; 요이 4; 요삼 3, 4.
73) Morgan, I., *Godly Preachers*, p. 28.

않은 채 단지 고요하고 침체된 상태로 화한 분위기만을 느꼈다." "나는 퍼스(Perth)의 회중들의 가슴을 찌를 방도를 찾지 못했다." 또한 "참석한 회중들의 가슴의 정곡(正鵠)을 찌를 적용점을 만들었다" 등을 들수 있다.[74]

캠벨 몰간은 의지에 호소하기를 더 좋아했다. "설교자란 단지 회중들에게 상황을 토의하거나, 명제를 숙고하거나, 이론에 주목하도록 요청하는 것이 아니다. 우리는 의지의 성을 습격해야 하고 예수 그리스도를 위해 그것을 포위하여야 한다. … 복음화나 가르침은 문제되지 않는다. 궁극적으로 중요한 것은 호소이다."[75]

요새(citadels)란 무력을 사용함이 없이는 습격할 수가 없다. 인간의마음과 의지도 또한 마찬가지다. "석질화(石質化)된 마음이 깨뜨려진다면 그것은 쓰다듬어서가 아니라 충격을 주어서인 것이다."[76] 탄자니아의 정글 의사로서 일했던 유명한 오스트레일리아의 폴 화이트 박사도자신이 저술가나 설교자의 비결이라고 생각했던 바를 비슷하게 말하고 있다. 그는 이렇게 말한다. "그들을 갈고리로 낚고, 그들을 꽉 쥐고, 그들에게 매달리고 그들을 웃기고 때려라. 때린다는 의미는 펀치 라인(급소를 찌르는 요령있는 어법-역자 주)이라고 알려져 있다."[77]

우리 설교자들에게 있어서 약한 부분이 바로 이 곳이다. 아마도 우리는 '요동하게 만든다' '친다' '때린다' 와 같은 은유적 표현을 사용하는 데 불안을 느낄지도 모른다. 우리가 생각하기에 그 단어들은 무

---

74) See the entries for 13 May 1769, 21 May 1774 and 13 June 1779.
75) Jones, p. 289 and Gammie, p. 198.
76) Baxter, *Reformed Pastor*, p. 160.
77) White, p., *Jungle Doctor*, p. 129.

력적이고 호전적인 것 같아 보인다. 우리는 이렇게 말한다. "우리는 다른 사람의 종교적 프라이버시를 침해할 권리도 없고 침해해서도 안 된다." 게다가 우리는 감정주의를 두려워한다. 결국 우리는 강단을 해롭지 않은 가벼운 에세이를 읽는 곳으로 사용하게 되고, 어떤 결단이 요구되는 논점을 역설하는 데에는 좀처럼 사용하지 않게 된다. 데일(R. W. Dale)은 그의 첫 번째 예일 강의 내용 중에 '목적 없는 설교들'이라고 제목을 붙인 한 부분을 포함시켰다. 그 부분을 강의하면서 그는 자신이 어느 여름 휴가 때 들었던 한 설교자의 설교에 대해 묘사하였다. "그때 그 설교자는 학문적이고 건전한 주석적 지식과, 창의적이며 신선한 사상, 그리고 경탄할 만한 예화를 보여주며 설교하였다. 그러나 누구도 그 설교자의 말을 듣는 것 같지는 않았다. 나는 그가 우리에게 무엇을 명백하게 말하기 원했는지, 어떤 의무에 대한 우리의 태만을 비난하고자 했는지 도무지 알 수 없었다. …" 설교가 끝나고 데일은 그에게 정치 회합에서 스무 내지 서른 편의 연설 —격렬하게 토론되고 있는 쟁점에 대한 정치적 연설— 을 했다면 그에게 큰 유익이 되었을 것이라고 말했다. 그 설교자의 설례를 든 후에 데일은 이렇게 말했다.

신사 여러분, 우리의 회중의 표를 얻어내고 환호를 받고자 하는 이 일은 우리의 중요한 업무입니다. 만일 우리가 성공하고자 한다면 정력적인 지적 활동이 있어야만 할 것입니다. 그러나 그것은 명확한 결과를 이끌어 낼 명확한 의도에 의해 지도(指導)되어야만 합니다. … 우리의 설교에 목적이 없으면, 우리는 헛되이 설교하게 되는 것입니다. 대주교 와틀리(Whately)는 '목적도 없

이 때려치기만 하는' 설교를 했던 어떤 설교자에 대해 말한 적이 있습니다.[78]

만일 데일이 득표를 추구하며 정치 회합에서 연설하고 있는 정치가에 설교자를 비유했다면, 다른 사람들은 법관 및 배심원 앞에서 관대한 판결을 기대하면서 사건을 변호하고 피고를 옹호하는 변호사에 비유했다. 그러나 설교자의 또 다른 상(像)은 자신의 설교로 사람을 낚기로 결심한 어부의 모습이다(눅 5:10). 그는 비록 자기는 수많은 사람을 '감동시켰다'고 생각했을지라도, 얼만큼을 낚았느냐는 질문에 단 한 마리의 고기도 낚지 못하였다고 고백하는 낚시꾼처럼 되기를 거부한다. 17세기 체스터(Chester)의 주교인 존 윌킨스는 이 점에 관해 훌륭하게 설명했다.

> 설교의 주된 목적은 설득하는 것이다. … 그러므로 자신의 강화에는 단지 일반 개념들만 넘쳐나게 한 채 어떤 특정한 논증을 끌어내지도 않고, 자신의 청중들에게 믿음 혹은 어떤 진리나 의무에 대한 실행 등을 강조하려고도 않는 그러한 설교자는 텅빈 영역에 그물만 넓게 쳐놓았기 때문에 노력에 대한 어떠한 성공도 도무지 기대할 수 없는 지혜롭지 못한 어부와 같다.[79]

그러나 우리가 우리의 설교를 적용시킴에 있어서 진지하게 목적해

---

78) Dale, p. 22-4.
79) Wilkins, p. 25.

야 할 바를 예증하기 위해서 많은 저작자들이 이용했던 가장 인상적인 은유는 사냥이나 사격에 쓰이는 화약의 비유이다. 죠지 휫필드의 설교들에 대한 라일(J. C. Ryle) 주교의 평가는 다음과 같은 것이었다. "그것들은 일종의 공포이어서 아무에게도 해를 끼치지 않는 포츠머드의 아침과 저녁을 알리는 총소리와 같지 않았다." 반면에 "그것들은 모두 생명과 불이었다. 그것들로부터 피할 수 있는 자는 아무도 없었다. 그에게는 열정에 의해 당신들의 주의를 강력하게 끌어들이는 거룩한 격렬함이 있다."[80] 이러한 유추를 가장 생생하게 발전시킨 사람은 처음으로 예일 강의(1872)를 했던 헨리 와드 비쳐(Henry Ward Beecher)였다. 그는 자신이 설교하기 시작했던 초기 시절의 일들을 못된 총 쏘는 장난에 비유하여 말했다.

> 나는 혼자서 사냥하러 가곤 했었으며, 꽤 성공적으로 내 총에 불을 뿜게 할 수 있었다. 나는 가능한 한 그 게임을 즐겼다. 왜냐 하면 나는 결코 그들을 때리거나 상처를 입히지 않았기 때문이다. 나는 많은 사람들이 그들의 설교를 발사하는 그 방식대로 내 총을 발사하였다. 탄알을 장전하고는 빵! 하고 쐈다. 그러면 연기도 났고 보고(報告)도 있었으나 아무도 쓰러지지 않았다. 그러므로 그것은 몇 번이고 반복되곤 하였다.[81]

그러나 훗날 한 강의에서 그는 "설교란 소음을 내며 발사되는 중국

---

80) Ryle, *Christian Leaders*, p. 53.
81) Beecher, p. 23-5.

식 딱총과 같은 따위의 것은 아니다. 그것은 사냥꾼의 총이다. 그러므로 매 발포마다 그는 그의 사냥감이 쓰러졌는지 살펴야 한다. 아무것도 맞지 않았다면 그 힘(혹은 화약)은 낭비인 것이다."라고 말하였다.[82]

6년 뒤 버밍햄의 데일에 의해 행해진 예일 강의실에서는 다음과 같은 결론이 내려졌다.

> 비쳐 씨는 이렇게 말했다. 위대한 설교자 요나단 에드워드(Jonathan Edward)는 자신의 설교의 정교한 교리 부분에 있어서는 단지 총을 제 위치에 꽂아두었을 뿐이다. 그러나 '적용'에 들어가서는 그는 적을 향하여 총을 발사하였던 것이다. (데일은 평하기를) 나는 너무나 오랫동안 총을 '제 위치에'만 꽂아 두는 바람에 단 한 방의 총도 쏘아보지 못하고 끝내야만 하는 사람이 우리 설교자들 중에 너무 많이 있는 것이 아닌가 두렵다.[83]

제임스 블랙(James Black)은 이렇게 요약했다. "당신들 설교자의 주업은 목표물에 총을 발사하는 것입니다. 여러분, 총은 많이 발사하시오. 그러나 감정의 격발은 피하시오!"[84]

아마 독자 중에 몇몇은 이 권총 비유가 적절하지 못하다고, 심지어 모욕적인 것이라고 생각할 것이다. 그 이미지가 무력적이요, 파괴적이기 때문이다. 그러나 그 유추(類推)는 설교자의 목표(목표물을 명중시킴)이지 그것을 얻는 수단(무력적인 죽음을 유발하는)이 아닌 것이다. 예수님의

---

82) ibid., p. 236.
83) Dale, p. 146.
84) Black, p. 62.

고기잡는 비유도 같은 목적을 가지고 있다. 우리의 사역이 고기잡이로 비유되든지, 사격으로 비유되든지 기본적인 논점은 의지(意志)에 있다. 우리는 확신을 가지고 결과를 기대하여야 한다. 즉, 그리스도를 위하여 회중을 사로잡는다는 그 결과를 기대하여야 하는 것이다. 그 은유에서 한 걸음 더 나가본다면 스펄전이 기지와 지혜로 생생하게 말한 것을 들 수 있다. 그는 이렇게 말했다.

> 당신의 목표가 인간의 심장을 뚫는 데 있으면서 하늘에 대고 총을 쏜다면 아무런 소용도 없는 것이다. 당신은 당신의 칼을 너무나 자주 멋지게 휘둘러왔기 때문에 더 이상 되풀이할 필요가 없다. 당신의 사역은 가슴과 양심에 호소하는 일이다. 적의 심층부에 총을 쏘아라. 그의 가슴과 양심에 충격을 … 충격을 줄 것을 목표로 삼아라. 어떤 설교자들은 나에게 얼마 전까지만 해도 어디서든지 광고했던 중국의 요술장이들을 생각나게 한다. 이들 중 하나가 벽에 등을 대고 서면 다른 하나는 그에게 단검들을 던진다. 단검 중 하나는 머리위 판자에 꽂힌다. 다른 하나는 그의 귀를 스쳐지나가며, 겨드랑이와 손가락 사이까지 그 가공(可恐)할 만한 무기가 정확하게 박힌다. 머리카락 넓이 밖에 되지 않는 곳에다가 꽂을 수 있는 저 놀라운 솜씨, 결코 다치지 않는다! 이 빗맞히는 놀라운 솜씨를 얼마나 많은 우리 설교자들이 지니고 있는가![85]

---

85) Spurgeon, *All-Round Ministry*, p. 117-18.

이제 은유에서 실제로 들어가 보자. 우리의 설교로 우리가 성취하고자 하는 바는 정확하게 말해서 무엇인가? 언젠가 플로리다에서 나는 어떤 성공회 목사에게서 이런 말을 들었다. "나는 내가 회중들에게 하고 싶은 말이 무엇인지를 알고 있습니다. 그러나 그 말로 내가 무엇을 하고자 하는지는 모릅니다." 그러나 우리는 우리의 목표를 정해 놓아야만 한다. 그렇지 않으면 모든 설교의 결론은 당황하게 하는 용두사미격으로 전락(轉落)하게 되어 버린다. 그 한 방법인 중심되는 내용을 요약하는 방법을 성경의 네 가지 용법에서 주어진다. 다시 말해서 그것은 "교훈과 책망과 바르게 함과 의로 교육하기에"에 유익한 것이다 (딤후 3:16). 그러나 이것은 너무나 일반적이다. 찰스 시므온(Charles Simeon)의 설교의 목적은 더욱 독특했다. 그러므로 그는 이것으로써 그의 저서 「설교의 시간」(Horae Homileticae)(전 21권으로 된 2,536편의 설교 요약)이 평가받기를 원했다. 즉 그것들은 "한결같이 죄인들을 겸손하게 하고, 구주를 높이며, 성결을 추구하는 것이 아닌가?"[86]

그러나 우리 설교의 정확한 적용은 성경 본문의 성격과 회중들의 구성에 의한다. 본문에 대해서 말하자면 우리는 중심 사상 혹은 주제가 떠오를 때까지 그것을 묵상했다. 그러면 이제 그 본문은, 회중들로 하여금, 그 말씀의 감화력에 의해 응답하고자 결단하게 하는 그러한 방법으로 강화(强化)될 필요가 있다. 본문이 회개를 촉구하거나 신앙을 복돋우도록 하는가? 그것이 경배심을 일깨워 주고, 순종을 요구하며, 증인되기를 부르고, 봉사하도록 도전하는가? 사실 우리가 열망하는 특별한 응답을 결정하는 것은 본문 그 자체인 것이다.

---

86) Simeon, *Horae*, Vol 1, p. x?.

우리의 회중으로 말하면, 나는 우리가 그들의 인격과 영적인 상태를 알아야 한다고 이미 강조한 바 있다. 「신실한 목자」(1607)라는 책에서 리챠드 버나드(Richard Bernard)는 "어떠한 고약도 단지 우리가 그것을 알고만 있을 때는 약효를 발휘할 수 없다. ⋯ 그러나 그것이 상처난 자에게 특별히 이용될 때는 좋은 효과를 내는 것이다."라고 말하면서 설교자들이 마음속에 지녀야 될 몇 가지 적용의 항목들을 열거했다.

> 무지한 자로 이치를 알게 해 주고 확실하게 이해하도록 해 주며,
> 악을 재선포하고, 덕을 장려하며, 오류를 고쳐 확실하게 해 주며,
> 연약한 자를 강건하게 하며, 타락한 자를 돌아오게 하고, 의심하
> 는 자를 확신케 해 주고, 때를 얻든지 못 얻든지 지속적으로 젖과
> 단단한 고기를 먹어야 한다.[87]

이것을 행하기 위한 오직 한 방법은 하나님께서 주신 창의력(創意力)을 사용하는 것이다. 우리는 우리 본문을 연구해 왔다. 이제는 회중의 모습을 하나씩 연관시키면서 연구해 보자. 최근에 자기 남편을 여의고 초상의 슬픔과 외로움으로 충격을 받은 루시라는 노부인이 있다. 그녀에게 말할 나의 본문은 어떤 것이어야 할 것인가? 혹은 독신이라는 말을 한 번도 안 해본 늙은 독신녀 플로렌스에게는 어떤가? 자신의 승진에 따른 새로운 책임의 중압을 느끼는 알랜에게는? 이제 갓 결혼하여

---

87) 유사하게 존 퍼킨스는 자신의 책 「'예언의 기술'」(*The Art of Prophecying*, 1631) 7장의 제목을 '교리의 사용과 적용의 방법들에 대하여' 라고 붙였다. 여기에서 그는 사람들을 여러 범주로 분류하여 우리의 메시지가 그 분류와 어떠한 관련을 갖는가 열거하고 있다.

가정을 꾸민 존과 메리에게는? 마지막 학기를 당하여 취업 문제로 고심하는 학생들에게는? 혹 의심 많은 토마스와 '거의 설득된' 아그립바와 이제 갓 그리스도께 헌신한 폴에게는 어떤 것이어야 하는가? 온 교회 가족을 생각하면서, 하나님께서 우리의 본문으로부터 이들을 위하여 어떠한 메시지를 주실 것인지 기도로 요청해야 할 것이다.

　　여기 '하나님의 나라'에 대한 죠지 횟필드의 복음주의적 강연의 결론이 있다.

> 나는 여러분 중 많은 사람들이 의심을 가지고 여기에 모인 것을 압니다. 여러분이 다만 사람들을 보기 위해 이 자리에 왔다 할지라도, 이제부터라도 예수 그리스도께 나아오기만 하면 그리스도는 여러분을 영접하십니다. 어떤 저주와 맹세를 한 군인이 혹시 여기 있습니까? 그리스도께 나오셔서 당신의 이름을 친애하는 구주의 깃발 아래 올리지 않겠습니까? 여러분 모두를 그리스도께서는 반기십니다. 어린 소년 소녀가 여기 있습니까? 그리스도께 오세요. 그러면 여러분 안에 하나님의 나라를 지을 것입니다. 늙은 사람들도 예수 그리스도께 오십시오. 여러분은 하나님께 대하여 왕이요 제사장이 될 것입니다. 명예 얻기를 갈망하는 사람이 있나요? 왕관을 원하십니까? 규(圭)를 원하십니까? 그리스도께 오십시오. 주 예수 그리스도께서는 그 누구도 빼앗지 못할 나라를 주실 것입니다.[88]

---

88) Dargan, Vol. Ⅱ, p. 314-15.

이제 보다 현대적인 예화를 들어보자. 이 시대가 복음적이라기보다는 윤리적이므로 어떤 젊은 설교자는 제칠 계명인 '간음하지 말라'에 대해 설교해 주기를 요청받았다. 그의 설교는 성경적이었고 용감했으며 직접적이고 실제적이었다. 그는 다음과 같은 네 가지 적용으로 끝맺었다. 젊은 독신자들에게는 장래의 배우자를 위해 자기 자신을 성결하게 지키며, 육욕(肉慾)이 죄악으로 유인한다는 것을 배우게 하고, 간음을 행하고 있는 사람들에게는 고통스럽더라도 그것을 근절(根絶)하도록 결심하게 하고, 결혼한 사람들에게는 자신들의 결혼이 불우한 가정으로부터 자라서 결혼에 대한 어떤 모범도 갖지 못한 많은 젊은이들에게 모범이 되도록 노력하게 하며, 지역 교회에 대해서는 마태복음 18:15-17의 예수님의 가르침에 순종하여 반대자들과 직면하고 그들을 훈계할 용기를 갖게 하였다.[89]

우리는 또한 회중들이 저마다의 '여과기'(filters)를 통해 설교를 듣는다는 것을 깨달아야 할 필요가 있다. 어떤 이들은 우리의 메시지를 받아들일 것이다. 다른 이들은 그것이 자신의 세계관이나 문화, 가족 관계, 개인적 자기 평가, 죄악된 삶의 방법, 경제적 삶의 방법 들을 위협하는 것이라고 인식하여 그것을 거부해 버린다. 이러한 거침돌을 민감하게 의식하면 당연히 우리는 사도들의 설교에서 공통적을 보여지는 설득에 호소하는 결론을 필요로 하게 될 것이다. 우리는 아마 (회중의 반대를 예상하여 응답하는) 논쟁이나 (불순종의 결과를 경고하는) 권고로써, 혹은 (나단 선지자가 다윗에게 한 것처럼 도덕적 심판으로 유도하는) 간접적 확신으로써, 혹은 (하나님의 사랑의 부드러운 압박을 적용한) 변호함으로써 설득

---

89) 이것은 로져 심프슨이 올 소울즈 교회에서 행한 설교의 결론이었다.

을 모색할 것이다.

이제 설교의 종결로써는 회중들을 기도로 인도하는 것이 좋다. 비록 성공회의 전통이 송영 중에 회중이 일어나 있어야 하는 것일지라도, 설교 후의 경우에는 부적당하며 기도하는 것이 더 좋다. 때때로 우리는 하나님의 말씀에 대한 회중들의 응답을 나타내고자 모색하며 큰 소리로 즉흥적으로 기도할 것이다. 하지만 다른 시간에는 묵상 기도를 하게 하는 것이 더욱 지혜로운 것 같다. 왜냐 하면 성령께서는 여러 회중들의 마음속에 여러 가지 반응들을 일으킬 수 있기 때문이며 오직 한 가지 기도 방법만이 전부일 수는 없기 때문이다. 그러므로 하나님 앞에 홀로 고요히 기도하게 함으로써 성령께서 각 사람을 인도하여 그(He) 혹은 그녀(She)의 개인적인 응답과 결심을 명백히 하도록 해야 할 것이다.

설교에 서론과 결론을 첨가함으로써 우리는 이제 설교 준비의 마지막 단계에 이르렀다.

6. 설교를 작성한 후 그 메시지를 위해 기도하라

이 문제는 이제 설교를 써야 할 것인가에 대한 문제를 제기한다. 하나님께서는 우리를 모두 서로 다르게 만드셨고, 구별되는 인격과 달란트를 주셨기 때문에 모든 사람에게 똑같이 적용되는 기계적 법칙은 없다. 그럼에도 불구하고 전적으로 즉흥적으로 설교를 행하거나, 반면에 대본(臺本)의 노예가 되는 양극단을 피할 수 있는 합일점이 있을 것 같다. 즉석에서 하는 설교가 훌륭한 경우는 거의 없다. 사전에 준비없이 자신을 선명(鮮明)하게 표현할 수 있는 명석한 사색가나 정확한 달변가도 거의 드물다. 헨슬리 헨슨(Hensley Henson)이 두려워한 바와 같이 즉흥적인 설교를 시도하는 대다수의 사람들은 "(헨슬리 헨슨은 이렇게 말한다) 종교적 세계에 너무 친숙해져 형식에 빠져 있으며, 나로 하여금 진심으로 혐오를 느끼게 하는 그야말로 **수다장이**"로 타락해 가는 것은 아닌가 싶다.[90] 이것을 시도했으나 애석하게도 실패했던 한 사람은 죠지 엘리오트의 작품에서 나오는 쉐퍼튼 마을의 복음주의 교구 목사 아모스 발톤(Amos Barton)이었다. 핵킷(Hackit) 씨라고 불리는 그 마을의 한 농부는 그의 시도들에 극도로 불만을 토로했다.

> 우리 교구 목사는 그가 적어두었던 설교를 할 때는 들을 필요가 있는 훌륭한 설교를 할 수 있다. 그러나 아무것도 안 가지고 설교할 때는 횡설수설할 따름이다. 처음부터 끝까지 그는 내동댕이쳐진 양이 다리로 일어서지 못하는 것 같이 허우적거린다.[91]

만일 그가 먼저 300내지 400회 혹은 3년 내지 4년간 원고 설교를 한 후가 아니면 즉흥 설교를 하지 말라고 했던 찰스 시므온의 충고에 귀를 기울였다면, 의심할 바 없이 그는 더욱 잘 해냈을 것이다.[92]

정반대의 극단적인 방법은 원고를 한 단어 한 단어 읽어 내려가는

90) Henson, *Retrospect*, Vol. Ⅲ. p. 312-13.
91) Eliot, p. 48.
92) Smyth, *The Art*, p. 178.

방법이다. 비록 이 방법이 우리 시대에는 결코 호소력이 없을지라도 우리는 이 방법을 고수했던 유명한 요나단 에드워드(Jonathan Edwards)에게 하나님의 놀라운 복이 임하였음을 인식할 필요가 있다. 그는 건강이 좋지 않았으며, 그의 음성은 맥이 없었고, 제스쳐는 아주 빈약했다. 그의 설교에 대하여 말하자면 "그는 설교를 썼지만 너무 가늘게 쓰고, 가까이에서도 잘 보이지 않아, 그것을 눈에다 바짝 대고 읽어야만 했다. '그는 설교 원고를 책상 앞으로 가지고 와서 그가 쓴 것을 읽었다. 그럼에도 불구하고 여전히 그는 그것에 몰두할 수 없었다.'"[93]

그러나 오늘날에 있어서 즉흥 설교가 정밀함이 결여되었다면, 원고 읽는 설교는 즉흥성이 결여되었다는 문제점이 있다. 우리 세대는 설교자와 회중이 얼굴을 맞대고, 눈동자와 눈동자를 마주쳐야 하는 관계를 요구한다. 그러므로 1914년에서 1926년까지 성 마틴 교회(St. Martin in the fields)의 평화주의자 교구 목사였던 딕 세퍼드(Dick Sheppard) 같은 설교자의 방법이 요구되는데, 그는 "항상 사람에게 말하였으며 결코 허공에 대고 외치지는 않았다는 것이다."[94]

언어의 정확성에 전달의 즉흥성을 조합하는 한 가지 가능한 방법은, 우리가 연구 중에 설교를 쓰지만 강단에서는 그것을 읽지 않는 방법이다. 습작이란 가장 유익한 훈련이다. 첫째로 그것은 조리있게 생각할 수 있도록 한다. 말 많은 설교자는 능숙한 언변으로 너절한 생각들을 은폐시킬 수 있다. 그러나 지면 위에서 그러한 생각들을 숨긴다는 것은 보다 어려운 일이다. 사실 우리가 성실하고자 한다면 이것은

---

93) Dwight, Vol. Ⅰ. p. 605.
94) *The Best of Dick Sheppard*, ed. H. E. Luccock 1951. p. ⅹⅸ, in Davies, p. 103-4.

불가능한 일인 것이다. 둘째로 습작은 우리가 낡은 상투적인 문구를 남용하는 우(愚)를 피할 수 있게 해준다. 그러므로 그것은 옛 진리를 새 방법으로 표현할 수 있도록 우리를 일깨워 준다.

그러므로 설교를 끝까지 써 보는 것은 지혜로운 일이다. 그러나 설교 원고를 가지고 우리는 어떻게 하여야 할 것인가? 우리가 강단에 올라갔을 때 머리 한 구석에서 그것을 읽을 수 있도록 기계적으로 암기해 놓는 식의 훈련은 권할 만한 것이 못 된다. 그런 식의 노동은 대단히 해로운 것이고, 우리가 써놓은 설교문의 행(行)을 잊을 위험도 있으며, 설교자의 정신적 에너지는 그의 메시지와 회중 대신에 원고를 암기하느라고 크게 소비되기 때문이다.

두 번째는 원고를 강단에 가지고 올라가서 그것을 읽기보다는 다른 목적에 사용하는 방법이다. 이 방법을 이용한 설교자는 처음에는 요한 웨슬리에 의해 평신도 순회 설교자로 임명되었다가, 다음에는 시베리 감독에 의해 미국 성공회 교회에 임직되었으며, 후에 뉴욕의 그리스도 교회와 필리델피아 성 바울 교회의 설교자로 있을 때 복음적 열정을 얻었던 죠셉 필모어(Joseph Pilmore, 1734–1825)였다. 그가 시무하는 교회 회중 하나는 그에 관하여 다음과 같이 썼다.

> 그는 설교문을 썼다. 그리고 … 그의 원고는 언제나 그의 앞에 펼쳐 있었다. 그는 그 원고를 읽음으로써 설교를 시작했는데 매우 신중하게 또한 거의 활기없이 읽어내려 갔다. 그러나 그의 목소리는 점차로 흥분으로 고조되고, 눈은 빛이 났으며, 얼굴 근육은 감동되고 확장된다. 마침내 그의 온 영혼이 불타오르고, 회중을

향한 그의 설교는 즉흥적으로 쏟아져 나오며 큰 폭포수와 같은 맹위를 떨친다. 그런 경우에 있어서 그의 원고의 유일한 사용법은 그것을 손에 돌돌 말아서 회중들에게 문자 그대로 흔들어 대는 것이다.[95]

세 번째로 가장 선택할 만한 것은 원고를 축약한 노트를 만들어 이것을 가지고 강단에 올라가는 것이다. 확실히 이상스러운 것은 만일 우리가 설교를 주의깊게 준비하여 정서하고 기도했다면, 설교할 때 준비했던 것의 상당히 많은 부분이 쉽게 우리 마음속에 떠오른다는 점이다. 동시에 우리는 우리의 노트를 떠나거나 다듬는 데 대한 어떤 자유함을 경험할 수 있게 된다. 훌륭한 설교자인 제임스 스테발트(James Steward) 교수는 이것이 그의 방법이라고 내게 말한 적이 있다. 그는 이렇게 썼다. "나는 언제나 주일 아침 설교의 전문(全文)을 다 정서하고자 애쓴다. 그리고 나서 토요일 아침에는 이것을 주일날 교회에 가지고 갈 한 두 페이지의 노트로 요약한다."[96]

쓴 후에는 기도가 따른다. 물론 우리는 설교를 준비하기 전에도 기도했고, 준비하고 있는 동안에도 기도하는 자세로 하였다. 그러나 이제 설교를 완성하여 정서한 지금 우리는 그것에 대하여 기도해야 할 필요가 있다. 이를 위한 가장 좋은 시간은 주일 아침 교회로 떠나기 전 반 시간 동안이다.

그 메시지가 나를 사로잡을 때까지 그 메시지를 우리 것으로 만들

---

95) Chorley, p. 34-5.
96) 이것은 1978년 9월 30일에 그와 나눈 개인적인 대화로부터 인용한 것이다.

어 사로잡고 재차 사로잡을 수 있도록 해주는 것은 주님 앞에 꿇은 우리의 무릎이다. 우리가 그것을 설교할 때 그것은 우리의 노트로부터도 아니고, 우리의 기억으로부터도 아니며, 우리의 깊은 인격적 확신의 심연으로부터 우리 가슴의 순수한 발언(發言)으로서 나오는 것이다. 그러므로 박스터는 "목사는 회중들에게 나가야 한다는 사실 앞에서 특별한 마음의 고통을 감수해야만 한다."고 썼다.[97] 또한 커튼 마더(Cotton Mather)가 호소했던 "여러분의 설교를 가슴속에 스며들도록 하라"의 의미하는 바도 단순히 '기억하라' 가 아니라 "여러분의 마음이 여러분이 준비했던 것들과 적절히 연락되게 하라"[98]는 것이었다. 모든 설교자는 과다 적재(過多積載)를 한 점보 제트기가 기류를 타지 못하고 활주로를 따라 달려가기만 하는 것 같은 무거운 설교와 '새가 날개와 방향 감각을 가지고 나는 것' 같은 설교의 차이를 알고 있다.[99] 어떤 종류의 설교든 앞에 놓고 기도할 때 항상 정리된다. 우리는 우리의 성경 본문이 우리에게 신선하게 살아날 때까지, 그로부터 영광이 비춰 나올 때까지, 열정이 우리 가슴속에서 불타오를 때까지, 그리고 우리가 우리 안에 계신 하나님의 말씀의 폭발적인 능력을 경험하기 시작할 때까지 기도할 필요가 있다.

오랜 옛날부터 선지자와 지혜자들은 이 점에 대하여 말했다. 그러므로 예레미야는 "내가 다시는 여호와를 선포하지 아니하며 그의 이름으로 말하지 아니하리라 하면 나의 마음이 불붙는 것 같아서 골수에 사무치니 답답하여 견딜 수 없나이다"라고 말했고, 욥의 연하자로서

---

97) Baxter, *Reformed Pastor*, p. 158.
98) Mather, p. 192.
99) Luccock, p. 12.

'안위자' 엘리후는 처음 세 친구들이 욥의 곤궁함에 아무런 대답을 주지 못함을 보고, 이 같은 경험을 하였던 것이다. "내 속에는 말이 가득하니 내 영이 나를 압박함이니라. 보라 내 배는 봉한 포도주통 같고 터지게 된 새 가죽 부대 같구나. 내가 말을 하여야 시원할 것이라. 내 입을 열어 대답하리라." 또한 사악한 자들로 둘러싸여 박해를 당하는 시편 기자가 있다. "내 마음이 내 속에서 뜨거워서 작은 소리로 읊조릴 때에 불이 붙으니 …."[100] 우리 속에 있는 하나님의 메시지도 타는 불 같고 봉한 포도주 같이 되어야만 한다. 그 압력은 우리 속에서 우리가 더 이상 채울 수 없다고 느낄 때까지 쌓여가는 것이다. 그 때가 바로 우리가 설교할 준비가 된 때이다.

처음부터 마지막까지 걸치는 설교 준비의 전 과정은 미국의 한 흑인 설교자에 의해 다음과 같이 훌륭하게 요약되었다. "먼저 나는 자신을 완전히 읽고, 그 다음 내 자신이 성실한가 검토하며, 다음에 내 가슴이 뜨거워지도록 기도하고, 그 다음에 나는 설교하러 간다."

＊　　＊　　＊

나는 때때로 목사 후보생과 젊은 설교자로부터 "만일 설교 준비의 과정이 그렇게도 공들여지는 것이라면 설교 한 편 준비하는데 얼마만큼 시간이 걸립니까?" 하는 질문을 받는다. 이 질문에 간단히 대답하기는 불가능하므로 나는 항상 당황해 왔다. 아마 가장 좋은 대답은 '당신의 전 생애' 일 것이다. 왜냐 하면 모든 설교는 그 때까지 배워 온 모든 것의 증류수이며, 그 때까지 살아온 인간의 인격의 반영이기 때문이다. 그 실제 시간을 산출하기가 어려운 이유는 그 과정이 언제부터

---

100) 렘 20:9; 욥 32:18-20; 시 39:3.

시작되는지를 딱 꼬집어 말할 수 없기 때문이다. 우리는 배후의 독서하는 데 든 시간을 포함해야 할 것인가? 또한 우리는 지난 몇 년 간 연구해 오고 준비해 왔기 때문에 전에 읽어 본 적이 없거나 생각해 보지 않은 부분은 거의 없게 된다. 우리는 차라리 아이디어가 축적된 금고를 가진 셈이 된다. 그러나 만약에 본문을 선택한 그 순간부터 설교가 작성된 순간까지가 얼마나 걸렸는지 억지로 말하라고 한다면, 초보자인 경우 열 시간에서 열두 시간 정도 걸린다고 하겠다(본 회퍼는 일반적으로 열두 시간 정도가 설교 준비에 적절하다고 말한다).[101] 그리고 경험있는 설교자라도 이것의 반인 여섯 시간보다 적지는 않도록 하는 것 같다. 유용한 엄지손가락의 법칙은 매 오분 설교마다 적어도 한 시간은 준비가 필요하다고 말한다.

---

101) Fant, *Bonhoeffer*, p. 148.

제7장
진실과 열정

진실

열정

#제7장
진실과 열정

1. 진실

이 시대의 젊은층에게 있어서 위선보다 더 혐오스러운 것은 없으며, 진실보다 더 매력적인 것도 없다. 더욱이, 이러한 점에서 그들은 위선적인 것들에 대해서 가장 심하게 탄핵하셨던 그리스도의 마음을 반영시켜 준다. 젊은이들은 우리 성인들의 허위와 협잡을 미워한다. 그들은 매우 예민한 후각을 가지고, 아주 멀리서도 종교적 사기의 가장 여린 냄새까지도 맡아낸다. 그들은 특히 우리 설교자들과, 우리의 화려한 겉치레를 의심한다. 운동장으로 도망가는 쥐를 쫓는 개처럼, 그들은 우리에게서 모순되는 점이 무엇인가를 알아내려고 두루 냄새를 맡는다. 물론 그들 자신도 변함없이 정직하고 일관성

있게 행동해 오지는 않았다. 타락한 인간적 존재로서 그렇게 살았던 사람이 누가 있겠는가? 그러나 그들이 우리들에게 높은 수준의 고결성을 기대하는 것은 정당하다. 왜냐 하면 설교자는 자신의 경험, 관심사, 신앙과 관계없는 화제(話題)에 대하여도 강의할 수 있는 강연자가 아니라, 자신의 메시지에 대하여 인격적으로 책임을 져야 하는 사람이기 때문이다. 그러므로 모든 설교자들은 진실해야만 한다.

설교자가 진실해야 하는 데는 두 가지 면이 있다. 즉, 그는 강단에서는 자신이 말할 바를 진지하게 말해야 하며 강단 밖에서는 자신이 설교한 것을 실행해야 한다. 리챠드 박스터(Richard Baxter)가 "진지하게 말하는 사람은 틀림없이 자신이 말한 대로 행동할 것이다."라고 말했듯이, 사실상 이 두 가지 면은 서로 불가분의 관계가 있는 것이다.[1]

이 원리를 설교자들에게 적용하는 데 있어서 가장 우선적이고 중요한 것은 복음을 선포하는 자는 복음을 받아들여야만 된다는 것과, 그리스도를 전하는 자는 그리스도를 알아야만 된다는 사실이다. 그러면 우리는 회개하지 않은 설교자나 복음화 되지 않은 복음 전도자들에 대해서 어떻게 말할 수 있을까? 스펄젼은 그 특유의 강력한 어조로 그런 사람을 이렇게 묘사했다. "은혜 없는 목사는 광학 분야의 교수로 뽑혀서, 자신은 전적으로 흑암 가운데 거하면서도 빛과 시력에 대하여 철학적으로 해석하는 장님과도 같은 사람이다. 그는 음악학회 회장으로 뽑힌 귀머거리인 것이다. 귀머거리가 교향곡과 화성악에 대해 유창하게 말하다니! 그는 독수리 새끼를 교육하기 위해 가르치는 두더지다. 천사들을 관장하도록 뽑혀진 관리이다. …"[2] 우리는 그의 이러한

---

1) Bawter, *Reformed Pastor*, p. 162.

생생한 비유들에 대해서는 미소를 짓지만, 그가 묘사한 기괴한 변칙들에 대해서는 그렇지 않다. 여전히 이런 사람은 몇몇 교회들의 강단에서 발견되고 있다.

윌리엄 하슬람(William Haslam)의 경우가 가장 주목할 만한 예가 된다. 그는 1842년 영국 교회(Church of England)의 목사로 임직받아 콘월 북부(North Cornwall)의 교구에서 성실하게 봉사했다. 그는 반대자들을 진심으로 싫어한 옥스퍼드 운동(Tractarian)의 성직자로, 골동품과 건축술에 있어서의 권위자였다. 그러나 그는 자기 안에 생수의 샘이 없었으므로 만족할 수 없었다. 그가 임직받은 지 9년 후인 1851년 어느 날, 복음서의 '너는 그리스도를 무어라 하느냐?' 라는 본문으로 설교를 하는동안, (의심할 바 없이 많은 기도의 응답이라고 생각되지만) 성령께서 그의 눈을 여셨고 그는 자신이 말해왔던 그리스도를 보게 되었다. 그리하여 그는 진심으로 그 분을 믿게 되었다. 그에게 닥친 변화는 너무 분명하여 그 때 우연히 예배에 참석했던 한 지역 교회의 설교자는 "목사가 회개했다! 할렐루야" 하고 기쁨에 넘쳐 소리쳤다. 그러나 그 소리는 곧 삼사 백 명이 되는 회중들의 찬양에 의해 안 들리게 되었다. 하슬람 자신으로 말하자면, 그는 "터져 나오는 감격의 찬양을 함께 불렀으며 그 찬양을 인도하여 영광송을 선창했다. … 그리고 그 회중들은 마음과 뜻을 다하여 목소리를 합해 몇 번이고 반복해서 하나님을 찬양하였다." "자신의 강단에서 자신의 설교에 의해 목사가 회개하였다!"는 소식은 삽시간에 퍼졌다. 그의 회개를 기점으로 하여 계속된 부흥운동은 거의 삼 년을 지속하였다. 그 기간 동안 하나님의 임재하심은 언제나

---

2) Spurgeon, *Lectures*, First Series, p. 4.

생생하게 나타났고, 거의 날마다 회개의 놀라운 역사가 일어났다. 수 년 후 하나님께서는 예수 그리스도에 관한 인격적 지식으로 그의 동료들을 인도하는 특별한 사역을 위해 그를 부르셨다.[3]

그러나 교인들은 성령께서 그들 목사의 삶 속에 그들을 회개로 인도하는 것 이상으로 더욱 풍성히 역사해 주시기를 기대할 권리가 있다. 그러므로 당연히 그들은 성령의 열매, 즉 그리스도인 다운 품성(品性)의 성숙을 간구한다. 바울은 디모데와 디도에게 기독교적 행실의 모범이 되라고 말했다. 마찬가지로 베드로도 장로들에게 주장하는 자세 대신에 '양 무리의 본'이 되라고 하였다.[4] 그러므로 강조점은 명백하게 나타난다. 의사 전달은 구두에 의해서 뿐만 아니라 상징에 의해서도 이루어진다. 왜냐 하면 "사람은 설교만을 하고 있을 수는 없다. 그는 설교도 하지만 세상을 살아가는 자이다. 그러므로 그의 일상적이며 사소한 생활 자세들로부터 다음의 결과들이 나타나게 된다. 즉 그의 삶으로 인해 그의 설교가 허물만 남게 되거나, 혹은 그의 삶이 그의 설교에 피와 살을 공급하게 된다."[5] 우리는 자신의 됨됨이를 감추지는 못한다. 진실로, 인격은 우리의 말 만큼이나 설득력이 있다. 그러므로 인격과 설교가 일치될 때 메시지의 영향력은 두 배가 된다. 그러나 그들이 서로 모순되면 한 편의 긍정적인 증거까지도 다른 한 편에 의해 부정적이 된다. 이것이 바로 스펄전이 다음과 같이 말했던 훌륭한 설교자이나 좋지 못한 기독교인의 경우인 것이다. 즉, 그는 "설교는 그렇게 잘 하면서도 생활은 그렇게 엉망이기 때문에, 그가 설교할 때는 모

---

3) Hasam, p. 48-9.
4) 딤전 4:12; 딛 2:7; 벧전 5:3.
5) Bavenck, p. 93.

두가 말하기를 그는 다시는 세상에 나가지 않을 것이다 라고 말하지만, 그가 밖에 나갔을 때는, 그들 모두가 그는 다시는 강단으로 돌아오지 않을 것이라고 선언한다."라고 말한다.[6]

　　바로 이 점이 우리에게 실질적으로 제기되는 문제인 것이다. 대체로 목사들은 성숙된 기독교인의 모델로 간주된다. 그렇기 때문에 회중들은 우리를 모범으로 삼거나, 이상화하며, 심지어 우상화하기까지 한다. 그러나 우리는 우리에게 대한 그들의 믿음에 적어도 부분적인 오류가 있음을 알고 있다. 왜냐 하면 진실로 하나님의 은혜가 우리 속에서 역사혀셨고, 또 계속 역사하신다 할지라도, 우리는 그들이 생각하는 것처럼 덕(德)의 전형은 아니기 때문이다. 그렇다면 우리는 어떻게 해야 할 것인가? 지금까지 논의해 왔듯이 우리가 진실해야 한다면 우리는 그들이 만들어낸 이러한 신화를 벗어버리고 우리 자신에 대해 솔직해져야 하지 않겠는가? 이 중요한 질문에 대하여 나의 대답은 다시 한 번 우리가 다음의 두 극단적인 입장을 피하여야 한다는 것이다. 그 한 입장은 고백적 설교에로의 전향이다. 그러나 이러한 설교는 부적절하며 아무에게도 유익을 주지 못한다. 반면에 완전함을 가장하는 입장이 있다. 그러나 이 경우 우리 자신은 불성실한 자가 되며 회중들은 용기를 잃어버린다. 그러므로 우리가 분명하게 인정해야 할 진리는 그들과 마찬가지로 우리도 인간적인 약점을 가진 타락의 존재로서, 시험으로 고통당하기 쉽고, 의심과 두려움과 죄로 갈등하며, 하나님의 용서와 자유케 하는 은혜에 끊임없이 의지해야 할 필요가 있는 존재라는 사실이다.

---

6) Spurgeon, *Lectures*, First Series, p. 12, 13.

■ 인간으로서의 설교자

이 모든 사실로부터 분명한 것은 설교 행위는 결코 약간의 수사학적 기술로서 평가절하 될 수 없다는 사실이다. 그 밑에는 완전한 신학이 놓여있고 그 뒤에는 완전한 삶의 모습이 서 있는 것이다. 설교 행위는 설교자의 인격으로부터 분리될 수 없다.

그러므로 신약 성경에서는 목사의 자기 훈련에 관해서 강조하고 있는 것이다. 바울은 에베소 교회 장로들에게 "성령이 모든 양떼들 가운데 너희를 감독자로 삼으셨느니라"고 말하기 전에, "너희는 삼가라"고 훈계했다(행 20:28). 그는 디모데에게도 비슷하게 썼다. "네가 네 자신과 너의 가르침을 살펴"(딤전 4:16). 이 명령은 절대적인 것이다. 우리 목사들은 하나님께서 수여하신 두 가지 책임, 즉 양떼들을 섬기는 것과 교훈을 가르치는 책임을 가지고 있다. 그러나 우리의 우선적 책임은 하나님과의 인격적 교제와 그에 대한 우리의 충성 등 우리 자신에 관한 것이다. 우선, 예수 그리스도의 훌륭한 종이 되지 않고서는 누구도 다른 이들의 선생이나 목사가 될 수 없다. 목회 심방과 목회 상담, 그리고 신학적 연구 및 설교 준비 등은 개인적 경건의 연습, 특별히 성경 묵상과 기도에 의해 뒷받침 되지 않는다면, 생명력 없는 훈련들에 지나지 않는다. 모든 목사는 자기의 목회가 얼마나 쓰라린 것인가를 알고 있다. 우리는 때때로 오해와 심지어는 반대에 직면하여 정신과 육체가 쇠약하게 될 때가 있는데 이때 우리는 고독과 좌절을 견디어 내야만 한다. 가장 강인한 인격일지라도 우리의 약함 속에서 하나님의 능력이 드러나지 않는다면, 또한 우리의 죽을 육체 속에 예수의 생명이 나타나 "우리의 속이 날로 새롭게 되지 않는다면"(고후 4:7-11, 16) 이러한 압박의 중력에 무너져버린다.

설교자와 설교 사이의 분리될 수 없는 연락은 설교의 여러 정의들 속에도 반영된다. 가장 널리 알려진 정의는 보스톤에 있는 트리니티 교회(Trinity Church)의 교구 목사로 22년 간을 봉직했으며, 1877년 예일신학교(Yale Divinity School)에서 리만 비쳐(Lyman Beecher)를 강의했고, 말년의 2년(1891-1893) 동안에는 메사추세츠의 감독으로 있었던 필립스 브룩스(Phillips Brooks)에 의해 내려졌다. '설교의 두 요소'(The Two Elements in Preaching)라는 제목이 붙었던 그의 첫 강좌에서 그는 이러한 정의를 내렸다.

> 설교는 인간에 의해 인간에게로 전해지는 진리의 통로이다. 그것
> 은 그 자체에 두 본질적인 요소가 있는데, 진리와 인격이 바로 그
> 것이다. 이 두 가지 중 어떤 한 요소라도 결핍되면 설교를 행할 수
> 없다. 설교는 인격을 통한 진리의 전달이다. … 진리는 그 자체가
> 고정되어 있는 불변의 요소이며, 인격은 변화하며 성장하는 요소
> 이다. …[7]

아마도 필립스 브룩스(Phillips Brooks)는, 1872년 부친을 기념하며 첫번 예일 강좌를 실시했던 헨리 와드 비쳐(Henry Word Beecher)의 말을 의식적으로 되풀이 했던 것 같다. 그는 말하기를 "어떤 면에서 설교자란 인격의 유형(有形) 속에서 진리를 재생산하는 자이다. 그 진리는 산 경험으로서, 영화로운 정열로서, 충일한 실체(reality)로서 존재해야

---

7) Brooks, *Lectures*, p. 5, 28.

만 한다."[8]

다소 유사한 강조점은 평신도였던 베르나드 로드 맨닝(Bernard Lord Manning 1892-1941)에 의해 제시된 설교의 정의 가운데서 분명히 나타나는데, 그는 이렇게 정의하였다. "**기록된 말씀**(Written Word)으로부터, **전해진 말씀**(Spoken Word)에 의하여, **구현된 말씀**(Incarnate Word)의 현현"이라는 것이다. 그는 계속하여 설교란 "예배의 가장 숭고한 행위이다. 그 가운데 하나님의 아들의 복음이 제시되어, 그것을 선포한 설교자를 가리워주고, 심지어 변화되게 한다."고 했다.[9] 설교자가 자신의 설교에 의해 감동되지 않은 채로 있다는 것은 결코 상상할 수도 없다. 설교자를 세워 그의 사상을 통제하고 행위에까지 영감을 주어 설교자를 성숙시키는 것이 바로 그 메시지인 것이다. 그러므로 제임스 블랙(James Black)의 화려한 정의는 이렇다. "우리에게 있어서, 설교란 우리 신앙의 자연스러운 범람(氾濫)이다. 우리는 기쁜 소식들을 들어왔고 그것을 남에게 전하기를 갈망한다. 우리의 신앙은 억제하거나 가라앉힐 수 없는 기쁨과 같은 것이다. 그것은 넘쳐흐르는 컵같이 끓어 넘쳐 흐른다. 어떤 의미에서 설교란 의무가 아니라 완전하고 불가결한 기쁨의 표현이다. 그것은 청년의 심장에서 고동치는 사랑의 표현과 같이 자발적인 감정이다."[10] 이 네 가지 정의는 모두 설교자와 설교 행동 사이에는 분리될 수 없는 연락이 있다는 것을 강조한다.

---

8) Beecher, p. 16.
9) Manning, p. 138.
10) Black, p. 6.

■ 진실을 위한 논증

대부분의 사람들에게 진실이란, 자기 확증적인(self-evident) 덕이다. 그것은 전혀 명령받는 것이 아니다. 우리 모두를 철저한 정직성으로부터 타락시켜 허위와 위선으로 빠져들게 하는 안일함은 우리 자신이 논쟁으로서 무장하는 것이 현명하다고 제안한다. 그것들은 멀리 있는 것이 아니다. 그것들에 대하여 신약 성경에서는 적어도 세 가지 방면으로 나타난다. 첫째, 그것은 우리에게 선생이 되는 직무에 내재해 있는 위험을 경고한다. 분명히 가르치는 일은 은사요 그 사역은 위대한 특권이다. 동시에 그것은 위험이 따르는 사역이다. 왜냐 하면, 타인을 교훈하는 선생들은 자신의 가르치는 바에 대한 무지함을 이유로써 내세울 수 없기 때문이다. 그러므로 바울은 유대인 선생에게, "유대인이라 불리는 네가 율법을 의지하며 하나님을 자랑하며 율법의 교훈을 받아 하나님의 뜻을 알고 지극히 선한 것을 분간하며 맹인의 길을 인도하는 자요 어둠에 있는 자의 빛이요 율법에 있는 지식과 진리의 모본을 가진 자로서 어리석은 자의 교사요, 어린 아이의 선생이라고 스스로 믿으니 그러면 다른 사람을 가르치는 네가 네 자신을 가르치지 아니하느냐? 도둑질하지 말라 선포하는 네가 도둑질하느냐?"(롬 2:17-21)라고 썼던 것이다. 선생에게 있어서 위선이 특히 용납되지 못하는 이유는 그것이 용서될 수 없는 것이기 때문이다. 그렇기 때문에 예수께서도 바리새인을 향하여 "설교는 하나 행하지 않는다"(마 23:1-3)라고 엄하게 정죄하셨던 것이다. 또한 야고보는 "내 형제들아 너희는 선생된 우리가 더 큰 심판을 받을 줄 알고 선생이 많이 되지 말라"(약 3:1)는 충격적인 경고를 하였던 것이다. 둘째, 위선은 실족케 함의 원인이 된다.

의심할 바 없이 많은 사람들은 자기를 따르라고 선포하는 몇몇 위선적 행동가들로 인해 그리스도를 떠났다. 바울은 이것을 알고 다른 사람의 믿음에 거치는 돌이 되지 않기로 결심했다. 즉 '우리가 이 직분이 비방을 받지 않게 하려고 무엇에든지 아무에게도 거리끼지 않게 하고 오직 모든 일에 하나님의 일꾼으로 자천하였다."(고후 6:3,4). 그리고 그는 계속하여 그의 신앙의 실제적인 증거로서 그의 인내와 성품을 열거하였다. 그의 메시지와 그의 행위 사이에는 그 어떤 분리도 없었던 것이다.

다른 설교자들과 비교할 때 그것은 색다른 것이다. 강단에서 우리는 그리스도와 그의 구원을 소리높여 선포하지만, 거기서 내려오면 그를 부인하고, 다른 사람들처럼 구원의 확신을 증거하지 못한다. 그러므로 우리의 메시지는 진실성을 결핍하게 되는 것이다. 우리의 삶이 설교와 모순된다면, 사람들은 기침과 재채기를 하면서 감기약을 선전하는 판매원의 말을 믿을 수 없듯이 우리 기독교의 메시지를 인정하려 하지 않을 것이다.[11] 박스터(Baxter)가 말한 것처럼 우리가 주일에 한 시간, 혹 두 시간 동안은 우리 입으로 건설하고 그 나머지 날 동안에는 우리 손으로 무너뜨려 버린다면 우리는 우리의 사역을 방해하고 있는 것이다.

> 설교와 일상생활 사이에 불균형을 초래하는 목사들에게 뚜렷이 나타나는 실수는, 그들은 빈틈없이 설교하기 위해서는 맹렬히 연구하지만, 빈틈없이 살기 위해서는 전혀 연구하지 않는다는 점이다. 두 시간 동안 무엇을 말할 것인가를 연구하기에는 일주일은

---

11) 참조. Spurgeon, *Lectures*, Second Series, p. 45.

너무도 짧다. 그러나 일주일 내내 어떻게 살 것인가를 연구하기 위해서는 단 한 시간으로도 충분한 것 같다. … 우리는 설교를 잘 하기 위하여 연구하는 것처럼, 어떻게 살 것인가에 관하여도 열심히 연구해야만 한다.[12]

윌리엄 골딩(William Golding)은 위선의 부정적 능력을 생생하게 예시했던 현대 소설가이다. 그의 소설 「자유로운 타락」(*Free Fall*)의 내용은 빈민가에서 양육된 사생아인 새미 마운트조이(Sammy Mo-untjoy)가 마침내 유명한 화가가 되는 이야기이다. 학창 시절에 그는 두 선생님에 의해 표명되는 두 세계 사이에서 갈등을 겪고 있었다. 그 한 사람은 성경을 가르치는 미스 로위나 프링글(Miss Rowena Pringle)이라는 그리스도인이었고, 다른 한 사람은 과학을 가르치는 무신론자 니크 쉘즈(Nick Shales)였다. 여 선생님의 세계는 초자연적 신비의 '불타는 가시나무 떨기'의 세계였고, 남 선생님의 세계는 이성적으로 설명할 수 있는 우주의 세계였다. 본능적으로 새미는 불타는 가시나무 떨기에 이끌리게 된다. 그러나 불행히도, 삶의 이러한 기독교적 해석의 대변자인 그 여 교사는 자기가 결혼하기 원했던 한 성직자가 새미를 입양했다는 것 때문에, 칼로 새미를 찔렀던 실연한 쳐녀였다. 그녀는 소년에게 잔인하게 행동함으로써 복수한 것이다. 새미는 후에 자신에게 물었다. "그러나 어떻게 그녀는 어린 소년을 못 박을 수 있었을까? 게다가 어떻게 그렇게 구슬픈 음성으로 인간의 잔인함과 사악함을 명백히 증거하는 다른 십자가의 사건을 말할 수 있었을까? 나는 그녀가 얼마나 증

---

12) Baxter, *Reformed Pastor*, p. 162.

오했었는가를 이해할 수 있지만 하늘 나라의 도래에 관하여 어떻게 그렇게도 분명하게 말할 수 있었는지는 이해할 수 없다."[13] 이 모순 때문에 새미는 그리스도를 떠나게 되었다.

> 프링글 양은 자신의 가르침을 망쳐버렸다. 그녀는 말로써가 아닌 행함으로써 확신시키는 데에서 실패한 것이다. 니크 선생님은 그의 말로써가 아니라 그의 인격으로써 그의 자연 과학적 우주를 내게 설득시켜 주었다. 잠시 나는 우주의 두 광경 사이에서 머뭇거렸다. 불타는 가시나무 떨기의 광경에 파문이 일어나 스쳐 지나갔다. 그리고 나는 내 친구에게 달려 갔다. 내 뒤의 문이 닫히는 순간 나는 모세와 여호와를 사정없이 혹평했다.[14]

진실에 대한 세 번째 논증은, 진실한 인간이 갖는 긍정적 영향력과 관계가 있다. 이것은 바울의 경우에서 명백히 나타난다. 그에게 있어서 감출 것이란 아무 것도 없었다. "숨은 부끄러움의 일을 버리고 궤휼 가운데 행하지 아니하며 …" 그가 하고자 한 것은 '진리를 나타냄'이다. 그러므로 그는 자신을 '하나님 앞에서 각 사람의 양심에 대하여' 천거하였던 것이다. 그는 속임수와 기만을 결코 용납하지 않았다. 그는 자신의 목회를 개방적으로 하였으므로 그의 증인으로서 하나님과 사람들에게 호소할 수 있었다(살전 2:1-12). 그의 개인적 확신, 행동의 일관성, 모든 속임수의 배제 등은 그의 완전한 목회를 위한 강력한 기초

---

13) Golding, p. 210.
14) ibid., p. 217.

를 제공하였다. 그의 삶이나 인생관에는 듣는 자들을 믿음으로부터 떨어지게 하거나 믿지 않는 자들이 변명할 수 있게 하는 것은 아무것도 없었다. 그들이 그를 믿은 것은 그가 믿음직스러웠기 때문이었다. 그가 말한 것과 그의 인격은 모두 하나였다.

진실로 진실한 사람들은 다른 사람의 마음을 끄는 이상스러운 능력을 가지고 있다. 이러한 신앙가들은 18세기에 역사적 기독교를 거부했던 영국의 자연신론 철학자 데이비드 흄(David Hume)의 경우와 같이 믿지 않는 사람들을 매혹하는 것이다. 어느 날 한 친구가 런던가를 따라 급히 서둘러 걷는 그에게 어디 가느냐고 물었다. 흄은 죠지 횟필드(George Whitefield)의 설교를 들으러 간다고 말하였다. 그의 친구는 놀라면서 물었다. "그러나, 분명히 자네는 횟필드가 설교하는 바를 믿지 않질 않는가?" 흄은 대답했다. "물론 나는 안 믿지 … 그러나 그는 믿는다네."[15]

나는 오늘날에도 단순한 진실은 여전히 호소력있고 감동을 줄 수 있다고 생각한다. 1954년 대 런던 부흥 운동(Great London Crusade)과 함께 빌리 그레함이 처음으로 영국 신문의 표제로 등장했다. 3개월 동안 매일 밤마다 약 12,000명의 사람들이 하린게이 아레나(Haringay Arena)에 모였다. 나 자신도 거의 매일 밤을 참석했었고, 그 수많은 무리들을 볼 때마다 나는 우리의 반쯤 빈 교회들과 비교해 보지 않을 수 없었다. 나는 "왜 이 많은 사람들이 우리의 설교는 들으러 오지 않으면서도 빌리 그레함의 설교는 들으러 왔을까?"라고 자문해 보았다. 이 질문에 대하여는 지금까지 많은 답변이 주어져 왔을 것이다. 내가 자

---

15) Black, p. 23.

신에게 제시한 대답은 이러한 것이었다. "그 젊은 미국의 복음 전파자에게는 논쟁의 여지가 없는 진실이 있다. 심지어 그의 가장 신랄한 비평가들도 그가 진실하다는 것만은 인정한다. 내가 진실로 확신하는 바는 그 사람이야말로 이들이 만날 수 있었던 최초의 솔직하고 진실한 설교자라는 사실이다." 25년이 지난 오늘날에도 나는 내 마음을 바꾸어야할 하등의 이유도 발견할 수 없다.

진실이란 텔레비전 시대에 있어서도 보다 더 중요한 특성이 되었다. 죤 풀톤은 자신의 통찰력있는 소책자 「복음전도의 오늘의 형태」(A Today Sort of Evangelism)에서 이에 관하여 썼다.

> 가장 효과적인 설교는 말하는 바를 구체화하는 사람들로부터 나온다. 그들이 그들의 메시지이다 … . 그리스도인들은 … 그들이 말하고 있는 그 모습대로 나타나야 할 필요가 있다. 일차적으로 의사 소통이란 말이나 이념이 아닌 사람들에 의해 되는 것이다. 텔레비전은 우리로 하여금 지체함이라든지 즉각적 반응 따위에 주의할 것을 훈련시켜 왔다. … 텔레비전은 정치가들의 타협을 사정없이 파괴해왔다. 그것은 사건, 변호, 인위적 분노 등 허위적인 것들을 드러내왔다. … 반면에 진실성은 사람들을 깊은 내부로부터 이해하게 한다. … 순간적인 허위로 인하여 그 때까지 의사소통을 위해 이룩한 모든 것들을 의심하게 된다. … 이제, 의사 소통을 한다는 것은 기본적으로 인격적 진실성을 말하게 된다. …[16]

16) Poulton, p. 60-1, 79.

그러므로 위선은 언제나 반감을 불러일으키며, 성실과 진실함은 항상 호감을 갖게 해주는 것이다.

진실함에 대한 중요한 증거 가운데 하나는 우리가 믿는 바를 위해 기꺼이 고난을 받는다는 점이다. 바울은 그의 고난을 자신의 신임장처럼 말하고 있다.[17] 진실하지 못한 설교자는 "그리스도의 십자가로 말미암아 박해를 면하기 위하여"(갈 6:12) 자유로운 은혜의 복음의 소리를 약화(soft-pedals, 피아노의 음을 약화시키는 기구—역자 주)시킨다. 반면에 하나님의 진실한 종은 반대를 참음으로써, 자신을 훈계한다(고후 6:4, 5). 그의 고통은 또한 내적인 것이기도 하다. 왜냐 하면 설교자들은 특히 의심과 의기소침으로 상처받기 쉽기 때문이다. 때때로 그는 절망과 고독의 투쟁을 겪은 후 진실한 신앙의 빛으로 들어오게 된다. 그의 청중들은 그것을 식별할 수 있으며 더욱 그의 설교를 경청하게 될 것이다. 콜린 모리스가 이 점을 잘 표현해 준다.

> 능력있는 말씀이 선포되는 것은 강단으로부터가 아니라 십자가로부터이다. 설교란 효과적으로 경청되어야 하는 것처럼 보여져야 할 필요가 있다. 웅변이나 설교학적 기술, 성경 지식만으로는 부족하다. 고뇌, 고통, 고전(苦戰), 땀 그리고 피와 같은 것이 청중에게 진리를 더욱 강조한다.[18]

아마도 인격적 진실성은, 대부분의 젊고 경험 없는 설교자들에게

---

17) 고후 11:21-33; 살전 2:1-4; 살후 3:10-12.
18) Morris, p. 34, 35.

고민거리를 안겨주는 제스처와 음성 조절 등의 실제 문제를 언급할 때, 최선의 조건이 될 것이다. 그들이 자신의 말(내가 무엇을 말하는가?)이나 태도(내가 어떻게 보이는가?)에 관해 염려하게 된다는 것은 이해할 만하다. 결국 어떤 이는 최선의 방책(方策)을 강구하고자 결심한다. 그들은 거울 앞에 서서 여러 가지 자세들을 취하며, 자신의 모습을 비춰 본다. 그들은 또 카세트 녹음기에서 그들 자신의 음성을 듣는다. 요즈음 와서는 보는 것과 듣는 것을 비디오 녹음기 안에서 동시에 시도할 수 있으므로 미국과 몇몇 나라에서 설교학을 배우는 신학교 학생들은 이 방법을 이미 상용(常用)하고 있다. 물론 나는 이러한 고안품들을 전혀 사용하지 말아야 한다고 생각하지는 않는다. 왜냐 하면 그것들은 분명 유용성이 있기 때문이다. 확실히 오디오와 비디오 테이프는 거울보다는 낫다. 거울 앞에서는 행동을 꾸미게 되지만 비디오 테이프는 설교를 실제로 행하고 있는 모습을 그대로 담기 때문에 이후라도 그 설교에 대해 객관적인 평가를 할 수 있게 하기 때문이다. 그럼에도 불구하고 여전히 나는 그 방법에 대해 여러분에게 위험을 경고하고 싶다. 만일 거울로 자신의 모습을 보며, 녹음 테이프로 자신의 설교를 듣거나 또는 비디오 테이프로 그들을 동시에 취한다 할지라도, 나는 여러분이 계속해서 자신을 관찰하고 자신의 설교를 들을 수 있을는지 걱정이다. 그러한 경우 여러분은 자신의 선입관을 갖고 강단에서 설교하려고 할 것이다. 하나님의 현존하심과 청중을 의식함으로써 자신을 잊어버리는 헌신적 태도를 연마하는 것은 꼭 필요하다. 나는 배우들이 거울과 테이프를 유용하게 사용한다는 것을 알고 있지만, 설교자는 배우가 아니며 강단 또한 무대가 아니다. 그러므로 조심하라! 친구에게 여러분의 음성과 버릇에 관해 솔직히 평해달라고 부탁하는 것이 더욱 가치 있는 일이 될 것이다.

　나는 한 사람 혹 그 이상의 '평신도 비평가'(lay critics)를 갖는다는 것이 얼마나 가치있는 일인가에 대해 간증할 수 있다. 나는 1945년 말(末) 설교를 시작했을 때, 두 의학도에게 나를 관찰하여 비평해 달라고 부탁했다. 의학인들은 관찰 기술을 훈련받았기 때문에 가장 적임자이다. 내 기억으로는 그들이 보내온 편지들로 인해 좌절했던 적도 있으나 그들의 비평은 항상 유익했다. 그들 두 사람은 후일에 모두 탁월한 의학인이 되었다.[19] 목회 단체에 속한 설교자라면 틀림없이 동료들에게 비평해 줄 것을 부탁할 것이다. 실무진에 의해서든지 혹 평신도를 포함하는 집회 단체에 의하든지 실제로 그룹 평가는 설교자들에게 커다란 가치가 있는 것이다. 그러한 평가는 우리의 설교시에 나타나는 연설과 몸짓, 태도와 버릇뿐만 아니라 성경 본문의 사용, 설교의 중심 주제와 목적, 설교의 구조에 대하여, 단어와 예화, 그리고 서론과 결론 등 모든 것을 포함하는 설교 내용에까지 미친다.

　스펄전은 그의 「두 번째 시리즈」(Second Series)에서 설교에 있어서의 '마음가짐, 행동 및 태도'(Posture, Action and Gesture)에 대하여 강의를 하면서 우스꽝스러운 몸짓을 연출하는 목사를 풍자적으로 예시

---

19) 그 중의 한 사람은 해머스미드(Hammersmith)에 있는 왕립 의과대학 대학원의 바이러스학 교수인 토니 워터슨(Tony Waterson)이다. 그는 아주 겸손한 사람이어서, 한참 생각한 뒤에 자신의 비평들이 '대개는 경솔하고 생각이 부족하며 미성숙한 것들' 이었고 또 실제로 중요한 문제들 즉, 하나님께서 그 메시지에 기름을 붓고 계시며 그 메시지 안에서 그리스도가 높여 지고 사람들은 은혜를 받고 있는가 그렇지 않은가에 대한 문제들 보다는 메시지의 구조와 전달에 관한 기술적인 면들에만 관심을 보였던 것 같다고 말한다. 그러나 나는, 그가 내게 준 도움과 자극을 과소평가하고 있다고 생각한다.

했다. 이 강의는 분별 있고 흥미로운 충고를 많이 포함하고 있지만, 분명히 그는 그의 학생들이 너무 자신을 의식하지 않게 하는데 관심을 갖고 있었다. 그는 설교를 하게 될 학생들이 꾸미거나 재주를 부리면서 시작하는 것보다는 차라리 서툴고 우스꽝스럽기를 더 원했던 것 같다.[20]

> 나는 전문적 웅변가의 속임수, 효과를 위한 긴장, 미리 검토된 클라이막스, 과장된 점잔, 무진장한 언변술(言辯術) 등과 그 밖에 나는 알지 못하지만 지금까지도 지구상에 여전히 존재하는 젠 체하는 성직자들에게서 찾아볼 수 있는 모든 속임수들에 대해 우리 모두가 경계하기를 바란다. 부디 이러한 것들은 오래 전에 사멸한 동물처럼 되기를 바라고, 생명력 있고 자연스럽고 단순한 복음 전달법이 우리 모두에 의해 학습되기를 빈다. 나는 이러한 유형이야말로 하나님께서 즐겨 복을 주시는 것이라고 확신한다.[21]

그는 또 다른 강의에서 그의 학생들에게 말했다. "제군들, 나는 나의 법칙을 다시 말하겠다. 그것은 제군들의 있는 그대로의 음성을 사용하라는 것이다. 원숭이처럼 되거나 앵무새가 되지 말고 모든 면에서 독창성 있는 사람이 되라. … 나는 제군들이 이 법칙을 잊었다고 생각되면 지칠 때까지 말하겠다. 자연스럽게 되라. 항상 자연스럽게 되라."[22]

이러한 자연스러움은 진실의 쌍둥이인 것이다. 진실과 자연스러움

---

20) Spurgeon, *Lectures*, Second Series, p. 132.
21) ibid., p. 29.
22) Spurgeon, *Lectures*, First Series, p. 131.

은 다른 사람을 흉내내는 것을 금한다. 그들은 모두 우리 자신들에게 진실되라고 말한다.

2. 열정

열정은 진실에서 한걸음 더 나아간다. 진실하다는 것은 우리가 진실하게 말해야 한다는 것과 우리가 말하는 바를 **행하여야** 한다는 것을 의미한다. 열정이란 심오한 감정이며, 설교자에게는 필수불가결한 요소이다. 프린스톤의 제임스 알렉산더는 "누구도 위대한 감각이 없이는 훌륭한 설교자가 될 수 없다."고 하였다.[23] 왜냐 하면 "심오한 감격을 불러 일으키고자 하는 설교자라면 자신이 먼저 깊이 느껴야 한다는 것은 보편적으로 인식되고 있기 때문이다."[24]

열정의 필요성은 기독교인의 의사 전달, 혹은 연설에만 국한 되는 것이 아니다. 진지하게 의사를 전달하기 위하여 우리의 의사에 감정을 주입해야 한다. 이것은 분명히 음악의 진실이다. 한 예로써 나는 소와 말들을 목축하여 생계를 유지하던 스페인 원주민들로부터 아르헨티나에 전래된 19세기의 호세 헤르난데즈(Jose Hernandez)의 고전시 「더 가우초」(The Gaucho)를 생각해 보겠다. 그것은 마틴 피에로라 불리는 한 가우초가 겪었던 여러 가지 경험과 부당한 대우 등의 내력을 그린 장편 민요시이다. 두 번째 장에서 그는 자기 아들에게 아버지로서의 충

---

23) Alewander, p. 20.
24) Broadus, *Preparation and Delivery*, p. 218.

고를 하고 있다. 그들은 사람들을 조심하였고, 열심히 일했고, 다투지 않았으며, 술을 마시지 않고, 하나님을 신뢰하였다. 그는 기타와 노래로 그들의 대화를 계속한다.

> 네가 만일 가수가 되고자 한다면, 너는 먼저 느껴라. 너의 표현법에는 주의할 필요가 없을 것이니 아들아, 네가 노래부를 때는 자신의 목소리를 듣거나 큰 소리를 내기 위하여 현을 미리 조절하지 말아라. 다만 습관적으로 울려주어라. 그것은 항상 가치있는 일이니...[25]

확실히 훌륭한 노래나 훌륭한 설교는 깊은 감격을 불러일으킨다. 그러나 많은 기독교의 전통 가운데서 목사들이 감정 없이 설교하는 것에 대한 불만은 언제나 있어 왔다. "우리에게 시끄럽고 격렬한 설교나 부드럽고 은혜스러운 설교, 또는 찬란하고 정교한 설교 등은 있지만 진지한 설교는 거의 없다."[26] 마크 트웨인은 어떤 주일 아침 예배를 다음과 같이 묘사하였다. "그 목사는 지루하게 낮은 목소리로 그의 본문을 이야기하고 단조로운 목소리로 논증해 나가기 시작했는데 그것이 너무 지루한 나머지 많은 사람들이 차례차례 고개를 끄덕이며 단잠에 빠지기 시작했다. 더욱이 그 논증은 끝없는 저주와 형벌에 대한 것으로서 예정된 선택에 대해서는 너무나 소홀하게 취급하여 구원받는 것이 거의 무가치한 것이 되도록 만들어 버렸다. 어린 톰 소야(Tom

---

25) Hernandez, p. 241.
26) Alexander, p. 6.

Sawyer)는 (그 주제가 엄숙한 것임에도 불구하고) 그 설교가 너무나 지루한 나머지 호주머니에서 큰 바퀴벌레를 꺼내어 장난을 치기 시작했다. 때마침 주위를 어슬렁거리던 개 한 마리가 그 바퀴벌레를 쫓기 시작했을 때 교회 안은 온통 법석대며 산만해졌던 것이다. 괴로운 체험이 끝나고 축도가 선포되는 그 때가 모든 회중들에게는 진정한 구원의 시간이었다."[27]

우리가 가지고 있거나 표현하는 모든 감정은 대부분 우리의 천성적 기질에 기인한다. 어떤 이는 매우 생동적 성향을 가지고 있고, 다른 사람은 무기력한 기질을 가지고 있다. 그럼에도 불구하고, 우리가 날씨에 대해 토론하는 것인 양 영생과 죽음의 문제를 취급하거나 생기 없고 나른한 태도를 취한다는 것은 변명할 수 없는 천박한 일인 것이다. 스펄젼은 그의 학생들에게 이렇게 말했다. "우리는 회중들에게 마치 반쯤 조는 듯이 말해서는 안 된다."[28] 왜냐 하면 우리 자신이 우리의 메시지에 관해 졸면서, 청중들이 깨어 경청하기를 기대한다는 것은 분명히 불가능한 일이기 때문이다.

물론 열정에 대한 변증학을 기술할 필요는 없다. 더욱이 나는 그것을 경계한다. 열정이란 진실하고 열의있는 그리스도인의 특징이다. 바울이 아덴에 갔을 때 '마음에 격분하였던' 이유는 그가 우상에 의해 질식될 것만 같은 도시를 보고 아덴인의 우상숭배에 분개했으며, 살아계신 참 하나님의 명예를 위하여 질투하였기 때문이다(행 17:16). 그는 하나님의 영광에 관심을 가졌다. 그러므로 그는 빌립보 교인들에게 여러

---

27) Twin, p. 50, 51.
28) Spurgeon, *Lectures*, Second Series, p. 46.

사람들이 '그리스도 십자가의 원수로' 행한다고 '눈물을 흘리면서' 말했던 것이다(빌 3:18). 그 분의 의(義) 대신 자기들의 의를 믿으며, 성결 대신 방종으로 살아감으로써 그리스도의 죽음의 목적과는 반대로 살아가는 사람들을 생각하면서 바울은 눈물을 흘렸던 것이다. 그는 그리스도의 영광에 관심을 기울였다. 따라서 우리도 그렇게 해야만 한다.

우리는 또한 사람들과 그들의 상실성(lostness)에 관하여도 주의를 기울여야 한다. 예수께서는 회개하지 않는 예루살렘의 거민들이 예수님의 사랑을 거부하고 진정한 평화를 알지 못했기 때문에 눈물을 흘리셨다(마 23:37; 눅 19:41, 42). 사도 바울의 복음 사역에서도 마찬가지로, 설교와 눈물은 함께 병행된다. 에베소에서의 3년 동안 그는 "밤낮 쉬지 않고 눈물로 각 사람을 훈계했다"(행 20:31, 참조. 19절, 37절). 그러나 우리는 신약 시대와 함께 눈물이 차차 사라져 버렸다고 상상해서는 안 된다. 확실히 앵글로 색슨의 유산과 당시의 영국문화는 이러한 감정의 외면적인 표현에 대해 눈살을 찌푸렸으며, 심지어 비난하기까지 하였다. 그러나 이것이 우리의 관심도에 관해 무엇을 의미하는가? 구원의 좋은 소식을 전하며, 누군가가 그것을 거부함으로써 지옥 백성으로 정죄되지 않을까 두려워하는 진정한 복음 전도자는 결코 눈물이 마를 새가 없다. 죠지 휫필드가 그 좋은 예가 된다. 사람들은 언제나 그가 자기들을 사랑하고 있다는 것을 느꼈다고 그의 전기작가인 죤 폴록(John Pollock)이 다음과 같이 기술했다.

그의 눈물 -그는 눈물 없이는 좀처럼 설교할 수 없었다- 은 전적으로 순수했다. 그는 이렇게 말하곤 했다. '내가 운다고 여러분은

나를 비난할 수도 있을 것입니다. 그러나 여러분이 자신들의 불
멸의 영혼이 파멸의 주변에 다다랐음에도 불구하고 스스로를 위
하여 울지 않으며, 어쩌면 여러분은 이 설교를 마지막으로, 다시
는 그리스도를 소개받을 기회를 갖지 못할지도 모르는데 어떻게
내가 울지 않을 수 있겠습니까?[29]

무디(D. L. Moody)는 더욱 최근의 예가 된다. 버밍햄에 있는 카스레
인 회중 교회(Carr's Lane Congregational Church in Birmingham)에서 36
년간 담임 목사로 있었던 데일(R. W. Dale) 박사는 처음에는 무디를 못
마땅하게 생각하였다고 한다. 그러나 그의 설교를 들었을 때 그의 견
해는 달라졌다. 그는 그 후 내내 그를 깊이 존경했으며 그야말로 복음
을 전파할 권리를 갖고 있다고 여겼다. "그는 눈물 없이는 결코 잃어버
린 영혼에게 말하지 않았기 때문이다."[30]
나는 우리 20세기의 설교자들이 다시 우는 것을 배울 수 있기를 간
절히 원하고 있다. 그러나 우리의 눈물 샘이 말라버렸거나 아니면 우
리의 눈물관이 막혀버린 것 같다. 모든 것들이 서로 공모하여 우리로
하여금 멸망으로 인도하는 넓은 길로 떼를 지어 달려가는 잃어버린 죄
인들을 위하여 울지 못하도록 하는 것 같다. 어떤 설교자들은, 구원의
기쁜 축제에 몰두한 나머지 그것을 거절하는 사람들을 위하여 눈물을
흘릴 생각은 결코 하지 않는 것 같다. 다른 설교자들은 악마가 행하는
보편 구원론의 거짓에 속아왔다. 그들은 종국에 가서는 모든 사람이

---

29) Pollock, *Whitefield*, p. 263.
30) David Smith on 2 John 12 in the Expositor's Greek Testament.

구원을 받을 것이며, 또한 그 누구도 상실(喪失)되지 않을 것이라고 말한다. 영원한 죽음이 실재하고 있다는 엄청난 사실과, 예수님과 그의 사도들이 말한 외부적 암흑에 관하여 마음을 닫아버렸으며 그들의 눈은 항상 메말라 있다. 그러나 어떤 사람들은 죄인들에게 지옥을 경고하는 일에는 성실하지만 너무나 유창하며 심지어 병적인 쾌락으로 그렇게 하고 있기 때문에 그것의 실체를 무시하거나 부인하는 맹목적인 사람들보다도 더 악영향을 끼친다. 이러한 견딜 수 없는 태도들에 대해, 예수님과 바울, 휫필드와 무디의 눈물은 건전한 대안책을 제공해 주는 것이다.

리챠드 박스터와 같은 청교도들도 이와 마찬가지의 입장을 취한다. 브로더스(Broadus)가 '거대한 지진과 같은 열정'[31]이라는 적절한 용어로 표현한 것은 죽음과 영원에 다가가 마주친 그의 위기 의식에서 기인한다. 그는 이것을 그의 시 '사랑은 감사와 찬양을 부르나니…' (Love Breathing Thanks and Praise)에서 표현했다.

> 이것은 낮 동안에 일하라고 나를 불러 내었고
> 비천한 영혼들을 주저말고 돌아서라 경고하였네
> 속히 당신의 말씀을 전하리라 결심하면서
> 암브로시우스와 나는 배우고 가르치기로 다짐하였네.
> 찰나를 살아가는 나임을 생각할 때에
> 잃어버린 영혼 위해 타오르는 내 가슴은 분투하였네.
> 결코 다시 설교하지 못할 것인 양 설교하였고,

---

31) Dargan, Vol. Ⅱ, p. 174.

죽어가는 사람처럼 죽어가는 사람에게 전하였네.

오! 설교자는 얼마나 인간의 회개를 열망해야 하는가?

교회가 무덤에 가깝다는 것을 누가 알 것인가?

우리가 설교하고 듣는 동안

우리가 죽으며 순식간에 광활한 영원에 넋을 빼앗김은

누가 알 것인가![32]

리챠드 박스터가 자신의 열정이 없음에 대한 슬픔과 동료 목사들의 분발에 대한 권면으로써 쓴 「개혁 목회자」(The Reformed Pastor, 1656)에서의 다음 몇 구절들은 지금까지도 여전히 감동적이다. 그는 자신에 관해 이렇게 썼다.

어떻게 내가 소홀히 냉담하게 설교할 수 있는가? 어떻게 내가 사람들을 자신의 죄 가운데 홀로 버려 둘 수 있는가? 또한 아무리 고통스럽고 어렵다 할지라도, 어떻게 내가 그들에게 주님을 위하여 회개하라고 권면하지 않을 수 있는가? 나는 이상히 여긴다. 나는 진지하고 열정적이지 못했다는 양심의 가책을 받지 않고 강단을 내려온 적은 거의 없었다. 나의 양심은 인위적인 꾸밈이나 유창함이 없다는 이유로, 혹은 부적당한 낱말을 사용했다는 이유로 나를 비난하지는 않았다. 그러나 내 양심은 나에게 이렇게 물었다. 그러한 심정으로 어떻게 그대가 삶과 죽음을 말할 수 있었는가? 그대는 그러한 사람들을 위하여는 울지 말아야 했는가? 그대

---

32) Baxter, *Poetical Fragments*, p. 39-40.

의 눈물이 그대의 설교를 방해하지 말아야 했는가? 그대는 큰 소
리로 부르짖어 그들의 타락을 드러내며 그들에게 삶과 죽음에 관
해 탄원하고 권면하지 말아야만 했는가?[33]

　　이렇듯 이 면에 대한 자신의 개인적인 실패에 관하여 매우 비판적
이었으므로 박스터는 그의 동료들에게 위대한 열정을 권고하기에는
아주 적격이었던 것이다.

　　자신의 모든 힘을 동원하여 설교하는 목사가 과연 몇 명이나 되
　　는가? … 아아 슬프다. 우리가 너무나 힘없이 또한 부드럽게 설교
　　하기 때문에 잠자는 죄인들은 들을 수가 없다. 그 호통소리가 너
　　무 약하기 때문에 완악한 마음을 가진 사람들은 느끼지 못한다.
　　… 우리 목사들은 얼마나 우수한 교훈들을 가지고 있는가? 그러
　　나 그것들은 주의 깊고 생명력 있는 적용에서 실패한 우리의 손
　　안에서 죽어 무효(無效)하게 되어버린다. … 오! 목사들이여 인
　　간의 영생과 죽음의 문제가 달려있는 그러한 메시지를 전달할 때
　　우리는 얼마나 명료하게 얼마나 주의깊게 얼마나 열정적으로 전
　　하여야 하겠는가? 또한 인간의 구원을 위하여 어떻게 냉담하게
　　말할 수 있단 말인가? 인간의 구원을 위하여 설교하는 이러한 사
　　역은, 사람들이 우리 설교를 들을 때 우리를 느낄 수 있도록 우리
　　의 모든 힘을 다하여 이루어지지 않으면 안 된다.[34]

---

33) Baxter, *Reformed Pastor*, p. 110.
34) ibid., p. 106.

지금까지 나는 중요한 주제에는 심오한 열정이 적절하다는 점에 초점을 맞추어 왔다. 우리가 어찌 장엄한 메시지를 경박한 태도로 전할 수 있으며, 혹은 모든 인간의 영원한 운명에 대해 언급하면서 마치 여름 휴가를 보내며 환담하는 것 같이 할 수 있겠는가? 그럴 수는 없다. 화제와 어조, 내용과 태도는 반드시 서로 어울려야만 한다. 만일 이러한 조화가 깨어져 버린다면 우리의 설교는 매우 불쾌하게 들려질 것이다. 회중은 그들의 목사가 복음에 대해 설명하면서 보이는 진지한 태도에 의해 복음의 진지함을 배우게 된다. 그러나 이 사실은, 진지한 태도가 사람들의 주의를 계속적으로 집중시키는 가장 확실한 방법 중 하나라는 그 이상의 국면으로 나아가게 된다. 스펄전의 「나의 학생들에게」(Lectures to my students)라는 강의 시리즈의 아홉 번째 강연은 '주의!'(Attention)라는 인상적인 표제를 갖고 있다. 그것은 '청중들의 주의를 획득하고 보유하는 방법'과 관계가 있으며, 우리로 하여금 이 위대한 인물과 사귀도록 해주는 공감(共感)과 훌륭한 유머를 내포하고 있다. 그의 충고의 첫 부분은 가장 실제적인 것이다. "설교자를 위한 하나님의 은혜에 관해 두 번째로 중요한 것은 산소(oxygen)이다. 하늘의 창이 열려지도록 기도하라. 그러나 당신의 회합장소의 창문을 여는 것으로 시작하라. … 창문을 통하여 들어오는 신선한 공기는 회중들에게 복음 다음의 가장 좋은 것이 될 것이다. 적어도 그것은 그들의 정신을 맑게 해줌으로써 그들이 진리를 받아들이는 데 도움을 줄 것이다."[35] 그가 산소 다음에 설정한 '제1의 법칙'은 "항상 들을 가치 있는 것을 말하라"는 것이며,[36] 더 나아가서 사람들이 자기 자신에게 있어서

---

35) Spurgeon, *Lectures*, First Series, p. 138-9.

중요하다고 인식하는 그 무엇을 말하라는 것이다. 애도자들은 유언의 수혜자(受惠者)가 되기를 기대한다면 유서가 읽혀지는 동안은 잠들지 않을 것이며, 죄수들 또한 그 판결이 결정되어 그들의 삶과 자유가 위기에 봉착해 있는 동안은 잠들지 않는다. "이기주의는 주의 집중을 북돋아준다. 긴급하고, 현실적이고, 개인적 일들과 같은 실제적 주제들에 관해 설교하라. 그러면 그대는 청중들의 진지한 경청을 획득할 수 있을 것이다."[37] 스펄전의 다음 충고는 "당신 자신이 먼저 관심을 가지라. 그러면 다른 이들도 관심을 갖게 될 것이다."라는 것이었다. 온 마음과 영혼을 설교에 쏟아야 된다는 것으로써 설교의 **기술**보다는 설교의 **핵심**을 아는 일이 훨씬 더 중요하다고 주장한, 18세기의 복음 지도자 윌리엄 로메인(William Romaine)을 그는 인용했다. "말할 그 무엇을 가지고 있으라. 그리고 그것을 열렬히 말하라. 그러면 회중은 그대의 가르침에 복종할 것이다."[38] 다음의 글은 이와 대조적이다.

> 그대가 설교하는 동안 그대 자신이 잠을 잔다면 아무 소용도 없다. 어떻게 그렇게 하는 일이 가능한가? 오, 물론 가능하다. 그런 일은 매 주일마다 이루어진다. 많은 목사들이 설교 도중 조는 것 이상의 상태이다. 실로 그들은 어떠한 때라도 깨어있지 않으며, 대포가 그들 귓가에서 발사되지 않는 한 결코 깨지 않을 것이다. 무의미한 빈말들, 진부해져버린 표현들, 음울하고 단조로운 어조 등으로 강화를 이끌어 가면서도 그들은 사람들이 그렇게 졸리워

36) ibid., p. 140.
37) ibid., p. 149.
38) ibid., p. 146.

하는 것을 이상히 생각한다. 고백하지만 나는 그렇게 하지 않는다.[39]

■ 이성과 감정

활기없는 설교는 우스꽝스러워 보이며 또한 용어적으로도 모순되는 것 같으므로 그 기원을 조사해 볼 필요가 있는 것이다. 예를 들면 왜 영국 감독파의 교회(Episcopal Church)의 강단 전통은 유독히 부드럽고 듣기 좋은 합리성만을 표명하고 어떠한 감동도 보여주지 않는가? 내가 보기에 그 이유는 영국 국교회주의(Anglic-anism)가 항상 학문을 가치있게 평가하고, 교육받은 목사의 전형적인 모습을 중요시하며, 어떠한 감정 표현도 이러한 그들의 입장과 모순되는 것이라고 전제하기 때문인 것 같다.

나는 「시골 목사의 일기」(1758-1802)라는 다섯 권의 책으로, 한 때 영국 독자들에게 기쁨을 주어 온 교구 목사 제임스 우드포드(James Woodford)를 예로 들겠다. 노르폴크(Norfolk)의 웨스톤이라는 마을에서 거의 30년간 목회생활을 해 온 그의 삶의 방침은 **평정**(tranquillity)이었다. 그는 스포츠, 동물, 전원 생활을 사랑했고 무엇보다 좋은 음식과 술을 좋아하였다. 그 책 다섯 권을 음미하면서 나는 그가 좋아하는 음식과 술은 상당히 알게 되었지만 그가 좋아하는 성경 본문에 관하여는 전혀 알 수 없었다. 그러나 몇 년 전 노먼 시케스(Norman Sykes) 교수는

---

39) ibid., p. 148.

출판되지 않은 우드포드 목사의 설교 40편을 입수하여 그의 일기에 기록되어 있는 '간결한 기입 사항들'의 이면을 살펴볼 수 있게 되었다. 그는 제임스 우드포드가 성경에 입각하여 설교했으며 그의 주해의 보증표는 합리성이었음을 발견해냈다. 어떤 설교에서 그는 '동시대의 격정의 도깨비'와 '사람들을 엄청나게 거친 방종으로 인도하는 종교적 광란에 대항하여' 그의 양떼들을 경고하였다. 실로 그는 그 반대의 위험, 즉 종교에서 문제가 되는 정신적 침체와 무능력에 대하여도 그들을 경고하였다. 그럼에도 불구하고 우드포드 목사는 빈약한 정통보다는 '열광'을 더욱 두려워한 것이 분명하다.[40]

이것은 틀림없이 '감리교파'의 접근에 관한 보편적인 통칙(通則)을 설정하였고, 복음적 부흥 운동과 결별하였으며, 감리교도를 기성교회(Established Church)에서 제오시킨 후에야 비로소 안심했던 18세기의 교회 지도자들 사이에 널리 퍼져 있었던 두려움이었다. '열광'(Enthusiasm)이란 그들에게는 추한 단어였으며, 교회의 벨이 '하나님께는 영광이요 열광주의자들에겐 저주'라는 역설적 찬가로써 묘사될 수 있었다는 사실은 그 시대의 특징적인 상황을 말해주는 것이다. 그러므로 1782년 그 교회의 교구 목사가 되어 풍부한 감정을 가지고 자신의 강해설교(expository sermons)를 하였던 챨스 시므온의 시대에 이르러서야 비로소 열정적인 설교가 행해지기 시작했던 것이다. 그의 가장 최근 전기작가 휴 에반 홉킨스(Hugh Evan Hopkins)는 다음과 같이 썼다.

---

40) For two articles on Woodforde by Norman Sykes see Theology, Vol. 38, No. 224, February 1939, and No. 227, May 1939.

에브너 브라운은 트리니티 교회에서 결혼한 젊은 부부의 옆에 앉아 그들의 어린 딸이 강단에서 감정을 솔직히 표현하고 있는 그 사람의 이상한 몸짓에 대해 '오, 어머니. 저 신사가 무엇 때문에 화가 났어요?' 하고 자기 어머니께 속삭이는 것을 무심코 들은 것을 기억한다. … 부목사 카루스(Carus)는 그의 회고록에 이렇게 썼다. "감정의 열렬한 불길을 그는 억제하지 않았다. 그의 온 영혼이 그의 주제에 서려 있었고, 그는 그가 느끼는 대로 말하였으며, 또한 행동했다."[41]

말년에 통풍(通風)으로 활동이 어려워지게 되자 시므온은 토마스 토마슨에게 "나는 나 자신을 마개가 있는 작은 맥주병에 비유합니다. 콜크 마개로 닫혀 있고 일주일에 두 번 개봉되기 때문에 나는 훌륭한 보고를 하는 것입니다."라고 썼다.[42]

54년간 지속된 홀리 트리니티 교회, 캠브리지 교회에서의 시므온의 영향력 있는 목회 생활은 설교학에 있어서 이성과 감정의 조화에 관한 모범을 우리에게 제공해 준다. 그의 청중들이 증거한 바와 같이, 확실히 그는 감정이 풍부한 사람이었다. 그러나 아무도 그를 지성인들을 모욕하거나 신학을 경멸하는 '열광자'의 한사람이라고 힐난하지 못했다. 반대로, 「설교의 시간」(Horae Homileticase)에 발췌되어 있는 그의 설교들을 정독해 보면, 분석과 주해와 적용에 있어서 그가 고심하며 애썼던 깊은 사색들을 음미할 수 있을 것이다. 사실상 그의 설교 윤

41) Hopkins. p. 65.
42) ibid., p. 162: Carus. p. 445.

곽은 오늘날에는 다소 뒤떨어진 것처럼 보이며, 때때로 그가 무엇 때문에 흥분하였는가에 대해 이상하게 생각될 경우도 있다.

그럼에도 불구하고, 현재 시므온의 설교에는 신약에서 폭넓게 찾아볼 수 있는 머리와 가슴, 이성과 감정의 조합이 역력히 나타나 있다. 나는 이미 바울의 눈물에 관하여 언급하였다. 그러나 많은 학자들로 하여금 오랫동안 그의 사상을 연구하게 했던 그의 탁월한 지성에 관하여는 어떠한가? 성경이 없는 사람들과 논쟁하던 사도는 논증의 힘과 성령의 능력으로 그들을 확신시키려 했을 뿐만 아니라, 주님처럼 슬피 울기도 했다. 바울 서신에서 강화와 권고가 어떻게 조화를 이루는가 주의깊게 묵상해 보라. 예를 들면 신약 성경에서 화해 교리의 가장 중요한 설명 중 하나인 고린도후서 5장 후반부를 보도록 하자. 그는 하나님께서 그리스도 안에서 세상과 자기를 화목케 하신 위대한 주제, 즉 하나님께서 더 이상 죄인들의 죄악을 생각지 아니하시기로 결단하시고 우리로 하여금 하나님의 의가 되도록 하시기 위해서, 실제적으로 전혀 죄를 알지 못하시는 그리스도로 하여금 죄가 되게 하신 것을 취급하고 있다. 여기에 하나님과 그의 자발적인 사랑, 그리스도와 그의 십자가, 죄, 화해(和解) 그리고 의롭다 하심에 관한 꼭 묶여진 주장들이 있다. 많은 주석가들이 이것을 풀어보며 설명해 보고자 여전히 노력하고 있는 것이다. 그러나 바울은 심오한 신학적 설명만으로 만족하지 않는다. 그는 화목케된 사실에서 더 나아가 화목케 하는 사역과 말씀으로, 하나님께서 그리스도 안에서 행하신 것에서 더 나아가 그가 이제 우리 안에서 행하시는 것으로, 그리고 '하나님께서 그리스도 안에서 화목케 하셨다' 는 그리스도의 사도들의 확증에서 더 나아가 '하나님과 화목케 하는' 그리스도의 대사로서의 호소로 나아가고 있다. 혹 그가 설명하는 것을 멈추지 않은 채 호소하는 것으로 나아갔다 할지라도 그는 먼저 설명을 진술한 후에야 비로소 호소를 시작하였던 것이다. 그의 사역에 있어서 확증과 호소는 서로 뗄 수 없는 것이었다.

현대 교회는 사도 바울의 교훈을 배울 필요가 있으며, 그의 본을 따를 필요가 있다. 물론 어떤 설교자들은 열정으로 자신만만해 한다. 그들은 복음적인 설교를 하는데 있어서 결단 혹은 회개를 위해 지칠줄 모르는 호소를 한다. 그러나 때때로 그들의 설교는 길고 지루하기만한 호소에 그치곤 한다. 따라서 청중들은 그 호소의 내용 혹은 본질을 전혀 붙잡지도 못하고(혹 그렇게 할 수 있는 도움도 못 받고) 지치기만 하는 것이다. 교리없이 결단에 초청하는 것은 회중들에 대한 모욕이다. 왜냐하면 그것은 이성없는 속임수와 똑같기 때문이다.

다른 설교자들은 이와 반대의 실수를 범한다. 복음의 중심적인 성경적 교리에 대한 그들의 강해에는 잘못된 것이 없다. 그들은 성경에 충실하고, 설명에 예리하며, 단어 사용에 정교하고 적용에 상당한 감각이 있다. 그들의 본문에서 결점이란 거의 찾아볼 수 없다. 그러나 어딘지 모르게 그들은 차갑고 석연치 않다. 그 음성에는 도무지 긴박성(緊迫性)이 없고 그 눈에는 결코 눈물의 기미가 보이지 않는다. 그들은 죄인들에게 그리스도의 이름으로 회개하기를 청하여 그들로 하여금 주께로 나아와 하나님과 화목하게 되도록 하기 위해 강단에서 상체(上體)를 앞으로 굽히는 일이 도무지 없다. 그들은 스펄전이 "마치 눈보라 속이나 얼음집에 앉아 있기나 한 것처럼 명백하기는 하나 차가우며, 논리 정연(論理整然)하기는 하나 죽은 것처럼 느껴지는 그런 설교를 들는다는 것은 그 자체가 몸서리쳐지는 일입니다. …"[43]라고 묘사하면서 말한 그런 류의 목사를 닮은 것 같다. 그러므로 그가 '하늘로부터 온 열렬한 열정'을 옹호하며 '냉랭한 상태보다는 열광주의가 낫게 여겨져야 한다'고 선언한 것은 이상한 일이 아니다.[44] 그는 "화산이 폭발하여 용암이 분출하듯이 뜨거운 가슴에서부터 더 많은 언어를 우리에게 허락하소서."[45]라고 부르짖었던 것이다.

따라서 오늘날 우리 설교자에게 필요한 것은 바울이 그랬던 것처럼 이성과 감성, 강화와 호소가 적절하게 종합되어져야 한다는 것이다. 17세기의 캠브리지 대학의 헬라어 교수였던 아이작 바로우는 자신의 저서에서 바울에 대하여 "여행가요, 문헌학자이며, 수학자이고 경건한 자"라고 묘사했고, 알렉산더(J. W. Alexander)는 그를 일컬어 "웅변있는 이성가(理性家)"라 했으며 또한 "정열에 불타고 풍부한 고도의 논법을 지니고 있다"고 덧붙이고 있다.[46] 알렉산더는 자신의 초기 저서에서 '신학적 설교'를 주장하였다. 그는 회중들의 흥미를 끄는 것은 '열정으로 넘친 논증'과 '맹렬한 불과 같은 위대한 논증'이라고 말한다.[47]

사도 바울과 같은 양면성의 조합이 있어야 함을 주장한 20세기의 영국의 설교자는, 1904년에서 1917년까지, 그리고 1933년에서 1943년까지 런던 웨스트민스터 교회의 목사로 있었던 죠지 캠벨 몰간 박사였다. 1911년에서 1914년까지 그는 회중 교회 목사를 훈련시켰던 캠브

43) Spurgeon, *All-Round Ministry*, p. 175.
44) ibid., p. 173.
45) ibid., p. 224.
46) Alexander, p. 266.
47) ibid., p. 25.

리지의 체스넛 대학에서 학장으로 있으면서 설교학을 가르쳤다. 그는 강조하기를 설교에 있어서 세 가지 필수 사항은 '진리와 명료성(明瞭性)과 정열'[48]이라고 하였다. '정열'에 관한 대목에서 그는 영국의 위대한 배우 맥레디의 이야기를 언급하였다. 한 번은 설교할 때마다 청중들의 관심을 전혀 끌지 못한 한 설교자가 맥레디에게 어떻게 그 많은 청중들을 허구(虛構)로 사로잡을 수 있었느냐고 물었다. 그 배우는 이렇게 대답했다. "그야 아주 간단합니다. 나는 허구를 진실처럼 표현하지만 당신은 진실을 허구인 양 표현하기 때문이지요."[49] 그 이야기를 한 후 캠벨 몰간은 자기 자신의 평을 이렇게 덧붙였다. "나 개인적으로 볼 때 그 설교자는 진리인 성경을 가지고 있었음에도 불구하고 어떻게 자기 일에 대해 뜨거운 열정으로 그 자신을 온전히 바칠 수 없었는지 이해할 수 없다."[50]

웨스트민스터 교회의 캠벨 몰간의 후계자 마틴 로이드 존스 박사도 진실과 열정은 기독교 설교에 있어서 필수적 요소가 된다는 확신을 공감했다. 그의 감동적인 저서 「목사와 설교」[51]에서 그는 '설교란 무엇인가?' 라고 물으며 그 자신의 정의를 다음과 같이 내리고 있다.

불타는 논리! 감동적인 이성! 이 두 가지가 모순된다는 말인가? 물론 이 둘은 모순되지 않는다. 당신이 사도 바울과 그밖의 다른 이들에게서 볼 수 있듯이, 이 진리에 관한 이성(理性)은 매우 감동

---

48) Morgan, G. C., *Preaching*. p. 14, 15.
49) ibid., p. 36.
50) ibid., p. 37.
51) 1971.

적이어야 한다. 그것은 불타는 정열의 신학이다. 정열로 표현되
지 않는 신학은 불완전한 신학이거나 아니면 최소한 신학에 대한
인간의 이해에 결점이 있는 것이라고 나는 주장하는 바이다. 설
교란 정열에 불타는 인간을 통해 나오는 신학인 것이다.[52]

　더욱이, 에베소서 6:10-13을 강해하면서 성령의 사역에 관해 언급
하는 중 그는 '기독교인의 싸움'(The Christian Warfare)이란 대목에서
이 주제를 더욱 완성시켜 가고 있다.

　… 불을 소멸치 말고 성령을 소멸치 말라 … 기독교란 열정과 정
　열을 의미한다. 당신은 '예, 물론이죠. 그러나 만일 당신이 참으
　로 박식하다면 당신은 활기에 넘치지 않을 것이며, 위엄을 갖추
　게 될 것입니다. 당신은 걸작의 논문을 열정없이 고요하게 읽을
　겁니다' 라고 말할 것이다. 그러나 그것은 얼토당토않은 소리다!
　그것은 성령을 소멸하는 것이다! 사도 바울은 어느 정도 문법 규
　칙을 어기기도 했고, 그 자신의 논증을 중단하기도 했다. 그것은
　정열 때문이었다! 우리는 그렇게도 근엄하며, 우리는 그렇게도
　자제하고 있다. 그리고 우리는 생명이 없고, 정열도 없고 능력도
　없는 체면과 형식으로 모든 일을 행하고 있다! 그러나 그것은 신
　약의 기독교가 아니다. 당신의 신앙이 당신의 마음을 녹이고 감
　동을 주는가? 그것이 당신 안에 있는 얼음장과 당신의 마음 안의
　냉기와 완고함을 없애주고 있는가? 신약의 기독교의 본질은 성령

---

52) Lloyd-Jones, *Preaching*, p. 97.

임재의 결과로 변함없이 있게 되는 이 정열인 것이다.[53]

나는 로이드 존스 박사가 결정적인 열쇠를 꺼냈다고 생각한다. 설교의 정열은 설교자의 정열에 의하며, 이는 또한 성령으로부터 오는 것이다. 만일 성령의 불이 우리 가슴을 태우지 않고 또한 우리가 '그의 영으로 불타지 않으면'(롬 12:11) 우리 설교는 결코 뜨겁게 되지 못할 것이다. 웨스트민스터 중앙 홀의 생스터(W. E. Sangster) 박사의 이야기가 그의 아들 폴(Paul)에 의해 전기물로 우리에게 전해지고 있다. 그가 박사인지 아닌지에 대해 논란이 있으나 나는 그것이 사실이기를 바라며 또 사실일 것으로 믿는다. 그는 한 때 감리교 목회를 하겠다고 나선 응모자들을 인터뷰하는 면접위원들 중 한 사람이었다. 지망생들 중 매우 소심해 보이는 한 젊은이가 그의 앞에 섰다. 말할 기회가 주어지자 그 지망자는, 자신은 매우 부끄러움을 잘 타며, 템즈강에 불을 지를 만한 사람이 못됨을, 즉 그 자신은 그 도시 사람들에게 감동을 불러 일으킬 만한 인물이 될 자격이 없음을 이야기 했다. 생스터 박사는 비상한 지혜를 가지고 이렇게 대답했다. "나의 사랑하는 젊은 형제, 나는 자네가 템즈강에 불을 지를 수 있는지에 대해서는 관심이 없네. 내가 알고 싶은 것은 만약 내가 자네의 목덜미를 잡고 자네를 템즈강에 빠뜨린다면 그 템즈강이 지글거리겠느냐 하는 것이네." 이 말은 다시 말하면 당신 자신이 불타오르고 있느냐라는 물음이었던 것이다. 그것은 중요한 물음이었다.

그러면 우리는 이러한 결코 이혼한 적이 없었던 대상들, 즉 진리와

---

53) Lloyd-Jones, *Warfare*, p. 273-4.

웅변, 이성과 열정, 빛과 열 등을 어떻게 재혼시킬 수 있는가? 어떤 설교자는 강단에서 탁월한 신학을 강해하나 그것은 마치 냉동실에서 나오는 것 같다. 격앙된 기분도 없고, 상승하는 기세도, 정열도 없다. 다른 어떤 강단은 온통 열광적이고 온 교회가 불타는 것 같기는 하나 귀중한 신학의 내용이 거의 없다. 그러므로 유일한 방법은 그 힘에 있어 거의 불가항력이라고 말할 수 있는 조합, 즉 정열이 조화된 신학, 열정이 담긴 진리, 웅변적인 이성이라고 볼 수 있다. 그러나 어떻게 조합할 것인가? 이러한 조합의 비결은 무엇인가? 두 가지 대답이 가능하다.

첫째, 성령은 그 둘 모두를 주장하시는 분이란 점이다. 예수께서는 성령을 '진리의 영'이라 하셨으며 성령은 또한 오순절날에 '불의 혀'로도 나타나셨다. 그 두 가지가 그 분 안에서 분리되지 않았으므로 성령 충만한 기독교인에게 있어서도 마찬가지로 그 두 가지는 분리될 수 없다. 일단 우리가 우리 자신을 온전히 성령의 역사하심에 맡기기만 하면 우리 설교의 준비와 실제 전파에 있어서 빛과 열, 진리와 열정은 재결합될 것이다.

둘째 비결은, 첫 번 부활절 오후 엠마오로 가던 두 제자가 배운 것과 같다. 예수께서 사라지셨을 때 그들은 서로 말하기를 "길에서 우리에게 말씀하시고 우리에게 성경을 풀어 주실 때에 우리 속에서 마음이 뜨겁지 아니하더냐?"(눅 24:32)고 했다. 가슴이 뜨거워졌다는 것은 의심할 바 없이 정서적 감동을 느꼈다는 것이다. 그들은 깊이 감동했다. 정열이 그들 안에 불타오른 것이다. 그것이 언제 시작되었는가? 그것은 예수께서 그들에게 말씀하시고 성경을 풀어주실 때 시작되었다. 불길이 타오르기 시작한 것은 그들이 진리의 새로운 조망을 포착하면서부터였다. 우리의 가슴을 불태워 주는 그리스도 중심의 성경 진리는 지금도 여전히 진리인 것이다.

■ 강단 유머

우리의 설교에 열정이 필요하다는 사실이 인정되었다는 것은 곧바로 설교자가 회중들을 웃겨도 무방한가 어떤가의 물음을 제기한다. 얼핏 보기에 진지함과 웃음은 서로 용납될 수 없는 것으로 보인다. 우리는 "당신이 무엇을 하든지 당신이 상당히 진지하다는 것을 회중으로 하여금 알게 하시오. 당신은 우스개 소리로는 회중들의 폐부를 찌를 수 없습니다."[54]라고 한 리챠드 박스터의 말에 스스로 동의하고 있음을 보게 된다.

그러나 이 문제는 그리 쉽사리 해결되지 않는다. 왜냐 하면 '울 때가 있으며 웃을 때가 있기' 때문이다(전 3:4). 우리는 강단에서 눈물이 금지될 필요가 없다는 사실을 살펴왔다. 마찬가지로 웃음이 금지되어야만 할 이유도 없지 않을까?

우리의 연구를 시작할 수 있는 근거는 예수 그리스도의 가르침이다. 왜냐 하면 유머는 선생이 되신 주님의 병기 중 하나라는 견해에 일반적으로 일치하고 있는 것처럼 보이기 때문이다. 탁월한 미국의 퀘이커교도로서 이어햄 대학(Earham College)에서 철학을 가르쳤던 엘튼 트루블러드(Elton Trueblood) 박사는 1965년 「그리스도의 유머」(The

---

54) Baxter, *Reformed Pastor*, p. 145.

Humour of Christ)라는 책을 썼다. 그가 가정 예배를 드리는 자리에서 마태복음 7장(인간의 눈 속에 있는 티와 들보에 관하여)을 읽을 때 그의 4살 짜리 꼬마가 듣고 킥킥대며 웃는 모습을 보고 그 마음속에 아이디어의 씨앗이 심겨졌다고 그는 우리에게 말하고 있다. 그리고 나서 그는 공관 복음에서 30가지 유머 본문을 뽑아 '결코 웃지 않는 그리스도의 전통적인 모습' [55]에 도전한다. 이와 동시에 트루블러드 교수는 예수께서 사용하신 유머의 공통된 형태는 잔인하며 사람들에게 상처를 주는 **야유**가 아니라, 죄악이나 어리석음에 대한 대중들의 견해를 지지하는 **풍자(諷刺)**였다는 것을 증명해 보이기 위해 노고를 쏟았다. 그는 다음과 같이 쓰고 있다.

> 그리스도께서 유머를 쓰셨던 분명한 목적이, 상처입히기 위해서라기보다는 명료화하여 이해를 증진시키기 위함이라는 사실을 이해하는 것은 매우 중요한 일이다. 아마 약간의 상처는 불가피했으리라. 그러나 그런 경우는 인간의 교만이 표출(表出)되었을 때에 국한된 것이며, 분명한 목적은 상처주는 일이 아닌 다른 어떤 것이었다. … 진리, 오직 진리만이 목적이었다. … 오류를 폭로함으로써 진리는 나타났던 것이다.[56]

예수의 교훈에서 유머 있는 요소를 분명하게 드러낸 또 한 사람의

---

55) 트루블러드 교수의 말에 따르면, BC 14년에 로마의 한 집정관인 렌툴루스(Lentulus)가 원로원에 예수의 용모에 대한 보고서를 제출하였는데, 거기에 '아무도 그가 웃는 것을 보지 못하였다'는 진술이 담겨 있다고 한다. 그러나 이 문서는 AD1680년 이전 것으로 간주될 수 없었으므로 확실히 믿을만한 것도 아니다.
56) ibid., p. 49-53.

학자는 「역사의 예수」(The Jesus of History)라는 베스트셀러의 저자 글로버(T. R. Glover)였다.[57] 한 좋은 예로써 '율법의 더 중한 것'에는 태만히 한 반면에 세부 의무 조항에는 양심적이었던 서기관과 바리새인들에 대한 예수 그리스도의 풍자를 들 수 있다. 그들의 잘못된 현상은 마치 마시는 자가 '하루살이는 걸러내고 낙타는 삼키는 것'과 같았다(마 23:23,24). 글로버는 낙타를 삼키려 하는 사람을 상상하게 함으로써 우리로 웃게 하고 있다.

> 털투성이의 긴 낙타의 목이 바리새인의 목구멍으로 넘어갈 때 – 축 쳐져 매달린 해골– 그리고 등의 혹–두개의 혹–둘 다 목구멍을 타고 내려간다. –그래도 바리새인은 조금도 알아채지 못한다.– 다리 –네 다리– 관절의 온갖 부위와 두툼한 발 –그것들이 바리새인의 목으로 넘어갈 때의 과정과 연속되는 기분들을 상상해 본 사람이 우리 가운데 과연 몇 명이나 있겠는가?[58]

비록 예수께서 상세히 묘사는 안 하고 표현만 하셨다 할지라도, 이 말씀을 하시면서 예수께서는 분명 청중들을 폭소하게 하셨을 것이다.

예수님에 의해 세워진 전례 때문에, 설교와 가르치는 일에 있어서의 유머 사용은 장구하고도 명예로운 전통이 되어 왔다. 특히 16세기 종교개혁 당시 대륙에서는 마틴 루터, 영국에서는 휴 라티머(Hugh Latimer)가 세속적 표현 능력을 십분 발휘함으로써 그것을 성행시켰다.

---

57) 1917.
58) Glover, p. 44.

그들은 언어를 가지고 오늘날까지도 우리들을 웃게 해주는 만화(漫畵)를 그렸다.

그러므로 유머는 정당한 것이다. 그럼에도 불구하고 우리는 유머를 삼가서 사용해야 하고, 웃게 만들려고 뽑아 놓은 화제들을 선별해야만 한다. 성부이든지, 성자이든지, 성령이든지 간에 하나님에 관하여 웃는다는 것은 유한(有限)하고 타락한 인간에게는 항상 부적합한 일이다. 죄인들로 하여금 구원받게 한 십자가와 예수의 부활 혹은 죽음, 심판, 천국, 지옥 등, 종말의 엄숙한 실재(實在)에 관하여 웃는다는 것은 마찬가지로 죄인된 우리 인간들에게 부적합한 일이다. 이 주제들은 본질적으로 기분풀이적으로 말할 수 없는 것들이다. 따라서 만일 우리가 그것들을 우스개감으로 만든다면 그것을 하찮은 것으로 만드는 셈이 되고 만다.

회중들은 그 때 설교자의 말을 진지하게 받아들이는 것을 멈추게 될 것이다. 그렇게 된다면 롯이 주께서 소돔을 멸망시키려 하시므로 소돔을 탈출하라고 사위들에게 경고하였으나 '그의 사위들은 농담으로 여긴 것' (창 19:14) 같이, 우리의 목회 사역 또한 아무 효력 없는 것이 되고 말 것이다. 필립스 브룩스가 그의 예일 대학 강의에서 "가장 거룩한 것에 대하여 말할 때마다 그 말하는 모든 것에 신성 모독만을 남기는" '어릿광대와 같은 목사들' 에 대해 경멸을 표했던 사실은 전적으로 옳은 일이었다.[59] 그는 그와 같은 무책임한 익살꾼들은 '유머가 천박함과는 아주 다른 어떤 것' 이라는 사실을 결코 깨닫지 못한다고 말하고 있다.[60]

---

59) Brooks, *Lectures*, p. 55.

그러면 유머가 적합한 대목에서 적절하게 사용된다면 그 유머는 어떠한 가치를 가지게 될까?

첫째, 그것은 긴장을 해소시켜 준다. 대개의 회중은 정신적 집중을 지속할 수 없거나 혹은 정서적 압박을 지탱해 나가기에 어려움을 느낀다. 회중들도 잠시 동안이라도 긴장 해소의 시간이 필요하며, 따라서 가장 간단하면서도 신속하고 가장 건전하게 긴장을 푸는 비결로서는 유머를 말함으로써 회중들을 웃게 하는 것이다.

둘째로, 웃음은 회중들의 담을 무너뜨리는 비범한 능력을 가지고 있다. 대개의 사람들은 목이 곧고 다루기 힘든 정신 구조를 가지고 교회에 출석한다. 그들은 전도자의 외침에 아무런 반응을 나타내지 않으며 어떤 논제에도 회심하지 않으려고 결심한다. 설교자는 그들의 표정에서 그 사실을 직감할 수 있다. 그들의 삐쳐진 듯한 입술과 찌푸린 이맛살을 보라. 그것들이 바로 그들이 굴복하지 않는 저항감을 갖고 있다는 상징인 것이다. 그런데 갑자기 자기 자신과는 엉뚱하게 웃게 되면 잇달아 그의 저항 의식은 무너지게 된다. 제임스 엠마우 크웨기 아그레이(James Emmau Kwegyir Aggrey, 1875-1927)는 이러한 유머의 능력을 알고 있었다. 그는 황금 해안이라 일컬어지는 곳에서 났으며 미국에서 교육받고, 아카모타 대학의 초대 부학장이 되었으며 인종 유화(宥和) 문제에 깊은 관심을 가졌던 사람이다. 그가 서부와 남부 및 동부 아프리카의 교육 실태 조사를 도왔을 때, 사람들은 그의 과감한 언사가 적대감을 불러일으키지 않을까 두려워하였다. 그러나 그들이 두려워할 필요는 없었다. 그는 "나는 그들을 웃김으로써 입을 열게 하고, 진

60) ibid., p. 57.

리를 내리쳐 놓겠다."고 말했던 것이다.[61] 또한 크리스토퍼 모울리 (Christopher Morley)가 적절하게 표현했던 것 같이 그것은 "한바탕 웃음 바다 후의 잔잔한 작은 소리"였다.[62]

세 번째, 유머의 가장 유익한 점은 거드름 피우기를 잘하는 인간의 허위를 분쇄함으로써 우리를 겸손하게 한다는 것이다. 나는 이 대목에 대한 상술(詳述)로서 로날드 낙스(Ronald Knox)가 쓴 「풍자 에세이」 (Essay in Satire)의 첫 장보다 더 나은 것은 없다고 믿는다.[63] 홀튼 데이비스에 의해 '즐거운 각하'(The Merry Monsignor), 즉 '유쾌함과 은혜의 샘'[64]이라 불린 그는 그 책의 서론에서 재치와 유머, 해학과 풍자의 구별을 모색하였다.

> 유머의 영역은 인간의 품위를 깎아내리게 될 만큼 그렇게 걸맞지 않은 상황이나, 혹은 예기치 않은 상황들 속에서 탁월하게 발휘되는 인간과 인간의 활동들이다. … 추운 겨울날 미끄러져 넘어지는 사람이 우스워보이는 것은 그가 만물의 영장으로서 두발로 직립 보행하는 것을 예기치 않게 포기하였기 때문이다. … 만약 말이 꼬꾸라졌더라면 우스울 것이 하나도 없었을 것이다. … 오직 인간만이 존엄성을 가졌다. 그러므로 오직 인간만이 웃길 수 있다. 그런데 모든 유머에는 어딘가 모르게 품격의 손상이 있으며, 때로는 누군가의 덕을 손상케 한다. 왜냐 하면 사물들에는 본

---

61) *Men Who Served Africa*, p. 154.
62) Luccock, p. 192.
63) 1928.
64) Davies, p. 116.

래부터 어떠한 유머도 없기 때문이다. 해학이 있는 곳은 어느 곳
이든지 인간 -본질적으로 반은 천사요, 반은 짐승의 기질을 가지
고 있다- 이 있는 곳이다.[65]

그러므로 누군가의 결점에 대해서 웃는다는 것은 간섭적으로 칭찬
하는 것이다. 그것은 인간의 내적 존엄성을 깨닫게 해준다. 그것은 본
질상 인간적인 행동과 자부심, 허위와 하찮음 등으로부터의 인간의 탈
선들을 심각하게 취급할 수 없다. 그러한 것들은 걸맞지 않기 때문에
우스운 것이다. 더구나 유머는 그 사람 자신으로부터 나올 수도 있는
데, 어떤 사람은 자기 자신의 특유한 개성 때문에 혹은 인간성에서 발
로된 엉뚱한 실수 때문에 웃는다.

그러나 로날드 낙스는 계속해서 "해학이란 인간의 항구적이며 간헐
적으로 일어나는 어리석음을 꾸짖어 주기 위해 생겨난 것이다. 웃음이
란 해학의 탄약통에 둘둘 말아넣어져, 의도하는 목표에 정확하게 조준
되어, 이로운 상처를 가하는 치명적인 폭발물인 것이다."[66]라고 말하였
다.

낙스의 논점을 요약하면 웃음 -특히 다양한 해학에서 연유된- 이
야말로 인간의 괴벽을 놀려주고, 그렇게 함으로 인간의 타락을 고발할
뿐 아니라 부끄럽게 만들어, 인간으로 하여금 회개케 하기 위한 것이
다. 그러므로 우리 설교자들은 더욱 세련되게 그리고 더욱 빈번히 해
학을 사용할 수 있어야 하겠으며, 항상 다른 사람들을 웃을 수 있도록

---

65) Knox, p. 13-15.
66) ibid., p. 26-7.

해줄 뿐 아니라, 우리도 또한 우리 속에 있는 인간적 허식과 어리석음을 보며 웃을 수 있어야 하겠다. 「신비로운 이방인」(The Mysterious Stranger)[67]이라는 책에서 마크 트웨인(Mark Twain)은, 사탄 스스로로 하여금 "인간이 그 연약함 속에 의심할 바 없이 효과적인 한 무기를, 즉 웃음을 가지고 있다"는 사실을 우리에게 상기시키게 하고 있다. 예를 들면 어떻게 '훌륭한 협잡'(Colossal Humbug)이 제기될 수 있는가? "오직 웃음만이 그것을 누더기와 미진(微塵)으로 단숨에 날려버릴 수 있는 것이다. 웃음의 공격에 맞설 수 있는 것은 아무것도 없다."[68]

우리와 동시대인으로서 이 무기를 가장 효과적으로 사용한 사람은 말콤 머지리지(Malcolm Muggeridge)이다. 소위 **펀취**(Punch)라고 불리는 정평있는 유머 잡지의 전 편집자로서 그는 "신비주의적 계몽 사조 다음으로 이 땅에 온 가장 고귀한 선물과 축복"인 웃음의 의미를 묵상하기에 충분한 이유를 가졌다. 게다가 그는 웃음이 신비주의의 정반대 얼굴임을 간파하는 데까지 이르렀다. 왜냐 하면 신비주의자는 하나님을 향해 위로 뻗어나가는 반면 해학자는 하나님을 찾기에 인간이 무능력하다는 사실을 깨닫기 때문이다. 그가 간파한 이 역설은 '하늘을 찌르는 듯 위로 치솟는 뾰족탑'과 '땅 속으로 쳐박혀 들어간 낙수 물받이'를 가진 중세 대성당에서 예증된다. 왜냐 하면, 이것들은 부조화된 것이 아닌 상호 보완된 것이기 때문이다. 즉 '하늘의 영원한 영광으로까지 도달하는 뾰족탑'과 '죽을 수밖에 없는 인간의 괴상함을 웃고 있는 도깨비 형상의 낙수 물받이'의 상호 보완인 것이다. 그것들은 모두

---

67) 1916.
68) The Portable Mark Twain, p. 736.

우리로 하여금 유머란 "인간적 야망과 여흥 사이의 냉혹한 불평등을 우스꽝스럽게 표현하는 것"이라고 정의할 수 있도록 도와 준다.[69] 말콤 머저리지의 저서들을 읽어본 사람 중에는 그가 화가 나서 다른 사람을 신랄하게 비판한 것을 볼 수 있다. 그러나 이 점에 있어서 우리는 그가 자기 자신 역시 예외로 하지 않았다는 것을 기억할 필요가 있다. "대성당의 첨탑 및 도깨비 얼굴 모양의 낙수 물받이는 그 자신의 삶을 잘 예증해 준다. 왜냐 하면 그는 자신이 발견한 하늘의 비전과 땅에서의 성취 사이의 간격에 대해 고백했기 때문이다. 그는 자신이 받아들인 그리스도의 실재에 대한 나의 이 우스꽝스런 경멸이 얼마나 멀리까지 실려다녔는가 생각만 해도 나는 몸서리가 쳐진다"고 했다.[70]

따라서 강단에서 유머는 절대로 금지되어서는 안 된다. 도리어 유머는 인간의 모습에 웃고 나 자신의 모습에 웃을 수 있는 기회를 제공함으로써 사물을 적절하게 볼 수 있도록 도와 주는 것이다. 우리로 하여금 "구원받고 치유받으며 구제받고 용서받고자"하는 바람으로 인도해 주는 것으로서, 우리가 타락하기 이전의 그 높음과 타락한 그 깊음에 대한 분명한 안목은 종종 웃음으로 말미암아 얻게 되는 것이다. 그러므로 유머야말로 복음을 위한 참된 준비일 수 있다. 그것은 인간의 마음안에 각성을 일으켜 우리의 현재 모습에 대해 부끄럽게 하고 우리

---

69) 인용 부분은 말콤 머저리지가 쓴, 1979년에 매사 추세츠 웬햄에 있는 고든 대학(G-ordon College)에서 행한 졸업식 강연에 관한 기사에서 따온 것이다. 그런데 1979년에 9월 24일자 개인 서신에서 그는 내게 말하기를, 자기는 글을 쓰거나 말할 때 '괴물상과 뾰족탑'(Gargoyle and Steeple)의 이미지를 자주 사용해 왔다고 하였다. '그 개념은 내가 소올즈버리에서, 아주 안하무인식으로 미친듯이 하늘로 치솟고 있는 정교하게 꾸민 교회의 뾰족탑과, 아주 심술궂은 웃음을 흘리면서 땅을 내려다 보고 있느 조그만 괴물상의 얼굴을 보았을 때 처음으로 문득 떠올랐다'고 그는 말하였다.
70) Muggeridge, Chronicles, The Green Stick, p. 98.

가 마땅히 되었어야 할 모습을 갈망하게 한다. 그러므로 우리는 복음 사역을 행함에 있어 유머를 기꺼이 사용해야 할 것이다.

■ 설교의 길이

나는 가끔 설교의 길이는 어느 정도이어야 하는가에 대한 질문을 받는다. 거기에는 측정해볼 수 없는 문제가 너무나 많으므로 그것은 대답하기 어려운 질문이다. 그것은 그때 그때의 사정과 설교의 내용 그리고 설교자의 재능과 회중의 성숙도에 달린 것이다. 그럼에도 불구하고 진실과 열정을 취급하는 본 장에서 원리적으로나마 이 문제를 제기해 보는 것은 모든 설교는 설교자가 자신의 영혼을 전달해야 할 필요를 느끼는 한 계속이어야 한다고 생각하기 때문이다. 근본적으로 회중들이 설교를 그만 두라고 할 정도로 견디지 못하게 만드는 것은 설교의 길이가 아니고 설교자 자신조차 매우 흥미없는 것으로 보여지는 설교의 권태로움 때문이다. 비쳐(H. W. Beecher)는 "설교를 짧게 만드는 참된 방법은 그것을 더욱 흥미롭게 만드는 것이다."라고 말했다.[71]

사도 바울은 말 많은 설교자들에게 영구적인 경고를 남겼다. 왜냐하면 처음에 졸기 시작했다가 나중에 창 밖으로 떨어져 죽은 가엾은 젊은이 유두고의 운명 때문이다. 그 경우에 있어서 바울의 설교는 두 부분으로 행하여 졌는데 첫째는 해질 때부터 자정까지, 둘째는 자정부터 날샐 때까지였다(행 20:7-12). 그러나 그것이 최장(最長) 설교의 신기록

---

71) Beecher, *Lectures,* p. 257.

은 아니다. 1980년 「기네스 북」(the 1980 Guinness Book of Records)에 의하면 일찍이 행했던 가장 긴 설교는 23시간 동안 계속되었던 것이라고 한다.[72] 그것은 1978년 뉴욕 브루클린(Brooklyn)의 도날드 토마스 목사가 9월 18일에서 22일 사이에 행했던 설교였다. 무의미한 것의 반복은 제쳐 놓더라도 여러 시간 동안 계속된 설교의 예는 얼마든지 있다. 요한 웨슬리는 1739년 10월 19일자 그의 잡지에서 자신이 카디프 홀 지방에서 설교했을 때 전에는 좀처럼 경험하기 어려웠던 '자유로운 언어'로 어떻게 설교했는가 기록해 주고 있다. "나의 마음은 아주 활짝 열려 있었다. 나는 어떻게 멈추어야 할지도 몰라 세 시간을 계속 설교하였다."라고 웨슬리는 쓰고 있다. 1758년 프린스톤 대학의 학장으로 임명된 조나단 에드워드가 프린스턴 강당에서 행한 첫 번 설교는 '그리스도의 변치 않으심'이란 제목이었다. "설교는 두 시간 이상 행하여졌다. 그러나 아주 심오한 주의와 깊은 흥미로 청취되어졌고, 회중은 시간이 지나가는 것을 의식하지 못하였으며 도리어 설교가 너무나 빨리 끝난 것에 놀랐다."[73] 후에 버지니아 주교와 미국 성공회의 의장 주교가 된 리챠드 채닝 무어(Richard Channing Moore, 1762∼1841)는 스타텐(Staten) 섬의 성 앤드류 교회의 교구 목사 재직 당시 수많은 청중들의 주의를 끌었다.

> 주일 오후 예배가 끝날 무렵 회중 가운데 한 사람이 일어나서 "무어 박사님 회중들은 집에 갈 생각을 하지 않고 있습니다. 부디 다

---

72) Guinness Book of Records, 1980, p. 228.
73) Dwight, p. 577.

른 설교를 한가지 더 부탁 드립니다'라고 말하였다. 그는 그 요구에 응했다. 여전히 회중들은 생명의 말씀에 허기진 상태로 남아 있었다. 잇달아 세 번째 설교가 행해졌다. 끝날 때 즈음 그 설교자는 "사랑하는 회중 여러분, 이제 해산해야 합니다. 제가 구원의 기쁜 소식을 전하기를 아무리 기뻐한다 할지라도 내 육체의 힘이 쇠잔하였고 나는 더 이상 말할 기운이 없습니다"하고 말하였다.[74]

나는 이상의 세 가지 예 ─요한 웨슬리의 세 시간 설교, 조나단 에드워드의 두 시간 설교 그리고 리챠드 채닝 무어의 세 가지 연속 설교─ 를 들었는데, 이것은 부분적으로는 이들 설교자들이 모두 하나같이 여유있는 시대의 사람들이었기 때문이었고, 또 부분적으로는 특별한 회중들의 비상한 영적 허기짐에 한 가지로 반응했기 때문이었다. 빅토리아 시대에서도 45분이 규범이었다. 그래서 설교자들은 종종 그 45분을 모두 채워야만 되는 것으로 잘못 알았다. 그러므로 단지 가장 성숙된 회중들만이 그 설교들을 잘 견뎌냈을 것이다. 그 당시일지라도 어떤 회중들은 피곤해 하였다. 스펄젼은 어떤 농부에게서 한 젊은 설교자가 길게 설교한 것에 대해 불평하는 것을 들었다.

"선생님 그 젊은 설교자는 네 시에 설교를 마쳐야만 했습니다. 그러나 삼십 분이나 더 계속했고, 따라서 그 동안 내 소들은 젖을 짜주기를 고통스럽게 기다려야 했습니다. 만일 그가 소였다면 어떻

74) Chorley, p. 39.

게 그렇게 할 수 있었겠습니까?" 그 질문에는 상당한 지각이 있었다. (스펄젼은 그렇게 평했다.) 짐승들에 대한 잔인함을 금지하는 사회라면 마땅히 이 젊은 죄인을 고소하여야 하는 것이다. 농부들의 뇌리 속에 암소 생각이 있을 때 그들이 설교를 듣고 어떤 유익을 얻을 수 있을까?[75]

그러나 빅토리아 시대의 설교시간 연장에 대한 반동으로 많은 설교자들이 그들의 설교를 10분 설교로 축소시켜 버렸다는 것은 슬픈 일이다. 회중들은 그와 같은 부적절한 다이어트로는 영적으로 성장할 수 없을 것이다. 동시대 사람으로 웨스트 민스터 교회의 캠벨 몰간(Campbell Morgan)과 포트만 광장의 성 바울 교회의 스튜어트 홀덴(Stuart Holden)은 다같이 "짧은 설교는 단명의 그리스도인을 낳는다"고 말했다. 포사이드(P. T. Forsyth)도 이와 비슷하게 "간결함이 위트의 정신일는지는 모른다. 그러나 설교는 위트가 아니다. … 짧은 설교의 기독교는 내구성이 약한 기독교다."[76]라고 평했다. 나는 이 사실이 상당히 폭넓게 인식되고 있음을 기쁘게 생각한다. 1977년 8월 6일자 타임지 기사에 맨체스터 대학교의 주교 핸슨(R. P. C. Hanson)은 교회 내에 '깊이와 진지함이 부재한 사실'을 논박하면서 그 가장 큰 원인으로 짧은 설교를 지적하였다. 주교는 "천사 가브리엘 자신도 십분 안에는 누구도 회개시키지 못했을 것"이라고 말했다. 윌리암 코노 매기(William Connor Mage) 주교의 설교는 "종교적 문제를 명료하게 사색하는 연습

75) Spurgoen, *Lectures*, First Series, p. 144-5.
76) Forsyth, *Positive Preaching*, p. 109-10.

을 지속하는 훈련"으로 묘사되었다.

그러나 오직 10분밖에 지속할 수 없는 설교는 어떤 경우에 있어서도 결코 지속 훈련이라고 불릴 수 없다. 이렇듯 말씀을 설교하는 데 주의를 집중하지 못한다는 것은 피상적인 신앙의 한 증거라 하겠다. 10분은 너무 짧고 40분은 너무 길다는 생각을 제외하고는 설교의 길이에 있어서 기계적이며 엄격한 법칙은 성립될 수 없다. 실제로는 20분보다 더 길지라도 모든 설교는 "20분처럼 보여야 한다"고 말하는 것이 현명할 것 같다. 설교자가 새로운 교회에 도착하여서는 그 회중들이 전에는 어떤 식으로 하곤 했었는지 잘 듣고나서 그런 식으로 시작해야 할 것이다. 그러나 점차로 하나님의 말씀이 회중의 허기짐을 일깨게 되면 그들은 더 많이 요구하게 될 것이다. 본장은 다소 주관적이었으나 그렇게 하는 것이 불가피했다. 이는 설교란 결코 설교자로부터 분리될 수 없는 것이기 때문이다. 궁극적으로 설교의 내용과 설교의 방법을 결정짓는 것은 설교자가 누구인가의 문제이다. 그는 설교하는 영예로움을 어느 정도 알며 신학을 잘 아는 사람일는지 모른다. 그는 매우 열심히 연구하며 잘 준비하는 사람일는지도 모른다. 그는 아마도 하나님의 말씀을 세상에 연결시킬 필요를 알며 다리가 되기를 성실하게 원하는 사람일는지도 모른다. 그러나 여전히 그는 개인적인 영적 실재의 생명적 요소는 결핍되어 있는 사람일는지도 모른다.(그 요소의 결핍은 아무 것으로도 메우지 못한다.) 진실과 열정은 우리가 크리스마스 트리에 장식을 달듯 외부로부터 부착되는 것이 아니다. 그것들은 성령의 열매인 것이다. 그것들은 단순히 자신이 말하는 것을 느낄 뿐 아니라 믿는 사람에게 해당되는 말이다.

바운즈(E. M. Bounds)가 금세기 초에 기록한 것처럼 "설교의 배후에는 인간이, 그것도 전인격의 인간이 나타나 있다. 설교란 단순히 한 시간 행해지는 것이 아니다. 그것은 삶에서부터 넘쳐 흐르는 표출이다. 설교 한 편을 작성하는 데는 20년이 걸린다. 이는 사람 하나를 만드는 데 20년이 걸리기 때문이다."[77] 제임스 블랙(James Black)도 이와 비슷하게 말했다. "가장 훌륭한 설교는 잘 갖춰진 지성과 계속되는 경험의 표현이 '자연스럽게 흘러 넘치는 것'이다. 훌륭한 설교란 결코 노력하여 만드는 것이 아니고 표출되어 나오는 것이다."[78]

나는 특히 '흘러 나오는 것'(out flow)과 '흘러 넘치는것'(over flow)이란 단어를 좋아한다. 그것은 참 설교란 결코 피상적인 행위가 아니라는 사실을 간단히 표현해 주기 때문이다. 즉 그것은 깊은 곳으로부터 샘솟는 것이다. 예수님 자신도 이 원리에 대단한 강조점을 두셨다. 즉 우리 속에 성령의 생명으로 항상 넘치지 않고서는 생수의 강이 결코 우리로부터 흘러 나올 수 없다고 말씀하셨던 것이다. 다시 말하면 우리 입이 말하는 바는 우리 마음의 풍성함으로부터 흘러 나오는 것이다(요 4:14; 7:37-39; 마 12:34).

---

77) Bounds, p. 11. See also Martin's tract for the times, What's Wrong with P-
    reaching Today?
78) Black, p. 37.

제8장
용기와 겸손

용기

겸손

제8장

용기

1. 용기

오늘날 세계 도처의 강단에서는 '성령이 충만하여 담대히 하나님의 말씀을 전했던'(행 4:31, 참조. 4:13) 초대 교회의 사도들같은 용기있는 설교자들이 시급히 요구되고 있다. 인간을 즐겁게 해주는 사람이나 기회주의자들은 결코 훌륭한 설교자가 될 수 없다. 우리는 성경 해석의 거룩한 임무에 부름을 받았으며, 인간들이 듣기 원하는 것이 아닌, 하나님께서 말씀하신 바를 선포하도록 위임받았다. 현대의 많은 교인들은 "자기의 사욕을 따를 스승을 많이 두는"(딤후 4:3) 결과를 초래하는 소위 '귀 가려움증'(itching ears)이라는 만성질병으로 고생하고 있다. 그러나 우리에게는 그들의 가려움을 긁어주거나 그들의 사욕을 채워 주는 중개 역할을 할 자유가 없다. 오히려 우리는 바로 이러한 유혹에 저항하며, 선포되어야 할 것, 즉 그들을 위하여 '유익한 것은 무엇이든지,' 실로 '하나님의 모든 뜻'을 '거리낌없이 전하였다' 고 두 번씩이나 주장한 에베소의 바울을 닮아야 한다(행 20:20, 27). 우리는 무의식적으로라도 개인적 선입관이나 혹은 대중적 유행에 따라 설교 본문과 제목을 선택하지 않도록 주의해야만 한다. 결국 이것은 개인적 선입관이나 대중적 유행에 관한 복음의 처방 문제이다. 복음의 효력(效力)은 그 훌륭하신 의사(the Good Physician)에 의해 처방되어 왔다. 우리는 그것을 희석시켜 묽게 만들거나 다른 성분을 첨가하여 한층 더 취향에 맞도록 조작해서는 안 된다. 우리는 그것을 순수하게 받아들여야 한다. 더구나 우리는 사람들이 그것을 받아들이지 않을까 두려워할 필요도 없다. 틀림없이 몇몇은 떠나버리겠지만 대개의 사람들은 응답할 것이다. 죠지 버트릭(George Buttrick)은 "그들을 불쾌하게 만드는 엄한 진리에 의해서라기보다는 오히려 그들을 경멸적으로 만드는 하찮은 일들에 의해서 그들은 교회를 떠나는 것이다."[1]고 평한 바 있다. 1877년 예일(Yale) 대학 강의에서 필립스 브룩스(Phillips Brooks)는 다음과 같이 말했다.

> 용기란 모든 진실한 목사들의 필수품이다. … 만일 당신들이 사람을 두려워하여 그들의 여론에 굴종한다면 이제라도 그만두고 가서 다른 일을 하도록 하라. 가서 그들이 신을 구두나 만들어라. 당장 가서 당신은 나쁘다는 것을 알지만 그들의 못된 취향에 어

---

1) 1) Buttrick, p. 133.

울리는 그림이나 그려라. 그러나 하나님께서 여러분을 보내어 전하라고 하신 말씀을 전하지 않고 일생 동안 고용주가 말하라고 한 것을 설교하려 한다면 그만 두어라. 용기 있는 설교자가 되라. 독립자가 되어라.[2]

실로, "사람을 두려워하면 올무에 걸리게 된다"(잠 29:25). 그런데 많은 설교자들이 그 덫에 걸려들고 있다. 그러나 일단 그 덫에 걸리게 되면 좀처럼 빠져나올 수 없다. 그러므로 그렇게 되면 우리는 여론에 알랑거리는 종들이 되어버리는 것이다.

■ 용기있는 설교의 전통

오늘날 진실하게 되기 위해 하나님의 은혜를 구하는 기독교 설교자는, 구약시대부터 시작하는 선구자들의 긴 전통(傳統)으로부터 많은 영감을 인출해 낼 수 있다. 우리가 하나님의 말씀을 듣고, 믿고, 순종했으며, 반대와 그 결과로써 생기는 고독에도 불구하고 그 말씀을 가르쳤던 처음 선지자를 모세로 간주한다고 하더라도, 히브리 예언의 뚜렷한 전통은 군주시대에 속한 것이므로 우리는 결국 엘리야로부터 시작하게 된다. 사실 엘리야가 이스라엘의 모든 백성이 하나님의 언약을 저버렸으며 "나, 단지 나 혼자만이 남았다"라고 불평했을 때 그의 셈법은 극히 잘못된 것이었다. 남은 신실한 자들은 그가 산정한 것보다

---

2) Brooks, *Lectures*, p. 59.

훨씬 많아서, '바알에 무릎꿇지 아니한 자' 가 실제로 7,000명에 달했기 때문이다(왕하 19:9-18). 그럼에도 불구하고, 종교적 진리와 사회 정의라는 이중(二重) 원인 속에서 전체 국가기관을 반대했던 그의 용기 앞에 우리는 존경을 금할 길이 없다. 그는 바알 선지자들에게 공개적으로 대결하자고 도전했으며, 나봇을 죽이고 그의 포도원을 탈취한 왕과 왕비를 정죄했다. 두 경우 모두 그 혼자서 항거했다. 그것은 선지서의 통상적 특징이 된 선지자와 왕, 하나님의 말씀과 왕의 권위와의 대결에 관한 훌륭한 전례였다. 나단 선지자는 밧세바와의 간통과 그녀의 남편을 살인한 죄에 대해 감히 다윗 왕을 비난했다. 아모스 선지자는 죄악에 항거하여 벧엘에 있는 왕의 성소에서 맹렬한 비난을 퍼부었으며, 그의 입을 막으려 하였던 궁중 제사장 아마샤에게 끔찍한 운명을 예언하였다(암 7:10-17).

예레미야 선지자는 또 하나의 외로운 목소리였다. 그의 선지자적 사역의 초기부터 하나님께서는 국가가 쇠망하리라는 그의 메시지가 반대와 두려움에 직면할 것을 경고하시면서, 그를 "그 온 땅과 유다 왕들과 그 지도자들과 그 제사장들과 그 땅 백성 앞에 견고한 성읍, 쇠기둥, 놋성벽이 되게" 할 것을 약속하셨다. 그들은 그와 대항하여 싸웠으나 그를 이기지 못하였다(렘 1:17-19). 예레미야의 자기 연민이나 절망 혹은 사적인 복수의 열망에 관하여는 묵과할 수 없다 할지라도, 그가 외로움 속에서 용감하게 참아내었다는 사실에 대해 우리는 깊이 존경하지 않을 수 없다. 그는 진심에서 우러난 회개만이 국가를 구원할 수 있다는 사실을 알았던 참 애국자였다. 그러나 그는 바벨론 국가로 말미암은 하나님의 심판을 선포하기 위해 부르심을 받았기 때문에, 결과적으로 자신의 나라를 미워하여 그 원수들에게 버렸다는 비난을 받게 된 것이다.

구약의 선지자적 증거는, 여론에 의해 흔들리는 갈대와 같은 사람도, 육체의 정욕에 빠져 있는 부드러운 옷의 정신(廷臣)도 아닌, 하나님의 말씀에 의해 움직였던 진실한 선지자이며, 실로 그때까지 산 사람들 중 가장 위대한 사람이었다고 예수께서 평하신 세례 요한, 즉 '광야에서 외치는 자의 소리'에 와서 절정에 달하였다(마 11:7-11). 그가 하나님의 통치가 시작되었음을 선포하고 또한 왕의 간음을 고발하였을 때, 그는 종교적, 사회적 방면이라는 사역의 동일한 두 요소에 의해 재현된 새 엘리야였다. 물론 그 이후에도 이스라엘이 그들의 메시야를 죽이고 또한 그의 사도들을 대적했을지라도(참조. 살전 2:15), 세례 요한은 이스라엘이 대적하고 죽인 순교 선지자(martyr-prophets)의 긴 대열 가운데 마지막 인물이었다(참조. 대하 36:15, 16; 마 23:29-36; 행 7:52).

예수 자신 역시 두려움 없고 타협하지 않는 설교를 한 분으로 명성을 얻으셨다. 예수께서 돌아가시기 불과 얼마 전에, 바리새인들은 대리자를 보내어 이렇게 말하게 했다. "선생님이여 우리가 아노니 당신은 참되시고 진리로 하나님의 도를 가르치시며 아무도 꺼리는 일이 없으시니 이는 사람을 외모로 보지 아니하심이니이다"(마 22:16). 그렇다면 그의 갈릴리 사역의 인기가 단지 일 년 남짓 지속되었던 그 때 그에 대한 당국의 적대감이 그를 제거해 버리자고 결의할 만큼 증가했다는 것은 약간 놀라운 일이다. 또한 그 당시 예수께서는 자신을 따르는 자들에게 제자가 그의 선생보다 크지 못하니 만약 선생이 박해를 받으면 제자들 또한 그러하리라고 경고하셨다. 그리고 그것이 실제로 발생했다. 누가는 사도행전에서 첫째로 베드로와 요한이 어떻게 체포되어 감금되었으며, 다음에 스데반과 야고보가 어떻게 순교했으며, 또한 다음으로 바울이 복음의 반대자들의 손에서 모든 종류의 경멸과 모욕을 어떻게 당하였는지를 묘사하였다. 이 박해는 초대 교회 신자들이 예수를 전하던 자유와 언론의 담대성 혹은 솔직함을 나타내는 '파레시아'(parresia)의 직접적인 결과였다. 이것은 바울이 그의 사역에서 다른 무엇보다 더 희구했던 특질이었다. 감옥에서 그는 그의 친구들에게, 복음을 선포하기 위하여 "담대히 입을 열어 말할 수" 있도록 기도를 부탁한다고 썼다(엡 6:19, 20). 그를 침묵하게 하기는커녕 그의 감옥 생활은 그에게 용기있는 증거를 위한 새로운 기회들을 제공해 주었다. 누가가 로마의 셋집에 감금된 그를 떠나 갈 때에도, 그는 여전히 자기를 방문하는 사람을 다 영접하여 '담대하게' (문자적으로는 담대함으로써, Parresia) 거침없이 가르쳤다(행 28:30, 31). 구약과 신약에 나타나는 용기있는 증거와 그 결과로써 초래되는 고통의 이러한 전통은, 선지자와 사도에 의해 그리고 그들 모두의 주님에 의해 일관되고 간단없이 세워졌다. 그것은 교회사를 통해 계속되어 온 귀감(龜鑑)을 형성했다. 우리에게 본받을 준비를 하도록 영감을 줄 수 있으며 '인기있는 설교자' 가 되려는 우리의 외고집적인 야심을 치료해 줄 수 있는 몇 가지의 예를 들어보자. 나는 안디옥에서 처음으로 위대한 웅변과 용기를 가지고 설교했고, 그 후 6년 동안 콘스탄티노플의 대감독으로서 활약하다가 황후의 감정을 상하게 하여 추방되었던 4세기 말엽의 크리소스톰으로부터 시작하고자 한다. 그는 용감하게 그 도시의 악을 탄핵했고, "모든 계층과 신분 여하에 편벽됨이 없이 담대하게 그 죄악상을 비난했다."[3] 마태복음에 관한 그의 17번째 설교를 예로 들어보자. 거기에서 그는 예수께서 헛된 맹세를 금지하신 것에 대해 상세히 설명하였다(마 5:33-37). 그는 회중들이 마땅히 심각하게 주님의 교훈을 받고 그것을 순종해야 한다고 생각했다.

> 만일 내가 여러분이 고집하는 것을 본다면 우리가 간음자나 음란
> 자나 살인자들에게 하듯이 이후로는 이 신성한 문턱을 밟는 것과
> 영원한 신비에 참여하는 것을 여러분들에게 금지시킬 것이다. …
> 나는 어떤 부자도, 유력자도 여기서 허풍떠는 것을 허락하지 않
> 으며, 눈썹을 치켜뜨는 것도 허락하지 않겠다. 어 모든 것은 내게
> 는 쓸데없는 이야기요 어둠이요 몽상에 지나지 않는다.

그는 각 사람이 하나님 앞에서 자기 자신에 대하여 설명해야 한다고 강조했다.[4]

이제 나는 거의 천 년쯤 건너 뛰어 영국 개혁 운동의 선구자인 존 위클리프로 가겠다. 그가 자신의 솔직한 비판들로써 단독적으로 기성 교회에 반대한다는 것은 결코 쉬운 일이 아니었다. 그는 성직자의 세속성을 공격하여 서기관이나 바리새인과 같다고 비판하였고, 교황권의 타락과 화체설(化體說)의 오류 등에 반대하였다. 그는 몇 번이나 심판에 회부되었으나 그의 친구들이 그를 변호하였으므로 정죄를 면하게 되었다. 그러나 많은 그의 추종자들, 즉 롤라드(the Lollards)들은 고

3) Dargan, Vol, p. 90.
4) *The Works of St Chrysostom*, in Schaff, Vol. Ⅹ, p. 123 .

난을 당하였으며 이단으로 몰려 화형당했다.

마틴 루터(Martin Luther)에 와서야 개혁의 완전한 빛이 유럽에 비치게 되었다. 면죄부 판매에 대항하거나 교황의 권위에 도전하거나 또는 하나님의 말씀에 대해 자신의 주장을 고수하거나, 어디에서건 그의 용기는 대단한 것이었다. 무작위(無作爲)로 그의 출판물들을 펼쳐보더라도 거의 모든 페이지에서 비타협적이고, 직선적인 견해를 표명한 예가 발견될 것이다. 산상수훈 주석에서 그는 "나는 설교자다. 나는 내 입에 이빨을 가지고 있다. 나는 물어뜯어야 하고 소금으로 짜게 하며 그들에게 진리를 말해야만 한다."[5]라고 표현했다. 또한 그는 이렇게 말했다.

> 설교자로서 자기 의무를 다 하기를 원하고 그의 사명을 진실하게 수행하기 원하는 자라면 누구나 다른 사람을 개의치 말고 두려움 없이 진리를 말할 자유를 지니고 있어야만 한다. 그는 위대하건 보잘것 없건, 부자이든지 가난한 자이든지, 친구이든지 원수이든지 탄핵받을 필요가 있는 사람이라면 누구라도 탄핵해야만 한다. 탐욕은 높은 사람이나 자기의 친구들을 공격하게 되면 생계 유지가 곤란해지리라는 두려움 때문에 이렇게 행하기를 거부한다. 그러므로 탐욕은 그 호각을 호주머니 속에 넣어두고 침묵을 지킨다. …[6]

---

5) *Works*, Vol. 21, p. 124.
6) *Works*, Vol. 21, p. 210-2.

그 어떤 설교자가 스코틀랜드의 개혁자 존 낙스보다 더 용기 있었을까? 그의 동시대 사람들은 그를 작고 연약한 사람으로 묘사했다. 그러나 그는 맹렬한 기질과 열정적인 화술을 가지고 있었다. 1559년 제네바의 포로생활로부터 그가 스코틀랜드로 돌아왔을 때, 그의 대담한 성경적 설교는 불란서의 가톨릭교로부터 벗어나 개혁주의 교회를 세우고자 열망하던 스코틀랜드 사람들에게 새로운 열정을 심어주었다.

영국의 외교관 란돌프(Randolph)는 엘리자베스(Elizabeth) 여왕에게 보내는 급송 공문서에서 "한 사람의 단 한 시간 동안의 소리가 우리 귀에 계속적으로 불어 대는 500대의 트럼펫 소리보다 더 큰 활기를 주었습니다."[7]라고 할 정도였다. 스코틀랜드의 메리(Mary) 여왕이, 스코틀랜드에 교황권의 세력(종교적일 뿐 아니라 정치적인)을 부식시키고 스페인의 종교 재판소를 설치하려 했던, 스페인 필립 왕의 아들인 돈 카를로스(Don Carlos)와의 결혼을 숙고하고 있었을 때, 낙스는 공개적으로 그것에 반대하여 설교하였다. 그러한 연합은 '이 왕국으로부터 그리스도를 추방하는 것'이라고 외쳤다. 여왕은 심히 감정이 상하여 그를 불러오게 하여 항의했으며 울음을 터뜨리면서 복수할 것을 맹세했다. 낙스(Knox)는 여왕에게 이렇게 대답했다.

여왕님, 설교 장소 밖에서는 나 때문에 화를 내는 사람은 거의 없다고 생각합니다. 그러나 여왕님, 설교단에서는 내가 나의 주인이 아니며, 내게 솔직히 말하라 하신 그 분께 순종해야만 하고, 지표면에 발을 딛고 서 있는 어떤 인간에게라도 아첨하지 말하야

---

7) Whitley, p. 147.

합니다. …

　낙스는 1572년에 사망하여 에딘버러(Edinburgh)의 성 길레스(Giles) 성당 뒤에 있는 묘지에 장사되었다. 그 당시 섭정(the Regent)으로 있던 몰톤 백작(the Earl of Morton)은 그의 무덤에서 "여기에 결코 사람의 외모를 두려워하지 않았던 사람이 잠들어 있다."라고 말했다.[8]

　그 후 3세기 동안에도 설교자들은 용감한 증언을 계속해 왔고 그로 인해 고난을 당하여 왔으며 20세기에 이르러서도 복음에 대적했던 나치스(Nazi), 마르크스주의자(Marxist), 회교도(Moslem) 그리고 힌두교 치하에서 뿐만 아니라, 소위 서방 기독교(Christian West) 속에서도 또한 많은 예를 들 수 있다. 20세기에도 역시 더 큰 인기를 얻기 위해 메시지를 수정하는 일을 거부한 용기있는 설교자들이 존속(存續)해 오고 있다. 그 예로서 미국 흑인 인권운동의 지도자로, 결국 암살당한 마틴 루터 킹 목사 한 사람만을 드는 것으로도 충분하리라고 생각한다. 「마틴 루터 킹 2세와 함께 나의 생을」(My Life with Martin Luther King Jr.)이라는 책을 쓴 코레타 스코트킹(Coretta Scott King) 부인은 고인(故人)이 된 그녀의 시아버지를 다음과 같은 말로 묘사한다. "그 때(1964) 그는 애틀란타의 어번 거리(Auburn Avenue)에 있는 벤에셀 침례교의 목사로 33년 간 봉직해 오고 있었다. 그는 영육 간에 큰 사람이었다. 강단에서의 그는 강하고 너그러웠으며, 백인이건 흑인이건 어떤 사람도 두려워하지 않고, 있는 그대로를 말하였다. 또한 그는 그의 회중들에게 말씀을 선포하며 그의 넘쳐흐르는 사랑을 주었다."[9]

---

8) ibid., p. 199, 235.

■ 위로와 불안에 관하여

이와 같은 비인기적(非人氣的)인 설교의 전통은 성경과 교회사 속에서 일관성 있게 지속되었고, 인기를 좋아하며, 사람들을 불안케 하기보다는 위로하기를 좋아하는 설교자의 본능적 성향과는 상이한 것이므로 우리는 그 원인을 찾아보아야 할 필요를 느낀다. 그 가능한 원인은, 설교자들도 선지자들처럼 그 자신은 하나님으로부터 말씀을 받았다고 믿음으로써 그들 마음대로 그 말씀으로부터 빗나갈 수 없다고 생각하기 때문이다. 구약 시대에는 발람과 같은 이방인 점쟁이조차도 그와 이스라엘과의 관계가 어떠하든지 간에 자신이 자유로운 사람이 아님을 알고 있었다. 그의 자유는 계시에 의해 삭감되었다. 그러므로 모압 왕 발락이 이스라엘을 저주하도록 그를 고용했지만 그는 계속 그들을 축복하였다. 성난 발락에게 그는 "무엇을 말할 능력이 있으리이까. 하나님이 내 입에 주시는 말씀 그것을 말할 뿐이니이다"(민 22:38)라고 대답했다. 그가 자의(自意)로 말할 수 없고 또 하나님의 말씀에 순종해야하는 의무 때문에 발락에게 그렇게 말했다면 이스라엘의 선지자들은 얼마나 더했겠는가? 하나님께서는 예레미야에게 주셨던 사명, 즉 "보라 내가 내 말을 네 입에 두었노라 … 내가 네게 명령한 바를 다 그들에게 말하라" 소극적으로는 "한 마디도 감하지 말라"(렘 1:9, 17; 26:2)는 사명과 동일한 사명을 설교자들 각자에게 주셨다.

경멸할 만한 거짓 예언의 전통은 하나님의 말씀을 받아들이고 중계(中繼)하는 정평있는 의무와 대조를 이룬다. 이스라엘의 거짓 예언자들은 계시에 복종해야 할 의무를 거부하였으며, 이것은 결과적으로 자

---

9) King, p. 18.

유의 상실을 초래하게 되었다. 그들은 자유롭게 사색하고, 그들 나름 대로의 꿈을 꾸었으며, 그들 자신의 메시지를 날조하였다. 결국 하나 님께서는 "그들이 말한 묵시는 자기 마음으로 말미암은 것이요. 여호 와의 입에서 나온 것이 아니니라"라고 말씀하셨으며, 또한 "꿈을 꾼 선지자는 꿈을 말할 것이요, 내 말을 받은 자는 성실함으로 내 말을 말 할 것이라. 겨가 어찌 알곡과 같겠느냐?"(렘 23:16, 28, 참조. 겔 13:2, 3)라고 말 씀하셨다.

비극은 그들의 꿈이나 묵시가 심판의 현실을 대신한 평화의 환상 으로서 '헛된 소망'이었다는 데에 있다. 분명히 이것은 사람들이 듣기 원하는 것이었으리라. "선지자들은 거짓을 예언하며 ⋯ 내 백성은 그 것을 좋게 여기니"(렘 5:31) "그들이 선견자들에게 이르기를 선견하지 말 라. 선지자들에게 이르기를 우리에게 바른 것을 보이지 말라. 우리에 게 부드러운 말을 하라. 거짓된 것을 보이라. 너희는 바른 길을 버리며 첩경에서 돌이키라. 이스라엘의 거룩하신 이를 우리 앞에서 떠나시게 하라"(사 30:9-11, 참조. 미 2:6-11). 그러므로 이스라엘은 진리가 주는 불안보다 거짓이 주는 위로를 더 좋아했다. 그리하여 아아! 거짓 선지자들은 그 들의 소원대로 해 주는 것을 기뻐했으며 심지어는 열망하기조차 했다. "그들이 나를 멸시하는 자에게 이르기를 너희가 평안하리라 ⋯ 또 자 기 마음이 완악한 대로 행하는 모든 사람에게 이르기를 재앙이 너희에 게 임하지 아니하리라 하였느니라"(렘 23:17, 참조. 렘 5:12, 13; 애 2:14). 그들의 장사 밑천은 '부드러운 것'이고, 결코 평화롭지 않을 때조차도 그들의 상투어는 '평강하다, 평강하다'였던 것이다. 결과적으로 그들은 "내 백성의 상처를 가볍게 여겼던 것이다"(렘 6:14; 8:11).

돌팔이 의사들처럼 그들은 철저한 외과 수술이 필요한 경우인데도 단순히 고약을 바르기만 했다. 혹은 의사로부터 건축가의 상으로 바꾸어 생각한다면 "사람들이 벽을 건축할 때 이러한 선지자들은 회반죽으로 그것을 발라버렸던 것이다." 다시 말해서 그들은 하나님의 뜻에 반대될지라도 사람들이 원하는 것에는 무엇에든지 공공연히 종교적 인가(認可)를 해 주었으며 종교적 체통의 빛을 제공했다. 그러나 인간은 하나님의 진노와 대항하여 벽을 쌓을 수 없고 선지자적 회반죽도 그 갈라진 틈을 감추지 못한다. 하나님의 심판의 바람과 비 앞에서 그것은 무너져 내릴 것이다(겔 13:10-16; 22:28). 위의 두 은유는 모두 같은 메시지를 전달한다. 즉 회개하지 않은 죄인들은 하나님의 심판으로부터 심연의 고통 속에 잠기게 되는 것이다. 그들의 상처는 곪아 있으며, 그들의 벽은 흔들거린다. 피상적인 치료(상처에 붕대를 감는 것, 벽에 회반죽을 칠하는 것 따위)는 쓸모없는 것이며 또한 그 치료법을 이용했던 자들은 무책임의 죄를 범하는 것이다. 왜냐 하면 그들은 사람들이 마땅히 직면해야 할 실체로부터 그들을 숨겨 주었기 때문이다. 「모비 딕」(Moby Dick)의 등장 인물인 매플 신부는 요나의 이야기로부터 설교자들을 위해 한 교훈을 인출하여 "하나님께서 폭풍우를 일으킬 때 기름을 물에 부으려는 자들에게 저주가 있을지어다!"라고 외쳤다.[10]

하나님의 말씀 앞에 진실하고자 하는 용기를 모색하는 설교자들은 그들이 사람들뿐만 아니라 다른 설교자들과도 불화하는 상태에 있는 것을 인식함으로 인하여 더욱 악화된 상황에 처하게 된다. 오늘날 교회에서는 심지어 교리의 근본 문제와 성경이 명백하게 말하고 있는 윤

---

10) Melville, p. 142.

리에 관해서조차도 논쟁을 일삼고 있으며, 텔레비전이나 신문 지상에서는 신학으로 유명해진 전문가들이 서로 날카롭게 대립하는 덕스럽지 못한 광경을 보게 된다. 물론 이 현상이 새로운 것은 아니다. 그것은 원리적으로 성경 안의 참 선지자와 거짓 선지자 사이의 불일치와 같은 것이다. 성경에 나타나는 이러한 갈등의 전형은 이믈라의 아들 미가야였다. 유다 왕 여호사밧과 이스라엘 왕 아합(혼인으로 연혼관계를 맺음)은 시리아 점령군으로부터 길르아 라못을 도로 찾기 위해 연합군을 결성했다. 그러나 군사 원정에 착수하기 전에 그들은 '여호와의 말씀이 어떠하신지 물어보는 것이 신중한 태도일 것'이라고 생각했다. 먼저 결정을 내린 후에, 그 결정에 권위를 부여하기 위하여 하나님의 보증을 모색하는 이같은 행위는 오늘날에도 여전히 자행되고 있다. 자문을 받았던 400명의 궁중 선지자들은 모두 일치하여 "길르앗 라못으로 올라가소서 주께서 그 성읍을 왕의 손에 넘기시리이다"라고 응답했다. 약간 과시적인 사람으로 보이는 선지자 시드기야는 심지어 철뿔을 만들어 과시하면서 "여호와의 말씀이 왕이 이것들로 아람 사람을 찔러 진멸하리라 하셨다"고 말했다. 그러나 여호사밧 왕은 불안했다. 그는 다소간 의심하면서 좀 색다른 메시지를 표명할 다른 선지자는 없을까 하고 생각했다. 마침내 아합은 미가야라 이름하는 이믈라의 아들이 있다고 말하면서도, "그는 내게 대하여 길한 일은 예언하지 아니하고 흉한 일만 예언하기로 내가 그를 미워하나이다"라고 덧붙였다. 그럼에도 불구하고 그는 그를 불러오게 했고, 그를 찾으러 간 사자는 그에게 "선지자들의 말이 하나 같이 왕에게 길하게 하니 청하건대 당신의 말도 그들 중 한 사람의 말처럼 길하게 하소서"라고 말했다. 그것을 분명히 미가야의 신변 보호를 위해 친절한 충고를 하려한 것이었다. 그러나 사실상 그것은 마귀적인 유혹이었다. 그것은 왕의 호의를 얻는 다수의 견해와 호의를 얻을 수 없는 여호와의 말씀 중 어떤 것이 더 중요한가 하는 문제였기 때문이다. 미가야는 망설이지 않았던 것처럼 보인다. "여호와께서 살아계심을 두고 맹세하노니 여호와께서 내게 말씀하시는 것을 내가 말하리라." 그리고 그는 '왕복을 입고 왕좌에 앉아 있는' 두 왕 앞에서도 그들의 장엄함으로 인해 위축되지 않았다. 그는 담대하게 "내가 보니 온 이스라엘이 목자 없는 양 같이 산에 흩어졌는데 …"라고 선포했다. 이것은 전쟁에서의 아합의 죽음에 대한 예언일 뿐만 아니라, 미가야가 그들의 입에 있는 '거짓말하는 영'의 탓으로 돌렸던 궁중 선지자들의 모의와도 모순되는 것이었다. 미가야의 솔직한 발언 때문에 그들 중 하나는 그의 뺨을 때렸다(왕상 22:1-29).

미가야는 그가 직면한 난국을 피할 길이 없었다. 그는 선택해야만 했다. 하나님께 그릇 행하고서도 왕의 호의를 모색하는 인기의 계열에 발끝을 대어야 하든지, 아니면 왕실의 호의를 상실할지라도 하나님 앞에서 진실하기 위하여, 기성(旣成) 견해에 홀로 대항하여 서든지 해야만 되었다. 하나님께 향한 영원한 믿음으로 그는 인간을 기쁘게 하는 것보다 하나님을 찬양하는 것을 선택하였다. 그에 대한 성경의 기록은 단지 이 사건에만 한하여 있지만 그는 더욱 널리 알려지고 인정받을 가치가 있다. 그는 찬양받지 못한 성경의 영웅 가운데 한 사람이다. 더군다나, 인기 없는 진리와 호응을 얻는 허위 사이의 선택은 설교자들의 당면한 문제이다. 1887년 베쓰날 그린(Bethnal Green)에 있는 옥스퍼드 신학대학(Oxford House)의 학장으로 뽑은 후 "인기에 관한 한 본인은 지푸라기 하나라도 붙잡을 생각이 없습니다. 일반적으로 그것은 진리의 희생에 의해 획득된 것임을 알기 때문입니다."[11]라고 썼던 헨슬리 헨슨(Hensley Henson)의 말에 우리 각자가 동의할 수 있게 되기를 바란다. 확실히 이러한 이유로 인하여 예수께서도 다음과 같이 경고하셨던 것이다. "모든 사람이 너희를 칭찬하면 화가 있도다 그들의 조상들이 거짓 선지자들에게 이와 같이 하였느니라"(눅 6:26). 예수께서는 선지자들에게도 그러했듯이 설교자들에게도 인기란 오직 고결성을 희생한 대가로 획득된다는 것을 인정하셨던 것 같다. 그러나 거의 모든 교인들이나 지도자들은 이것을 믿지 않는 것 같아 보이며, 혹은 적어도 그것을 믿는 것에 대한 희생을 감수하려 하지 않는 것 같다.

사실상 신약의 진실된 복음은 인간 자존심을 극도로 상하게 하므로 그것을 진실하게 설교하는 어떤 사람이라도 어느 정도의 반대는 피할 수 없다. 바울은 이미 그의 시대에 그리스도의 메시지가 지적인 헬라인에게는 어리석은 것이 되며, 스스로 의롭다 하는 유대인들에게는 거침돌이 되는 것을 알았다. 자기 자신의 지혜와 자기 자신의 도덕에 의하여는 그 누구도 하나님께 갈 수 없다. 오직 십자가에서만이 하나님을 알 수 있다. 그리고 이것은 교육받은 남녀에게는 이중적인 장애물이 된다. 그들은 기독교의 선포가 배타적임에 분개하며, 그 안에 내재하는 겸손에는 더욱 분개한다. 그리스도께서는 십자가에서 이렇게 말씀하시는 듯하다. "나는 너 때문에 여기 있노라. 너의 죄와 교만이 없었다면 나는 여기 있지 않았을 것이다. 그리고 만일 네가 자신을 구할 수 있었다면 나 또한 여기 있지 않았을 것이다." 기독교의 순례는

---

11) Henson, *Retrospect*, Vol. I, p. 27.

숙인 머리와 꿇은 무릎에서 시작한다. 그리스도께서 자기 자신을 비천히 여기는 사람들을 높이시는 것 외에는, 하나님의 나라에 들어갈 방법은 없다.

부분적으로는 나 자신의 마음속에 있는 교만을, 부분적으로는 다른 누군가의 속에 있는 그것을 직시하게 함으로써 나의 기독교적 체험의 초기에 내게 이 진리를 가르쳐 주신 하나님께 나는 항상 감사한다. 그것은 내가 캠브리지 대학교의 트리니티 컬리지 학부생이었을 때의 일이다. 그 당시 나는 최근에 그리스도를 영접하였으므로 -확실히 서툴게도- 그 좋은 소식을 동료와 함께 나누려고 애썼다. 오직 은혜로 말미암아 의롭게 되는 위대한 교리, 구원은 그리스도의 무상(無償)의 선물이라는 사실, 즉 구원은 그리스도께서 우리를 위해 보유하고 계셨다가 이제 무상으로 우리에게 주시는 것이므로 우리는 그것을 살 수도 없으며 또한 그것을 획득하는데 아무런 도움도 되지 못한다는 사실을 설명하느라고 나는 갖은 애를 썼다. 놀랍게도 갑자기 내 친구는 큰 소리로 "지겨워! 지겨워!"라고 세 번을 소리쳤다. 이와 같이 인간의 거만한 마음은 복음이 영광스럽지도 않으며(실제로는 그렇다), 다만 지겨울 뿐이라고(실제로 그렇지 않다) 생각한다.

알렉산더 화이트(Alexander Whyte)는 에딘버러(Edinburgh)에서의 그의 목회생활 말엽에 바로 이 점에 있어서 위기에 직면하게 되었다. 그는 누군가가 자기를 '죄라는 한 가지 주제에만 몰두하는 하찮은 존재'로 간주하고 있음을 알았으므로, 설교 중에 죄의 문제를 회피하고 싶은 유혹을 받았다. 그러나 어느 날 하이랜드(Highlands)를 걷고 있는 동안 -그는 그 정확한 지점을 그 이후 내내 기억할 수 있었다.-

내 양심에 전적으로 명하는 능력으로서 말씀하시는 하나님의 목
소리와 같은 음성이 할 수 있는 가장 명료한 소리로 내게 말씀하
셨다. "안 된다 계속하라. 겁내어 피하지 말아라! 돌아가서 네게
하라고 맡긴 사명을 담대히 완수하여라. 담대히 설교하고 두려워
하지 말아라. 어떠한 희생을 치루더라도 그들로 하여금 거울로
보는 것처럼 하나님의 거룩한 율법으로 자신을 보게 하라. 너는
그것을 행하라. 왜냐 하면 아무도 그것을 행하려고 하지 않기 때
문이다. 그 누가 자신의 생명과 자신의 명예를 무릅쓰고 그 일을
하겠는가? 돌아가서 내 백성에게 죄를 전시(展示)하고 구원받아
야 할 필요성을 깨닫게 하는 위임된 사명에 남은 생애를 보내도
록 하라."

그는 그렇게 행했다. 그는 하늘의 환상에 불순종하지 않았다. 그것
은 그에게 '새로운 권위와 새로운 용기'를 주어 그의 임무를 끝까지
완수할 수 있도록 해 주었다.[12]
　그러므로 설교자는 자기 만족을 억제해야 할 의무를 회피할 수 없
게 된다. 우리는 그리스도께서 많은 '위로의 말씀'을 하셨음을 알며,
영국 국교회(Church of England)에서는 성찬 예배 때마다 그 중 몇 말씀
을 읽는다. 그러나 그의 모든 말씀이 위로적인 것은 아니었다. 어떤 말
씀은 매우 경고적인 말씀이었다. 그러므로 우리는 그의 '경고적인 말
씀들'을 해석함에 있어서도 진실해야만 한다. 이것은 그의 사랑, 은혜
그리고 자비(실로 이러한 것들은 그 어두운 배경에 대비되었을 때 더욱 밝게 빛난

---

12) Nicoll, p. 320.

다)뿐만 아니라 하나님의 진노를, 그의 구원뿐만 아니라 그의 심판도, 천국뿐만 아니라 지옥도(성경에서 분명히 언급된 것 이외에는 천국과 지옥에 대한 상세한 것을 이야기하지 않는 것이 현명하다 할지라도), 그리스도와 함께 하는 부활뿐만 아니라 그와 함께 하는 죽음도, 그의 구세주되심(Saviorhood)뿐만 아니라 그의 주되심(Lordship)도, 기독교적 신앙생활의 즐거움뿐만 아니라 그에 따르는 희생 대가도, 자기 발견뿐만 아니라 자기 부정도, 그리고 우리가 우리의 평안을 발견하는 그리스도의 권위의 멍에까지라도 설교해야 함을 의미하는 것이다.

신약 성경의 마음에 맞지 않는 면을 소홀히 하지 않은 채 오히려 성경적 조화를 찾으려면 용기가 필요하다는 것은 복음 설교에서 뿐만 아니라 그리스도인의 삶에 관한 가르침에 있어서도 마찬가지이다. 예로서 그리스도를 아는 것이 "말할 수 없는 영광스러운 기쁨"이라고 썼던 사도들은 또한 여러 가지 시험과 사탄의 압박으로 인한 어떤 '힘겨움'도 참아야 한다고 덧붙였던 것이다(벧전 1:6-8). 그들은 그리스도의 완성된 사역과 성령의 내주하심에 의한 신앙의 평안에 관해 서술했을 뿐만 아니라 우리를 군인으로, 경기자로, 농부로, 투사로 묘사했는데 이 은유들은 모두 강인한 분투와 노력을 함축하는 것이다. 그들은 그리스도께서 우리를 해방하심으로 인한 유쾌한 자유를 강조하였지만, 이것은 또한 그리스도와 그의 의지에로의 새로운 노예화인 것이다. 그들은 우리에 대한 하나님의 용납하심이 우리의 행위 때문이 아니라 그의 은혜 때문이라는 의미에서 우리가 더 이상 '율법 아래' 있지 않다는 사실을 확신시켜 주지만, 여전히 우리의 순종은 요구되며 진실로 그리스도께서 우리를 위해 죽으심이 '육신을 따르지 않고 그 영을 따라 행하는 우리에게 율법의 요구가 이루어지도록"(롬 8:3, 4) 하기 위해서였음을 명백하게 부언(附言)하고 있다.

그러므로 우리 앞에는 높은 도덕적 표준이 설정되게 되는 것이다. 더군다나 사도들은 막연한 일반화를 넘어서 정확한 적용까지 진술하고 있으므로 설교를 듣고 있는 많은 회중은 설교 도중(예를 들면 엡 4:25-5:21, 딛 2:1-15, 야고보서, 산상설교) 깜짝 놀라게 될 것이다. 남편과 아내, 부모와 자식, 상전과 종 사이의 관계에 관한 사도들의 교훈을 가르치는 데 있어서 우리는 진실한가? 육신의 정욕은 우상이며, 부의 축적은 위험하며, 관대한 상호적 책임 등은 하나님의 새 사회의 특징이라는 것을 가르치는데 있어서 우리는 진실한가? 이성간의 결혼은 성적 만족을 위해 하나님께서 규정하신 단 하나의 관계이므로 이혼(때때로 인간의 연약성의 특권으로서 허가되는 것 같은)이란 하나님의 이상(理想)으로부터의 타락이며, 이성간의 간음, 간통 그리고 동성연애 행위 등은 모두 그의 의지에 위배된다는 것을 가르치는 데 있어서 우리는 진실한가? 노동은 타락의 결고가 아닌 창조의 결과이며, 하나님의 일에 동참하는 수단으로서 또한 남에게 봉사하고 자기를 실현하는 수단으로서 하나님에 의해 작정되었으므로 노동의 문제가 실업상태의 비극을 강조하게 된다는 사실을 가르치는 데 있어서 우리는 진실한가?

만일 '죄, 의(義) 그리고 심판'에 관한 가르침에 있어서 우리가 진실하다면 우리는 동시에 부조화를 피하는 데 있어서도 주의해야만 한다. 몇몇 설교자들이 하나님의 심판 앞에서 탄핵하는 일을 즐긴다는 것도 인정되어야만 한다. 그들은 회중들이 채찍 같은 욕설과 비난으로 몸부림치며 괴로워하는 것을 봄으로 병적인 만족을 찾는다. 그것이 구두

가학성(verbal sadism) 형태인지 어떤지, 혹 미국인들이 자책(ego trip)이라고 부르는 것이 그들에게 해당되건 않건 간에 그것은 항상 타인의 고통으로부터 기쁨을 발견하는 것이므로 병적이다. 안토니 트롤로프(Anthony Trollope)는 「바체스터 탑」(Barches-ter Towers)에서 매우 분명하게 오바댜 슬로프(Obadiah Slope) 목사의 성격이 바로 이런 류의 성격이라고 비난하였다. 트롤로프는 이렇게 쓰고 있다. 그가 "어떤 종류의 강단 웅변의 은사를 받았다 할지라도 그의 설교 안에서 그는 상당히 탄핵을 일삼았다. 실로 그의 모습과 어조는 극히 엄격했다. … 그가 길을 걸을 때 그의 얼굴은 세상의 사악함에 대한 심한 혐오로 일그러져 있다. 그의 눈가에는 항상 증오가 잠복해 있었다. … 그에게는 우리 구주의 자비를 말하는 것이 헛수고였다. …"[13]

콜린 모리스(Colin Morris)의 적절한 표현처럼 그는 강단을 "좋은 소식(Good Tidings)보다는 좋은 꾸짖음(Good Chidings)을 공급하기 위해" 사용하였다.[14]

특히 이 도덕적인 방종의 시대에 죄에 대한 하나님의 심판을 깊이 숙고해야 할 필요성을 느끼면 느낄수록, 우리는 또한 죄인들을 향하신 그의 자비에 거할 필요를 느끼게 된다. 서기관과 바리새인들의 위선에 대한 예수님 자신의 비통은 전 성경에 나타난 가장 맹렬한 책망 중 하나이다. 그러나 그가 죄인들의 친구라고 불렸을 때 무리들은 그의 주변에 모여들었고 그의 말씀을 기쁘게 들었다. 예수께서는 그들에게 그들의 무거운 짐을 가지고 오라고 초청하셨으며, 쉼을 약속하셨고, 용

---

13) Trollpe, p. 26, 27.
14) Morris, p. 11.

서받은 창기의 애정을 받아들이셨으며, 간음현장에서 잡힌 여자에게 "나도 너를 정죄하지 아니하노니 가서 다시는 죄를 범하지 말라"고 말씀하셨다.

바울이 고린도 교인들을 "그리스도의 온유와 관용으로"(고후 10:1) 권면했다는 사실은 중요한 것이다. 그는 엄격한 편이었다. 그는 교회에서 범죄자들을 징계할 것과 심지어 회개하지 않은 자들을 추방하라고까지 명했다. 그러나 분명한 것은 그가 이러한 일을 함에 있어서 아무런 기쁨도 발견하지 못했다는 사실이다. 반면에 그는 관용과 애정과 부모같은 헌신적 사랑을 보여 주었다. 실로 그는 데살로니가 교인들을 대함에 있어서 "유순한 자가 되어 유모가 자기 자녀를 기름과 같이" 하였고 "아버지가 자기 자녀에게 하듯 권면하였다"(살전 2:7, 11).

오늘날의 기독교 목사는 자신에게 맡겨진 모든 사람들에 대해 부드러운 감정을 가져야 할 것이다. 주일마다 그들에게 말할 때 그들이 지고 있는 무거운 짐들을 그는 안다. 중대한 수술에 직면해 있는 사람도 있고, 최근에 불치의 병을 통고 받은 사람도 있으며, 가족의 상(喪)을 당한 사람도 있다. 또한 위기에 직면한 부부도 있고, 잔인한 남편을 가진 부인도 있으며, 연애에 실패한 독신자, 혹은 비기독교적 환경 속에서 기독교적 삶의 기준을 지켜나가기가 너무나 어렵다는 것을 발견한 젊은이들도 있다. 그가 그들의 얼굴을 볼 때, 그들의 용감한 모습의 배후에는 숨은 비극이 보이는 듯 하다. 거의 모든 사람이 삶에 의해 상처를 입었으며, 시험, 패배, 의기소침, 고독, 절망 등의 압박을 느끼고 있다. 물론 안일한 삶에 대해 경고를 받아야 할 사람들이 있다는 것도 사실이지만, 이러한 이들은 무엇보다도 하나님의 사랑의 위로를 필요로 한다. 조웨트(J. H. Jowett)는 이렇게 썼다.

> 나는 최근에 많은 자서전을 통독하는 가운데 발견한 한 인용구에
> 대해 대단히 깊은 인상을 받았다. 파커 박사는 몇 번이고 되풀이
> 하여 말하기를 "상한 심령에게 설교하라!"고 했다. 또한 여기 이
> 얀 맥클라렌(Ian Maclaern)의 증거도 있다. "가장 중요한 설교
> 의 종결부는 위로이다. …" 또한 거의 절실하게 느껴지는 데일
> (Dale) 박사의 인용구를 소개하겠다. "사람들은 위로 받기 원한
> 다. … 그들은 위안이 필요하다. 단순히 그것을 열망하는 것이 아
> 니라 진정으로 그것이 필요하다."[15]

어쨌든 우리는 조화를 이루어야 하며 그 일에 성공할 수 있는 민감
함을 위해 기도할 필요가 있다. 미국의 감독교 회원이었던 채드 웰쉬
(Chad Walsh)는 「캠퍼스에서 도전받으시는 하나님」(Campus Gods on
Trial)이라는 그의 초기 저서 속에서 설교에 대하여 "설교자의 참 기능
은 안일에 빠진 자들을 경계시키고, 불안해 하는 자들을 위로하는 것"
이라고 함으로써 우수한 정의를 내렸다.[16] 그 한 세기 전, 존 뉴튼(John
Newton)이라는 회심한 노예 매매자는 "자신의 모든 설교의 요점은 완
악한 마음을 깨뜨리는 것이며 또한 상한 마음을 치유하는 것"이라고
말하곤 했다.[17] 그러나 이러한 조합(組合)은 매우 드문 것 같다. 어떤 설
교자들은 훌륭한 위로자이다. 그들의 모든 설교는 마치 달래는 듯하

---

15) Jowett, p. 107.
16) Walsh, p. 95.
17) Pollock, *Amazing Grace*, p. 155.

다. 그러나 그들은 위로하기에 그렇게 바빴던 사람들을 먼저 경계시키는 일을 빠뜨렸다. 다른 이들은 반대의 실수를 한다. 인간의 죄악과 하나님의 거룩하심을 설교할 때 그들은 회중들의 평안에 대해 가장 엄격한 경고자들이 된다. 그러나 그들은 그들이 그렇게 효과적으로 경계시켰던 회중들을 위로하는 단계로 가는 것을 잊어버린다. 두 기능이 함께 조합되어야 한다는 채드 웰쉬의 정의는 요한 웨슬리(John Wesley)의 「잡지」(Journal)에서 잘 나타나고 있다. 예를들면 1761년 6월 21일 요크셔에 있는 오스모터리(Osmotherley)의 교회 묘지에서 행한 설교에 대해 그는 "나는 많은 사람이 상처를 받았고, 또한 많은 사람들이 위로를 받았다고 믿는다 …"라고 썼다.[18] 그 후 1787년 8월 17일 채널군도(Channel Island)의 알더니섬(Isle of Alderney)에 있는 총독 관저 근처에서 많은 회중들에게 설교할 때에 "나는 이 시간에 많은 사람이 심령에 상처를 받았으나 어떤 이는 적잖은 위로를 받았다고 믿는다."[19]라고 썼다.

더욱 현대적 예는 「영어 설교의 다양성」(Varieties of English Preaching, 1900-1960)이라는 저서를 쓴 홀톤 데이비스(Horton Davies)에 의해 주어진다. 대중 설교자(Congregational preacher)였던 자신의 아버지께 책을 헌정하면서 그는 이러한 말로 그의 서문을 시작한다.

> 목사의 아들로서 선포되어 다양한 가족들과 소명들에 통찰력과
> 연민을 가지고 적용되는 살아있는 하나님의 말씀을 듣는 것은 위

---

18) Wesley, *Journal*, p. 250.
19) ibid., p. 401.

대한 특권이었습니다. 주일날은 항상 일주일 중의 절정이며 회중
들이 자리를 잡은 뒤, 우레의 아들(보아너게)이 말하는 것을, 혹
은 위로의 아들(바나바)이 말하는 것을, 그리고 어떤 경우에는
한 설교에서 둘이 모두 말하는 것을 듣게 될 때 그 극치는 이루어
집니다 ….[20)]

　　모든 설교자는 보아너게(안일에 빠진 자를 경계시킬 용기를 가진)와 같으
면서 또한 바나바(위로하는 연민의 정을 가진)와 같은 사람이 되어야 할 필
요가 있다.

■ 조직적인 강해의 가치

　　설교자들에게는 용기가 필요하다는 것과 관련하여 나는 성경의 어
느 한 권 혹은 한 단락을 계속해서 한 절씩 혹은 한 문단씩 강해해 나
가는 조직적인 성경 강해법을 실시해 보라고 권하고자 한다. 이 방법
의 첫 번째 이점(利點)은 그것이 우리로 하여금 다른 때는 간과해 버렸
거나 심지어 고의로 회피했던 문구들을 다룰 수 있게 해 준다는 것이
다. 몇 년 전 산상수훈 전체를 설교하면서 우리 주님께서 이혼에 대한
주제를 취급하신 마태복음 5장 31절과 32절에 이르게 되었을 때를 나
는 잘 기억하고 있다. 나는 비록 25년간 목회생활을 해왔을지라도, 이
전에는 결코 그 주제로 설교해 본 적이 없었다고 고백할 수밖에 없었

---

20) Davies, p. 13.

다. 이혼은 그 당시의 과열된 논의점이었고 많은 이들이 이 방면의 도움을 구하였으므로 나는 그 점을 인정해야 한다는 것이 부끄러웠지만 그것은 사실이었다. 물론 나는 그럴 듯한 변명들을 할 수 있었을 것이다. "그것은 매우 복잡한 주제이며 나는 필요한 전문 지식을 가지고 있지 않습니다.""그것은 또한 논쟁적이므로 나는 그 다툼에 말려들기를 원치 않습니다.""게다가 분명히 나는 누군가의 감정을 상하게 할 것입니다." 그러므로 이러한 난점들 때문에 나는 그 주제를 피해 왔다. 그러나 이제 산상수훈을 가지고 회중들을 인도하는 중에, 내 눈앞에 닥친 것은 마태복음 5장 31절과 32절이었다. 어떻게 해야 할 것인가? 나는 그 구절들을 건너 뛰어 "지난 주일의 본문은 마태복음 5장 30절이었습니다. 그러므로 오늘은 마태복음 5장 33절입니다."라고 설교를 시작할 수는 없었다. 아니다, 나는 그렇게 오랫동안 회피했었던 일을 해야만 했다. 그 당신 내가 과감히 그 구절들을 다루고자 하기 전에 보냈던 기도와 묵상의 시간들을 지금도 생생하게 기억하고 있다.

조직적 강해 설교의 두 번째 이점은 회중들로 하여금 왜 우리가 특정한 주일에 특정한 메시지를 택하였는가에 관해 호기심을 일으키지 않게 한다는 데 있다. 만약 내가 뜻밖에 갑자기 이혼에 대한 설교를 했더라면 불가피하게 회중들은 왜 그랬을까 하고 의아해 했을 것이다. 그들은 "누구에 대해서 말하는 것일까?"하고 자신들에게 물어보았을 지도 모른다. 그러나 그것이 설교되었을 때 그들의 주의는 이러한 질문들로 산만해지지는 않았다. 그들은 단지 설교 시리즈에서 연속되는 다음 구절들이기 때문에 내가 마태복음 5장 31절, 32절을 설교하려고 한다는 것을 알고 있었다.

세 번째가 아마도 가장 큰 이점일 것이다. 즉 성경의 방대한 분량을 철저하고도 조직적으로 개괄함으로써 사람들의 시야를 넓혀 주고, 성경의 중요한 주제를 소개해 주며 또한 그들에게 성경으로 해석하는 법을 제시해 준다는 점이다. 포사이드(P. T. Forsyth)가 이 점을 잘 지적해 주었다.

> 우리는 그의(그 설교가의) 주관성, 그의 탈선, 그의 단조로움, 그의 한계성으로부터 보호받아야 할 필요가 있다. 더욱이 우리는 그가 자기 자신 혹은 자기 세대를 선전하는 위험을 범하지 않도록 그를 보호해야 한다. 우리 모두는 우리 세대에게 설교해야만 한다. 만약 우리가 우리 세대를 선전한다면 시대의 거울을 막는 격이 될 것이다. …[21]

그는 다시 다음과 같이 지적했다.

> 설교자의 가장 중대한 임무 중 하나는 성경 본문을 문자 그대로 해석하려는 대중들을 보호하는 일과, 성경을 종교적 스크랩북으로 축소시켜 단지 구절이나 문단만으로 사용하는 원자론적 사상을 가진 신학자로부터 성경을 보호하는 일이다. … 그 각 부분이 살아있고 복음주의적인 전체에 가장 가치있게 기여하고, 그 전체는 인간 역사의 위대한 과정으로 이어지는 성경을 그는 더욱 자유롭고 총체적으로 유기적으로 취급하는 법을 연마해야 한다. …[22]

---

21) Forsyth, p. 5.

그들의 이유가 이러한 방법으로 표명되었든 아니되었든 간에 실제로 교회사 속에 나타나는 몇몇 위대한 설교자들은 성실하고, 철저하고 조직적인 형태로 성경을 강해해 왔었던 것이다. 처음 4세기까지의 가장 괄목할 만한 예는 이미 본 장에서 용기에 관해 언급할 때 들었던 요한 크리소스톰(John Chrysostom)의 경우이다. 4세기 말의 약 20년 동안 그는 구약에서는 창세기와 시편을, 신약에서는 마태복음과 요한복음, 사도행전 그리고 모든 바울 서신들을 강해했다.

그러나 회중들에게 순수하고 능력 있는 하나님의 말씀을 드러내고자 한 열망 속에서 조직적 강해를 가장 효과적으로 개발했던 사람들은 16세기의 종교개혁자들이다. 루터와 칼빈은 여러 면에서 서로 달랐다. 루터는 독일인이었고 칼빈은 프랑스 사람이었다. 루터의 체구는 억세고 강했으며 칼빈은 호리호리하고 유약했다. 루터의 문제는 그의 생생하게 빛나는 창작력에 의존하고 있지만 칼빈은 차갑고 선명한 분석에 의한다. 그러나 두 사람 다 열의를 가지고 심오하게 성경을 취급했으며 그것은 우리 현대인을 부끄럽게 할 정도다. 비텐베르크에서 종교개혁자들(루터와 그의 동료 성직자)은 이러하였다.

> 그들은 설교를 통하여 종교적 교훈을 가르치는 광범위한 운동을 벌였다. 주일날에는 세 번의 공적 예배가 있었다. 새벽 5시부터 6시까지는 바울 서신에 관한 강해가, 9시부터 10시까지는 복음서에 관한 강해가, 그리고 오후 시간은 변동성있게 하여 아침 주제가 연속되어 강해되거나 요리 문답 강해가 행해졌다. … 월

---

22) ibid., p. 19.

요일과 화요일에는 요리문답에 관한 설교가 베풀어졌고, 수요일에는 마태복음, 목요일과 금요일에는 사도들의 서신들이, 그리고 토요일 저녁에는 요한복음에 관한 설교가 시행되었다. 한 사람이 이 전체의 일을 모두 떠맡을 수는 없었다. … 그러나 루터의 공유(share)는 참으로 경이적인 것이었다. 주일날 그는 가정예배를 포함하여 4번이나 설교했고, 년 4회 4주 연속으로 일주일에 나흘씩 요리문답을 강해했다. 남아있는 그의 설교는 모두 2,300편에 달한다. 가장 많이 설교했던 해는 1528년인데 그는 145일에 걸쳐 195편의 설교를 강해했다.[23]

칼빈의 방법도 루터의 것과 비슷했으나, 아마 더 조직적이라 할 수 있겠다. 1549년부터 제네바에서 주일마다 두 번, 그리고 격주로 해서 매일 저녁 예배에 그는 설교했다. 그는 주간에는 구약 성경을, 주일에는 신약 성경 혹은 시편을 취급하곤 했다. 그가 설교할 때, 고용된 속기사는 그의 설교를 받아쓰고는 후에 그것을 필사했다. 1549년부터 사망할 때까지 15년 동안 그는 구약 성경에서는 창세기, 신명기, 사사기, 욥기, 시편의 일부, 사무엘상하, 열왕기상, 그리고 모든 대·소선지서를, 그리고 신약 성경에서는 사복음서, 사도행전, 고린도전후서, 갈라디아서, 에베소서, 데살로니가전후서, 그리고 삼권의 목회 서신들을 강해했다.

다른 스위스의 개혁자들도 이와 같은 양식을 따랐다. 예를 들면 취리히에서의 목회 초기에 쯔빙글리는 "단순히 교회의 교훈에 관해서만

---

23) Bainton, *Here I Stand*, p. 348-9.

이 아니라 마태복음 전체를 한 장 한 장 설교할 것이라"고 공표했다. 어떤 친구가 그것이 혁신이 될 우려가 있다고 반대하자 그는 말하기를 "그것은 오래된 양식일세. 마태복음에 관한 크리소스톰의 설교와 요한 복음에 관한 어거스틴의 설교를 상기해 보게."라고 했다.' [24] 이와 같은 신념은 취리히에서 쯔빙글리를 계승한 헨리 불링거(Henry Bullinger)에 의해서도 확신되었다. 다간(E. C. Dargan)에 의하면, 그는 "멋지게 늘어 진 턱수염을 가진 키가 큰 형이었고, 유쾌한 음성과 인정많고 지적인 인상을 주었으며, 위엄 있으나 활기에 넘치는 태도를 가진 사람"이었 다. 다간은 계속 말하기를 1549년에서 1567년 사이에 그는 계시록에 관하여 100편, 다니엘서에 관하여 66편, 예레미야서에 관해 170편, 이 사야서에 관해 190편, 이외에도 다수의 설교를 행하였다고 한다. [25]

한 세기 후에 매튜 헨리(Matthew Henry)는 신앙적이고 성경적인 설 교의 훌륭한 예를 보여준다. 체스터(Chester, 1687-1712)에서 반 국교 설 교자로서 25년간 목회하는 동안, 매주일 아침에는 구약 성경에, 매주 일 오후에는 신약 성경에 초점을 맞추어 성경 전체를 두 번 설교할 수 있었고 주 중 강연에는 시편 전체를 5회 이상 강해하였다. 이들 강해 가 그의 유명한 주석의 자료를 이룬다.

지난 세기의 강단의 거성들은 어거스틴과 크리소스톰에 의해 이룩 되었으며, 루터와 칼빈, 그 밖의 종교개혁가들과 청교도들에 의해 계 승되었다. 예를 들면 「설교의 시간」(Horae Homileticae)이라는 25권의 책으로 출판된 찰스 시므온(Charles Simeon)의 강해 설교는 2,536편이

24) Broadus, *History*, Vol. 1, p. 115.
25) ibid., p. 414-15.

나 된다. 이에 대해 그는 만약 우리가 하루에 한 편씩 읽는다면 7년간 읽을 수 있을 것이라고 지적했다.

1869년부터 33년 동안 런던의 시티 템플(City Temple)의 목사로 사역했던 죠셉 파커(Joseph Parker) 목사는 3,000명의 회중에게 정규적으로 설교했다. 1884년 그는 성경 전체를 두루 설교하겠다는 자신의 뜻을 표명했다. 주일날은 두 번, 주간에는 목요일에 한 번 설교함으로써 7년 동안에 걸쳐 그는 성경 전체를 완전히 강해했다. 그의 설교들은 「일반인의 성경」(The People's Bible)이라는 제목으로 마지막 권이 1895년에 나온 총 25권의 책으로 출판되었다. 거의 반세기 동안(1858-1903) 맨체스터에 있는 합동 채플(Union Chapel)에서 수많은 사람들을 매혹시켜, '강해의 왕자'(Prince of expositors)라고 종종 일컬었던 침례교 목사 알렉산더 맥클라렌(Alexander Maclaren)은 실질적으로 전 성경에 미치는 32권의 「성경 강해」(Expositions of Holy Scripture)를 그의 생애의 마지막 6년 동안(1904-10) 출판했다.

20세기에 이르러서는 1차 세계 대전 중 영국 피카디리(Piccadilly)의 성 야고보 성당 교구 목사였던 윌리엄 템플(William Temple)이 거의 4년 동안 요한복음을 두루 설교하여 후에 「요한복음 연구」(Rea-dings from St. John's Gospel)라는 강해집을 출판한 것이 흥미롭다.

교회(하나님의 말씀으로 살고 번영하는)를 건강하게 하고, 설교자(훈련이 필요한)들을 돕기 위하여 조직적인 강해로의 복귀가 시급하다. 그러나 그렇게 하기 위해 우리는 당연히 우리 세대의 성격에 대하여 설명해야 할 필요가 있으며 우리 선조들의 지나친 문자주의를 흉내내지 말아야 한다. 과거의 전통과 같이 장기간에 걸친 상당한 길이의 강해를 충분히 소화할 만큼 영적으로 성숙하고, 말씀에 갈급해 있는 회중은 많지 않다. 데일(Dale)은 "이사야서를 20년 이상 강의했으나 2장 중간쯤 밖에 나가지 못했던 독일의 어떤 주경신학 교수"를 실례로 들고 있다.[26] 로마서 14장 17절에 의해 붙잡힌 바 된 마틴 로이드 죤스(Martyn Lloyd-Jones) 박사가 자신이 은퇴하기까지 12년 간 웨스트민스터 채플에서 행했던 괄목할 만한 로마서 강해는 어떤 영국교회에서도 거의 반복될 수 없는 것이었다. 그러나 우리 설교자들이 현대인의 정상(情狀)을 참작하여, 설교 본문으로서 절보다는 오히려 단락을 택하고 수년 동안보다는 오히려 수개월 간 연속 강해 설교를 계속한다면 현대의 회중들도 그것을 받아들일 것이다.[27] 그것은 또한 우리 설교자들로 하여금 하나님의 모든 권고를 밝히는 데 필요한 용기를 북돋우어 줄 것이다.

2. 겸손

불행하게도 강단에서 용기있는 설교자가 되고자 하는 결심은 우리 설교자들을 고집스럽고, 거만하게 만드는 결과를 초래할 수 있다. 우리는 솔직히 말하는 데는 성공할지 모르나 우리의 솔직함을 자랑하게 됨으로써 실패할 수도 있다. 사실대로 말하자면 강단이란 아담의 자손이라면 누구라도 차지하기에 위험한 장소이다. 강단은 '높이 들린' 곳이므로 하나님의 보좌에 한정되어야 할 탁월함을 지니고 있다(사 6:1).

---

26) Dale, p. 231.
27) 본인은 미카엘 바우헨의 지도 아래서 우리가 올 소울즈 교회에서 시도한 몇 가지 실례를 6장에서 제시한 바 있다.

우리 설교자들이 그곳에 홀로 서있는 동안 모든 회중의 눈은 우리들에게 집중된다. 우리가 독백의 형태로 설교하는 동안 모든 회중은 잠잠히 앉아서 침묵을 지킨다. 누가 이러한 대중들의 주목(注目)을 견디어낼 수 있으며, 허영심에 의해 상처받지 않고 지낼 수 있겠는가? 의심할 바 없이 교만은 설교자의 주요한 직업적 위험요소이다. 그것은 많은 설교자들을 타락시켰고 그들의 목회의 능력을 빼앗았다.

어떤 설교자들에게 있어서 그것은 눈에 띄게 명백한 현상으로 드러난다. 그들은 기질적으로 노출증 환자이며 강단을 자기 자랑의 무대로 사용한다. 로이드 죤스 박사가 이러한 사람들을 설교자(preachers)라기보다는 설교쟁이(pulpiteers)들이라고 부른 것은, 그들이 직업적 흥행술에 관한 한 전문가이므로 당연하다고 할 수 있다.[28] 헨리 와드 비처(Henry Ward Beecher)는 '설교 작법'(Sermon-making)이라는 제목이 붙여졌던 자신의 예일대학에서의 9번째 강의에서 '느부갓네살 방식의 설교' (Nebuchadnezzar Sermons)에 관하여 언급했다. 그는 이 별난 표현으로 사실상 "바벨론 제국은 나의 위엄의 영광을 위하여 … 내 위대한 능력으로 설립한 것이 아닌가?"라는 느부갓네살의 교만한 말을 반복하는, '허영심에 찬 설교자들이 고수하는' 수사학적 강화에 대하여 언급한 것이다. 계속해서 비처는 "하나님께서는 느부갓네살과 같은 이러한 설교자들을 당분간 쉬게 함으로써 그들이 건전하고 겸손하게 되어 돌아오도록 하실는지도 모른다"[29]라고 말했다. 그 유추는 올바른 것이다. 왜냐 하면 교만에 관하여는 근본적으로 '추잡한' 그 무엇이, 점잖

---

28) Lloyd-Jones, *Preaching*, p. 13.
29) Beecher, p. 249. 여기에서 비처는 단 4:28-37의 사건을 언급하고 있다.

다는 것에 관한 기독교적 감각에 거슬리는 그 무엇이, 구역질나게 하는 그 무엇이 있기 때문이다. 아마 느부갓네살의 몰락과 회복에 관한 가장 괄목할 만한 사실은 그의 교만이 정신착란증을 유발했으며, 반면 그가 스스로 겸손했을 때 건전함을 회복했다는 점이다.

그러나 다른 모든 설교자들이 느부갓네살과 같은 것은 아니다. 왜냐 하면 그들의 교만이 주제넘는 자랑의 형태를 취하지는 않기 때문이다. 그러나 그것은 더욱 교묘하고, 음흉하며, 외고집적이다. 왜냐 하면 내심으로는 박수갈채에 대하여 탐욕적이면서도 외적으로는 대단히 온유한 처신으로 단장할 수 있기 때문이다. 우리가 강단에서 그리스도의 영광을 격찬하는 바로 그 순간에도 실제로는 우리 자신의 영광을 모색할 수 있는 것이다. 우리가 하나님을 찬양하라고 회중들에게 권고하며, 심지어 표면상으로는 그들을 찬양으로 인도할지라도, 우리는 그들이 아주 적은 칭찬이라고 우리를 위해 남겨주기를 은밀하게 소망할 수 있는 것이다. 우리는 박스터(Baxter)와 같이 이렇게 울부짖어야 할 필요가 있다. "오! 이 교만의 죄악이란 얼마나 변치않는 동반자이며, 얼마나 포악한 사령관이며, 얼마나 교활하며, 교묘하며, 간사한 원수인가!"[30]

이 원수를 노출시켜 격퇴하기 위한 가장 좋은 적극적인 대응은 설교자의 겸손이란 어떠한 것이어야 하는가에 대하여 분석하는 것이라고 나는 생각한다.

---

30) Baxter, *Reformed Pastor*, p. 95.

■ 하나님의 말씀

무엇보다 먼저 우리 설교자는 하나님의 말씀에 순종하고자 하는 겸손이 필요하다. 이것은 우리가 성경 속의 유행에 뒤진 진리들을 회피하려는 유혹과, 그에 대신하여 우리 자신의 유행에 따르는 견해를 발표하려는 유혹에 대항하여야 함을 뜻한다. "미련한 자는 명철을 기뻐하지 아니하고 자기의 의사를 드러내기만 기뻐하느니라"(잠 18:2).

기독교의 겸손은 '타페이노프로수네'(tapeinophrosune) 즉 '마음이 낮아짐'(lowliness of mind)에서 출발한다. 그것은 인간과의 관계(남들을 우리 자신보다 더 중요하게 여기고 그들을 즐거이 섬기는, 빌 2:3, 4; 벧전 5:5)와 하나님과의 관계(겸손히 네 하나님과 함께 행하는, 미 6:8)를 우리가 어떻게 생각하느냐와 관계가 있는데, 특히 후자와는 더욱 그렇다. 겸손한 마음이란 폐쇄적이지도, 무비판적이지도 않으며 다만 자신의 한계를 인정하는 마음이다. 겸손한 자의 입술은 "여호와여 내 마음이 교만하지 아니하고 내 눈이 오만하지 아니하오며 내가 큰 일과 감당하지 못할 놀라운 일을 하려고 힘쓰지 아니하나이다"(시 131:1)라고 말한다. 또한 그것은 하나님의 전지하심에 관하여 "이 지식이 내게 너무 기이하니 높아서 내가 능히 미치지 못하나이다"(시 139:6)라고 말한다.

이것은 반계몽주의(obscurantism)도 아니며 반지식주의(anti-intellectualism)는 더욱 아니다. 그것은 단지 하늘이 땅보다 높음같이 그의 생각과 길은 우리의 그것들보다 높으시고(사 55:8, 9), 그의 자기 계시가 없이는 결코 그를 알 수 없으며, 진실로 "하나님의 어리석음이 사람보다 지혜롭고"(고전 1:25), 하나님의 무한하신 존재는 우리의 이해를 초월하여 계시다고 하는 겸손하고, 건전하고, 깨어있는 인식이다. 그러므로 하나님의 판단은 측량치 못할 것이며 그의 길은 찾지 못할 것이다. 우리 스스로 그의 마음을 알 수 있다고 상정(想定)하는 것은 어리석은 일이므로, 그로 하여금 홀로 교훈하게 하고 홀로 모사를 베풀게 하여야 한다(롬 11:33, 34). 그러므로 우리에게는 그의 계시에 반박하거나 구원의 계획을 비평할 자유가 없다. 확실히 십자가의 메시지가 우리의 유한하고 타락한 마음에는 미련한 것이기에 심지어 우리는 우리가 좋다고 생각하는 다른 구원의 방도를 제안할는지도 모른다. 그러나 하나님께서는 "내가 지혜있는 자들의 지혜를 멸하리라"고 말씀하셨고, 그 대신에 실로 그 분의 지혜인 복음의 '미련한 것'을 통하여 우리를 구원하고자 결정하셨다(고전 1:18-25, 참조. 3:18-20). 그러므로 우리는 우리 자신이나 타인에게 할 수 있는 모든 일을 다 하여 "모든 이론을 무너뜨리며 하나님 아는 것을 대적하여 높아진 것을 다 무너뜨리고 모든 생각을 사로잡아 그리스도에게 복종하게" 해야 하는 것이다(고후 10:4, 5).

그리스도 안에서 하나님의 계시에 순종하는 겸손한 마음은 설교자들에게서 어떻게 나타나는가? 겸손한 설교자는 자기 자신의 사색에 따라 성경에 무엇을 더하거나 혹 편견에 의하여 성경으로부터 무엇인가 감하는 것을 피하여야 한다. 성경에 무엇인가를 더하는 경우는 종종 원전에 대한 열광의 형태로 나타난다. 어떤 설교자는 성경을 단조롭다고 생각하여 자신의 감격으로 새롭게 하고자 애쓴다. 어떤 설교자는 성경이 재미없다고 판단하여 그 자신이 갖고 있는 약간의 풍미로써 맛들이려고 한다. 그들은 성경을 그 자체로 받아들이기를 꺼려하며, 항상 자기들의 기지(奇智)있는 이념에 의해 개선하려고 하는 것이다. 그러나 이것은 설교자가 임무가 아니다. 옛 진리들을 받아들여 그것들을 현대 용어로써 창조적으로 재기술하는 방법을 모색하며, 또한 현대의 상황에 재적용시킨다는 의미에 있어서 우리는 '독창적'(original)이어야 한다. 그러나 이러한 방법들에 있어서 성경적으로 '창조적'이라 함은 '새 것' 혹은 비성경적 관념들을 '발명'해 낸다는 뜻이 아니다. 더욱이 우리는 우리에 의해 시도된 재해석들이 우리가 재해석하고자 애썼던 그 하나님의 말씀에 속해 있는 것과 동일한 권위를 가지고 있다고 상상할 만큼 미련하고 경솔하지도 않다.

겸손한 마음을 가진 설교자는 가산(加算)은 물론 감산(減算)도 그쳐야만 한다. 그는 성경 본문을 우리 동시대의 사람들이 받음직하도록 조작해서는 안 된다. 왜냐 하면 '그것'을 더욱 받음직하게 만들려는 시도는 '우리 자신'을 더욱 받아들일 수 있게 만듦을 의미하며, 또한 이 것은 대중을 향한 정욕이기 때문이다.

하나님의 말씀에 가산하는 것은 바리새인의 실패였으며 그로부터 감산하는 것은 사두개인의 실패였다. 예수께서는 그 양자 모두를 비판하시면서, 하나님의 말씀은 가감이나 확대, 수정함이 없이 그 자체로서 받아들여져야 하며, 그 권위에 있어서도 최상이며 충족된 것임을 주장하셨다. 성경 원문을 함부로 변경하여 원하지 않는 것은 버리고 원하는 것은 삽입(揷入)하는 교회 안에서의 현대판 바리새인과 사두개인들은 예수님의 이 비판에 귀를 기울여야만 한다. 내가 말해야 할 것인가에 대해 망설여지지만, 역사적인 성경적 기독교(historic biblical christianity)로부터 이탈한 신학적 자유주의의 말씀에 복종하기를 거부하고 '우리 주 예수 그리스도의 말씀과 경건에 관한 교훈을 따르지 아니하면 그는 교만하여 아무것도 알지 못할'(딤전 6:3, 4; 딛 1:9, 10) 것이기 때문이다. 참된 설교자는 자기를 기쁘게 할 만한 '새 교리'를 발명해 내는 사색가도 아니며, 자기를 불쾌하게 하는 교리를 삭제하는 편집자도 아닌 다만 한 사람의 청지기, 즉 하나님의 청지기로서 성경 안에서 그에게 맡겨진 진리를 신실하게 하나님의 가족에게 분여(分與)하는 자이지 그 이상도, 그 이하도, 그 이외도 아닌 것이다. 그러므로 이 사역을 위해서는 겸손한 마음이 필요하다. 우리는 날마다 성경으로 가서 마리아 같이 예수의 발 아래 앉아 그 분의 말씀을 듣는 것이 필요하다.

이러한 '들음'(listening)은 본회퍼(Bonhoeffer)가 '침묵'의 필요성을 강조했을 때 그의 마음에 가지고 있었던 것이다. 그는 (어떤 이가 상상하는 것처럼) 책임있게 행동해야 할 영역에서의 실패로, 말할 수 있는 권리가 박탈당하였기 때문에, 교회가 설교하기를 포기해야 한다고 주장한 것은 아니다. 오히려 그가 정죄한 것은 '선포하는' 교회가 아니라 '수다떠는' 교회였다. 그는 교회가 하나님의 말씀 앞에 정중하게 침묵하여야 할 것을 열망했다. "교회의 침묵이란 말씀 앞에서의 침묵이다. … 그리스도를 선포하는 것은 적절한 침묵으로부터 나오는 교회의 발언인 것이다."[31]

하나님의 계시 앞에서의 이러한 수용적이며 기대하는 입장은 적절할 뿐 아니라 생산적인 것이다. 왜냐 하면 예수께서 명백하게 설명하신 것처럼 하나님은 그의 비밀을 지혜롭고 슬기있는 자들에게는 숨기시는 대신에 어린 아이들, 즉 겸손하며 열린 마음으로 진리를 추구하는 탐구자들에게는 드러내시기 때문이다(마 11:25).

---

31) From his Christology, in Fant, Bonhoeffer, p. 64.

■ 그리스도의 영광

마음의 겸손은 동기의 겸손을 수반한다. 우리는 왜 설교하는가? 우리는 우리의 설교로 무엇을 성취하고자 희망하는가? 어떤 숨은 동기가 우리로 인내하게 하는가? 나는 우리의 동기가 너무 자주 이기적이 되는 데에 두려움을 느낀다. 우리는 사람들의 찬사와 축하를 갈망한다. 우리는 주일 예배 후 문 앞에 서서 몇몇 회중들이 "목사님, 훌륭한 설교였습니다. 참으로 큰 복을 받았습니다."라고 칭찬하는 소리를 들으며 귀를 즐겁게 한다. 확실히 참된 감사의 말은 의기 소침한 설교자의 사기를 높이는 데 큰 역할을 한다. 그러나 부질없는 아첨과 과찬을 위선적으로 계속 반복하는 것(설교의 내용과는 무관하게)은 설교자에게 큰 손상을 끼치는 것이며 또한 하나님께도 역행하는 행위이다. 회중들은 이러한 습관에 대해 회개하여야 하며, 칭찬하는 표현에 있어서도 더욱 절제하며, 분별력있게 되어야 한다.

설교의 주된 목적은 성경을 충실하고 적절하게 강화(講話)하여 예수 그리스도께서 인간의 필요에 가장 적절히 충족되심을 알게 하는 것이다. 참 설교자는 증거자이다. 그는 끊임없이 그리스도를 증거한다. 그러나 겸손 없이는 증거할 수도 없으며 증거하고자 원하지도 않는다. 제임스 데니(James Denny)는 이것을 알고 다음과 같을 말을 스코틀랜드 교회의 가운 갈아입는 곳에 써 붙여 놓았다. "아무도 그리스도와 자기 자신을 동시에 증거할 수 없다. 아무도 자기 자신이 영리하다는 것과 그리스도께서 구원하시기에 능하시다는 것을 동시에 표현할 수는 없다."[32] 이와 매우 비슷한 말을 한 사람은 베스트 셀러가 되었던 소설

---

32) Turnbull, p. 41.

「아름다운 들장미 숲가에서」(Beside the Bonnie Brier Bush)을 쓴 작가이며 목사였던 이얀 맥클라렌(본명: 죤 왓슨, John Watson)이었다. 그는 이렇게 말했다. "모든 설교의 주된 취지(趣旨)는 그리스도를 드러내는 것이고, 설교자의 주된 기교는 그 자신을 감추는 것이다."[33] 그러나 설교자의 목적은 그리스도를 드러내는 것 이상이다. 즉, 그것은 회중들이 그에게 인도되어 그를 받아들이도록 그를 드러내는 것이다. 로날드 와드(Ronald A. Ward)가 설교에 관한 자신의 책을 「진실한 성례」(Royal Sacrament)라고 한 것도 이런 이유에서이다. 다음과 같은 말 속에서 그가 암시했듯이 그는 말씀의 사역과 성례의 사역 사이의 유사성을 깨달았던 것이다. "성찬식에서 우리가 빵과 포도주를 분여하고 신자들이 그리스도를 영접하듯이, 설교에서 우리는 말씀을 분여하고 신자들은 그리스도를 영접하는 것이다."[34] 그러므로 주님의 성찬과 성경의 강화, 양쪽에는 모두 외적인 표(빵과 포도주, 혹은 말씀이라는)와 내적이며 영적인 은혜(믿음으로 그리스도를 영접하게 되는 것인)가 있게 되는 것이다.

이 진리를 표현하는 다른 방법은 "설교란 인격적 교제의 본질 안에 있다"라고 말하는 것이다. 아니 적어도 그 목적은 교제를 용이하게 하는 데 있다. "그러나 위대한 교제는 설교자와 회중 사이가 아니다. 그것은 하나님과 회중 사이의 교제이다."[35] 도날드 밀러(Donald G. Miller)는 그것을 아주 강력하게 표현하고 있다. 포사이드(P. T. Forsyth)의 격언을 인용하면서 그는 이렇게 썼다. "진정한 설교는 하나의 실제 행동이다. 설교자와 회중이라는 양자 간의 교제가 하나님 자신이 그 교제

33) Tizard, p. 40-1.
34) Ward, p. 25.
35) Terwilliger, p. 112, 114.

의 살아있는 한 부분이 되는 삼자 사이의 교제로 인도되기 전까지는 아무도 참 설교를 하지 못한 것이다."[36]

내 자신이 바로 그러한 상황에 처한 경험이 있다. 설교자가 경험할 수 있는 가장 특권적이며 감동적인 경험은 설교 도중에 회중을 덮는 이상한 침묵(strange hush)이다. 잠자던 자들은 깨어나고, 기침하던 이들은 기침을 멈추고, 안절부절못하던 사람들이 조용해진다. 어떤 눈동자도, 누구의 마음도 동요하지 않는다. 모든 사람이 주의를 기울인다. 그렇지만 설교자에게는 아니다. 왜냐 하면 설교자는 잊히고 회중들은 살아계신 하나님과 함께 얼굴과 얼굴을 맞대어 그의 고요하고 세미한 목소리를 듣기 때문이다. 빌리 그레함 박사도 이 경험을 가끔 묘사했다. 대 런던개혁운동(Greater London Crusade)의 종결로서 1954년 5월 20일 웨스트민스터 중앙홀에서 개최하였던 2,400명가량의 목회자들의 회합에서 내가 들었던 빌리 그레함의 연설을 기억한다. 그가 강조한 열두 가지의 요점 중 세 번째에서 그는 성령의 능력과 그 결과로서 얻게 된 설교의 자유에 대하여 강조하였다. 그는 말하기를 "때때로 나는 한 모퉁이에 서서 하나님께서 역사하심을 바라보곤 합니다. 나는 그 역사로부터 떨어져 있음을 느꼈습니다. 나는 내가 할 수 있는 데까지 최선을 다해 비켜드리기를 원했습니다. 성령께서 역사를 떠맡으실 수 있도록 말입니다 …"[37] 동기의 겸손이 나타나는 때는 정확히 이 때이다. "나는 비켜드리기를 원했습니다." 왜냐 하면 회중과 하나님 사이에 우리가 끼어들어 방해가 되는 일은 너무나도 쉽게 일어나기 때문

---

36) Miller, D. G., *Fire*, p. 18.
37) Colquhoun, p. 164.

이다. 이것을 예증하는 데에는 다음 두 가지 상(像)이 도움이 되어 왔다.

첫 번째 것은 결혼식과 관계가 있다. 가장 훌륭한 사람의 열망은 신랑과 신부의 결혼을 도우며 그들 사이에 아무런 방해도 없게 하기 위하여 그가 할 수 있는 최선을 다하고자 하는 것이다. 예수 그리스도께서는 담대히 자신을 신랑이라고 선언하심으로써 여호와와 이스라엘 사이의 구약적 결혼의 상을 이어받으셨다(막 2:19, 20). 어떤 면에서 세례 요한은 이것을 이해한 것처럼 보인다. 그는 자신이 그리스도가 아닌 것을 알았고 그것을 명백하게 말했다. 그는 예수님에 앞서 보냄을 받은 전령이었다. 그러므로 그는 "신부는 신랑에게 속하였다. 신부를 취하는 자는 신랑이나, 서서 신랑의 음성을 듣는 친구가 크게 기뻐하나니 나는 이러한 기쁨으로 충만하였노라. 그는 흥하여야 하겠고 나는 쇠하여야 하리라"(요 3:28-30)고 말했던 것이다. 이런 관점에서 설교자의 사역은 그리스도의 길을 예비하며, 그의 음성을 기뻐하고, 그를 그의 신부와 함께 남겨놓고, 그가 흥할 수 있도록 끊임없이 쇠하여지는 세례 요한의 사역과 유사하다. 위대한 사도 바울은 이러한 자기 겸손의 관점에서 자신의 사역을 명확하게 인식했다. 그는 고린도 교인들에게 "내가 너희를 정결한 처녀로 한 남편인 그리스도께 드리려고 중매함이로다"라고 말했던 것이다(고후 11:2, 3). 심지어 그는 그리스도의 태도에 대해 질투를 느끼기까지 했는데 그 이유는 그의 신부가 부정(不貞)한 모습을 보이고 있었기 때문이다. 이 말을 이해하는 설교자들은 모두 이러한 질투를 느껴왔다. 죠웨트(J. H. Jowett)는 "우리 설교자는 신랑의 친구가 되어야만 한다. 우리 자신에게가 아니라 그 분께로 사람들을 인도하여 주님을 위하여 결혼 중매를 하고 신랑과 신부가 함께 오게 될 때 아주 흡족해 하는 친구가 되어야만 한다."[38]라고 말했다. 그는 진심으로 그렇게 말했다. 언젠가 그가 설교하기로 된 어떤 예배가 시작될 때 그를 위한 기도가 베풀어졌는데, 그 기도는 후에 그가 '이 영감된 간구'(this inspired supplication)라고 불렀던 다음의 말로 시작되었다. "오 주님 우리 형제를 보내 주셔서 감사합니다. 이제 그를 지워 주소서!" 그리고 그 기도는 이렇게 계속되었다. "당신의 영광을 이러한 빛나는 광채 속에 나타내사 그는 잊혀지게 하소서." "그 기도는 진실로 옳았다. 그리고 나는 그 기도가 응답된 줄로 확신한다."고 죠웨트는 평했다.[39]

설교자가 하나님의 사역 앞에서 비켜서야 할 필요성을 예증하기 위한 두 번째 상은 오케스트라에서의 지휘자의 상이다. 나는 브라암스의 베토벤의 해석에 탁월했던 독일의 유명한 지휘자 오토 클렘페러(Otto Klemperer, 1973년 88세로 사망)를 그 예로 들겠다. 그의 전기 작가 중 한 사람은 "그는 음악을 흐르게 했다"[40]라는 간단한 표현으로 그의 재능을 요약했다. 또한 음악평론가 네빌 카르두스(Neville Cardus)는 그의 80회 생일을 기념하기 위하여 기고했던 자신의 한 기사에서 "그는 살아있는 제1의 지휘자이다. 그는 결코 주역 여배우처럼 드러나는 지휘자는 아니었다. 그의 긴 생애를 통해 그는 결코 청중과 음악 사이에 자기 자신을 밀어넣은 적이 없다. 그는 지휘대 위에서 일종의 가시적 불가시성이라고 말할 수 있는 고전적 익명을 고수했던 것이다."[41]라고

---

38) Jowett, *The Preacher*, p. 24.
39) ibid., p. 150-1.
40) Beavan, p. 2.

말했다. 나는 '가시적 불가시성'(visible invisibility)이라는 말을 매우 좋아한다. 그것은 지휘자나 설교자에게 똑같이 적용된다. 즉 전자는 지휘대에서, 후자는 강단에서 자신들의 모습이 보이지 않을 수는 없지만 주의를 자기에게로 끌어들이려고 해서는 안 되는 것이다. 관현악 청중들은 지휘자를 보러 오는 것이 아니고 음악을 들으려고 온다. 교회 회중들 역시 설교자를 보거나 들으려고 오는 것이 아니고 하나님의 말씀을 들으려고 오는 것이다. 지휘자의 기능은 합창단이나 오케스트라로부터 음악을 도출시켜 청중들로 하여금 즐기도록 하는 데 있고, 설교자의 기능은 성경으로부터 하나님의 말씀을 인출하여 회중들이 기쁨으로 그 분의 말씀을 영접하도록 하는 데 있다. 지휘자는 음악과 청중 사이에 끼어 들어서는 안 된다. 설교자 또한 주와 그의 백성 사이에 방해가 되어서는 안 된다. 우리 설교자들은 비켜드리는 겸손이 필요하다. 주께서 말씀하실 것이고 백성들은 그 분을 청종할 것이다. 주께서 자신을 나타내실 것이고 백성들은 그 분을 보고, 그 분의 음성을 듣고, 그 분의 영광을 보며, 엎드려서 그 분을 경배할 것이다.

■ 성령의 능력

설교자의 겸손에 대한 나의 분석에서 세 번째 요소는 의존의 겸손이라고 부를 수 있을 것이다. 모든 설교자는 영향력 있는 설교를 하기 원한다. 그는 청중들이 자기 설교를 듣고 이해하며 신앙과 복종으로써

41) The Guardian Weekly, 20 May 1965.

응답하기를 바란다. 그러나 그가 이 효과를 위하여 의존하는 것이 무엇인가?

대다수의 설교자들은 자기 자신에게 의존한다. 기질적으로 그들은 외향적이며, 나타내기 좋아할 뿐 아니라 억세기까지 한 성품을 가지고 있다. 아마도 그들은 예리한 지성을 가지고 있을지도 모른다. 그러므로 그들은 만나는 사람 누구에게나 그들이 지도자로 태어났다는 인상을 풍긴다. 자연히 그들은 이 재능들을 강단에서 사용하고 싶어 한다. 그들이 그렇게 하는 것은 옳은 일일까? 그렇다고 할 수도 있고, 아니라고 할 수도 있다. 그러나 그들이 분명히 알아야 할 것은 그들의 지성과 인격 역시 하나님으로부터 주어진다는 사실이다. 그러므로 그들은 이러한 은사들이 없는 체 하거나 그것들을 없애버리려 해서는 안 된다. 또한 연구로 준비할 때나 설교단에서 설교할 때 이러한 은사들은 소홀히 사용해서도 안 된다. 물론 마땅히 그들은 그들 자신이어야 한다. 그러나 그들은 하나님이 주신 재능으로서조차도 하나님의 복 없이는 사람들을 그리스도에게로 인도하지 못한다는 사실을 알아야 한다.

우리의 모든 목회 사역에서 우리는 그리스도 없는 사람들의 불쌍한 영적 상태와 더불어 우리를 대적하는 세력들의 무시무시한 힘과 교활성을 함께 기억해야 할 필요가 있다. 예수님 자신도 인간의 상실성을 육체적 무능의 술어로서 예증하셨다. 하나님과 분리된 상태에서의 우리는 하나님의 진리에 대한 맹인이요 그 분의 음성에 대한 귀머거리이다. 절름발이이므로 우리는 그의 길을 걸을 수도 없다. 벙어리이기에 그를 찬송하지도 증거하지도 못한다. 우리는 허물과 죄로 죽어있는 자들이다. 게다가 우리는 마귀의 세력에 잘 속는 자들이며 노예들이다. 물론 이것을 과장이거나 '신비적' 혹은 명백히 틀린 것으로 생각하게 된다면 우리는 초자연적 능력의 필요성을 전혀 깨닫지 못할 것이다. 우리는 우리 자신의 능력으로도 충분하다고 생각할 것이다. 그러나 만일 실제에 있어서 인간이 영적으로, 도덕적으로 맹인이며 귀머거리이고, 벙어리이며 절름발이일 뿐 아니라 심지어 죽은 자라면(사탄의 포로들에 대해서는 말할 것도 없지만) 그러한 상태의 우리가 단지 우리만의 힘으로, 우리의 인간적인 설교로서 사람들의 이러한 곤경에 동참하거나 그들을 구해줄 수 있다고 생각하는 것은 극히 우스꽝스러운 일이다. 항상 재치있고 능력있게 표현하는 스펄전은 이 점을 이렇게 표현했다.

> 나는 호랑이에게 채식주의의 가치를 가르치지는 않겠다. 그러나 내가 중생하지 못한 사람들에게 죄악과 의와 다가올 심판에 관한 하나님의 계시된 진리들을 확신시키려고 한다면 이 일 역시 기꺼이 수행할 것이다. …[42]

오직 예수 그리스도만이 그의 성령에 의해 맹인된 눈을 뜨게 하고, 귀먹은 귀를 열며, 절름발이를 걷게 하고, 벙어리를 말하게 하며, 양심을 따끔하게 찔러주고, 마음을 현명하게, 의지를 감동시키고, 죽은 자에게 생명을 주며 사탄의 속박으로부터 노예들을 자유케 할 수 있다. 그리고 설교자들이 그 자신의 경험으로부터 알게 되듯이 예수께서는 이 모든 것을 가능케 하시며 하고 계시는 것이다. 설교자로서 우리의

---

42) Spurgeon, *All-Round Ministry*, p. 322.

가장 절실한 요구는 "위로부터 능력으로 입혀짐"(눅 24:49)인 것이다. 그리하여 사도들처럼 "하늘로부터 보내신 성령을 힘입어" 설교함으로써 (벧전 1:12) 복음이 우리의 설교를 통해 "너희에게(회중에게) 말로만 이른 것이 아니라 또한 능력과 성령과 큰 확신으로" 전달될 수 있도록 하는 것이다(살전 1:5). 그런데 왜 우리들의 설교에는 그 성령의 능력이 좀처럼 동반되는 것 같지 않은가? 나는 그 주된 이유가 우리의 자존심이 아닐까 하고 강하게 의심한다. 성령으로 가득 차기 위해서 우리는 먼저 우리 자신이 텅 빈 상태임을 인식하여야 한다. 하나님에 의해 높임을 받고 쓰임을 받기 위해서 우리는 먼저 하나님의 능하신 손 아래에서 겸손해야 한다(벧전 5:6). 그의 능력을 받기 위해 우리는 먼저 우리의 약함을 인정해야 하고 심지어 그것을 드러내야 한다.

그것이 신약 성경 저자들의 동일한 진리에 대한 다양한 표현 중 가장 나를 감동시켰던 결정적인 역설이었음을 나는 고백한다. '약함을 통한 강함'(Power through weakness), 그것은 바울이 고린도 교회에 보낸 서신 속에서 반복되고 있는 주제이고 심지어 중심 주제이기까지 하다. 고린도 교인들 역시 그것이 몹시 필요한 사람들이었다. 왜냐 하면 그들은 교만한 사람들이었고 자신들의 은사나 성취에 대하여 자만하였으며 다른 한편으로는 수치스러운 인격 숭배에 빠져 바울을 두렵게 한 사도와 사도 사이의 이간질을 자행했었기 때문이다. 그들은 오직 그리스도에게만 돌려야 할 복종을 바울에게 하였다. "바울이 너희를 위하여 십자가에 못박혔느냐?" 그는 경악을 금치 못하며 외쳤다. "바울의 이름으로 너희가 세례를 받았느냐?"(고전 1:13). 하나님은 그들이 자기 자신들을 자랑하는 것도 혹은 어떤 인간 지도자를 자랑하는 것도 허락하시지 않을 것이다. 바울은 "그런즉 누구든지 사람을 자랑하지 말라"고 주장했다. 오히려 그는 "자랑하는 자는 주 안에서 자랑하라 함과 같게 하려 함이라"(고전 3:21; 1:31)라고 말한 것이다.

바울의 '약함을 통해서 강해지는' 주제가 명백한 구원으로 부각되는 것도 그것이 고린도 교인들의 이러한 교만함에 뚜렷이 대조되기 때문이다. 그것을 상기케 하는 세 군데의 주요 성경 구절이 있다.

> 내가 너희 가운데 거할 때에 약하며 두려워하고 심히 떨었노라. 내 말과 내 전도함이 설득력 있는 지혜의 말로 하지 아니하고 다만 성령의 나타나심과 능력으로 하여 너희 믿음이 사람의 지혜에 있지 아니하고 다만 하나님의 능력에 있게 하려 하였노라(고전 2:3-5).

> 우리가 이 보배를 질그릇에 가졌으니 이는 심히 큰 능력은 하나님께 있고 우리에게 있지 아니함을 알게 하려 함이라(고후 4:7)

> 여러 계시를 받은 것이 지극히 크므로 너무 자만하지 않게 하시려고 내 육체에 가시 곧 사탄의 사자를 주셨으니 이는 나를 쳐서 너무 자만하지 않게 하려 하심이라. 이것이 내게서 떠나가게 하기 위하여 내가 세 번 주께 간구하였더니 나에게 이르시기를 내 은혜가 네게 족하도다. 이는 내 능력이 약한 데서 온전하여짐이라 하신지라. 그러므로 도리어 크게 기뻐함으로 나의 여러 약한 것들에 대하여 자랑하리니 이는 그리스도의 능력이 내게 머물

게 하려 함이라. 그러므로 내가 그리스도를 위하여 약한 것들과
능욕과 궁핍과 박해와 곤고를 기뻐하노니 이는 내가 약한 그때에
강함이라(고후 12:7-10).

인간의 약함 속에서, 인간의 약함을 통하여 드러나는 하나님의 능력으로서의 이러한 능력과 약함의 대조말고도 이상의 세 본문을 연결시켜 주는 또 다른 중요한 무엇이 있다. 그것은 '~하기 위하여'(in order that)의 뜻을 가진 헬라어 'hina'의 사용이다. 내가 만일 바울의 진술을 의역할 수 있다면 다음과 같다. 첫째로 "내가 여러분과 함께 있을 때에 나는 인간적인 약점으로 떨고 있었다. 그러므로 여러분들이 오직 하나님의 능력 안에서만 쉼을 얻게 **하기 위하여** 나는 나의 진리의 메시지에 대한 성령의 능력있는 증거를 의존하였다." 둘째로 우리를 지지(支持)하며 여러분을 회개케 하는 그 놀라운 힘이 우리로부터가 아니라 하나님으로부터 말미암은 것임을 명백하게 나타나도록 **하기 위하여** '우리는 복음의 보배를 깨지기 쉬운 질그릇'(이것은 우리 몸이 얼마나 깨지기 쉬우며 약한가를 나타내 준다)에 가지는 것이다. 셋째로 "그의 능력이 인간의 약점 안에서 온전하여 진다고 예수께서 말씀하셨기에, 그리스도의 능력이 나를 덮도록 **하기 위하여** 나는 내 약점을 기쁘게 자랑한다 …" 왜냐 하면 내가 강할 때는 내가 약할 그 때이기 때문이다. 이 '~하기 위하여'가 거듭 사용된 점의 중요성을 회피하거나 또는 그 점이 시사하는 바를 거부하기는 어려운 일이다. 이러한 경우에 인간의 약점은 하나님의 능력이 작동할 수 있는 매개물이 되며 그 능력이 나타날 수 있는 결전장이 되기 위하여 의도적으로 존속되어지는 것이다.

그것이 어떠한 육체적(혹은 정신적) 고통이었건 간에 확실히 바울은 자신의 '육체의 가시'에 대하여 정확히 인식했다. 진실로 그것은 '사탄의 사자'(使者)였다. 그럼에도 불구하고 주 예수 그리스도는 그것을 제하여 달라는 바울의 세 번의 간구를 물리치셨다. 그것은 그를 겸손하게 하기 위하여 부과된 것이었다. 그러므로 그것은 바로 그의 약함으로 인해 그리스도의 능력이 그에게 거하며 그를 온전하도록 하기 위하여 남아있도록 용인(容認)되었던 것이다.

그러나 이 원리를 바울에게만 국한시킬 수는 없다. 그것은 누구에게나 보편적으로 적용된다. '중국 내지 선교회'(China Inland Mission)의 설립자인 허드슨 테일러(Hudson Taylor)로부터 유래된 격언 중의 하나로 "하나님의 위대한 인물들은 모두 나약한 사람들이었다"는 말이 있다. 이 말의 의미는 그들이 나약했기 때문에 하나님의 능력에 의지해야 했다는 것이다. 하나님께서 위대하게 사용하신 사람들 중에는 아무 약점도 없는 사람도 있으므로 이러한 그의 주장이 증명될 수는 없다. 그렇지만 그들에게도 아무도 모르는 은밀한 약점이 감추어져 왔을지도 모르지 않은가? 나는 그렇다고 생각한다. 어쨌든, 지난 세기나 금세기에 걸출하게 뛰어난 설교자들의 대다수가 약점을 가지고 있었다는 사실은 흥미로운 일이다. 에딘버러에 있는 성 쿠스베르트 교회(St. Cuthbert's Church)에서 거의 40년을 봉직했던 제임스 맥그리거(James Macgregor) 박사를 생각해 보자. 그는 체구가 왜소했을 뿐만 아니라 유년기때부터 심한 기형아였다. 어느 날 한 목회 신학강사가 '우람하고 강인한 체격'은 목회자에게 필수불가결한 것이라고 주장했다. 바로 그때 마치 그 주장에 도전이라도 하는듯이 "도어가 열리고 '땅딸보 맥그리거(wee Macgregor)'로 친근히 알려진 그가 들어왔다. 왜냐 하면 그를 왜소하게 만든 짧고 비틀어진 다리의 그의 자태는 육체의 핸디캡을 극복한 영혼의 초월적 독립성을 나타내는 승리적인 표상이기 때문이었다."[43]

어떤 이들은 육체적인 약점보다는 심리적인 약점을 지니고 있다. 때때로 '설교자의 설교자'(the preacher's preacher)로 불린 로버트슨(F. W. Robertson, 1816-53)은 브라이튼(Brighton)에 있는 트리니티 채플(Trinity Chapel)에서 설교를 하였는데 그의 설교는 그의 생애에 걸쳐 사람들에게 막대한 영향을 끼쳤으며, 현재까지도 읽히고 있다. 그러나 그는 37세의 짧은 생애 동안 극심한 육체적 허약으로 뿐만 아니라 심리적인 자책과 우울증으로도 고통을 받았다. 그는 실패감을 맛보았고 가끔 영혼의 암흑 상태를 느꼈다. 분명 그의 설교의 용기와 능력은 바로 이러한 약점들로부터 나온 것이었다. 런던의 시티 템플(City Temple)에서 당당한 권위와 광범위한 호소력으로 28년 동안 설교했던 죠셉 파커(Joseph Parker)는, 자신이 노덤브리아(Northumbria)의 석수장이의 아들로 태어나서 빈약한 신학 교육을 받았다는 열등감으로 고통을 받았다. 성경에 능하고, 믿음이 확고하며 표현력과 웅변과 기지에 능하여 '설교의 황태자'라고 널리 알려진 스펄젼(C. H. Spurgeon)이 1866년에 행한 그의 설교에서 "내가 바로 영적 우울증의 장본인입니다. 나는 너무 두려워서, 여러분들 중 누구라도 내가 당한 것과 같은 극단적인 파멸을 겪지 않기를 바랍니다."라고 자신에 대하여 말한 것은 정말 놀라운 사실이 아닐 수 없다.[44]

---

43) Gammie, p. 24.

나는 이 점에 관하여 내 자신을 언급하기가 망설여진다. 왜냐 하면 확실히 나는 지금 막 열거했던 그러한 강단의 거성급에 속하는 사람은 아니기 때문이다. 그렇지만 나는 어느 정도 그들과 같은 약점을 이해하고 있다고 생각한다. 실로 나의 목회생활 35년 동안 나는 연약을 통한 능력에 관하여 바울이 고린도 교인에게 보냈던 교훈과 같은 경험을 몇 가지 가지고 있다. 나는 그 중 한 가지만 언급하고자 한다. 그것은 1958년 6월 오스트레일리아에서 있었던 일이다. 나는 시드니(Sydney) 대학교의 주간 선교 대회를 인도하였는데 그 마지막 날을 주일날이었다. 그날의 종야제 회합을 위해 담대한 믿음으로 학생들은 대학교의 엄청난 대강당을 예약했다. 그러나 사람들이 내게 대하여 빈정거리며 야유를 한다는 것을 알았을 때 나는 치명적으로 타격을 받고 위축되어 버렸다. 나는 목소리조차 나오질 않았다. 오후 한나절 동안 나는 누군가에게 전화를 해서 대리설교자를 물색해야만 한다고 말하려고 했다. 그러나 나는 그러지 말라고 설득당했다. 마지막 집회가 시작되기 반시간 전인 7시 반에, 나는 구석방에서 기다리고 있었다. 몇몇 학생들이 내게 왔고 나는 그 선교위원회 의장에서 고린도후서 12장의 '육체의 가시' 구절을 읽어 달라고 속삭였다. 그는 읽었다. 예수님과 바울 사이의 대화가 되살아났다.

바울 : 이것이 내게서 떠나기 위하여 내가 세 번 주께 간구하였더니,

---

44) Wiersbe, p. 263. 또는 Spurgeon on 'The Minister's Fainting Fits', Lectures, First Series, Lecture ?, p. 167-79을 보라.

예수 그리스도 : 내 은혜가 네게 족하도다. 이는 내 능력이 약한
데서 온전하여 짐이라.
바울 : 그러므로 도리어 크게 기뻐함으로 나의 여러 약한 것들에
대하여 자랑하리니 이는 그리스도의 능력이 내게 머물
게 하려 함이라.

성경을 읽고 나서 그는 나에 대하여 또한 나를 위하여 기도했고,
나는 연단으로 걸어나왔다. 강연 시간이 되었을 때, 나는 단지 마이크
를 통해 단조로운 목소리로 음울하게 복음을 말할 수밖에 없었다. 나
는 도저히 내 목소리를 변조(變調)시킬 수도, 나의 개성을 발휘할 수도
없었다. 그러나 나는 시종일관 연약을 통하여 강하게 하시리라는 약속
을 성취해 주시기를 부르짖었다. 거의 끝날 때쯤, 어떻게 그리스도께
갈 수 있는가에 대한 직선적 교훈을 한 후에 나는 초청을 했고 상당수
의 즉각적인 응답을 받았다. 그 이후 나는 호주에 7, 8회나 갔었는데
그 때마다 누군가 나를 따라와서 "혹시 1958년 대학 대강당에서 있었
던 선교대회 마지막 예배 때, 당신의 목소리가 나오지 않았던 일을 기
억하십니까? 나는 그날 밤 예수님을 알게 되었습니다"라고 말하곤 했
다.

기독교 설교자인 우리 모두가 유한하고, 타락했고, 깨지기 쉽고,
무능력한 피조물인 것을 성경은 '질그릇'(고후 4:7, NEB) 혹은 '진흙으로
만든 그릇'(NIV)이라고 표현했다. 능력은 그리스도께 속하였고 그의 성
령을 통하여 발휘된다. 우리의 인간적 약점을 가지고 말하는 그 말들
을 성령은 그의 능력으로써 듣는 이들의 이성과 마음과 양심과 의지에

효과적으로 납득시켜 주신다. 스펄젼은 한 때, "성령의 도움없이 70년을 설교하는 것보다 성령의 능력으로 여섯 마디를 말하는 것이 훨씬 더 낫다."라고 말한 적이 있다.[45] 지금 내가 이 글을 쓰고 있는 이 앞에는 메트로폴리탄 장막교회(Metropolitan Tabernacle)에서 스펄젼이 설교했던 대형의 중앙 강단의 사진이 놓여 있다. 그 사진은 그의 자서전의 2권에서 복사한 것이다. 사방에서 15계단이 가파르게 설교단을 향하여 나 있는데, (확실하지 않지만) 일설에 의하면 스펄젼은 마치 육중한 체구를 가진 사람처럼 신중한 걸음걸이로 계단을 오르면서 '나는 성경을 믿는다' 라고 중얼거렸다고 한다. 강단으로 들어가는 동안 이렇게 신뢰도 확증을 15번이나 반복한 후에 그가 **진실로** 성령을 믿었다는 것은 매우 자명한 사실일 것이다. 그는 우리도 이와 같이 할 것을 권한다.

> 복음이 모든 사람의 귀에 전파되기는 하지만 그것은 단지 몇몇 사람에게만 능력으로 온다. 복음 안에 있는 능력은 설교자의 웅변 속에서 나타나지 않는다. 다시 말해서 인간은 영혼을 회개케할 수 없는 것이다. 그것은 더욱이 설교자의 학식에서 나타나지 않는다. 왜냐 하면 인간의 지혜로 이루어지지 않기 때문이다. 우리의 혀가 썩을 때까지, 우리의 폐를 다 써서 죽어갈 때까지 우리가 설교할 수 있다 할지라도, 인간의 의지를 변화시키는 성령의 신비한 능력이 함께하지 아니하면 한 영혼도 참회시킬 수 없다. 오, 설교자들이여. 영혼을 참회케 하는 능력을 부여하시는 성령께서 그 말씀과 함께 하시지 아니하시면 여러분은 돌벽을 향하여

---

45) Spurgeon, *Twelve Sermons*, p. 122.

설교하는 것과 같다.[46]

　겸손한 마음(기록된 하나님의 말씀에 순종함), 겸손한 야망(그리스도와 그의 백성 사이의 교제가 이루어지기를 갈망함), 그리고 겸손한 의존심(성령의 능력에 의존함), 이것이 우리가 논의해 온 설교자의 겸손에 대한 분석이다. 그 것은, 우리의 메시지는 우리 것이 아닌 하나님의 말씀이고, 우리의 목적은 우리를 위함이 아닌 그리스도의 능력이어야 함을 뜻한다. 사실상, 고린도전서 2장 1-5절에서도 사도 바울이 고린도에서 그리스도의 십자가에 관한 하나님의 말씀과 '증거'를 성령의 나타남과 능력으로 전파한 것처럼 그것은 삼위일체적 겸손인 것이다.

　나는 수포크(Suffolk)의 입스위치(Ipswich)의 부두 성 마리아(St. Mary-at-Quay)교회와 데본 하트레이 교구(Devon Hatherleigh Parish)교회의 예배실에서 바실 구프(Basil Gough) 목사가 발견한 익명의 구절을 인용함으로 이번 장의 결론을 맺는 것이 가장 좋다고 생각한다. 바실 목사는 그것을 내게 주었고 그 이후로 나는 그 말을 나의 침실에 걸어 놓았다.

　　당신의 구속의 자유를 전파할 때에
　　당신의 모든 흡인력있는 생각들이
　　내 마음과 영혼을 독점하게 하소서.
　　당신의 말씀의 영향력 아래

---

46) 이 감동적인 권고는 30년간 카논 프레드 픽커링(Cannon Fred Pickering)이 그리스도 교회(Christ Church)의 교구 목사로 있을 때 나에게 보내어 준 권고다. 그러나 그것은 스펄전의 3권으로 된 *Lectures to my Students*에서 찾아볼 수 없었다. 또한 *An All-Round Ministry*나 *Twelve Sermons on the Hloy Spirit*에서도 찾아볼 수 없었다. 나는 이 인용문에 대한 참고 문헌을 찾을 수가 없었다.

모든 심령이 머리숙이고 어찌할 바 모를 때

당신의 십자가 뒤에 나를 숨겨 주소서.

설교란 기독교에 있어서 필수불가결한 것이다. 이 책의 서두에서 언급한 이 말은 강한 개인적 신념을 확증해준다. 나는 설교가 있어야 됨을 믿으며, 더 나아가 참되고 성경적인 설교의 회복 외에는 다른 어떤 것도 교회에 건강과 활기를 되찾아 주지 못하며, 성도들을 그리스도 안에서 성숙케 해 주지 못한다는 것을 믿는다. 분명히 우리가 부딪치고자 애쓴 뚜렷한 목적들이 있다. 그러나 우리가 잡고자 애쓴 한층 더 뚜렷한 신학적 내용들이 있다. 또한 분명히 오늘날 설교하는 일은 하나님의 말씀과 세상 사이에 그리고 신적 계시와 인간적 경험 사이에 다리를 놓으려 애써야 할 뿐 아니라 그것을 안전하고도 적절하게 각 사람에게 이어주어야 하는 것으로서 극도로 어려운 일이다. 그래서 우리로 하여금 연구하고 준비하는 일에, 그리고 진실과 열정과 용기와 겸손으로 설교할 결심을 내리는 일에 더욱 자신을 드리도록 하기 위해 하나님의 소명이 새롭게 우리에게 오는 것이다.

우리 입술에서 즉각 튀어나올 질문은 "누가 이 일에 적합할 것인가?" 하는 것이다. 특권은 위대한 것이나 책임이 무겁고 시험이 많으며 기준이 높다. 우리는 어떻게 적절한 반응을 보이기를 바랄 수 있는가?

나는 그 대답으로서 간단한 비결을 이야기하고 싶다. 나는 그것을 기억해 내려고 온갖 애를 썼고 그렇게 할 수 있었을 때마다 그것이 극히 도움이 될 만하다는 것을 발견했다. 그것은 우리가 어디를 가든지 하나님으로부터 피할 수 없다고 하는 시편 139편의 부정적인 사실에서 시작되며 그 대목은 우리가 어디로 가든지 '거기에서도' 그의 오른손이 우리를 인도하시고 붙드신다고 하는 긍정적인 부분으로 계속 이어지고 있다. 그 뿐만이 아니다. 그의 팔 뿐 아니라 그의 눈도 우리를 위하신다. 그리고 그의 귀는 우리의 말과 기도에 주의를 기울이고 계신다(시 32:8, 34:15; 벧전 3:12). 이 진리는 모든 기독교인에게 중요하나 특별히 설교자에게 중요한 것이다. 구약 성경에서 예레미야를, 신약 성경에서는 바울을 예로 들고자 한다.

> 예레미야 : 내 입술에서 나온 것이 주의 목전에 있나이다(렘 17:16).
>
> 바울 : 순전함으로 하나님께 받은 것 같이 하나님 앞에서와 그리스도 안에서 말하노라(고후 2:17).
>
> 우리는 그리스도 안에서 하나님 앞에 말하노라(12:19).

진실로 우리는 설교할 때 사람들이 보는 앞에서와 듣는 데서 말하게 되며 사람들은 우리가 신실할 것을 요구한다. 하물며 우리가 하나님이 보시고 듣는 데서 설교한다는 의식이 있다면 얼마나 더 신실할 것이 요구되겠는가? 그는 우리가 하는 행위를 다 아시고 우리가 하는 말을 다 들으신다. 하나님께서 보시고 들으시고 셈하신다는 사실 외에는 우리의 게으름과 냉담과 위선과 비겁함을 재빨리 없애줄 것이란 아무것도 없다. 그러므로 하나님이여, 자신의 마음 문을 열고 그 속에 아무것도 감추지 않는 모든 자에게 항상 더욱 생생하게 현존하시옵소서!

우리가 설교할 때 우리로 하나님이 보고 계시며 듣고 계시다는 사실을 회중들이 보고 있으며, 듣고 있다는 사실보다 더욱 의식하게 하셔서 진실하도록 영감을 내려주소서!

리들리 홀 캠브리지(Ridley Hall Cambridge)의 첫 번째 교장이었으며 더햄(Durham)의 주교였던 헨들리 모울(Handly Moule)은 그의 부친이 섬기는 돌셋의 '포딩톤'에 1867년에 임직하였다. 이것은 그의 시의 제목 '포딩톤 강단'이 설명해 주는 대로─'설교자의 주일 단상'이다. 그것이 위대한 시는 아닐지라도 그것은 자기 확증의 열매를 포함하고 있다. 하나님을 설교자의 곁에서 항상 지켜보고 설교를 들으시는 '위대하신 청중'으로 언급하면서 그것을 다음과 같은 물음으로 끝내고 있다.

> 그가 그대의 메시지를 진실한 것으로 알았는가?
> 진리를 진실되이 말하였는가?
> 자기를 부인하는 영으로,
> 한 가지 목적만을 가지고 말했는가?
> 명성을 구하여 애쓰지 않고,
> 구속하시는 위대한 이름을 구하는 데 전심했는가?
> 그가 값주고 사신 양떼들의
> 용서와 생명과 축복을 위해 하였는가?

자기를 등한시한다는 것은 다른 어떤 이의 현존하심과 그의 메시지, 그리고 그의 권세와 능력으로 얻게 된 부산물이 아닐 때는 얻기 어려운 것이다. 그것이 최근 수년 간 강당에서 설교하기 전에 다음과 같은 기도를 드리는 것이 도움이 된다는 사실을 발견한 이유이다.

하늘에 계신 아버지, 당신의 현존하심 앞에 엎드리오니
당신의 말씀이 우리의 법이 되게 하시고
당신의 영이 우리의 선생이 되게 하시며
당신의 위대하신 영광은
예수 그리스도 우리 주님을 통한
우리의 최상의 관심이게 하소서.

—끝—

1. Books on Ministry and Preaching

- Alexander, James W., *Thoughts on Preaching* (1864; Banner of Truth reprint, 1975).
- Allmen, Jean-Jacques von, *Preaching and Congregation* (French original 1955; Lutterworth, 1962).
- Bavinck, J. H., *An Introduction to the Science of Missions* (Presbyterian and Reformed Publishing Co., 1960).
- Baxter, Richard, *The Reformed Pastor* (1656; Epworth second edition revised by John T. Wilkinson, 1950).
- Beecher, Henry Ward, *Lectures on Preaching: Personal Elements in Preaching,* the 1872 Yale Lectures (Nelson, 1872).
- Bernard, Richard, *The Faithfull Shepheard* (London 1607).
- Black, James, *The Mystery of Preachig,* the 1923 Warrack and Sprunt Lectures (James Clarke, 1924; Revised edition, Marshall, Morgan & Scott, 1977).
- Blackwood, Andrew W., *The Preparation of Sermons* (Abingdon, 1948; Church Book Room Press, 1951).
- Brilioth, Bishop Yngve, *Landmarks in the History of Preaching,* the 1949 Donellan Lectures in Dublin (S.P.C.K., 1950).
- Broadus, John A., On the *Preparation and Delivery of Sermons* (1870; new and revised edition by J. B. Weatherspoon, Harper, 1944).

* *Lectures on the History of Preaching* (1876; Armstrong, New York, 1899).

- Brooks, Phillips, *Lectures on Preaching,* the 1877 Yale Lectures (Dutton, 1877; Allenson, 1895; Baker, 1969).

  * *Essays and Addresses, religious, literary and social,* ed. John Cotton Brooks (Macmillan, 1894).

- Brunner, Emil, *The Word and the World* (S.C.M., 1931).

- Buttrick, George A., *Jesus Came Preaching,* Christian Preaching in the New Age, the 1931 Yale Lectures (Scribner, 1931).

- Bull, Paul B., *Lectures on Preaching and Sermon Construction* (S.P.C.K., 1922)

- Coggan, F. Donald, *Stewards of Grace* (Hoder & Stoughton, 1958).

  * *On Preaching* (S.P.C.K., 1978).

- Crum, Milton, *Manual on Preaching, a new process of sermon development* (Judson, 1977).

- Dale, R. W., *Nine Lectures on Preaching,* the 1876 Yale Lectures (Hodder & Stoughton, 1877; Barmes, 1878; Doran, New York, 1900).

- Dargan, Edwin Charles, *A History of Preaching, Vol. I, A.D. 70-1572* (Hodder & Stoughton and G. H. Doran, 1905), *Vol. II, A.D. 1572-1900* (Hodder & Stoughton and G. H. Doran, 1912).

- Davies, Horton, *Varieties of English Preaching 1900-1960* (S.C.M. and Prentice-Hall, 1963).

- Davis, H. Grady, *Design for Preaching* (Fortress, 1958).

- Fant, Clyde E., *Bonhoeffer: Worldly Preaching* (Nelson, 1975, Includes Bonhoeffer's Finkenwalde Lectures on Homiletics 1935-39).

- Ferris, Theodore Parker, *Go Tell the People,* the 1950 George Craig Stewart Lectures on Preaching (Scribner, 1951).

- Ford, D. W. Cleverley, *An Expository Preacher's Notebook* (Hodder & Stoughton, 1960).

  \# *A Theological Preacher's Notebook* (Hodder & Stoughton).

  \# *A Pastoral Preacher's Notebook* (Hodder & Stoughton, 1965).

  \# *Preaching Today* (Epworth and S.P.C.K., 1969)

  \# *The Ministry of the Word* (Hodder & Stoughton, 1979).

- Forsyth, P. T., *Positive Preaching and the Modern Mind* (Independent Press, 1907).

- Gillett, David, *How Do Congregations Learn?* (Gorve Booklet on Ministry and Worship No. 67, 1979).

- Hall, Thor, *The Future Shape of Preaching* (Forterss, 1971).

- Herbert, George, *A Priest to the Temple or The Country Parson, his Character and Rule of Holy Life* (written 1632, published 1652; ed. H.C. Beeching, Blackwell, 1898).

- Horne, Charles Silvester, *The Romance of Preaching*, the 1914 Yale Lectures (James Clarke and Revell, 1914).

- Huxtable, John, *The Preacher's Integrity and other lectures* (Epworth, 1966).

- Jowett, J. H., *The Preacher: His life and work*, the 1912 Yale Lectures (G. H. Doran, New York).

- Keir, Thomas H., *The Word in Worship* (O.U.P., 1962).

- Lloyd-Jones, D. Martyn, *Preaching and Preachers* (Hodder & Stoughton, 1971; Zondervan, 1972).

  \# *The Christian Warfare, an Exposition of Ephesians 6:10-13* (Banner of Truth, 1976; Baker, 1976).

- Mahaffy, Sir John Pentland, *The Decay of Modern Preaching* (Macmillan, 1882).

- Martin, Al, *What's Wrong with Preaching Today?* (Banner of Truth, 1968).

- Mather, Cotton, *Student and Preacher, of Directions for a Candidate of the Ministry* (1726; Hindmarsh, London, 1789).

- McGregor, W.M., *The Making of a Preacher,* the 1942-3 Warrack Lectures (S.C.M., 1945).

- McWillian, Stuart W., *Called to Preach* (St. Andrew Press, 1969).

- Miller, Donald G., *Fire in Thy Mouth* (Abingdon, 1954).

- Mitchell, Henry H., *Black Preaching* (1970; second edition Harper & Row, 1979).

  = *The Recovery of Preaching* (Harper & Row, 1977; Hodder & Stoughton, 1979).

- Morgan, G. Campbell, *Preaching* (1937; Baker Book House reprint 1974).

- Morris, Colin, *The Word and the Worlds* (Epworth, 1975).

- Neill, S. C., *On the Ministry* (S.C.M., 1952).

- Perkins, William, *The Art of Prophecying* or 'A Treatise concerning the sacred and onely true manner and methode of preaching', being Vol. II (1631) of *The Workes of that Famous and Worthy Minister of Christ in the Universitie of Cambridge, Mr. William Perkins* (John Legatt and John Haviland, London, 3 Vols. 1631-5).

- Perry, Lloyd M., *Biblical Preaching for Today's World* (Moody Press, 1973).

- Phelps, Austin, *Men and Books of Lectures Introductory for the Theory of Preaching* (Dickinson, 1882).

- Pitt-Watson, Ian, *A Kind of Folly,* Toward a Practical Theology of Preaching, the 1972-5 Warrack Lectures, (St. Andrew Press, 1976; Westminster, 1978).

- Poulton, John, *A Today Sort of Evangelism* (Lutterworth, 1972)

- Quayle, William A., *The Pastor-Preacher* (1910; Baker, 1976).

- Rahner Karl, (ed.). *The Renewal of Preaching-theory and Practice,* Vol. 33 of *Concilium,* (Paulist Press, New York, 1968).

- Ramsey, Michael, *The Christian Priest Today* (Mowbray, 1972).

- Read, David H. C., *The Communication of the Gospel,* the 1951 Warrack Lectures (S.C.M., 1952).

- Reid, Clyde, *The Empty Pulpit,* a Study in Preaching as Communication (Harper & Row, 1967).

- Robinson, Haddon W., *Biblical Preaching,* the development and delivery of expository messages (Baker, 1980).

- Sangster, W. E., *The Craft of Sermon Illustration* (1946; incorporated in *The Craft of the Sermon,* Epworth, 1954).

  = *The Craft of Sermon Construction* (1949; incorporated in *The Craft of the Sermon,* Epworth, 1954).

  = *The Approach to Preaching* (Epworth, 1951).

  = *Power in Preaching* (Epworth, 1958).

- Simpson, Matthew, *Lectures on Preaching* (Phillips & Hunt, New York 1879).

- Smyth, Charles, *The Art of Preaching* a Practical Survey of Preaching in the Church of England 747-1939 (S.P.C.K., 1940).

- Spurgeon, C. H., *An All-Round Ministry,* a collection of addresses to ministers and students, 1900 (Banner of Truth, 1960).

  = *Lectures to My Students* in 3 Vols., first series 1881; second series 1882; third series 1894 (Passmore and Alabaster; Zondervan, 1980).

- Stalker, James, *The Precher and his Models,* the 1891 Yale Lectures (Hodder & Stoughton, 1891).

- Stewart, James S., *A Faith to Proclaim,* the 1953 Yale Lectures (Scribner's

1953).

* *Heralds of God,* the 1946 Warrack Lectures (Hodder & Stoughton, 1946).

- Sweazey, George E., *Preaching the Good News* (Prentice-Hall, 1976).

- Terwilliger, Robert E., *Receiving the Word of God* (Morehouse-Barlow, 1960).

- Tizard, Leslie J., *Preaching - The Art of communication* (George Allen & Unwin, 1958).

- Turnbull, Ralph G., *A Minister's Obstacles* (1946; Baker Book House edition, 1972).

- Vinet, A., *Homiletics or The Theory of Preaching* (English translation from French, T. and T. Clark, 1853).

- Volbeda, Samuel, *The Pastoral Genius of Preaching* (Zondervan, 1960).

- Wand, William, *Letters on Preaching* (Hodder & Stoughton, 1974).

- Ward, Ronald A., *Royal Sacrament, The Preacher and his Message* (Marshall, Morgan & Scott, 1958).

- Welsh, Clement, *Preachig in a New Key,* studies in the psychology of thinking and listening (Pilgrim Press, 1974).

- White, R. E. O., *A Guide to Preaching,* a practical primer of homiletics (Pickering & Inglis, 1973).

- Wilkins, John, Bishop of Chester, *Ecclesiaster* or 'A discourse concerning the gift of Preaching, as it falls under the Rules of Art, showing the most proper Rules and Directions, for Method, Invention, Books, Expression whereby a Minister may be furnished with such alilities as may make him a Workman *that need not to be ashamed'* 1646, third edition, 1651.

- Williams, Howard, *My Word, Christian Preaching Today* (S.C.M., 1973)

- Wingren, Gustaf, *The Living Word* (1949, English translation S.C.M., 1960).

2. Books on communication and the Media

- Berlo, David K., *The Process of Communication*, an introduction to theory and practice (Holt, Rinehart & Winston, 1960).

- *Broadcating, Society and the Church*, report of the Broadcasting Commission of the General Synod of the Church of England (Church Information Office, 1973).

- *Children and Television*, a national survey among 7-17 year olds (1978) commissioned by Pye Limited, Cambridge.

- Evans, Christopher, *The Mighty Micro*, the Impact of the Microchip Revolution (1979, Hodder & Stoughton Coronet edition, 1980).

- Freire, Paulo, *Pedagogy of the Oppressed* (Penguin, 1972).

- *The Future of Broadcasting*, the Annan Report (H.M.S.O., London, 1977).

- Gowers, Sir Ernest, *The Complete Plain Words* (incorporating both *Plain Words and The ABC of plain Words*, H.M.S.O., London, 1954).

- Hirsch, E.D., *Validity in Interpretation* (Yale University Press, 1976).

- Lewis, C.S., *Studies in Words* (Cambridge University Press, 1960).

- McGinniss, Joe, *The Selling of the President 1968* (Trident Press, 1969; Pocket Books 1970).

- McLuhan, Marshall, *The Gutenberg Galaxy: The Making of Typographic Man* (Routledge, 1962).

    # *Understanding Media: The Extensions of Man* (Routledge, 1964, Abacus 1973).

    # *The Medium is the Massage: An Inventory of Effects*, with Quentin Fiore (Penguin, 1967).

- Miller, Jonathan, *McLuhan* in the 'Fontana Modern Masters' series (Collins,

1971).

- Muggeridge, Malcolm, *Christ and the Media*, the 1976 London Lectures in Contemporary Christianity (Hodder & Stoughton, 1977; Eerdmans, 1978).

- Packard, Vance, *The Hidden Persuaders*, an introduction to the techniques of mass-persuasion through the unconscious (David McKay, 1957, Penguin 1960).

- Reid, Gavin, *The Gagging of God*, the failure of the church to communicate in the television age (Hodder & Stoughton, 1969).

- *Screen Violence and Film Censorship*, Home Office Research Study No. 40, (H.M.S.O., London, 1977).

- Solzhenitsyn, Alexander, *One word of Truth*, the 1970 Nobel Speech on Literature (Bodley Head, 1972; Farrer, Strausz & Giroux, 1970).

- Thiselton, Anthony, *Two Horizons* (Paternoster, 1980; Eerdmans, 1980).

- *The Willowbank Report on Gospel and Culture*, Lausanne Occasional Paper No. 2 (1978), also published in *Explanining the Gospel in Today's World* (Scripture Union, 1979).

- Winn, Marie, *The Plug-In Drug*, television, children and the family (Viking Press, New York, 1977).

3. Historical, Biographical and Autobiographical

- Bainton, Roland H., *Erasmus of Christendom* (1969; Collins, 1970).
  - *Here I Stand*, a Life of Martin Luther (Hodder & Stoughton, 1951; New American Library, 1957).

- Barbour, G. F., *The Life of Alexander Whyte* (Hodder & Stoughton, 1923).

- Beavan, Peter, *Klemperisms* (Cock Robin Press, 1974).

- Bosanquet, Mary, *The Life and Death of Dietrich Bonhoeffer* (Hodder & Stoughton, 1968).

- Cadier, Jean, *The Man God Mastered,* a brief biography of John Calvin, translated by O. R. Johnston (Inter-Varsity Fellowship, 1960).

- Carlyle, Thomas, *Heroes and Hero-Worship* (1841; third edition, London, 1846).

- Carus, William (ed), *Memoirs of the Rev. Charles Simeon* (Hatchard, 1847).

- Chorley, E. Clowes, *Men and Movements in the American Episcopal Church,* the Hale Lectures (Scribner, New York, 1946).

- Colquhoun, Frank, *Haringay Story* (Hodder & Stoughton, 1955).

- Day, Richard Elsworth, *The Shadow of the Broad Brim,* the life-story of Charles Haddon Spurgeon (Judson Press, 1934).

- Dillistone, F. W., *Charles Raven* (Hodder & Stoughton, 1975).

- Dwight, S. E., *The Life of President Edwards* (Carvill, New York, 1830), being Vol. 1 of *The Works of President Edwards* in 10 Vols.

- Gammie, Alexander, *Preachers I Have Heard* (Pickering & Inglis, 1945).

- Haller, William, *The Rise of Puritanism* (Columbia University Press, New York, 1938).

- Harford, J. B., and MacDonald, F. C., *Bishop Handley Moule* (Hodder & Stoughton, 1922).

- Haslam, W., *From Death into Life* (Marshall, Morgan & Scott, 1880).

- Hennell, Michael, *John Venn and the Clapham Sect* (Lutterworth, 1958).

- Henson, H. Hensley, Robertson of Brighton 1816-1853 (Smith, Elder, 1916).
  = *Retrospect of an Unimportant Life* (O.U.P., Vol. 1 1942, Vol. 2 1943, Vol. 3

1950).

- Hopkins, Hugh Evan, *Charles Simeon of Cambridge* (Hodder & Stoughton, 1977).

- Inge, W. R., *Diary of a Dean*, St. Paul's 1911-34 (Hutchinson, 1949).

- Jones, Edgar De Witt, *American Preachers of Today*, intimate appraisals of thirty-two leaders (Bobbs-Merrill, 1933).

- Keefe, Carolyn, (ed). *C. S. Lewis, Speaker and Teacher*, a symposium (Zondervan, 1971, Hodder & Stoughton, 1974).

- King, Coretta Scott, *My Life with Martin Luther King, Jr.* (Hodder & Stoughton, 1970; Holt, Rinehart, and Winston, 1969).

- Moorman, J. R. H., *A History of the Church of England* (A. & C. Black, 1953).

- Morgan, Irvonwy, *The Godly Preachers of the Elizabethan Church* (Epworth, 1965).

- Muggeridge, Malcolm, *Chronicles of Wasted Time:* Part 1 The Green Stick (Collins, 1972).

- Nicoll, W. Robertson, *Princes of the Church* (Hodder & Stoughton, 1921).

- Paget, Elma K., *Henry Luke Paget, Portrait and Frame* (Longman, 1939).

- Pollock, John C., *George Whitefield and the Great Awakening* (Hodder & Stoughton, 1973).

  ＊ *Wilberforce* (Constable, 1977, Lion paperback, 1978).

  ＊ *Amazing Grace* (Hodder & Stoughton, 1981).

- Rupp, Ernest Gordon, *Luther's Progress th the Diet of Worms 1521* (S.C.M., 1951).

- Ryle, J. C., *The Christian Leaders of the Last Century or England a Hundred Years Ago* (Thynne, 1868, New edition).

- Sangster, Paul, *Doctor Sangster* (Epworth, 1962).

- Simpson, J. G., *Preachers and Teachers* (Edward Arnold, 1910).

- Smyth, Charles, *Cyril Forster Garbett,* Archbishop of York (Hodder & Stoughton, 1959).

- Warren, M. A. C., *Crowded Canvas* (Hodder & Stoughton, 1974).

- Wesley, John, *Journal,* abridged by Nehemiah Curnock (Epworth, 1949).

- White, Paul, *Alias Jungle Doctor,* An Autobiography (Paternoster, 1977).

- Whitley, Elizabeth, *Plain Mr. Knox* (Scottish Reformation Society, 1960).

- Wiersbe, Warren, *Walking with the Giant,* a minister's guide to good reading and great preaching (Baker, 1976).

- Williams, W., *Personal Reminscences of Charles Haddon Spugeon* (Religious Track Society, 1895).

- Woodforde, James, *The Diary of a Counry Parson 1758-1802.* Edited by John Beresford in 5 Vols. (O.U.P. 1926-31).

4. Miscellaneous

- Abbott, Walter M. (ed), *The Documents of Vatican II* (Geoffrey Chapman, 1967).

- Barth, Karl, *The Word of God and the Word of Man,* a collection of addresses first Published in German in 1928. (Hodder & Stoughton, 1935; Peter Smith, 1958).

- Baxter, Richard, *Poetical Fragments* (1681; Gregg International Publishers, 1971).

- Berger, Peter L., *Facing up to Modernity* (Basic Books, New York, 1977).

- Blamires, Harry, *The Christian Mind* (S.P.C.K., 1963).

- Bounds, E. M., *Power through Prayer* (Marshall, Morgan & Scott, 1912).

- Calvin, John, *Institutes of the Christian Religion*, firs published 1536; completed 1959. (translated by F. L. Battler, in The Library of Christian Clasics, Vols. 20 and 21, S.C.M. and Westminster, 1960).

- Chrysostom: *Works of St. Chrysostom*. In Post-Nicene Fathers, Vol. X (Eerdmans, 1975).

- Coggan, Donald, *Convictions* (Hodder & Stoughton, 1975; paperback 1978).

- *The Didache*. In Ante-Nicene Fathers, Vol. VII (1886. Eerdmans 1975).

- Eliot, George, *Scenes of Clerical Life* (1858; Penguin 1973).

- Eusebius, *Ecclesiastical History* (S.P.C.K., 1928).

- Golding, William, *Free Fall* (Faber, 1959; Harcourt Brace, 1962).

- Fant, Clyde E., and Pinson, William M., (eds.), *Twenty Centuries of Great Preaching*, 13 Vol. (Word Books, 1971).

- Glover T. R., *The Jesus of History* (S.C.M. 1917; Hodder & Stoughton, 1965).

- Green, E. M. B., *The Truth of God Incarnate* (Hodder & Stoughton, 1977).

- Grubb, Kenneth G., *A Layman Looks at the Church* (Hodder & Stoughton, 1964).

- Henson, Hensley H., *Church and Parson in England* (Hodder & Stoughton, 1927).

- Hernandez, Jose, *The Gaucho* (Pat 1 1872, Part 2 1879. English translation by Walter Owen 1935; bilingual edition Editorial Pampa 1967).

- Irenaeus, *Adversus Haereses*, Book IV, Ch. 26 (circa A.D. 200). In *Ante-*

Nicene Fathers, Vol. 1 (1886; Eerdmans, 1962).

- Justin Martyr, *The First Apology,* (circa. A.D. 150). In *Ante-Nicene Fathers,* Vol. 1 (1886; Eerdmans, 1962).

- Knox, Ronald, *Essays in Satire* (Sheed & Ward, 1928; new edition 1954).

- Latimer: *Select Sermons and Letters of Dr. Hugh Latimer* (R.T.S. und.)
  * *Works of Hugh Latimer* (Parker Society Edition, Vol. 1, C.U.P., 1844).

- Leacock, Stephen, *Sunshine Sketches of a Little Town* (McLelland & Stewart, 1948).

- Lehmann, Helmut T. (ed.), *Luther's Works* (Fortress Press, 1965).

- Lewis, W. H. (ed.), *Letters of C.S. Lewis* (Geoffrey Bles, 1966).

- *Luther's Table-Talk,* 1566 (Captain Henry Bell, 1886).

- *Luther's Works* (Concordia Publishing House, St. Louis, 1956).

- Manning, Bernard L., *A Layman in the Ministry* (Independent Press, 1942).

- Maugham, Somerest, *The Moon and Sixpence* (Penguin, 1919).

- Melville, Herman, *Moby Dick or The Whale* (1851; Penguin, 1972).

- Parker, J. H. (ed.), *A Library of Fathers of the Holy Catholic Church* (O.U.P., 1843).

- *Portable Mark Twain* (Viking Press, New York, 1958).

- Ramsey, Arthur Michael, and Suenens, Leon-Joseph, *The future of the Christian Church* (S.C.M., 1971).

- Schaff, Philip (ed.), *The Nicene and Post-Nicene Fathers* (1892, Eerdmans 1975).

- Simeon, Charles, *Horae Homileticae,* or Discourses (in the form of skeletons) upon the whole Scriptures, in 11 Vols., 1819-20. Also An Appendix to the Horae Homileticae in 6 Vols., 1828. (Richard Watts, 1819-28).

* *Let Wisdom Judge,* University Addresses and Sermon Outlines, ed. Arthur Pollard (Inter-Varsity Fellowship, 1959).

- Spurgeon, C. H., *Twelve Sermons on the Holy Spirit* (Marshall, Morgan & Scott, 1937; Baker, 1973).

- Stewart, James S., *A Man in Christ* (Hodder & Stoughton, 1935; revised edition 1972; Baker, 1975).

- Tertullian, *The Apology* (circa A.D. 200). In *Ante-Nicene Fathers,* Vol. 3 (1885; Eerdmans, 1973).

- Toffler, Alvin, *Future Shock* (Bodley Head, 1970; Random, 1970).

- Trollope, Anthony, *Barchester Towers* (1857; J. M. Dent, Everyman' Library, 1906).

- Trueblood, Elton, *The Humour of Christ* (Harper & Row, 1964; Darton, Longman & Todd, 1965).

- Twain, Mark, *The Adventures of Tom Sawyer* (1876; Pan Books 1965).

- Walsh, Chad, *Campus Gods on Trial* (Macmillan 1962).

- Welsby, Paul A. (ed.), *Sermons and Society,* an Anglican Anthology (Penguin, 1970).

- Wesley, John, *Sermons on Several Occasions,* pulished in 4 Vols. 1746-60 (Epworth, 1944).